経験から学ぶ 人的資源管理
〔第3版〕

上林憲雄・厨子直之・森田雅也 著

有斐閣ブックス

第3版へのはしがき

本書の初版が2010年に刊行され，2018年に新版に改訂されてから，7年が経過しました。初版と新版は，幸いにもわれわれの当初の予想以上にご好評を博し，多くの読者を獲得してまいりました。その間，読者各位からは「わかりやすい」とか「この部分の説明がわかりにくい」など，率直で大変貴重な感想のほか，多くの励ましの言葉もいただきました。

ただ，新版の刊行から年月が経過し，日本企業を取り巻くさまざまな環境が大きく変化しつつあります。グローバル化が一段と進展し，情報通信技術や生成AIの革新も新たな段階を迎えています。2019年には人類がまったく予想できなかったCOVID-19という世界的パンデミックにも見舞われ，私たちの日常生活も大きな修正を余儀なくされました。会社法や雇用法制をはじめとする種々の法改正も重ねられ，時間外労働への制約が増したほか，リモートワークが普及するなど，経営実践の現場も7年前からは大きく様変わりしています。

こうした時代の変化を踏まえ，本書もこのたび新たに第3版を出版することにいたしました。

この第3版では，主に図表に用いられているデータを最新のものへと更新したのと同時に，本文の記述も，とりわけ第Ⅱ部と第Ⅲ部を中心に，今日の状況に合ったものに改訂しています。また，今版からウェブサポートで提供する「演習問題」も今日の状況に合ったものに変え，「さらに進んだ学習のために」（読書案内）で取り上げている文献についても，初学者が入手しやすく，本書の次のステップとして読めば理解を深めやすいと思われる3冊（和書）を新たに厳選し直しています。

ただし，初版・新版での目次の大きな流れは変更していません。前版での流れが人的資源管理の理論と実践を説明するうえで今日的にも有効で，初学者にとっては最適であると判断したためです。

第3版の作製にあたり，株式会社有斐閣書籍編集第二部の堀奈美子さんには，細部の記述にまでお目通しくださり，著者が気づいていない点まで多数の貴重なコメントをいただきました。記して深謝の意を申し述べる所存です。

また，神戸大学大学院経営学研究科博士課程に在籍している米田 晃さん，松本拓未さん，堂西晴香さん，中谷友香さん，野村真利さんの５氏は，新版を通読くださり，われわれの気づいていない点に関する有益なコメントやサジェスチョンを多数寄せてくださいました。この場をお借りし，衷心より御礼申し上げる次第です。

本書が，これまでにもましてますます多くの読者各位にご活用いただけるよう，著者一同，願ってやみません。

2025 年 1 月吉日

著　者　一　同

初版はしがき

本書は，組織における人のマネジメントについて，これから初めて学ぼうとしている大学生の皆さん，あるいは人のマネジメントのあり方を勉強し，実践に役立てようとしている社会人の皆さんを念頭に置いて書かれたテキストブックです。また，これから社会人大学院への進学や，経営関係の各種資格試験の受験を考えておられる実務家の方々にも役立つように書かれています。

一般に，組織における人のマネジメントの領域は，人的資源管理（ヒューマン・リソース・マネジメント）や人材マネジメントと呼ばれています。従来であれば人事管理や労務管理，経営労務などの呼称で呼ばれていた領域です。本書は，人のマネジメントに関する従来の枠組みや諸議論を踏まえながらも，今日的な新しい時代状況に合った「人のマネジメント」の知識を体系化する標準テキストをめざして書かれています。

本書の特徴は，第1に，「人のマネジメント」に関してこれまで学習したことがない初学者が一読しただけでも理解が可能となるように，簡単な用語でわかりやすく説明されていることです。社会経験のない若い学生の皆さんは，唐突に企業経営や人事の話を聞いても，ともすると全くバーチャルで現実離れした世界として受け取りがちです。本書は，大学生レベルの日常経験や感覚からしても，経営や人事の世界のおもしろさや重要性が十分に理解できるよう，概念の説明や事例の選択にも工夫を凝らし，平易で明快に説明しようとしています。書名に「経験から学ぶ」という冠を付したのはこのためです。

第2の特徴は，組織における人のマネジメントを学習するうえで必要となる周縁領域として，経営学や組織論，経営管理，労使関係，産業衛生などの基礎的知識についても一通りの説明がなされ，それらの周縁領域との関連において「人のマネジメント」が解説されていることです。人のマネジメントは，経営学はもとより経済学，社会学，心理学等にもまたがるそもそも学際的な領域であり，その精確な理解にはこれらの分野の基礎知識も必要となりますが，本書で学習することを通じ，これら関連諸分野の知識も併せて習得することが可能な構成になっています。

第3に，日本におけるこれまでの「人のマネジメント」の歴史的流れの概略がわかり，その延長線上に現代の最新トピックスが説明されていることです。1980 年代の日本的経営が全盛の時代と，21 世紀に入り 10 年が経過した現在とでは，わが国の「人のマネジメント」を取り巻く経済的社会的環境や基盤をなす技術が大きく変化しています。こうした時代の変遷を反映した「人のマネジメント」の変容の論理，なぜ今この論点が問題となっているのかというストーリーが，初学者にも一連の流れとしてすっきりと理解できるよう，丁寧な説明を心がけて書かれています。

第 4 には，わが国における人的資源管理の実態が，海外諸国との比較を念頭に置いて説明されていることです。日本企業の経営現象をとりわけ欧米諸国のそれと対比して議論する手法はこれまでも多くの類書で試みられてきましたが，本書ではその対比を，単なる仕組みや制度の比較にとどまらず，その背後にある組織の根本原理や基礎にある考え方の次元にまでさかのぼって対比しようとしています。こうした深層レベルから接近することで，学習者の「なぜ，そうなるのか」という素朴な学問的探求心を刺激し，また学術上の新たな疑問点を発見して自分なりにその解決の糸口がつかめるよう，工夫がされています。

第 5 に，本書では人的資源管理に関する一通りの知識が説明されているだけでなく，重層的で多面的に理解できるよう，書き方や表現法にさまざまな工夫が凝らされています。人のマネジメントの実践には，さまざまな制度や理念，社会的な制約条件等が相互に複雑に絡み合っています。こうして複層的に絡み合いながら生起する経営実践の現状を読者の皆さんが理解しやすいよう，本書の本文中には類書にはないほど頻繁に，他に参照すべきページや箇所が示唆され，また参考情報が豊富に紹介されています。各節の末尾には，その節の要点を簡潔にまとめた「キーポイント」が付されており，キーポイントのみを拾い読みしていくだけでも概略が読者の頭に入っていくように工夫されています。さらに各章の「コーヒーブレイク」では，人的資源管理の理論がいかに組織の現場で実践されているか，最先端の情報が盛り込まれ，理論の世界も現実味をもって理解できるようになっています。

本書は，経営学の入門テキストとして読者各位からご好評をいただきました前著『経験から学ぶ経営学入門』（有斐閣，初版 2007 年刊）の姉妹書という位置づけで，同書から説明方法や表現上の特徴を多く受け継いでいます。人的資源管理を学ぶ前に，経営学の全体像についても一通り学習しておきたいとお考えの読者には，同書の方も本書と併せてご一読いただくことを是非お勧めしたいと思います。

本書の作製にあたっては，実に多くの方々より多大なご支援を賜りました。まず，本書を『経験から学ぶ経営学入門』の姉妹書として企画・発刊することをご快諾くださいました，奥林康司先生（摂南大学教授，神戸大学名誉教授）をはじめとする共同執筆者の先生方に，この場をお借りして厚く御礼申し上げます。

また，本書のもととなる草稿を読み，素朴な疑問や感想をいくつもご指摘くださいました学生の皆さんのご協力がなければ，本書はここに存在していなかったといっても過言ではありません。関西大学社会学部の西村友希さん，齋藤由貴さん，和歌山大学経済学部の松井優弥さん，小川将太さん，黒木彰太さん，小畠奈央さん，長田彩さん，中塚尚子さん，日野里佳子さん，そして神戸大学大学院経営学研究科博士課程後期課程の川村一真さん，柴田好則さん，藤村佳子さん，櫻井雅充さん，どうもありがとうございました。

また，聞き取り調査のほかセミナーや研究会等を通じて実務の最前線の取り組みについてご教示くださいました実務家の皆様方に対しましても，逐一お名前をお挙げすることはできませんが，心より御礼を申し上げる次第です。すでに仕事に就いておられる方々にも本書を違和感なく読み進めていただけるとすれば，それはこれら実務家の皆様方からのご教示の賜物にほかなりません。

末筆になってしまいましたが，有斐閣編集部の秋山講二郎氏には，前著と同様，本書の出版にあたっても，度重なる編集会議に毎回ご出席くださり，またなかなか思うように進んでいかない執筆作業を2年の長きにわたり辛抱強く励ましてくださいました。執筆者一同，改めて深謝の意を表します。

本書が，人的資源管理や人材マネジメントの標準テキストとして，多くの学生や実務家の皆さんから愛読され，今後さらなる改善・進化を続けていくことを願ってやみません。読者の皆さんからの率直なご感想や忌憚のないご意見をご教示いただけますよう，お願い申し上げます。

2010年3月吉日

著　者　一　同

本書の利用にあたって

1. 各章の冒頭に，❖**この章のねらい**として，その章の概要と到達目標を提示しています。また◈**この章で学ぶキーワード**には，その章の最も重要な概念5〜10個を厳選して提示しています。ここに挙げられているキーワードは，各自で完全に説明ができるレベルにまで学修するようにしてください。
2. いずれの章も，章を構成する各節の末尾に，**キーポイント**として，その節の内容を簡潔に要約しています。このキーポイントの箇所のみを追って読んでいくだけで，その章全体の大まかな流れと概要が理解できるように工夫されています。
3. 本文中で**ゴチック体表記**にしてある用語は，人的資源管理を学修するうえで正確な理解が必要となるキーワードです。
4. 本文中に挿入されている**コーヒーブレイク**では，その章で取り上げた領域についての背景や関連する時事トピックス等について説明しています。このトピックスを読むことで，多面的な知識や最先端の情報が得られるように工夫されています。
5. 各章とも，ウェブサポートとして**演習問題**を3問ずつ設けています。①はその章の内容を理解して要点をまとめる問題，②は各種出版物やインターネット等を利用して企業の事例等を自分で調べる問題，③は本章で学修した内容をもとに深く考察するための問題となっています。各章の末尾に掲載されているQRコードを携帯端末等で読みとれば，各問題とともに，**出題意図と解答のポイント**を掲載したウェブサイトの情報を得ることができるようになっています。
6. ウェブサポートの**さらに進んだ学習のために**では，各章で取り上げたテーマをさらに深く学修したいと考える皆さんに一読をお薦めしたい文献を，日本語の読みやすい書物に限定して，簡単な紹介文とともに3冊だけ提示しています。ここに紹介した文献は，本書の次のステップとして読んでいただくと理解が深まると思われる学術書やビジネス書です。また，古典的文献や本文中で引用された文献，より高度な学修に必要となる文献等については，同じくウェブサポートの**引用・参考文献一覧**にまとめて掲載していますので，必要に応じて参照するようにしてください。
7. 巻末の索引は，**事項索引**と**人名・企業名索引**とから構成されています。事項索引は，掲載用語のすべてを本文中から網羅的に拾って提示しているわけではなく，その用語が定義的に現れている箇所や，横断的に参照すれば理解が深まる箇所のみを限定したうえでピックアップしています。また，本文や図表，コーヒーブレイクで引用・参照した人名や企業名については，事項索引ではなく人名・企業名索引のセクションにまとめて掲載しています。
8. このテキストブックでは，読者の皆さんが横断的な学修ができるように，関連事項について書かれた箇所を（☞**第○章**）や（☞**○ページ**）といった形で随所に提示するようにしています。余力のある皆さんは，これらの項目についてもできる限り参照し，重層的に学修を深めるようにしてください。

9. このテキストブックでは，各部の扉の裏面（2 ページ，72 ページ，274 ページ）に，その部で取り上げる各章の流れを**フローチャート**で図示しています。このフローチャートを適宜参照しながら読み進めることで，いま学修している章が本書全体の中でどのように位置づけられるかが論理的に理解できます。
10. このテキストブックは，最初から順に通読することで人的資源管理の全体像を体系的に学修できるようになっていますが，人的資源管理の各領域を限定的に学習したい皆さんには，いくつかの章を拾い読みすることで各領域の理解を深められるように工夫されています。人的資源管理（論）の位置づけや他領域との関連について学習したい皆さんは**第Ⅰ部**を読んでください。人的資源管理に固有の具体的な活動や制度について学修したい皆さんにとっては，**第Ⅱ部**を中心に読むだけでも一通りの知識が得られるようになっています。**第Ⅲ部**は，現代の人的資源管理でホットトピックスとなっている事象を知りたい皆さんにお勧めです。ただ，その場合にも第Ⅰ部と第Ⅱ部の各章冒頭に設けられている「この章のねらい」をざっと一読した後に読み進めることで，いっそう深い理解が得られるはずです。
11. 本書のウェブサポートは，有斐閣ウェブサイトの書籍詳細ページに掲載しています。

https://www.yuhikaku.co.jp/books/detail/9784641184732

目　次

第Ⅰ部　人的資源管理の位置づけ

第Ⅲ部　現代的トピックス：人的資源管理の多様化

第14章　多様化する労働時間と場所を組織はどう管理するのか　328

裁量労働・在宅勤務

第15章　多様化する働く意味づけを組織はどう管理するのか　354

ワークライフバランス・働き方改革

▒ 著者紹介と執筆分担

上林　憲雄（かんばやし・のりお）

1965年生まれ

神戸大学経営学部卒業，神戸大学大学院経営学研究科博士課程前期課程修了，英国ウォーリック大学経営大学院ドクタープログラム修了

現在，神戸大学大学院経営学研究科教授，博士（経営学），Ph.D.

主要著作　『人間と経営――私たちはどこへ向かうのか』（文眞堂，2021年，編著），『経験から学ぶ経営学入門（第3版）』（有斐閣，2024年，共著），『サステナブル経営――原理・潮流・実践』（同文舘出版，2025年，共編著）ほか

執筆分担　第1章，第2章，第3章，第12章，第15章

厨子　直之（ずし・なおゆき）

1979年生まれ

関西学院大学商学部卒業，神戸大学大学院経営学研究科博士課程後期課程修了

現在，和歌山大学経済学部教授，博士（経営学）

主要著作　『こころの資本――心理的資本とその展開』（中央経済社，2020年，共訳），「戦略コンピテンシーと人材コンピテンシーが人事担当者の職務満足に及ぼす影響――交互作用効果に着目して」（『日本労働研究雑誌』64（10），2022年，共著），『新版 人材開発辞典』（東洋経済新報社，2024年，分担執筆）ほか

執筆分担　第4章，第5章，第6章，第8章，第13章

森田　雅也（もりた・まさや）

1964年生まれ

神戸大学経営学部卒業，神戸大学大学院経営学研究科博士課程後期課程修了

現在，関西大学社会学部教授，博士（経営学）

主要著作　『チーム作業方式の展開』（千倉書房，2008年），『現代人的資源管理――グローバル市場主義と日本型システム』（中央経済社，2014年，共編著），『経験から学ぶ経営学入門（第3版）』（有斐閣，2024年，共著）ほか

執筆分担　第7章，第9章，第10章，第11章，第14章

第 I 部

人的資源管理の位置づけ

〔第Ⅰ部〕人的資源管理の位置づけ

第1章　人の管理とはどんなことか（人的資源管理入門）

第2章　組織は人をどのように捉えるのか（人間モデル・組織行動）

第3章　人の働く組織をどのようにつくるのか（組織設計）

〔第Ⅱ部〕人的資源管理の仕組み

第4章　組織は人をどのように雇い入れるのか（採用・異動）

第5章　組織は人をどのように育てるのか（キャリア開発・人材育成・教育訓練）

第6章　組織は仕事の結果をどのように評価するのか（評価・考課）

第7章　組織は人をどのように処遇するのか（昇進・昇格）

第8章　組織は人にどのような報酬を与えるのか（賃金・福利厚生・退職金）

第9章　組織は人の安全と健康をどのように守っているのか（安全・衛生）

第10章　組織は労働組合とどのように関わるのか（労使関係）

第11章　組織は辞めていく人とどのように関わるのか（退職）

〔第Ⅲ部〕現代的トピックス：人的資源管理の多様化

第12章　多様化する働く人たちを組織はどう管理するのか（ダイバーシティ・マネジメント）

第13章　多様化する雇用形態を組織はどう管理するのか（非正規雇用）

第14章　多様化する労働時間と場所を組織はどう管理するのか（裁量労働・在宅勤務）

第15章　多様化する働く意味づけを組織はどう管理するのか（ワークライフバランス・働き方改革）

第１章

人の管理とはどんなことか

人的資源管理入門

❖この章のねらい

本書で皆さんがこれから学習を始める「人的資源管理」では，企業をはじめとする組織体において働く人たちをどうやって管理すればよいかについて学ぶことになります。では，組織においては具体的にどういった人たちが働いているのでしょうか。そもそも「人を管理する」とはどういうことを指し，何のために管理する必要があるのでしょうか。また人の管理には他のモノやカネの管理と比べてどのような特徴があり，どういう点に気をつけて管理しなければならないのでしょうか。これらの点は，人的資源管理を学習するうえで最も基本的な事項です。

また，こうした人的資源管理の特徴や仕組みは，時代を経てもずっと変わらず同じだったのでしょうか。変わった部分があるとすれば，なぜ変わり，またどのように変わってきたのでしょうか。あるいは，日本と他の諸国とでは，同じ特徴や仕組みであると考えてよいのでしょうか。違うとすれば，それはなぜで，どのように異なっているのでしょうか。

第１章では，本書全体のイントロダクションとして，これら人的資源管理の基本と全体像，本書のプランについて概説します。

◆この章で学ぶキーワード

◎人的資源管理　◎人的資源　◎マネジメント　◎人事労務管理

◎戦略的人的資源管理　◎人的資本経営

1　企業経営における人の管理

1-1　人的資源管理とは

人的資源管理では，組織体において働く人々の管理について学習します。組織体には，企業以外にも役所，病院など，さまざまなものが存在しますが，ここでは数ある組織体の中で，経営学で取り上げられることの最も多い企業を例に挙げて考えてみることにしましょう。

企業は，一般にヒト・モノ・カネ・情報やその他さまざまな経営資源を利用しながら経営しているといわれます（本書では，経営資源としての人という側面を特に強調して表現する際，カタカナ書きで「ヒト[1)]」と書くことにします）。例えば，企業が工場で自動車をつくるという例で考えてみましょう。経営者は，まず工場で働くための従業員（ヒト）を雇い入れたり，工場で稼働させる生産ラインや機械設備を購入するためにカネを支出したりしなければなりません。雇われた人たちは工場に導入されたそれらの機械設備を実際に動かし，原材料である鉄やねじ，タイヤなどを製品である自動車へと変換していくわけです。これは自動車会社の例示ですが，どのような業種・業態の企業であれ，また大企業であれ中小企業であれ，いずれにおいてもヒト・モノ・カネその他の経営資源を適宜組み合わせながら変換活動を行うことで，何らかの製品やサービスを生み出しているといえます。そして企業は，それら製品やサービスを最終的には市場に出し（マーケティング），売上や収益を獲得するわけです。この様子を示したのが図1-1です。

企業にとって，そこで働く人々は必要不可欠で重要な要素の1つです。働く人々の1人ひとりが企業にとって有意義な活動を行い，企業全体としてうまく調整・調和のとれた状態になっていなければ，企業は継続的に事業を存続し企業の目的を達成することができないでしょう。**人的資源管理**とは，このように企業が経営目的を達成するために，働く人々（**人的資源**）を管理するための一連の活動を指します。

この人的資源を管理するための活動は，それぞれの企業において制度（ルール，決まりごと）として設計され実施されていることもあれば，必ずしも制度としては定着していなくても，慣行（慣わし）として行われていたり，あるい

図1-1　企業経営のシステムと経営資源

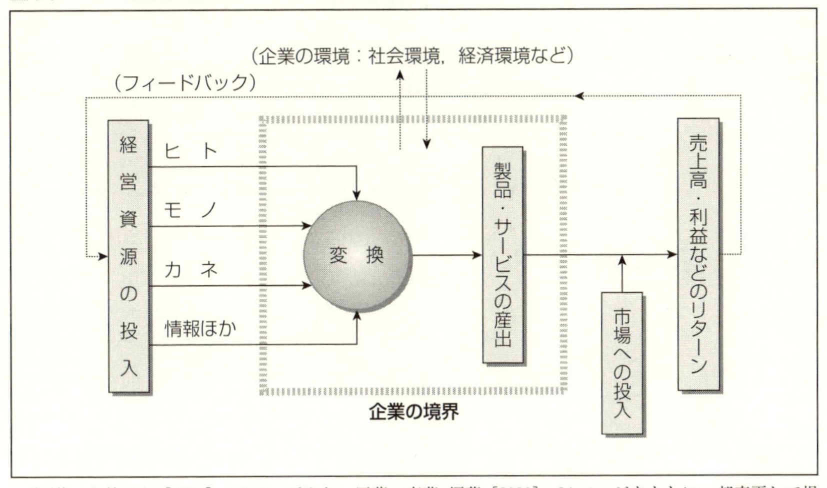

出所）上林ほか［2024］，14ページより。原著：齊藤 編著［2020］，24ページをもとに一部変更して掲載。

はその都度，時と場合に応じて随時行われたりする単発の活動もあります。制度としてある程度決められている人的資源管理の活動を，**人的資源管理制度**ないし**人事制度**と呼びます。企業で働く人々を管理するための活動は，制度として設計・運用されているかどうかに関わりなく，すべて人的資源管理に含められます（☞第2節9ページ）。

1-2　さまざまな人々

ひとくちに「企業で働く人々」といっても，企業には多種多様な人々が働いています。図1-2は，一般的な企業の典型的な組織図と，それぞれの部署でどのような人たちが働いているかを，典型的な**職位**（組織での業務遂行上の地位）の呼称で示したものです。

図1-2は製造企業の場合を簡略化して例示したものですが，この図の上半分に表されているように，製造企業は，モノづくりを業として営んでいくうえで最低限もっておかなければならない機能として，どんなモノをつくるべきかを検討する研究開発の機能，実際にモノをつくる製造機能，つくったモノを売る販売機能の3つがあり，それぞれの機能が部署として組織されているはずです（こうした企業の基本的役割のことを**職能**と呼びます。☞第3章52ページ）。働く

図1－2　製造企業における組織図と職位の例

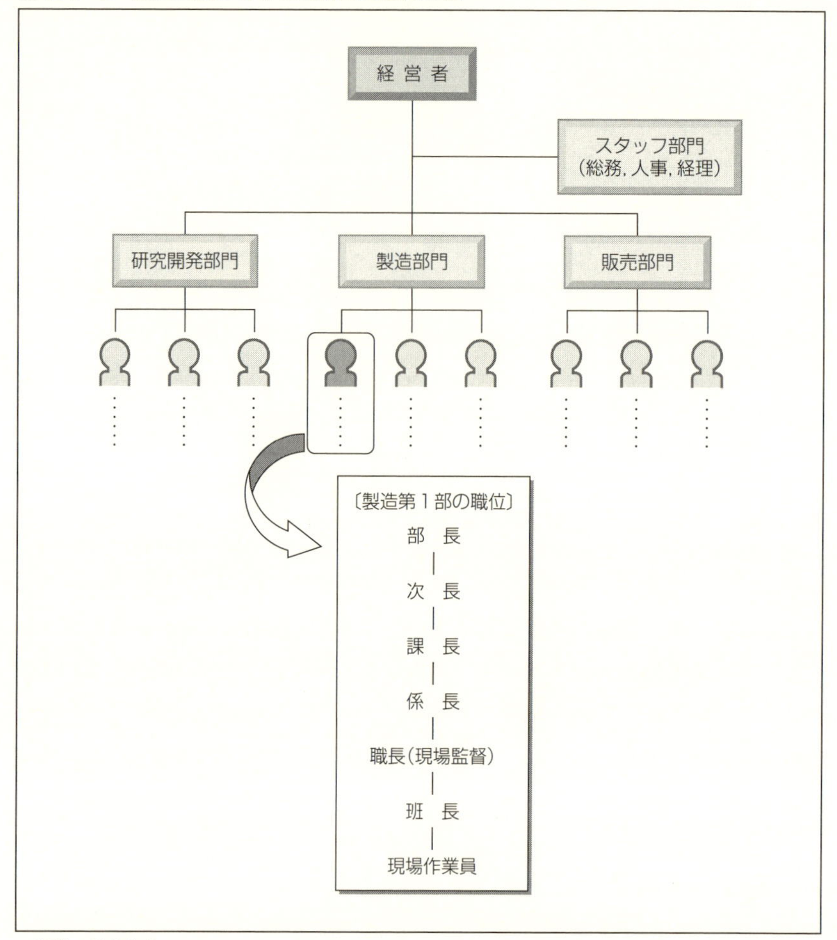

出所）筆者作成。

人々に着目すれば，研究開発部門では研究技術者や開発技術者などのエンジニア（☞第13章315ページ）が，また製造部門の工場では，現場作業員や職長らが，また販売部門では実際に販売に携わる営業スタッフが，それぞれ仕事に従事しているということになります。

また，図の下半分に示されているように，各部門の内部には，誰が誰に対する権限を有しているかを示す指揮命令系統が構築されています。例えば，製造部門では，部長以下，次長，課長，係長と続き，工場の作業現場の最前線で作業に携わる現場作業員に至っています。このように指揮命令の権限があり，業務の遂行に直接関わるメンバーのことを**ライン**と呼びます。また，これらライン部門以外の部署で専門家としての立場からラインの業務を補佐する人たちのことを**スタッフ**と呼びます。スタッフは参謀とも呼ばれ，ラインへの命令権をもたない，総務部や人事部，経理部などの部署で働く人たちのことで，組織図上では多くの場合，トップの経営者とラインの各部門の間に，横側へはみ出して書かれています。

あるいは，企業に雇われる際の形態（雇用形態）でみても，働いている人たちは正社員に限りません。例えば製造部門の工場においては，正社員以外にも派遣社員や契約社員，パート従業員やアルバイトなどの非正規社員が含まれていることもあります（☞第13章305ページ）。こうした非正規社員は，仕事の繁閑に応じて雇われたり雇われなかったりするのです。

企業のトップは，こうしたさまざまな職位にある従業員や，多種多様な形態で雇われている従業員を企業目的に沿って働かせ，最終的に収益が上がるように管理しなければなりません。企業が人を管理するにあたって基軸となる考え方はこの最終的な収益向上です。したがって，私たちは企業のいかなる人的資源管理の活動を検討する際にもこの基本となる視点を忘れてはなりません。

キーポイント1.1

人的資源管理は，企業で働くさまざまな人々を管理するための活動である！

2　人的資源を管理するということ

2-1　管理のサイクル

このように，企業には多種多様な人々が働いており，企業目的の達成へ向けて管理しなければならないことはわかりました。では，そもそも人々を「管理する」とは，具体的にどういうことを指すのでしょうか。また，働く人々の管理のために，企業はどのような仕組みを設けているのでしょうか。

管理のことを，英語では**マネジメント**（management）といいます。このマネジメントにどのような活動が含まれるかについては，経営学で古くから多くの議論がなされてきました。中でも最も有名なのは，マネジメントには計画（plan）・執行（do）・統制（see）の活動があり，この一連のサイクル（**マネジメント・サイクル**といいます）がうまく回るよう，経営者は努めなければならない，とする定義です。

ここにいう「計画」とは，社長が経営目標に沿って経営戦略を提示し，それに沿った具体的な計画を立てて部下に具体的な仕事のやり方を指示することです。「執行」とは，実際に従業員に仕事を割り当て，指揮・命令を行うことです。「統制」とは，当初の計画と実際に執行された結果とを照らし合わせ，その差異を次の計画策定の際に参考にすることを指します。人的資源管理もマネジメント活動の1つですから，人的資源を管理するということは，企業で働くさまざまな人々に対して，こうした計画・執行・統制のサイクルをうまく回していくことにほかなりません。

では，この一連のマネジメント・サイクルは，企業組織の中ではどのような仕組みや制度，活動として具現化されているでしょうか。

2-2　人事部の活動

企業において，こうした人的資源管理活動に携わる主な部署は**人事部**です。人事部は，図1-2でみたように，スタッフ部門の中の職能として位置づけられています。この人事部という部署は，最近では「HR（人的資源〔ヒューマン・リソース〕）部」とか「人財部」とか，さまざまな呼称がつけられていることがありますが，ここでは人事関連の仕事を取り扱う企業内部署を総称して「人事部」と表現することにしましょう。

人事部が行っている人的資源管理のための具体的活動としてはさまざまなことを挙げることができますし，それらは企業の規模や業種，社歴，地域などに応じて多種多様ですが，その共通する要素を抽出すると，概ね以下のような流れで捉えることができるはずです。

(1)　人員を雇い入れる

まずは仕事をする人員を企業外部から雇い入れる（採用する）ことが必要です。

(2)　人員を育てる

雇い入れてすぐに仕事に就かせるわけにはいきません。仕事ができるように育成しなければなりません。また，仕事へのやる気，意欲を高めてやることも必要です。

⑶　仕事に就かせる

仕事ができるようになれば，実際に仕事を割り当て，職務をさせるのが次のステップです。

⑷　仕事の結果を評価する

各自に割り当てた仕事は，企業が期待している通りにきっちりできているかどうかをチェックしなければなりません。

⑸　処遇を決める

きっちりと仕事ができている人は昇進させて賃金を上昇させたり，逆にできていない人は降格し，場合によっては賃下げをしたり，といったような仕組みを考えなければなりません。

これら人事部の活動を，先述のマネジメント・サイクルに当てはめていうなら，「計画」に相当する活動は，仕事の準備段階という意味において ⑴「人員を雇い入れる」と ⑵「人員を育てる」，「執行」は ⑶「仕事に就かせる」，「統制」にあたるのが ⑷「仕事の結果を評価する」や ⑸「処遇を決める」ということになるでしょう（このように，人的資源管理の諸施策をこれらのサイクルごとに分け，各サイクルの中から1つずつ施策を取り出して「人的資源管理の束」〔バンドル：bundle〕をつくり，この束の管理を通じて人的資源管理活動がうまく機能するように設計しようとする考え方もあります）。

第1節でも触れたように，これらの人事部の活動は，企業の人事制度としてきっちりと定着しているものもあれば，必ずしも制度化はされていない単発の活動も含まれています（☞4～5ページ）。例えば，⑴「人員を雇い入れる」活動には，第4章・第11章で述べるように，採用制度・退職制度が人事規則として明文化されていたり，雇用管理の制度として「コース別雇用管理制度」が設けられていたりといったような，明確な人事制度として対外的にオフィシャルな形で公表されている活動もあります。逆に，企業の人事部は，新卒者を囲い込むためにインフォーマルなリクルート活動を展開することもありますが，こうした活動はきっちりとした制度としては定着していなくても，人員を雇い入れるための活動であることに変わりありません。したがってインフォーマルなリクルート活動も，立派な人事活動の一部であるわけです。

同様に，⑵「人員を育てる」活動には，教育訓練制度やキャリア支援制度としてきっちりと制度化・体系化されている活動もあれば，従業員が仕事にやりがいを感じて一生懸命取りかかれるように，個別に励ましの言葉をかけてやる気を高めてやるような活動も含まれています。このように人事部は，人事制度として明文化され整備されていなくても，組織目標を達成するために人を管理するうえでは欠かせない多様な諸活動にも関与しているのです。

キーポイント 1.2

人的資源管理には，人員を雇い入れ，育て，仕事に就かせ，評価し，処遇する一連のサイクルがある！

3　人的資源管理の役割

人事部は組織目標の達成のために人のマネジメントに関わるさまざまな活動に従事していることがわかりました。では，これらの諸活動は，企業経営の全般からみると，どのような役割を果たしているといえるでしょうか。言い換えると，これらの人事活動を通じて，企業は最終的にどうしようとしているのでしょうか。

企業の最終目的は，第2節でも触れたように，収益を上げ，その企業の事業を継続させていくことです（このように，事業をずっと継続させようとする企業体を**ゴーイング・コンサーン**と呼ぶ場合があります)。したがって，人のマネジメントに携わる人事諸活動も，このゴーイング・コンサーンとしての企業の最終目的との関連においてその役割・機能を理解する必要があります。

3-1　人を働かせて能率を上げる

まず何よりも，企業は従業員を一生懸命働かせ，**作業能率**を上げなければなりません。ここでいう作業とは，工場労働のような肉体作業はもちろんのこと，それ以外にも事務作業や管理業務のようなホワイトカラー労働も含めるものとして捉えてください。

作業の能率は，一般的には少ないインプット（投入量）で最大限のアウトプット（結果，成果）を達成することで高くなります。分数で表すと，アウトプット/インプットです。従業員が企業で作業に従事するという状況に当てはめて考えれば，インプットは，企業が従業員に対して支払う賃金（労務費，人件費），アウトプットは従業員が実際に働くことで新たに生み出した生産物や製品の価値（付加価値といいます）ですから，分母の賃金が低ければ低いほど，そして分子の付加価値が大きければ大きいほど，作業能率は高くなるということになります。したがって，企業がそこで働く人々に対して期待する最も基本的な姿勢は，相対的に低い賃金のもとでより多く働いてもらうこと，ということになります。学生の皆さんにとってはとても冷たく聞こえるかもしれませんが，これは収益を上げることという企業の最終目的からして至極当然のスタンスということになります。

例えば，第2章でみるように，テイラー（Taylor, F. W.）が労働者の作業能率を上げるための手法として導入した差率出来高賃金の仕組み（☞29ページ）は，「標準的作業量」を定め，それを達成できた労働者とできなかった労働者とで賃率を変える経済的インセンティブを付与することを通じ，労働者1人ひとりの作業能率を上げようとしています。

経営者と従業員とは，明示的であれ暗黙裏であれ，「これだけの仕事をすれば，これだけの賃金がもらえる」という契約を交わしているわけなのですが，ここで重要なポイントは，一般的に企業の最も根本的な姿勢としては，なるべく分母を小さくし，分子を大きくすることで作業能率を上げるようにもっていきたい，という動機をもっているということなのです。つまり，かかるコストをなるべく低く抑え，生成される成果のほうは極力高くするようにもっていこうとする企業の発想法が「作業能率を上げる」という具体的中身であることを，ここでは押さえておいてください。

2-2でみた人事部の諸活動，すなわち人員を雇い入れ，教育訓練を施し，仕事に就かせ，結果を評価して処遇を決めるという一連のサイクルを回し，各制度を運用していく際にも，その大原則はこの作業能率を上げるためにこそ行われているのだという視点を忘れないようにしなければなりません。

3-2　人を組織にとどまらせる

3-1でみたように，働く人たちの作業能率を上げることで企業の業績や収益は向上するはずです。ただ，その時々の短期的なスパンでみた際の作業能率が高かったとしても，そのような能率の高い状態が長期にわたって継続されなければあまり意味はありません。つまり，企業が作業能率を上げようとするあまり，従業員の心理的な疲労がたまり欠勤しがちになったり，いやになって別の会社へ転職をされてしまったりしては逆効果です。能率向上へのプレッシャーが強すぎて上司との関係がまずくなったり，労使関係がこじれストライキが発生して関連業者などからの苦情処理に右往左往しなければならない状況になったりすれば，企業は大きなコストを支払わなければならなくなりますし，結果的には長期的視点からみて企業の効率を向上させたことにはなりえないのです。

そこで，企業が人を管理する際に重要となるのは，働いている従業員を組織に引きとどめ，**組織一体感**を高めて，従業員にその企業で働くことを好きになってもらうことです。能率向上を促すあまり，難しくなってしまいがちな企業と従業員との関係をできる限り緩和し，従業員と企業との間のコンフリクト（衝突，対立）を少なくするような工夫が必要となるわけです。

例えば，職場では懇親のためにレクリエーションやスポーツ大会などが企画されていることがありますが，これは従業員相互が交流しあい，仕事を離れて互いに親しくなるうえでの重要なきっかけを提供することになります。あるいは，労使の利害が対立しがちな賃金や労働時間などの労働条件については，労使双方はお互いに顔を突き合わせ団体交渉を実施して対決しますが，こうした労使対立的な側面ばかりではなく，労使双方が作業条件や生産，教育訓練，福利厚生などの事項について協議しあうための仕組みとして労使協議制と呼ばれる制度が広く普及していることはよく知られています（☞第10章234ページ）。この労使協議制は，従業員サイドと企業サイドのコミュニケーションを改善し，両者の無用な対立を回避して組織を統合させるうえで重要な役割を果たしているわけです。

3-3　企業戦略と適合させる

個々の従業員の作業能率が上がり，各自が所属組織を気に入ってとどまってくれたとしても，企業としては，各自が従事している作業それ自体が，本当にその企業の目的にかなったものとなっているかどうかのチェックが必要です。企業は，既述のようにゴーイング・コンサーンとして事業を継続させなければなりませんが，企業の具体的な目標はその時々の環境の変動に応じて変わってきます。そこで必要になるのが，各人の作業と企業戦略とが整合しているかどうかを確認し，すり合わせる作業です。確認した結果，企業戦略とずれが生じている場合には軌道修正し，作業内容を変更させることが必要です。先述のマネジメント・サイクルに当てはめていうと「統制」にあたる役割を指すということもできるでしょう。

例えば，「人員を雇い入れる」活動には，正社員以外にパートタイム従業員や学生アルバイトを雇い入れることも含みますが，これら非正規社員（非正規労働者☞第13章）を雇用するか否かを景気の変動に応じて変化させることが，企業経営としては必要となってきます。好景気で製品がよく売れ，生産量を増加させなければならないような場合には，企業は忙しくなりますので臨時的に人員を雇い入れることが必要となりますが，逆に不況になれば，当然これらの人員は不要となるわけです。つまり，企業の人的資源管理としては，不況期には，他の作業員も含めた作業工程の全体をみながら各作業員の仕事量を間引くか，あるいは臨時に雇用した人員に辞めてもらうというように軌道修正を行う必要が出てくるわけです。

また，第4章でみるように，「人と職務のマッチング」をうまく行うために最近注目されている制度として社内公募という仕組みがありますが（☞96ページ），この社内公募制度は，企業が新規事業を展開するうえで必要な人材を，社内の各部署から無理なく調達し，各自の希望やもてる能力と職務上の要件とをうまくマッチングできるように考えられた仕組みです。社内公募制度のもとでは，人事部はその新規事業に関して募集する職務の要件やキャリアを公開して求人をかけ，社内各部署の従業員は自分自身の能力や将来展望を加味しながら，その求人に応募するようになっています。こうして，新たな業務における具体的な職務内容とそれに合致した適性・能力をもった従業員とがうまく組み合わされるよう工夫がなされているのです。このように人的資源管理は，企業のその時々における経営戦略と各自の作業内容とをうまく適合させる役割を担っているといえます。

こうした企業戦略と各従業員の作業内容とをマッチングさせる役割は，後述するように，いわゆる戦略的人的資源管理という考え方（簡単にいうと，人事活動を，企業の業績アップに直接的に寄与しうるよう経営戦略と密接に関連づけようとするマネジメントの発想法のことです。☞20ページ）が普及してくるにつれ，いっそう重要な機能として注目されるようになってきています。

キーポイント 1.3

人的資源管理は，個々の従業員の短期的な作業能率を向上させるだけでなく，企業全体の長期的効率を向上させるために従業員を引きとどめ，企業戦略と適合させる役割を担っている！

4　人的資源管理の特徴

企業が管理しなければならない経営資源は，人的資源（ヒト）以外にも物的資源（モノ）や財務的資源（カネ），情報的資源など，たくさん存在します。では，人的資源のマネジメントはとりわけ他の資源のマネジメントと比して，どのような特徴を有しているのでしょうか。

人的資源ないし人的資源管理に固有の特徴として，以下の４つの点を挙げることができます。

4－1　人が他の資源を動かす

第１の特徴は，人的資源それ自体が，モノやカネ，情報などの他の諸資源を動かす原動力になっているということです。当たり前のことですが，企業経営の現場で，実際に機械設備を動かし製品を産出する活動に従事するのは，従業員である人間です。いくら最新鋭の機器を導入した工場でも，それらの機器は人がスイッチを押して稼働させない限り動かすことができませんし，いかなる活動も起こせません。

同様に，どれほどの大金を稼いだところで，それを実際に使うのは人間です。紙幣は，人間がそこに価値交換の手段としての意味を見出さないのであれば，単なる紙くずにすぎません。また情報的資源も，人間が生の「データ」に何らかの価値や意味を見出してこそ，はじめて経営のいろいろな局面に適用でき，真に「情報」となるわけです。データの段階は単に数字が羅列されているにすぎません。データから何を読み取るかは，人間の価値判断次第で変わってくるということです。

このように，他のあらゆる経営資源を動かすうえでの大元は，人間なのです。

4－2　人は思考し，学習し，成長する

人的資源が固有に有している第2の特徴は，人的資源は生身の人間であり，そのため日々，思考し，学習を繰り返しながら成長していく主体的な存在であるという点です。いうまでもなく，他のモノ・カネ・情報などの資源にはこのようなことはありえません。

こうした特質をもっているがゆえに，人的資源は，企業に採用されはじめた当初よりもどんどん質が高まっていき，企業に対してより大きな貢献をなすことができるようになっていく可能性を秘めているといえます。だからこそ，企業は従業員に対し教育訓練を施し，人材を育成しようという動機をもつわけです。他の資源，例えば工場で生産活動に用いる器具や機械などは，人間が手を加えて改良されなければ，その機能を高めることができないのです。この点は，当たり前のようでいて，実は非常に重要な人的資源の特徴をなしています。したがって，企業としては，人的資源がもつ潜在力をできる限り伸張させ，経営活動のさまざまな局面に最大限に活用できるようにすることが，収益向上という企業目的を達成するうえできわめて重要になってきます。

4－3　管理者の好き放題には使えない

先述の第2の特徴が重要なポイントとなるゆえんは，管理者が人的資源である従業員を管理する際に，あまりに管理者の好き放題の手法で接すると，管理される側である従業員が，管理者の指示を必ずしも快く聞き入れてくれないような事態が発生してしまうためです。4－2でも述べたように，人的資源は他の諸資源と違って生身の人間ですから，感情や感覚を有しています。管理者からの要請には，当該組織の従業員である以上，できる限り応えなければならないのですが，ときには気乗りがしなかったり，上司に対して腹が立ったりすることもあります。そして，どうしてもこらえきれなくなったとき，“反乱”行動をとったり，退職してしまったりということも起こりえます。

このことは，管理者は人的資源を管理する場合には，管理されるべき対象である人間に対して十分な配慮をしてやらなければならない，ということを意味しています。モノやカネ，情報などの経営資源に対しては，管理者がまったく好き勝手に使うことも可能ですが，人的資源に対してだけはそうはいかないのです。つまり，企業が業績向上を企図して従業員を管理する際，管理されるべき対象である従業員に配慮しながら経営していかざるをえないところに，まさ

に人的資源管理固有の特徴があるといえます。この意味で，人的資源管理は他の諸資源のマネジメント以上に難しい側面を有しているといえます。

4-4　イノベーションが起こりにくい

人的資源管理は，こうした非常に厄介な特性をもっているために，経営学が生まれた20世紀初頭以来，これぞ決定版といえるようなマネジメント手法がいまだ発見されたことはありません。イノベーションが起こりにくいのです。他の資源のマネジメントに比べてみるとそのことはよくわかります。

他の領域，例えばモノの管理を取り扱う生産管理（品質管理）では，QCC（品質管理サークル：Quality Control Circle）や TQC（全社的品質管理：Total Quality Control），TQM（総合的品質管理：Total Quality Management）などと10年に一度くらいの頻度でマネジメントの新たな発想法が編み出されてきました。カネや情報の管理についても同様です。ただ，人のマネジメントの領域ではそのようなことはありませんでした。管理される対象が生身の人間であるという本質は，たとえ時代が変わったとしても，永久に変わることがないからです。

人のマネジメントにおける永遠のテーマは，収益を上げるために，厳しく管理しようとすればするほど従業員は窮屈に感じて仕事がやりにくくなり，だからといって緩く管理してしまうとさぼってしまう人も出てくるので作業効率も上げられず，したがってその両者間のバランスが重要である，という点です。このバランスを，その時々の経営環境や組織体内部の状況に応じていかにうまく確保するかという点こそが，人のマネジメントの要諦なのです。

経営学の発祥以来，人的資源管理の諸理論が明らかにした最大の発見，これだけは確実にいえるという発見は，「人は，単調で反復的作業ばかりに就いているとやる気があがらないので，たまには仕事を交代したり，仕事範囲を拡張したり，自分の能力より少し高めのチャレンジングな仕事を与えられたりしたほうがやる気があがり，効率もあがりやすい」という，一見当たり前の事実です（☞第2章）。乱暴な言い方をすれば，人的資源管理論におけるこれ以外の発見事実はいまだ不確定さを内包しており，さらに追試が必要な命題ばかりであるといっても過言ではありません。それほど人的資源管理の領域においては管理手法のイノベーションが起こりにくいものなのです。

キーポイント 1.4

管理されるべき対象が生身の人間であることが，人的資源管理の最大の特徴である！

5　人のマネジメントの変遷（へんせん）と多様性

前節で述べたように，人のマネジメントは，管理される対象である人間の特性が時代を経ても変わらないことから，経営学の発祥以来，マネジメントのあり方として大きく変わることはこれまでほとんどありませんでした。しかし，1990年前後から，世界的にみて，それまでの人のマネジメントのあり方とは違った発想法が生まれてくることになりました。実は，人的資源管理という呼び方が市民権を得てきたのはせいぜいここ十数年のことで，それまでは人のマネジメントの総称は**人事労務管理**が一般的だったのです（こうした基本的な考え方や発想法のことをパラダイムという語で呼ぶこともあります）。

では，人事労務管理と人的資源管理とは，どこがどのように異なっているのでしょうか。

5-1　人事労務管理から人的資源管理へ

次ページの表1-1は，人事労務管理と人的資源管理の相違を，それぞれのパラダイムの背後にある思想・前提，戦略的側面，ライン管理，主要な管理手法の各次元に沿ってまとめたものです（この表のまとめは，外国での経営実践を前提に書かれていますので，日本企業の実践とやや異なる部分もありますが，ひとまずその点は置いてください）。

表1-1の各項目を1つずつみていけば細かな相違が浮き彫りになりますが，大きくまとめると，人事労務管理と人的資源管理の両パラダイム間の相違は次の5点に要約することができます。

(1)　企業戦略と人事とのリンクの強化

第1に，人的資源管理では，人事労務管理と比べて，全社的な経営戦略との結びつきが強くみられるようになっていることです。人的資源管理パラダイムのもとでは，トップの戦略計画が策定される際には，中長期にわたる人員の採

表1－1　人事労務管理と人的資源管理の対比

次　元	人事労務管理	人的資源管理
思想・前提		
契約関係	明記された契約内容の正確な履行	「契約を超える」ことが目標（心理的契約）
規　則	明確な規則とその遵守が重要	「規則」を超えて「できそうなこと」を探求
管理者活動への指針	手続き・体系性の統制	「ビジネス・ニーズ」や柔軟性へのコミットメント
行動の枠組み	規範・慣習と実践	価値観・使命
労働者に対する管理業務	監　視	育　成
コンフリクト	制度化	強調されず
標準化	高い（「全員が同一」がめざされる）	低い（「全員が同一」は不適切，個々人によって異なると考えられる）
戦略的側面		
鍵となる関係	労働者―経営者	企業―顧客
イニシアティブ	断片的	統合化
事業計画との整合	小さい	大きい
意思決定のスピード	遅　い	速　い
ライン管理		
管理の役割	業務処理が中心	常に変革・革新をめざす
主要な管理者	人事労務・労使関係の専門家	経営トップ，部門長，ラインの各管理者
求められる管理技能	交　渉	支　援
主要な管理手法		
選　抜	企業の全体目標から分離されて行われ，重要度が低い	企業の全体目標と統合されて行われ，重要度が高い
報　酬	職務評価：多数の固定的なグレード	パフォーマンスと連動：グレード固定はほとんどなし
組織的状況	労使対立を前提とした交渉	労使協調を前提とした調和
コミュニケーション	限定的な流れ・間接的	増大した流れ・直接的
職務設計	分　業	チームワーク
人員の訓練・育成	最小限の教育訓練投資，学習機会はなし	大きな教育訓練投資，「学習する組織」

出所）ブラットン・ゴールド 著，上林ほか 訳［2009］，41ページをもとに一部抜粋，変更。

用・削減計画など，必ず人事関連の問題とリンクさせながら計画が立てられることになり，この点が人事労務管理とは異なると認識されています。

(2)　能動的・主体的な戦略的管理活動

前記(1)の点とも関わりますが，第2に，人的資源管理は，能動的・主体的な戦略的管理活動の中心にくるべきマネジメントとして位置づけられていることが挙げられます。人事労務管理においては，従業員の給与計算や保険業務などの定常業務を行ったり，あるいは職場でのコンフリクトや労使紛争が発生した場合にそれら諸問題を解決する「火消し活動」的業務に従事したりといったような，後追い的な業務が大半でした。ですから，人事労務管理から人的資源管理への移行は，受け身的なマネジメントの姿勢から能動的・主体的な姿勢へと，人のマネジメントの基本的発想法が変化したものとして捉えることが可能なわけです。

(3) 心理的契約の重視

第3に，人的資源管理モデルでは，経済的な側面での契約のみならず，いわゆる**心理的契約**（psychological contract）の重要性が強調されていて，この点が従来とは異なります（☞第11章251ページ）。人事労務管理の時代には，従業員は規定上定められた給与水準に応じて労働するという，法律的な雇用契約に基づいた発想法が中心でした。しかし，人的資源管理パラダイムのもとでは，経営者と従業員間には心理的な暗黙の相互期待があることが前提とされています。

例えば，経営者は従業員に「これだけの条件であれば，この程度は働いてくれるはずだ」と期待しますし，従業員としては「経営者は，当然こうしてくれるはずだ」というように期待するわけです。いわば，相互に，暗黙の期待感が存在するわけで，それを心理的契約と呼びます。人的資源管理パラダイムでは，経営者と従業員が心理的契約を結ぶことを通じて組織全体として一体感を高めていくことをめざしています。人を管理するにあたって，単なる法律上の雇用契約を超えた心理的契約を，いかにうまく活用するかが鍵となっているわけです。

(4) 職場学習の重視

第4に，人的資源管理パラダイムにおいては，従業員の職場における**学習**（learning）の重要性が認識されている点が大きく異なります。人事労務管理の時代にあっては，従業員は，単に与えられた仕事をこなすだけの存在であり，企業がその仕事をこなしたという事実に対し賃金を支払わなければならないことから，企業にとってもっぱらコスト（人件費）として捉えられていました。人的資源管理のパラダイムでは，もちろん賃金支払いとしての人件費がかかることに変わりはないわけですが，むしろ従業員は，教育訓練投資を十分にかけて学習させ成長させることができれば，企業にとっても莫大な富をもたらしうる存在であると認識されるようになってきたのです。いわば，従業員を企業にとってのコスト要因としてではなく**競争優位の源泉**として捉えるようになったという意味において，人をみる視点が人事労務管理パラダイムからは180度転換したともいえます。

(5) 集団全体よりも個々人の動機づけを考慮

第5に，人的資源管理では，マネジメントに際して，組織成員を集団的に取り扱うのではなく，従業員個々人にフォーカスを当て，個々人の動機づけを考慮しながら組織目的の達成が志向されています。したがって，人事労務管理の時代にあっては重要であった労使関係的側面，すなわち，職場における労働組合代表者の役割や従業員全員と経営者との対立関係といった集団的側面は影が薄くなっています。世界的視野でみても，人的資源管理という考え方が勃興してきた時期と，労働組合員数が減少してきた時期とはほぼ合致しているといわれています。

人事労務管理と比較した場合の，これら人的資源管理の特徴としては，とりわけ企業戦略と人事活動との一貫性が志向されていることが理解できるでしょう。こうした人的資源管理の戦略的な側面を捉えて，特に**戦略的人的資源管理**（SHRM: Strategic Human Resource Management）という呼称が用いられる場合もあります。

5-2　人的資源管理の国際比較

5-1では，人のマネジメントに関する基本的発想法の変化について歴史的な観点から時間軸に沿ってみてみましたが，人的資源管理の学習においてもう1つ重要な視点は，空間軸に沿ってグローバルに人的資源管理を比較してみることです。つまり，日本の人的資源管理とアメリカやヨーロッパ，アジア諸国などの人的資源管理の制度やプロセスを比較し，どこが同じで，異なる点があるとすればどの点がどのように異なるのか，それはなぜなのか，という観点から検討してみることです。

本書では以下において，主として日本の人的資源管理の仕組みを中心に解説しています。とりわけ，日本企業と欧米（アメリカ，ヨーロッパ）企業との間の比較が，念頭に置かれて説明されています。一般に，日本企業はこれまで欧米企業と違う仕組みを用いて発展してきたこともあり，両者間の相違を検討してみることで，多様な実態を知るうえでのより深い理解が得られるためです。

一般によくいわれている伝統的な日本企業とアメリカ企業の異同は，2-2の(1)〜(5)に沿って大雑把に要約すると，表1-2のようにまとめることができます。

この個々の項目に関する比較については以下の各章で詳しく学習しますが，最も基本的で根本的な相違は，第3章で学ぶように，日米間では組織の組み方や仕事のあり方（組織原理）が異なっていることです。日本企業では，仕事をする際に，アメリカ企業よりも職務範囲が広く，1人の作業員がこなす仕事が

表1－2　典型的な日本企業（1980年代）とアメリカ企業の相違

	日本企業	アメリカ企業
人員を雇い入れる	長期雇用・正規社員が中心	短期雇用・非正規社員も多い
人員を育てる	企業特殊的，企業内教育（特に OJT）が中心	汎用的，企業外機関による教育訓練
仕事に就かせる	緩い分業	厳格な分業
仕事の結果を評価する	能力主義	職務・業績主義
処遇を決める	職能資格制度，能力給	職務等級制度，職務給

出所）筆者作成。

多岐にわたっているという特徴があるといわれています。

この点は，経営環境の変動に対して日本企業が柔軟な作業組織を形成している基礎になっています。個人が単に与えられた仕事をこなすというだけにとどまらず，この点が大元になって，人員を管理する人的資源管理制度のあり方も日米で大きく異なってくることになるわけです。

キーポイント 1.5

日本の人的資源管理の学習にあたって，その時系列的な変遷と欧米諸国との比較において考えることで理解が深まる！

6　人的資源管理の学習：本書のプラン

本書は人的資源管理論の標準的な教科書です。本書で学習することにより，人的資源管理についての全般的な知識を習得し，それぞれのトピックスについて理解を深めることが可能な体系になっています。しかし同時に，この教科書は他の類書にはない特徴をもっています。それは，以下に示す本書の構成に表れています。

文献を読むうえで重要な点は，なぜそのような流れになっているのかに留意し，全体の体系の中での位置づけや論理的関係に留意しながら読み進めていくことです。本書は，以下に示すような流れを意識しながら読み進めることで，人的資源管理の個々の領域に関する広い知識と深い理解が得られるように工夫

コーヒーブレイク　人的資本経営

2020年代に入り，ネットニュースや新聞紙上などで**人的資本経営**という用語を見かけることが多くなったことに気づかされるでしょう。人的資本経営は，人的資源管理とどういった関係があるのでしょうか。

人的資本経営とは，読んで字のごとく，企業などの組織におけるヒト資源を，カネ資源と同様,「資本」(元手となるもの) とみなし，経営していくことを指します。具体的には，我が社ではどういった人たちがどのように働いているのかを具体的に可視化し，財務諸表と同じように外部へ開示していくことを意味しています。2024年以降，企業はこうした情報を財務情報と同じように有価証券報告書に記載しなければならなくなりました。

実は「人的資本」(human capital) という用語それ自体の歴史は人的資源管理よりも古く，1960年代にベッカー (Becker, G. S.) というアメリカの経済学者により主張されたのが最初です。ただ，当時は実務的にはあまり知られることはなく，社会へ広く流布することはありませんでした。

人的資本経営という用語では，管理ではなく経営という用語が使われていることからもうかがえる通り，人材の単純な管理・監督ではなく，彼（彼女）らを中核に据えながら組織全体を経営していこうとする志向を含んでいます。

加えて，人材を資源としてではなく，資本として捉える点にも，大きな意味があります。資源は費消されるもの，つまり使用すると徐々に枯渇していくものです。翻って資本という語には，それを元手として何かを生み出し，新たな価値を創造するというニュアンスが込められています。いわば，人間は組織によって使われる存在ではなく，主体的に価値を生み出す存在へと捉え方が進化している点が，この人的資本経営という概念の最大の特徴です。

人事労務管理から人的資源管理への移行においては，人間の捉え方がコストから有用性のある資源へと移行しており，そこには大きなパラダイム転換があることを学習しましたが，人的資本経営は，さらにいっそう人の重要性・有用性をクローズアップさせた概念として捉えられるといっていいでしょう。

されています。

第Ⅰ部「人的資源管理の位置づけ」は，人的資源管理論を学習するうえでの基本事項および他領域との相対的な関係，位置づけを整理して示しています。人的資源管理とは何か（本章)，人的資源管理が対象とするヒトとはどんな資源で，組織における人間行動はどのように捉えられるか（第2章)，人が企業で実際に従事する仕事は，組織的にどういった形で進められていくのか（第3章）などについて概説されており，第Ⅰ部を学習することで，人的資源管理という領域の基礎的な知識や特徴，コンテキストについて知ることができます。

第Ⅱ部「人的資源管理の仕組み」は，人的資源管理の基本的な制度について概説しており，人的資源管理論のいわば骨格部分にあたります。本章で学習したように，人的資源管理活動は，人事部による人員の雇い入れから始まり，その人員を育成し，仕事に就かせ，結果を評価して処遇する，という一連のサイクルからなっていますが，このサイクルを頭に思い描くと，この第Ⅱ部の流れがわかりやすくなるでしょう。第4章「採用・異動」から第8章「賃金・福利厚生・退職金」まで，そして第11章「退職」については，概ねこのサイクルとしての流れで理解ができるはずです。

第9章「安全・衛生」と第10章「労使関係」の管理については，このサイクルの中に明示的には表れていませんが，企業で人を雇い入れて事業を営み，人を管理するにあたって常に底流をなしている，その意味で欠かせない重要なマネジメントです。

第Ⅲ部「現代的トピックス：人的資源管理の多様化」は，このテキストの特徴が最もよく表れている部となっています。現代日本企業の大きな特徴は，日本的経営が世界から注目を浴びた1980年代におけるマネジメントとは，その対象も仕組みも異なってきていることです。従前では「長期間働き続け，企業忠誠心をもった男性の正社員」という人間像が日本的経営の重要な構成要素でしたが，21世紀以降，とりわけ昨今では実に多種多様な労働者が企業と関わり合いをもつようになっており，そのマネジメントのあり方も個々の勤労者ごとに多岐にわたるようになっています。これら，日本企業における多様性（**ダイバーシティ**）の導入という観点からまとめられているのがこの第Ⅲ部の各章です。

第12章「ダイバーシティ・マネジメント」では，働く労働者の属性が多様化している点に着目し，男性だけではなく女性も，また若年や中堅層の社員だけではなく高齢者も含め，企業がいかに彼（彼女）らを管理しようとしているかについて検討します。第13章「非正規雇用」では，雇用形態の多様化に着眼しています。正規雇用に加え，昨今大きな比重を占めるようになった非正規雇用に関する諸問題を検討しています。

また，昨今では，働いた時間で賃金を算定しない裁量労働制や，毎日職場に通勤して働くのではなく自宅で仕事に就く在宅勤務の従業員も増えつつあります。第14章「裁量労働・在宅勤務」では，こうした労働の時間・場所が多様化しつつある現状について概説し，そのマネジメントのあり方について検討を加えています。さらに，ここ数年，労働者が働くことに対してどのような意味づけを与えているか，余暇と労働との関係，仕事と生活の調和（「ワークライフバランス」）がホットトピックスとなっています。こうした労働者個々人の働くことの意味づけの多様化について検討を加えようとするのが最後の第15章「ワークライフバランス・働き方改革」です。

皆さんは，本書をもとに学習することによって，人的資源管理の理論や実践が他領域と比してどういった特徴を有しているのか，的確に位置づけられるようになるでしょう。また，人的資源管理における具体的なマネジメントの仕組み，とりわけ諸外国に比した場合の日本企業の人的資源管理の実践について，よく理解できるようになるはずです。すでに仕事をされている社会人の皆さんにとっては，本書で学習することにより，自身の日常の実践を客観的・相対的に位置づけ，理解するための眼を着実に育てられるはずです。

キーポイント1.6

本書で学習するにあたり，流れを意識しながら読み進めるようにしよう！

注

1）このほか，以下の各章では，働く人を表す用語を，文脈に応じて「労働者」「従業員」「勤労者」「社員」「雇用者」などとさまざまな表現を使って記述しています。意味を汲む際には概ね互換的に読み替えてもかまいません。

本章の演習問題と読書案内はこちらから→

第2章

組織は人をどのように捉えるのか

人間モデル・組織行動

❖この章のねらい

第1章で学習したように，人的資源管理は組織における人のマネジメントを扱います。しかし，ひとくちに人のマネジメントといっても，組織に雇われた人間がどういう行動をとるか，それをどう把握するかに応じて，その対応は当然に変わってきます。つまり，組織で人間が何を求めているかという前提の置き方次第で人的資源管理制度の設計は変わってくるのです。これまで経営学では，人間について，①カネを求める存在，②所属組織の仲間として認められたい欲求をもつ存在，③自己の心的欲求の実現を求める存在，という3つの捉え方をしてきました。

本章では，これまでの経営学の歴史において，人的資源管理の対象である人間そのものがどのように捉えられてきたかについてと，それぞれの人間観をもとにどのような人的資源管理の仕組みがとられてきたかについて概観します。

◆この章で学ぶキーワード

◎人間モデル　◎経済人モデル　◎科学的管理法　◎ホーソン実験
◎社会人モデル　◎自己実現人モデル　◎動機づけ・衛生理論

1　人的資源管理の基礎としての人間モデル

企業組織におけるマネジメントの目的は，ゴーイング・コンサーンを希求する組織体として収益を上げることです（☞第1章10ページ）。前章で学習したように，人的資源管理は，この企業の最終目的に資するような形で人を管理するマネジメント活動を指し，そのために多種多様な諸制度が導入されています。

しかし，組織で働く従業員個々人の立場に立って考えると，必ずしも従業員1人ひとりが企業の目的である収益向上に資することを考えて仕事に就いているわけではありません。働く個々人は生身の人間ですから，企業目的とは別の個人的な希望や欲求をもっていることも当然ありえます。働きすぎたら疲労を感じますし，働きの割には給与が低いと感じれば当然不満も蓄積してくるわけです。したがって，企業としては，働く個々人がどういう欲求をもっているかということも念頭に置いたうえで人的資源管理活動にあたる必要があります。

一般に，人間がどういう欲求をもち，組織においてどのように行動する存在であるかといったような，人間の本質や属性に関して企業が有している基本前提を**人間モデル**と呼びます。この人間モデルは，大まかにいうと，人はカネを求めるものだという前提を置く経済人モデル，帰属する組織での仲間意識や連帯感を求めるものだとする社会人モデル，自分自身の中に潜む自己実現の欲求に根差し，仕事においても自己実現を求めるものだとする自己実現人モデルの3つの人間モデルが確認されています。そして，この3種の人間モデルは，経営学の歴史において，概略，経済人モデル→社会人モデル→自己実現人モデル，というように展開し，明らかにされてきました。こうした人間モデルの展開のプロセスを以下で確認してみましょう。

こうした人間モデルの史的展開を一通り押さえておくことは，経営学の学習では重要です。ただし，人的資源管理論を学習するという文脈においてさらに重要なポイントは，それぞれの人間モデルが，その時代における企業の人的資源管理にどのような形で結びついているかを学習し，人的資源管理上の制度設計の基礎として，想定している人間モデルが存在していたことを確認してみることです。つまり，想定する人間モデルが異なれば，人的資源管理の制度設計や具体的活動も異なってくることを理解しておくことが肝要なのです。本章で人間モデルの展開を取り上げるゆえんはまさにこの点にあります。

キーポイント2.1

企業の人的資源管理活動の基礎には，前提となる人間モデルが存在している！

2 経済人モデル

経営学の成立した20世紀初頭，最初に登場した人間モデルは，人間が組織で働く理由を，働くことの対価としての賃金を求めているという点に見出したものでした。このように，人間が金銭的動機から組織で働こうとするとみる人間モデルを**経済人モデル**と呼びます。ここでの“経済”とは，簡単にいうと金銭（カネ）のことです。

経営学の成立前夜，19世紀末のアメリカでは，産業革命後の鉄鋼生産の増大に伴って企業規模が巨大化していました。市場では大規模企業間の競争が激化し，製造工程でのコストダウンや作業能率の向上が喫緊の課題となっていました。こうした時代背景のもと，アメリカのエンジニアであった**テイラー**（Taylor, F. W.）は鉄鋼企業において作業能率をいかに向上させるかを考えようとしました。こうして，**科学的管理法**（scientific management）が成立することになったのです。科学的管理法は，テイラーの名前をとって**テイラー・システム**と呼ばれることもあります。

テイラーは「経営学の祖」と呼ばれ，20世紀初頭のテイラーの登壇をもって経営学は成立したといわれています。以下，このテイラーの考案した科学的管理法のもとでの人間モデルと，そこでの人のマネジメントの考え方や仕組みについて学習することにしましょう。

2-1 課業管理

テイラーは，自身も鉄鋼会社の作業員として働いていた経験から，現場作業員は自分のもてる能力の3分の1くらいしか発揮しておらず，一生懸命に働いていないことを観察していました。一生懸命働くことなくサボっている作業員が組織全体に蔓延している状況のことをテイラーは**組織的怠業**（systematic soldiering）と名づけ，この組織的怠業を打ち破り，作業能率を向上させようとして科学的管理法を考案したのでした。

作業員の作業能率を上げようとしたとき，最も効果的な方法は，その職場でいちばん作業能率の高い作業員を選び，彼（彼女）を模範として無駄な動作を省き，最速の動作で作業ができるように仕向けることでした。そこでテイラー

図2-1　テイラーの考案した作業指図票の例

機械工場名……………………………………………………………
注文主…………………………………タイヤ数…………………………
素材タイヤ番号…………………………………………………………
次のとおり（青写真）……………………………………………………

	テンプレット	仕上寸法	キリコミ	スピード	オクリ	賃率	標準時間
削るべき面……							
タイヤをトリツケ運転の準備……							
前面内側の角荒ケズリ……							
〃　〃　シアゲ……							
内径面の前方荒ケズリ……							
〃　〃　シアゲ……							
前面荒ケズリ……							
踏面荒ケズリ……							
〃　シアゲ……							
めんとり……							
フランチ荒ケズリ……							
のどシアゲ……							
タイヤ取付けカエ……							
後面内側の角荒ケズリ……							
〃　〃　シアゲ……							
内径面の後方荒ケズリ……							
〃　〃　シアゲ……							
輪とめ溝切りこみ……							
後面荒ケズリ……							
フランチメントリ……							
タイヤトリハズシおよび回転盤掃除……							

出所）テイラー 著，上野 訳編［1957］，110ページをもとに筆者作成。

は，職場での**一流労働者**を選抜し，その作業者の動作を細かな要素作業に分解して，無駄な動作を省いたうえで**標準的作業量**を決定しようとしたのです。実際にストップ・ウォッチを使って秒単位で作業員の効率的動作を観察することで，合理的な動作を決めようとしたのです。これを**時間動作研究**と呼び，作業能率向上の手法として普及させたのです。

またテイラーは，一流労働者が1日にこなすべき作業量を**課業**（タスク：task）と名づけ，課業管理の仕組みを整えようとしました。1890年代当時，作業者が1日にこなす作業量は，経験と勘に基づいて適当に決められていましたが，テイラーはそれを科学的に決定しようとしたので，彼の考えた仕組みは科学的管理法と呼ばれたのです。テイラーのいう科学とは，作業員の一連の作業を要素作業に分解し，それを厳密に測定して課業を定めることでした。そしてひとたび課業が決定されると，課業はたとえ労働組合からの要請があったとしても変更することがあってはならないとテイラーは主張したのです。

工場内の多種多様な作業に関して，その課業を正確に決めようとすると，時間動作研究を行う専門スタッフが必要です。要素作業へと分解し，最終的に個々の要素作業をつなぎ合わせて最も作業能率を高く設計するうえでも専門的な能力が必要となります。そこでテイラーは，そのような専門スタッフを**計画部**という部署をつくってそこに結集させようとしたのです。計画部は，今日的にいえば作業マニュアルを作成する部署といってもいいでしょう。作業する際に用いる工具も計画部が事前に準備して作業員に提供し，作業条件も徹底的に標準化することが求められました。

テイラーが意図したのは，作業に必要となる手順はすべてこの計画部で事前に作成しておき，実際に作業を行う作業員は，計画部から渡される**作業指図**（さしず）**票**に沿って極力何も考えることなく作業ができるような状態にすることでした（図2-1は作業指図票の例を示しています）。このように，作業のうえで「考える部分」を実際に行動する部分から独立させることを**構想と執行の分離**と呼ぶこともあります。

2-2　差率出来高賃金

テイラーの考案した科学的管理法のもとでの人間モデルが経済人モデルであるといわれるゆえんは，こうした課業管理のための諸制度と賃金付与のシステムとを結びつけ，作業員が仕事で頑張れば頑張るほど，加速度的に高い賃金が得られるような仕組みがとられていたためです。

科学的方法を用いて設定された1日の作業量は，これまで自己の能力の3分の1しか発揮していなかった作業員にとって，非常にハードな目標となります。したがって，このハードな目標を達成させるための仕組みが必要でした。それが賃金によるインセンティブ制度です。ここでインセンティブというのは日本語で刺激という意味です。

テイラーが考えた**インセンティブ賃金**の仕組みは，賃率に差をつけるという意味で**差率出来高賃金**と呼ばれています。この仕組みを図示したのが図2-2です。文字通り，仕事をどれだけ達成したか，その出来高に応じて率（賃率）

■図2-2　差率出来高賃金制度の仕組み

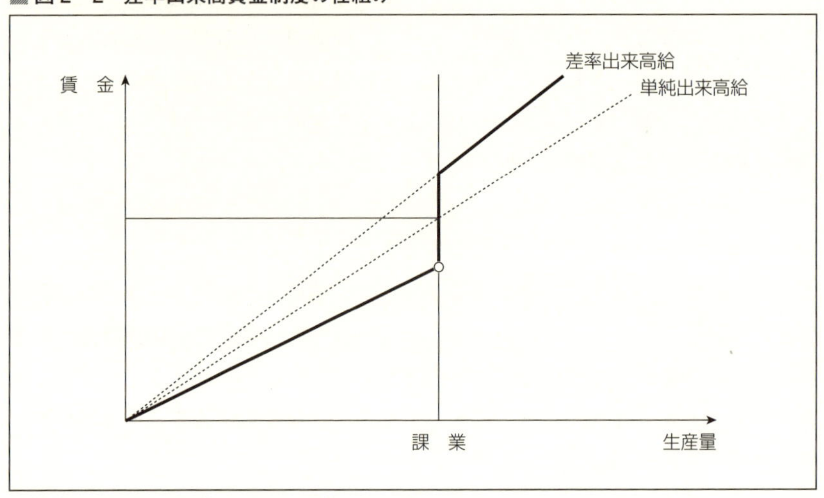

出所）上林ほか［2024］，164ページより。

に差を設け，作業員を頑張らせようというのがこの差率出来高賃金の基本的発想法です。

図2-2に示されているように，グラフの横軸に作業員が達成した生産量（出来高），縦軸に賃金をとると，単純出来高賃金の場合は，賃金は生産量に正比例して上昇するはずですから，一直線に右肩上がりのグラフが描けます。しかし，テイラーはこの単純出来高賃金では作業員へのインセンティブとしては弱く，もっと強力なインセンティブが必要だと考えたのです。そこで考えられたのが差率出来高賃金による支払いです。差率出来高賃金のもとでは，課業以上の生産量を達成できた場合には高い賃率を適用し，課業が達成できなかった場合の低い賃率適用者と区別しようとしたわけです。

こうして，課業を達成した場合には高い賃金が得られ，達成できない場合には低い賃金となるため，作業員にとって課業の達成できたときとそうでないときの受け取る賃金額が大きく異なることになります。したがって，誰もが課業を達成しようと，怠業することなく一生懸命に働こうとするであろうとテイラーは考えたのです。

この差率出来高賃金は，一生懸命働けば高賃金が期待でき，しかも同時に低労務費も実現できることから，当初は産業界を中心に歓迎されました。実際，テイラーの説明によると，表2-1に示されるように，科学的管理法に基づき

表2－1　差率出来高賃金制度の経済性

	単純出来高賃金制度	差率出来高賃金制度
作業員の賃金(A)	2.50ドル	3.50ドル
機械費(B)	3.37ドル	3.37ドル
1日の総経費(A+B)	5.87ドル	6.87ドル
製品1個当たりの原価	1.17ドル（1日に5個生産）	0.69ドル（1日に10個生産）

出所）　テイラー 著，上野 訳編［1957］，34ページをもとに筆者作成。

差率出来高賃金制度を採用した工場のほうが，通常の工場よりも製品1個当たりにかかる費用（原価）を低く抑えることができ，したがって差率出来高賃金制度を導入することの経済性が説かれています。

しかし，この差率出来高賃金は一般の作業員にとっては厳しい制度であり，労働組合からは労働強化の制度であるとして激しい反対にあうことになりました。結果的に，差率出来高賃金の仕組みは広く根づきませんでしたが，賃金を上げることで作業能率を促進できるという考え方自体は当時の産業界に普及していくこととなりました。

ここでは，作業員を差率出来高賃金で惹きつけ一生懸命働かせようとする経済人モデルの基本的考え方と，それを支える課業管理の基本的仕組み，すなわち時間動作研究に基づく作業分析，計画部の設置に伴う構想機能の執行からの分離というポイントを押さえておくようにしてください。導入された多様な制度の背後には，人は金銭的動機を求めて働く存在だという信念があり，こうした人の動機を充足させるためには各自の仕事を極力シンプルにして，その達成度で客観的に評価しなければならないという考えがあったのです。

キーポイント 2.2

科学的管理法のもとでは，課業を科学的に設定し，作業員が課業を達成できた際に高賃金を約束することで作業員を一生懸命に働かせ，高い作業能率を促進しようとしていた！

コーヒーブレイク　マネジャーの仕事も専門化

テイラーの科学的管理法は，作業員の職務の特化を最大限に推し進め，一切の余分な要素を排斥して必要な課業のみに専念させることを基本的な考え方としていました。そのために具現化された手段の1つが作業指図票です。テイラーは，この「職務はできる限り特化されるべき」という考え方をマネジメント層に対しても適用しようとしました。**職能的職長制度**と呼ばれる仕組みがそれにあたります。

テイラーによると，典型的な工場職長の仕事は，多数のさまざまな機能の複合で，それらは例えば，コスト係，準備係，検査係，修理係，手順係，訓練係などの職能に分けることができるといいます。そして，かつて導入されていた親方システムのような，1人で大勢の部下の活動すべてに関して指導監督する万能型の職長に代えて，これら各職能に応じ専門分化された職長を設けるべきだと主張したのです。

こうすると，作業員は1人の職長の指揮下のみにあるのではなく，各職能の担当職長からそれぞれ指示を受けることになります。テイラー自身は，この方式の採用によって，マネジメントの能率も大きく改善できると考えたのです。いわば，1人の担任教師がすべての科目を教えている学校のような教育システム（例えば小学校）と比べ，異なる科目ごとに専門の教師が教える教育システム（例えば中学・高校）のほうが効果は上がると考えたわけです。実際，テイラーは職能的職長制度を採用すれば，中学・高校のシステムと同様に能率を上げることができると述べています。

ただ，この職能的職長制度は，いわゆる命令一元性の原則に反しています。それぞれ職能領域は異なるとはいえ，複数の職長から指示を受けなければならない作業員は，不統一で矛盾した指示を与えられた場合には，どちらの職長の指示を優先すべきか困ってしまうでしょう。結果，職場全体が混乱に陥ってしまう危惧もあります。実際，こうした混乱が発生しないように，指揮命令系統の統一は，洋の東西を問わず，企業における最重要な組織原則と考えられており，ほとんどの現代企業では職能的職長制度のような仕組みは採用されていません。

3　社会人モデル

前節の経済人モデルを前提としていた科学的管理法は，1920年代以降，フォード社で採用されたベルトコンベア・システムに代表されるような大量生産方式とともに導入されていきました。しかし，科学的管理法の導入の結果としてもたらされた作業の大幅な単純化，考えることなく誰もが従事できるような職務の無内容化は，多くの作業員の不平・不満を増大させ，やる気の低下をもたらすこととなりました。当時のアメリカの多くの工場は，こうした作業員の士気低下に悩んでいたのです。

こうした状況の中で，ハーバード大学の**メイヨー**（Mayo, E.）や**レスリスバーガー**（Roethlisberger, F. J.）は，ピッツバーグ郊外にあるウェスタン・エレクトリック社（Western Electric Company）のホーソン工場において，作業員の作業時間や物的・人的環境条件の調整によって作業員の緊張を緩和するとともに，どうすれば作業能率が促進されるのかを実験を通じて明らかにしようとしたのです。この一連の実験を**ホーソン実験**と呼びます。そして，そこで明らかになってきたのが，人間は賃金のみではなく，むしろ社会的集団の中で作用する心理や感情といったよりソフトで非論理的な要素によって動いている，という事実です。このように，人間の働く動機を，賃金という経済的側面からではなく所属組織における社会的関係性から説明しようとする人間モデルを**社会人モデル**と呼びます。社会人モデルを発見したメイヨーらの理論は，組織における人間関係に着目していますから**人間関係論**（Human Relations）と呼ばれることもあります。

以下で，この社会人モデルを明らかにしたホーソン実験の概略を明らかにしてみましょう。ホーソン実験はいくつかの段階から構成されています。

3-1　ホーソン実験の経過

(1)　照明実験

最初の実験は，作業する際の照明の明るさと作業能率の関係を明らかにしようとする「照明実験」と呼ばれる実験でした。工場のコイル巻部門で，通常の職場と同じように照明度が一定のグループ（コントロール・グループ）と，照明度が時間とともに変化するグループ（テスト・グループ）とをつくり，両グループ間で生産高がどう異なるかを調べようとしたのです。2つのグループをつくったのは，同じ職場内で同一作業に就く作業員に対し，照明の明るさのみを変化させることで，照明度が生産高に及ぼす影響だけを分離して捉えることができると考えられたためです。

結果，テスト・グループでは24燭光（しょっこう），46燭光，76燭光と徐々に照明度を高めていくにつれ，生産高の増大が認められました（燭光とは，ろうそく1本分の明るさという意味の，明るさを示す単位です)。ところが，照明度が一定のコントロール・グループでも同様に生産高は増大していったのです。このため，テスト・グループの照明度を次第に減少させ，10燭光，3燭光，0.6燭光まで照明度を下げましたが，それでも依然として生産高は増大し続けました。しかも照明度が一定のコントロール・グループも同様に増大し続けたのです。

こうして，照明実験は失敗に終わることになります。わかったことは，照明の明るさは作業能率の規定因ではないという，消極的な事実ただ1つでした。

(2) 継電器組立作業実験室の調査

照明実験を通じて，照明度は作業能率に影響を及ぼさないことが明らかになりましたので，いかなる要因が能率を規定しているのかという調査課題は，継続して研究されることになりました。そこで次に行われた調査は，照明以外の，何らかの物理的作業条件の変化が作業能率に影響を及ぼしているのではないかという仮説に基づき，作業をする際の作業の継続時間，休憩時間や労働日数が作業能率に与える影響に関する調査でした。

継電器とは，リレー（relay）とも呼ばれ，電気信号で電磁石を作動させ接点を開閉する電気スイッチのことです。これを組み立てるために，コイルやバネ，絶縁体などの35個の部品の組み付け作業をするのがこの職場でした。1個の継電器の組み立てに1分程度かかる，機械的な反復・単純作業で，担当したのは6名の女性工員でした。

この実験室での調査は，作業時間，休憩時間，労働日数のほか，軽食やコーヒーの支給に至るまで，あらゆる作業条件の組み合わせと生産高との関係を究明するため，図2-3に示されるような経緯で合計13期にわたって続けられました。

この結果，メイヨーらの実験指導者らは，当初出発点としていた「物理的作業条件と作業能率には因果関係がある」とする仮説が根本的に支持されないことを認めざるをえませんでした。なぜなら，図2-3に示されるように，作業条件をいかように変化させようとも，その変化の内容いかんに関わりなく継続的に生産高が高まっていったからです。

そこで，実験指導者らは物理的作業条件以外の何らかの要因が女性工員たちの作業能率を刺激し，生産高を増大させたのではないかと考え始めるようになりました。再びいくつかの仮説が考えられたのですが，特に「実験室」という通常の職場とは異なる状況が，何らかの形で彼女らの作業能率に影響したので

図2－3　継電器組立作業実験室での調査結果

期	期間	作業条件	総生産高（週当たり）
1	2週間	実験用基礎データ採取のため，通常の職場で生産量測定，週48時間労働	2,400個
2	5週間	週48時間労働，作業条件変更なし，実験室で測定	2,360個
3	8週間	集団的出来高賃金制導入	2,440個
4	5週間	相談の上，午前と午後に各5分間の休憩時間	2,460個
5	4週間	休憩時間を各10分間とする	2,550個
6	4週間	休憩時間を午前・午後各3回とし，5分間に変更	2,520個
7	11週間	午前の休憩時間，相談の上15分間に。コーヒー，サンドイッチ，スープを支給，午後の休憩を10分間として茶菓子を支給	2,590個
8	7週間	第7期と同一で，終業時間を30分早める	2,670個
9	4週間	終業時間をさらに30分早める	2,600個
10	12週間	終業時間1時間繰り下げ，第7期と同一に	2,800個
11	9週間	夏季のため，相談の上，土曜を休みとする	2,650個
12	12週間	話し合いで第3期の条件に戻す	2,900個
13	31週間	第7期と同じ，ただしサンドイッチとスープは自己負担，コーヒーは会社支給	3,000個

出所）伊藤［1996］，61ページ；渡辺［2007］，149ページをもとに筆者作成。

はないかという仮説に注目することとなりました。こうしてホーソン実験は次の第3段階へと進んでいきます。

(3)　雲母剝ぎ作業集団実験室の調査

実験室では，実験を記録する観察員は存在していましたが，平常の職場と大きく異なる点は，普段であれば作業の指示命令をする監督者が不在の状況であるという点です。この監督者が不在であるという状況がいかに作業能率に影響するかについて，メイヨーらの実験グループは，雲母剝ぎ作業集団を対象に仔細に観察することにしました。実験中のあらゆるデータと女性工員たちの私的な会話まで含んだ実験記録を分析した結果，実験室の状況と監督方法の特徴は，次に挙げるような点にあることがわかりました。

▶6名の女性工員の選定にあたり，最初に2名を選び，残る4名は彼女たち自身に選んでもらったが，このことは6名が作業中，常に友好的な人間関係を維持するのに役立った。

▶こうした女性工員たちの間に親密な関係が築かれていたため，1人が疲れるなど何らかの理由で作業が停滞した際にも，他の工員が作業速度を上げて不足分を補おうとしていた。

- ▶実験に際し，実験内容について会社から説明を受けたが，この機会を通じ，自分たちは会社を代表して選抜され，重要な問題解決に協力をしているのだという誇りの意識が芽生えていた。
- ▶実験中，作業条件に変更を加える際，女性工員たちは招かれてその目的を説明され意見を求められたが，そこで彼女たちが同意しなかった作業条件の変更については拒否することができ，このことも自分たちの仕事の価値を認められたという印象を強めさせ，仕事上の責任感を生じさせることにつながった。

こうした特徴が検討された結果，実験室における作業能率の促進は，物的な作業条件の変化よりも，むしろ女性工員たちの精神的態度や感情の変化に起因しているとする，これまでとは違った結論が導出されることになったのです。

これらは実験室での調査から導かれた結論でしたので，実験グループの次なる課題は，平常の職場で実施されている監督の実態と，それに対する作業員の精神的態度，感情について調査することでした。

⑷　インタビュー調査

このインタビュー調査は，1年7カ月間の歳月を費やし，ホーソン工場の2万人以上の作業員および監督者を対象に行われました。結果，次の3つの点が明らかになりました。

- ▶作業員の行動は，彼（彼女）らの感情と切り離しがたく結びついている。
- ▶作業員の感情はときに偽装され，真実は掴みにくい。
- ▶感情表現は，その作業員が置かれている「全体的状況」に照らして理解できる。

ここでいう全体的状況とは，個々人のもつ過去の経歴や家庭生活を通じて自らの職場に対して抱く感情と，さらに職場の社会的状況（職場における同僚や上司との間でもっている社会的な交友関係）の双方を含むものです。実験グループの解釈によると，これらの結論が意味しているのは，作業員1人ひとりの行動が，彼（彼女）らの精神的態度や感情を離れては存在しえず，その精神的態度や感情それ自体が社会的集団の中での相互作用を通じて形成されている，ということでした。

こうして，このインタビュー調査を通じ，作業能率の規定因として，作業員個々人の精神的態度と感情という要因があり，それらは所属する社会的集団の作用によって形成されるという新しい見地に到達することとなったのです。人間は経済的利害によって動機づけられているとする経済人モデルは誤りである，との認識に至ったのです。

(5) バンク配線観察室の調査

こうして，実験グループの関心は個人から社会的集団へと移り，さらに実験は続けられました。作業能率を規定する作業員の精神的態度や感情が，どういったプロセスを経て形成され，社会的集団の中でいかに機能しているかを明らかにするためです。

バンク配線の作業とは，電話交換機の端末機である端子台を組み立てる作業のことで，作業内容は継電器組立作業よりも複雑で，より高い熟練が必要な作業でした。この観察室では，9名の配線工（端子台に配線する工員），3名のハンダ工（配線をハンダづけする工員），2名の検査工（きっちりできているか検査する工員）の計14名の男性工員が作業を行っていました。

作業員には，各人の作業能率，経験年数に基づく個人別時間賃率に作業時間数を乗じた基本給が支給されましたが，それに加え，集団全体の生産高分に比例して賃金が上がっていく集団的出来高払い分が加算されるという賃金システムがとられていました。実験グループは，各作業員の賃金は，基本給とは別に集団全体の総生産高によっても規定されるので，作業員はお互いに協力して総生産高を上げるよう努力するだろうと，予測していました。ところが，観察の結果わかったことは，作業員たちは，総生産高を増大させることに関心を示さないばかりか，生産高を上げすぎずに，できるだけ一定に保とうとしていることがわかったのです。

そこで研究グループは，作業員がこうした集団行動を規制しているのはなぜかを解明しようとしました。ここではじめて，集団内部における作業員間の相互作用が問題として取り上げられることになったのです。その結果，14名の作業員たちは，仕事の相互援助や友情関係，ゲームをするなどして，集団内部に明確に分かれる2組の非公式な小集団を形成していたことが明らかになりました（図2-4）。この小集団は，**非公式集団**（informal group）とかクリーク（派閥：clique）と呼ばれます。

さらに，これらの2つのクリークは，いずれも次に挙げるような共通認識ないし行動基準をもっていることがわかりました。

▶働きすぎてはいけない。働きすぎるのは「賃率破り」であり，経営者に標

図2-4　バンク配線観察室の公式組織と非公式集団

〈公式組織〉

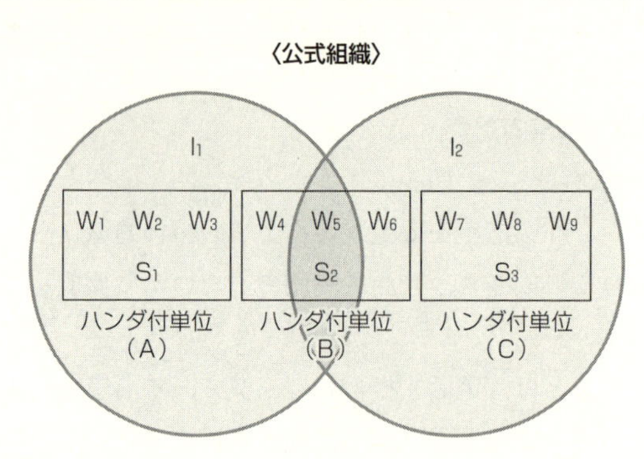

（注）W：配線工，S：ハンダ付工，I：検査工。なお，S_3はS_4と，I_2はI_3と，実験開始直後に交替した。

〈非公式組織〉

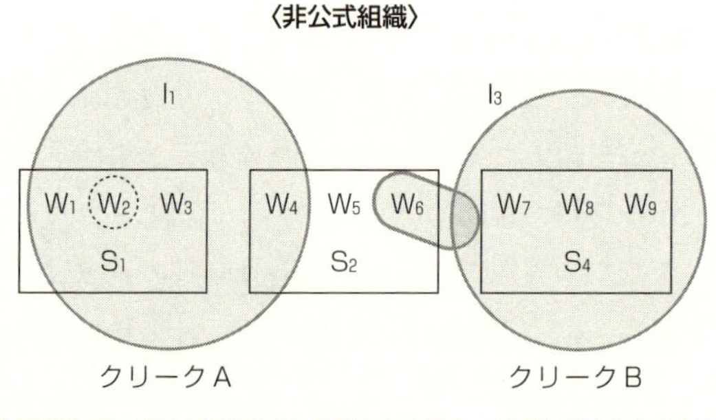

（注）S_2は言語障害，W_2は独立独行で順応性がなく，W_5は会社の方針に違反した集団の行動を職長に密告したこと，I_3は自身の仕事を非常に生真面目に行ったという理由でクリークから締め出されていた。

出所）渡辺［2007］，155ページより。原著：Roethlisberger and Dickson［2003］.

準作業量を上げられ，辛くなってしまう危険がある。

▶あまり怠けすぎてもいけない。こうしたさぼり屋は，集団的出来高払い賃金制のもとでは，仕事もしないで割高の賃金を得ることになる。

▶仲間の誰かが迷惑することを監督者に告げ口するといったような，裏切り行為を働いてはいけない。

各作業員は，こうした非公式集団内の暗黙の行動基準に従わなければならず，もしこれに従わないと，冷たい視線を浴びたり罵声を浴びせられたりなどの圧力がかけられていたこともわかったのです。非公式集団内においてある種の仲

間意識や**連帯感**が芽生え，それが作業を遂行するうえで重要な動機づけになっていることもわかりました。

このように，経営者がつくった公式的な作業集団の内部では，作業員間の相互接触によって非公式集団が形成されており，その非公式組織が経営者の決定した標準や作業手順とは異なる，独自の共通感情や行動規範をもっていることが発見されたのです。こうした非公式組織のもつ行動基準が作業員１人ひとりの行動を拘束し，結果的に作業能率をコントロールしていることがわかりました。こうして，テイラーの考えていたような経済人モデルに代えて，社会的集団の中の非論理的な感情の論理によって動く社会人モデルが注目されるようになったのです。

3-2　社会人モデルと人的資源管理制度

ホーソン実験を通じ，組織で働く人間が非論理的で感情によって動かされる一面をもち，したがって経済的賃金のみでなく，人間関係の中の仲間意識や連帯感をも求めながら働いていることがわかりましたが，こうした発見事実をもとに，職場における人間関係を維持するためのさまざまな人的資源管理制度が生み出されることになりました。

例えば，**従業員態度調査**（**モラール・サーベイ**）によって労働者たちの精神的な態度や感情，勤労意欲，作業条件に対する希望や満足度などを調査する仕組みです。これにより，個々人の不満を解消し，同時に職場内の人間関係を改善してコミュニケーションを深め，作業能率を改善しようとしたのです。また，従業員に業務上の改善を提案させて参画意識を刺激する**提案制度**，始業時や終業時などに定期的に懇談の機会をもつ**職場懇談会**など，今日の企業においても多く利用されている制度の原型は，このホーソン実験で明らかにされた人間関係論に端を発しているとされています。

第１章で，人的資源管理の重要な機能の１つが，人を組織にとどまらせ，所属組織に愛着をもたせて組織一体感を高めることにあるということを学習しましたが（☞第１章 3-2），そのための多様な人的資源管理制度がこれらにあたります。忘れてはならないのは，これらの諸制度が導入されるのは，何も人間を大切にしようというヒューマニズムに根差しているからではなく，むしろ企業経営の業績や収益を高める目的で導入されている，という事実です。職場にはさまざまな人間関係が渦巻いており，あちこちに非公式な仲間集団が存在するという事実それ自体は，ホーソン実験よりも以前から誰もが感覚的・経験的に知っていたことでした。ホーソン実験が明らかにしたのは，その非公式集団をうまく活用することで作業能率を上げることができ，したがって非公式集団は企業に富をもたらしてくれる存在である，という事実です。換言すれば，非公式集団という存在それ自体を発見したのではなく，非公式集団が経営学的に意味のある機能を果たしているということ，その存在が社会的な意味を有していることを発見したのだといえるでしょう。

キーポイント 2.3

人間は賃金のみを求めているのではなく，所属組織での仲間意識や連帯感も求めて働いていて，それらが企業業績を左右することもある！

4　自己実現人モデル

人は組織でカネを求めて働き，それ以外にも所属している組織での仲間意識や連帯感も求めているので，組織を経営し人を管理するにあたっては，これらの要因を考慮に入れなければならないことがわかりました。

1960年代に入り，人間行動に関して学際的に研究する**行動科学**（behavioral science）と呼ばれるアプローチがアメリカでさかんになり，経営学にも大きな影響を与えるようになってきました。このような流れの中，人がなぜ何を求めて働くかに関して新しい考え方や学説も多く発表されるようになりました。特にこの時代以降，働く人のこうした動機づけのことを**モチベーション**（motivation）という用語で呼ぶようになっています。

行動科学の発展をベースに，新たに台頭してきた人間モデルは**自己実現人モデル**と呼ばれます。名前の通り，人は「自己実現」を求める存在だとする人間モデルですが，自己実現とは何なのか，もう少し詳しくみてみることにしましょう。

4-1　欲求階層説

心理学者の**マズロー**（Maslow, A. H.）は，人間の欲求はいくつかの種類に分けることができるとし，そのそれぞれの間の関係性（階層性）を明らかにしました。ひとくちに人間の欲求といってもさまざまな欲求があり，それらは次元の低い欲求から高い欲求まで，階層的にランクづけができると主張したのです。こうしたことから，マズローの学説は**欲求階層説**と呼ばれます。また，大雑把に分けるとそれらの欲求は5段階に分類できるため欲求5段階説と呼ばれることもあります。

図2-5に示されているように，いちばん低次の欲求は，生物としての人間が根源的にもつ生理的・肉体的欲求，衣食住などへの欲求を指す**生理的欲求**です。2番目に低い欲求は，身体的危険や脅威，剥奪などの外的危険から守られたいという**安全欲求**です。仕事に当てはめていえば，仕事の保障や安定を求める欲求といってもよいでしょう。生理的欲求と安全欲求の2つは，人間が生きていくうえで基本となるという意味で基本的欲求と呼ばれています。

これに対し，残る3つの欲求は相対的に次元の高い欲求であるため高次欲求と呼ばれます。下から3番目にくるのは**社会的欲求**と呼ばれる欲求です。これは，集団への帰属や愛情，友情を求める人間欲求のことで，前節で学習したホーソン実験でも明らかにされた欲求であるといえます。次の4段階目は，他人から尊敬されたいという欲求で，地位や賛美，評価を求める欲求です。あるいは，自信や独立性といった自尊心を求める欲求といってもよいでしょう。これらはマズローによると**自我欲求**と呼ばれます。

そして，いちばん上位の最も高次な欲求が**自己実現欲求**です。この欲求は，人間がもつ潜在能力の実現，自己啓発や創造性の発揮など，自分が限りなく成長したいという欲求です。この自己実現欲求だけは，他の4つの欲求とは異なり，決して満たされることはない欲求であるとされています。

マズローによると，これらの欲求が階層的であるという階層性の具体的意味は，ある欲求が充足されるまでは，次の段階のより高次の欲求によって個人が動機づけられることはない，という点です。例えば，ある個人が生理的欲求を満たしていない状況であるとすれば，生理的欲求が充足されない限り，安全欲求や社会的欲求などによって動機づけすることはできない，という意味です。逆に，各層の欲求がそれぞれ，いったん充足されてしまうと，充足された欲求によってはもはや個人を動機づけすることはできない，ということもいわれて

■図2-5　マズローによる人間欲求の階層性

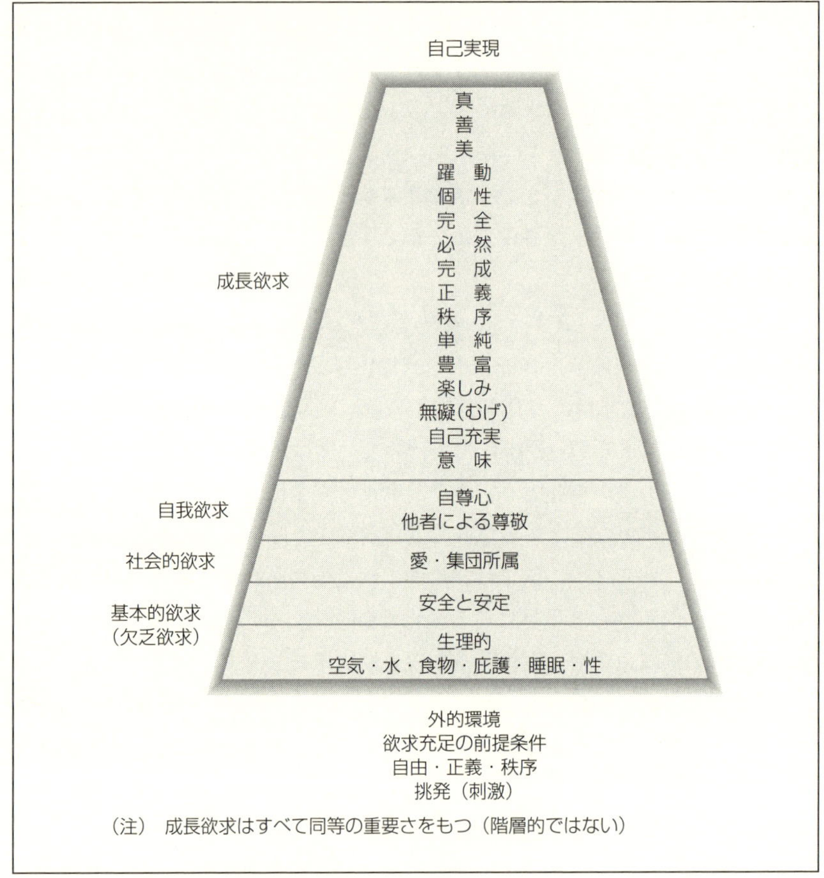

出所）ゴーブル 著，小口 監訳［1972］，83ページより。

います。このように，マズローによると欲求変化の過程は，必ず，ある欲求→その充足化行動→その欲求の充足→より高次の欲求→その充足化行動→……という形で段階的に進むことになります。

その後，さまざまな学者たちの研究によって，このマズローの欲求階層説に対して，①各欲求階層は相互に重なり合う部分があり独立していない，②高次の欲求ほど充足度が低いはずだが現実にはそうなっていない等々の諸批判がなされ，結果，マズローの理論は必ずしも妥当な理論として実証はされていません。ただし，人間の欲求はすべて同じ十把一からげではなくランクづけができて，しかもそれらは段階的に進む可能性があること，最高次元の欲求として，決して満足されえない（すなわち，永久に動機づけ要因とすることができる）自己実現欲求という欲求が存在することを明らかにした意義は大きいといえるでしょう。

4-2　動機づけ・衛生理論

マズローの欲求階層説を基礎に，同じ心理学者の**ハーズバーグ**（Herzberg, F.）は，独自の調査法によりモチベーション論を発展させました。彼は，アメリカのピッツバーグにある某企業に勤務する会計担当者と技術者203名を対象に，何が職務満足をもたらす要因であるかについて調査を行いました。203名を個別に面接し，きわめて単純な次の2つの質問，すなわち①「あなたの仕事について，特によかったと感じたときのことを詳細に述べてください」，②「あなたの仕事について，特に悪かったと感じたときのことを詳細に述べてください」を尋ねたのです。ここで「よかった」，「悪かった」というのは，それぞれ「仕事上でよいと感じたこと」，「イヤだと感じたこと」と読み替えるとわかりやすいはずです。①は職務に満足感をもたらす要因を，②は不満足感をもたらす要因を，それぞれ明らかにしようとする質問です。

この回答結果を集計し，要因ごとに整理したのが図2-6です。ここからうかがえるように，職務満足をもたらす要因としては，仕事の達成，承認，仕事そのもの，責任，昇進などで高い数値が得られています。逆に，不満足をもたらすのは，会社の政策と経営，監督技術，給与，対人関係，作業条件などの諸要因でした。これら，満足をもたらす要因と不満足をもたらす要因とを相互に比較すると，それぞれの要因群にはある共通項が見出されることがわかります。

それは職務満足をもたらす要因は，すべて各自が行っている職務と直接的に関わっている項目であるということです。従業員は職務を「達成」できてよかったと感じ，職務の達成を周りに「承認」されたことで満足感が上がり，「責任」ある職務を通じて自己が成長したと感じられることで満足感が上がるなど，すべて職務と深い関わり合いがある項目であるということがわかります。

これらと比べると，不満足要因のほうは，なるほど職務と間接的な関わり合いはありますが，直接には職務との関係性が相対的に薄い要因が多いということがわかるでしょう。これらの諸要因は，従業員が職務に従事するという行為それ自体と密接に結びつくというよりも，職務を取り巻く環境・状況要因的な

■ 図2-6　職務における満足要因と不満足要因

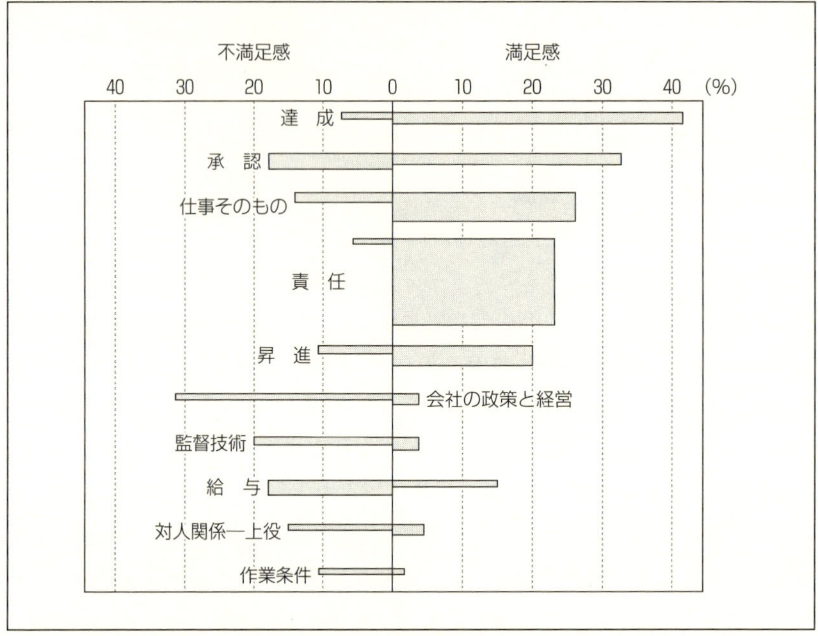

注）各箱の上下幅は職務態度の変化が持続した期間の長短を示す。すなわち，各箱の上下幅が広いほど当該要因が積極的満足感（または不満足感）を持続させやすく，狭いほど持続させにくいことを示す。
出所）ハーズバーグ 著，北野 訳［1968］，86ページを一部改変。

色彩が濃い項目が並んでいます。

ここからハーズバーグは，このような職務に関する満足要因と不満足要因とは，1つの軸の左右に位置づけられるのではなく，両者はまったく別の2つの次元に位置づけられるべきであると考えました。満足要因はすべて職務それ自体と直接的に関係しており，この要因が十分なときは従業員のモチベーションに作用して勤労意欲が高まり，組織目標の達成にプラスに作用するため，それは**動機づけ要因**（motivator）と名づけられました。逆に，不満足要因は職務の周縁に関連しており，これらの要因が不十分なときは不満が生ずるけれども，たとえ十分であっても積極的満足感をもたらさず，単に不満感が解消されるにすぎない，と考えたのです。それは，ちょうど衛生状況の悪い状態では病気になるが，たとえそれがよかったとしても積極的に健康をもたらさないのと同じであるということから，不満足要因のほうは**衛生要因**（hygiene factor）と名づけられました。要するに，職務の満足感を上げようとすれば，衛生要因を改善するにとどまらず，動機づけ要因のほうを改善するように動かしてやらなければならない，ということになります。ハーズバーグは，普段就いている職務よりは少し難しめの，上位者がこなしているような職務に従事すること（**職務充実**と呼びます☞第3章64ページ）が最も有効なモチベーションの上げ方であると主張しています。

このように，ハーズバーグの理論は，動機づけ要因と衛生要因は明確に2つの要因群に区分されるべきであるという点が主張の中心ですから，この理論は**動機づけ・衛生理論**と呼ばれるわけです。または，2つの要因に着目することから「二要因理論」とか，英語の頭文字をとって「M-H 理論」と呼ばれることもあります。いずれにしても，テイラーが動機づけ要因として考えた賃金や，ホーソン実験によって明らかにされた監督のあり方や対人関係などの諸要因が動機づけ要因ではなく，むしろ衛生要因の側に位置づけられているところがこの理論のきわめて興味深い点です。仕事のやりがい感は，賃金が上がったり連帯感が得られたりといったことによってではなく，個々人の従事する職務が各自にとっていかにおもしろいかによって規定されることが明らかになったのです。

4-3　X理論，Y理論

人はなぜ働くのかという問いに関して，まったく対照的な2つの考え方が存在することを発見したのが**マグレガー**（McGregor, D.）です。マグレガーはこの2つの相反する考え方を，それぞれX理論，Y理論と呼んでいます。それぞれどのような考え方であるか，みてみましょう。

まず，**X理論**の考え方として，マグレガーは次の3つの前提があるとしています。

(1)　普通の人は生来仕事が嫌いで，できることなら仕事はしたくないと思っている。

(2)　たいていの人は，強制されたり，統制されたり，命令されたり，処罰するぞと脅されたりしない限り，企業目標達成のためにきちんと働かない。

(3)　普通の人は命令されるほうが好きで，責任を回避したがり，あまり野心をもたず，何よりもまず安全を望んでいるものである。

これに対し，**Y理論**の前提には次の6点があると述べられています。

(1)　仕事で心身を使うのはごく当たり前のことであり，遊びや休暇の場合と変わりはない。
(2)　外から統制したり脅かしたりすることだけが，企業目標達成へ向けて人にきちんと働いてもらう手段ではない。人は，自分から進んで身を委ねた目標のためには自らにムチ打って働くものである。
(3)　献身的に目標達成に尽くすかどうかは，それを達成して得られる報酬次第だが，中でも自我欲求と自己実現欲求が特に重要である。
(4)　普通の人は，適切な条件さえあれば自ら進んで責任を引き受けようとするものである。
(5)　たいていの人は，企業内の諸問題を解決するにあたり，かなり高度な想像力や創意工夫を発揮するものである。
(6)　現代企業（1960年頃を指します）においては，日常，従業員の知的能力はごく一部しか活かされていない。

マグレガーは，X理論とY理論のいずれの前提に立つかに応じてマネジメントの仕組みが異なると主張しています。X理論に基づくマネジメントでは，従業員に対し強制，賃金，罰則などの「アメとムチ」を適宜与えながら外的に統制するのが適切であるといえます。逆に，Y理論の前提に立てば，従業員各自が個々に成長し自己実現欲求を充足させることで組織目標の達成を志向していくという手法が適切ということになります。Y理論の考え方は，マズローのいう高次欲求（自我欲求と自己実現欲求）の充足が重要であるという主張，ハーズバーグの理論でいえば衛生要因よりも動機づけ要因が重要であるという発見事実と相通ずるものがあるといえるでしょう。

マグレガーによると，X理論は古典的管理論（経済人モデル）の人間仮説であり，今後の企業はX理論よりもY理論に立脚したマネジメントに変えていかなければならないと述べられています。しかし，この文脈でより重要なポイントは，人がなぜ働くのかに関してまったく異なる2つの考え方が現在でも存在しうる，ということです。実際，マグレガーがこの理論をまとめたきっかけは，アメリカで働く管理職の人々と話し込んでいて，人が働く理由に関連して2つの互いに対立する考え方が存在していることを発見したからだといわれています。どこの企業でも，管理者は部下を管理しようとする際，それぞれ自分なりの何らかの人間モデルを頭に抱いていて，それらは大別すると2種類あるということをマグレガーは発見したのです。

以上，マズロー，ハーズバーグ，マグレガーと主要な自己実現人モデルの学説を概観しましたが，いずれの学説でも基本となっているのは，人間は本来的に自由を求める存在であるという点です。したがって，従業員のマネジメントに際し，各自の職務になるべく自由裁量の余地を与えることで，仕事内容をおもしろくしたほうがモチベーションを高めることができ，人間として成長できるということになります。

キーポイント 2.4

従業員のモチベーションを上げるためには，仕事の自由度を上げて内容をおもしろくし，各自が自己成長できるようにすべきである！

5　現代企業の人的資源管理と人間モデル

本章の第2節〜第4節では，人的資源管理の基礎となる人間モデルの学説史的展開を概観してきました。人は賃金を得るために働くと想定する経済人モデルから，組織で働くうえでの人間関係を重視する社会人モデル，仕事内容のおもしろさを重視する自己実現人モデルへという展開過程を学習しましたので，皆さんの中には，現代企業では自己実現人モデルの前提に立ってマネジメントが行われているのだと理解した方も多いと思います。

しかし，重要なポイントは，第4節のマグレガーの所説でも言及されているように，たとえ現代企業であっても，経営者の考え方次第で，自己実現人モデル以外の人間モデル（経済人モデルや社会人モデル）に立ったマネジメントを行うことはいくらでも可能だということです。例えば，どれだけ各自が組織に貢献したかの成果を測定して賃金額を決めようとする成果主義賃金制度（☞第8章190ページ）では，年齢や勤続年数といった属人的要素を排除し，結果を重視した制度設計が志向されます。そこには，従業員はなるべく成果を上げることで賃金を上昇させようとするだろうという前提が潜んでいますので，成果主義賃金制度のもとで想定されている人間モデルは経済人モデルに近いといえるかもしれません。成果主義人事の名のもとに導入されているコンピテンシー評価（☞第6章132ページ）では，最高業績を上げた従業員をモデルに全体の評価システムがつくられますが，これはテイラーの科学的管理法で，標準的作業量を決定する際に，職場での一流労働者を選抜してその作業者の動作を細かく観察することから始めたのと非常によく似通ったやり方です。

あるいは，従来から日本企業では，職場組織の全体を1つの家族と見立て，人間関係やコミュニケーションを重視しており，トップとボトムとの間の地位格差は欧米よりも相対的に小さいといわれていますが，日本企業のこうした側面に注目すると，伝統的な日本企業が暗黙の前提としている人間モデルは社会人モデルであるといえるかもしれません。日本企業が得意とするQCC活動は，職場でいくつかのチームを組んで，就業時間が終了してからも作業方法の改善策を提案しようとする制度ですから，そこで前提とされる人間モデルは，賃金を求める経済人モデルではなく，チームへの所属意識やチームでの連帯感によって動機づけしようとしている社会人モデルに近いと捉えることも可能でしょう。

このように，企業組織の現場で想定されている人間モデルが，経済人モデル→社会人モデル→自己実現人モデル，というように，前段階のモデルが否定されながら直線的に進化してきたのではない，という点に留意しておくべきでしょう。むしろ，時代を経るとともに，より多様な人間モデルの存在が明らかにされてきたと解釈するほうが自然な理解であるといえます。

皆さんの周りを少し見回しただけでも，何といってもお金のために頑張るんだという人もいれば，職場の人間関係がよくて気持ちよく働けるのがいちばんだという人もいるでしょう。もちろん，仕事を通じた自己実現を探求している人だってたくさんいるはずです。しかし自己実現をめざしている人でも，ではお金は要らないのかと問われれば，要らないと正面切って断言できる人は少ないでしょう。**シャイン**（Schein, E. H.）という学者は，このように，人間は多様であり，経済人モデルの側面も，社会人モデルの側面も，自己実現人モデルの側面もいずれかに限定して考えるのはよくないという理解から，**複雑人モデル**という人間モデルを提唱しています。複雑人モデルは，モデルの具体的な強調点が曖昧なため，真にモデルと呼べるかどうかは疑問ですが，人はなぜ働くかという点に関して，特定の人間モデルに拘泥するよりも，むしろ人間のもつ本来的な多様性や重層性，複雑性を素直に認めたほうがよいという考え方に基づいて編み出された人間モデルであるといえます（金井［1999］）。

本書の第Ⅱ部「人的資源管理の仕組み」の各章を学習するにあたっても，そ

図2−7　人間モデルと人的資源管理制度の対応関係

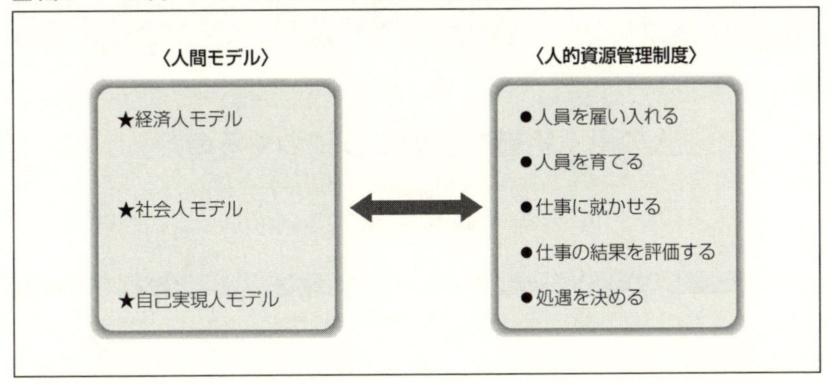

出所）　筆者作成。

れぞれの仕組みや制度がどういった人間モデルに依拠して設計されているか，その対応関係を考えながら読み進めていくと，組織における人間行動と人事制度の関係をより深層から理解することができるはずです。図2−7はそのイメージを示しています。

キーポイント2.5

現代企業の人的資源管理は，経済人モデル，社会人モデル，自己実現人モデルのいずれの立場からも制度を設計できる！

本章の演習問題と読書案内はこちらから→

第3章

人の働く組織をどのようにつくるのか

組織設計

❖この章のねらい

人的資源管理には「人員の雇い入れ」から始まる一連のサイクルがあること（第1章），そして人をどのように捉えるかによって，人的資源管理制度の設計が異なること（第2章）について，学習しました。また，働く人のモチベーションを上げようとすれば，仕事内容をその人にとっておもしろくやりがいのあるものにして，人間としての成長欲求を充足させるのが有用なことについても学習しました。

しかし，組織における人間行動は，働く人たち自身の感情や気持ち，欲求といった主観的な心的側面によってだけではなく，同時に組織全体でのルールや仕組みといった構造的な側面によっても規定されています。とりわけ，人的資源管理のサイクルのうち「仕事に就かせる」という側面では，企業は，各自が仕事に従事するうえでのルールや仕事の進め方を決めてやることが必要です。働く個々人を，組織全体からみて“ソフトウェア”と捉えれば，こうした組織の構造的側面はいわば入れものや枠組みにあたる“ハードウェア”として捉えられます。企業は，人の感情や欲求といったソフトな側面に配慮しながらも，きっちりと働いてもらって最終的に収益につながるような組織全体の仕組み・枠組み，規則づくりも並行して行う必要があるのです。

では，企業は働く人々の効率や業績・収益を上げるために，どのような組織的仕組みや規則を設けているのでしょうか。その結果，従業員の仕事におけるおもしろさややりがいはどのように制限されているのでしょうか。従業員に仕事のおもしろみを与えながらも経営者が思う通りの方向に引っ張っていこうとすれば，やりがい感と規則との間のバランスをどのようにとればよいのでしょうか。

第3章では，こうした組織づくりの基礎と，従業員の仕事の進め方，そのマネジメントのあり方について学習することにしましょう。[1)]

◆この章で学ぶキーワード
◎組織設計　◎組織構造　◎分業　◎調整　◎権限　◎管理の幅　◎職務設計

1　組織づくりの基礎

組織のトップ経営者は，組織目的を達成できるよう組織の枠組みを形づくらなければなりません。この組織目的とは，企業組織であれば，第1章で学習したように，製品やサービスをきっちりと滞りなく効率的に生み出し消費者に提供できるようにすることです。つまり，その企業目的に適った組織づくりをしなければならないわけです。このように，組織のトップである経営者が組織目的に鑑みながら組織全体の形をつくっていくことを**組織設計**と呼びます。具体的には，組織で働く従業員の役割分担（分業）の体制と，分割された個々の仕事の間を調整する仕組みを整備することです。

組織内部における従業員間の分業関係とその調整のあり方は**組織構造**と呼ばれますから，組織構造を経営者が具体的に考案しつくっていく行為が組織設計であるということになります[2)]。

以下で，組織構造の構成要素である分業と調整のそれぞれの仕組みについてみていくことにしましょう。

キーポイント 3.1
組織づくりは，仕事の役割分担（分業）を考え，その調整の仕組みを整備することから始まる！

2　分業：役割分担を決める

分業と調整のうち，まず分業についてみていきましょう。**分業**とは，文字通り，全体として大きな仕事をいくつかの部分作業に分割して効率よく仕事ができるようにすることです。組織には組織目的の達成へ向けて実にたくさんのステップがあって，そのそれぞれにおいて非常に多くの仕事がなされなければなりません。このように，組織全体として多くの遂行すべき仕事を，組織で働くそれぞれの従業員の間で分担し，各人が果たすべき役割を決めることを分業と呼ぶわけです。

例えば，製造企業では，製品をつくって売ることによって利益を上げていますが，第1章で学習したように，どのようなものづくりをするべきかの研究開発をする役割，実際に製品としてつくり上げる役割，つくった製品を販売する役割――この3つが最低限必要になってくるはずです。そのそれぞれのステップ（研究開発，製造，販売）が製造業での基本的な役割（職能）で，会社組織全体としてみれば，仕事・役割上の分業をすることによって組織目的を実現しているということになるわけです（☞第1章5ページ）。

これらそれぞれの基本職能は，さらに細分化することができます。例えば，製造という職能はさらに試作や製造計画，製造作業，品質管理などのより細かな仕事に分割することが可能です。このように，細分化されたうえで各従業員に割り当てられた仕事のことを**職務**（job）と呼び，分業とはこれらの個々の職務を誰が担当するのかを組織全体として決定することを指すのです。

以上，会社組織で「分業をすれば効率が上がる」ということについて説明をしました。では，そもそもなぜ仕事を分業することによって効率が上がっていくのでしょうか。これは，わかっているようでいて，実はきっちり説明しようとすれば難しい問いです。以下で，分業をすれば効率が上がるメカニズムについて説明をしましょう。

2-1　分業すると作業に慣れてくる

組織は従業員の間で仕事を分担しあうことによっていくつかの重要なメリットを得ることができます。

経済学の創始者とされるアダム・スミス（Smith, A.）という学者は，ピン製造のプロセスを観察し，分業には次に挙げるような3つのメリットがあると述べています。その3つのメリットとは，すなわち，①各労働者が道具や場所を変える際に必要となる作業の中断が分業によって不要になること，②割り当てられた特殊な作業のみに専念することによって労働者による作業の熟練度合いが高まること，③分割された特殊な部分作業専用に単純化された労働用具の開発・改善が促進されること，です。

このうち①は，分業することによって各人が担当すべき作業が1つになれば，その作業のみに専念することができ，分業していなければ必要であるはずの作業場所・作業道具などの変更に必要な段取り換え作業にかかる時間と労力の節約が可能になることを指しています。作業を交代すれば，どんなに急いで交代しても時間のロスがありますし，手間もかかりますが，ある特定の従業員がずっと固定的にその作業を専門的にやっていれば，そういったロスもなく手間もかかりません。

②のメリットは，従業員1人ひとりに委ねられる仕事の範囲が狭くなることによって，長期的な技能向上が見込める，ということを指しています。このように，時間をかけて同じ作業に従事することで成果が上がることを**学習効果**（**習熟効果**）と呼びます。

また③のメリットは，分業によって個々の部分作業が単純化されますから，そのことを通じ，そのそれぞれの作業を遂行するための特殊な道具・機械が発明されやすくなるという現象を指しています。作業が単純化されればされるほど，人間の手を介さなくても道具を用いれば作業が可能になるはずですから，そのための道具を開発しようという気運が高まるということです。

スミスの著した有名な『諸国民の富』という書物では，このように作業を分割することを通じて作業労働の効率が格段に増大し，それが国全体に拡がっていけばその国の国民全体が豊かになるだろう，というふうに描かれているわけです。

したがって，スミスの考え方によると，分業によるメリットを最大限に得られるような組織構造とは，①段取り換えが必要となりそうな，違った種類の作業との切れ目の箇所で仕事を細かな要素作業へと分割しておき，②その個々の要素作業に1人の労働者を長く従事させることによって学習効果を高め，③作業を確実に仕上げて期待していた成果を得るため，できれば人間の手によるのではなく，道具や機械を導入できるように準備しておく，ということになるはずです。

実は，第2章で学んだテイラーによる課業管理（☞27ページ）の原則にも，スミスによるこのような分業の基本的アイデアが息づいていることがわかると思います。労働者の一連の動作をストップウォッチで測定して要素作業に細かく分割し，そのそれぞれを別個の労働者に従事させることで無駄をできる限り省いていこうとするテイラーの発想法は，まさにスミスの分業論そのものの具現化といってよいでしょう。

2-2　分業すると人件費を節約できる

スミスが主張した分業のメリットに加え，分業のもう１つ重要なメリットを発見したのがバベッジ（Babbage, C.）というイギリスの学者です。バベッジは，くぎをつくっている工場の作業プロセスを綿密に観察した結果，分業することによって得られる人件費節減効果に特に注目しました（賃金は，企業サイドからみれば従業員に対して支払わなければならない費用なので人件費ともいいます）。つまり，仕事全体を１人の作業員に遂行させる代わりに，程度の異なる技能が必要ないくつかの要素作業に分割し，そのそれぞれを複数の作業員に分担させることによって，作業員の技能の程度に応じて支払うべき賃金を変更することが可能であるというように主張したわけです。

例えば，いま１人の熟練作業員がある仕事に従事しており，その仕事はＡ，Ｂという２つのプロセス（要素作業）から構成されているものと仮定しましょう。図３-１をみてください。この２つのプロセスは，それぞれ異なった技能を必要とすると考えてみてください。作業Ａは高い熟練度を要する困難な作業ですが，作業Ｂは低い熟練度でも可能な容易な作業であるというように仮定しましょう（話を単純にするために，作業ＡとＢをこなすのにかかる時間についてはは考えないでおきましょう）。この熟練作業員は，分業をしていない場合なら，高度な熟練技能を有していなければこの仕事は勤まりません。なぜなら，作業Ａの部分をこなすには高度な熟練技能を作業員が有している必要があるためです。分業していない場合には，図３-１の右側の図で示したように，仕事全体の中にやさしくて熟練技能が不必要な作業部分と，難しいために熟練技能が必要な作業部分とが，いわばごちゃ混ぜ状態になっているのです。

ところが，この仕事をこの熟練作業員に代えて，作業Ａ，Ｂそれぞれの要素作業ごとに別の作業員がすることにすれば，すなわち分業をすることにすれば，どうなるでしょうか。作業Ａには高い熟練が必要なので，高度な熟練技能を有する作業員が従事する必要がありますが，作業Ｂは，低い熟練技能しか有していない非熟練の作業員でも十分な成果を上げることができるはずです。

賃金を支払う企業サイドからすれば，作業Ａを担当する熟練作業員には高い賃金を支払う必要がありますが，作業Ｂを担当する非熟練作業員には，相対的

図3-1　分業する場合としない場合

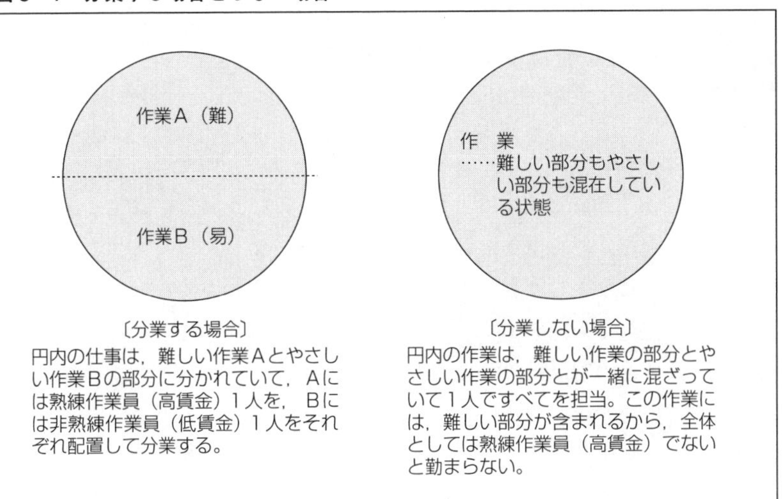

出所）上林ほか［2024］，194ページをもとに筆者一部改変。

に低い賃金を支払うだけで済むことになります。したがって，仕事全体を2つの要素作業に分割することによって，企業が支払わなければならない賃金は，分業する以前よりも低めに抑えることができ，その意味においてより効率的（人件費を節約できる），ということになるわけです。そして，この分業による人件費節減効果は，論理的には，仕事に必要とされる技能が高ければ高いほど大きくなるはずです。

このように，仕事を分割することによって，作業員を雇う際に能力の多様なより多くの候補者が得られ，支払賃金の総額を節減できる効果のことを，バベッジが考案した効果なので**バベッジ原理**と呼ぶことがあります。要は，企業が有能な熟練作業員のもっている能力を誰しもができる単純作業から解放してやることで，高度な熟練技能の必要な製造工程のみに集中的に活用でき，またその浮いた分の人件費を節約できるので，組織全体の効率を向上させられる，というのがバベッジ原理の重要なポイントです。

キーポイント3.2

種々雑多な仕事を分業することによって作業能率が上がる！

3　分割した仕事の間を調整する

第2節で学習したように，分業とは仕事をキリのいいところでいくつかの要素作業へ分割することでした。「分業と調整」という場合の**調整**とは，分割された仕事の間を，組織全体としてうまく機能するように取りもつことです。例えば，いくらヒットした製品でも，時代が変わり売れなくなってきたなら，別のまたよく売れる製品をつくって売らなければいけないことになります。販売部門内では「この製品は以前ほど売れなくなった」ということがわかっているのに，その情報が生産部門にうまく伝わらなければ，売れなくなってしまったかつてのヒット製品をずっとつくり続けてしまうという無駄が発生してしまうことになりかねません。生産部門と販売部門という区切られた分業関係の間で「調整」を施すことが必要になってくるのはこのためです。

3-1　コミュニケーションを取り合う

調整には，いくつかの具体的な方法が考えられます。いちばん素朴で簡単な調整方法は，当事者同士でお互いに**コミュニケーション**を取り合うことでしょう。上記の例だと，生産部門と販売部門との間でコミュニケーションを定期的に取り合い，販売部門が「最近はこのヒット製品は売れなくなってきた」と生産部門に伝達し，生産部門がその製品の生産を抑制すればいいわけです。

ただし，このコミュニケーションを取り合うという方法は，少人数のサークル活動など，組織の規模が比較的小さな場合には機能しますが，組織規模が大きくなるにつれ，困難になっていきます。組織規模が大きくなるにつれて伝えなければならない情報量が飛躍的に増大し，どこの部署の誰がどのような情報を必要としているか，またどのようなタイミングで伝達したらよいか，組織全体をみたうえで調整する仕組みが必要になってくるからです。組織全体をみたうえでの調整ということになると，当事者同士のコミュニケーションのみに依存した調整方法ではやはり限界があります。

3-2　権限関係を決める

大規模組織の場合には特に，分割された個々の仕事の間をうまく調整する作業が不可欠になってきます。大規模組織における仕事の調整には，まず細分化された仕事，役割の間の指揮命令系統（☞第1章6ページ）をきっちり定め，誰が誰に命令する権利を有するかを決めなければなりません。このように，組織上の職務を遂行させるために命令を発することができる権利のことを**権限**と呼びます。

指揮命令系統を定め，誰が誰に権限をもっているかを決めるには，分業によって細かな役割分担へと細分化された人々を，そのそれぞれの仕事の役割間の関連を考えながらグループにまとめることがまず必要となります。このグループにまとめることを**部門化**と呼ぶ場合もあります。いったん分割された別々の作業であっても，分業を続けていくうちに，お互い関係のあることがわかってきた仕事同士は，一緒のグループでお互いをみながらやったほうが効率は上がりますから，部門化が必要になってくるわけです。

通常，1つのグループには1人の管理者が置かれ，その管理者がグループを統括して仕事の調整を行います。組織の規模が大きくなると，当然にこのグルーピングの数も増大することになります。まずいくつかの役割が1グループにまとめられ，それがさらに大きなグループへとまとめられるわけです。こうして組織は階層的に組織されることになるのです。より上位の階層にある人（上司）が，より下位の階層の人（部下）への権限を有することになります。

⑴　集権化，分権化

企業組織の中では実にさまざまな意思決定が行われ，その意思決定すべてを1人の人間，つまり社長が行うことは，経営者の仕事量が大きくなりすぎてしまって非効率です。ですから，非常に重要度の高い戦略的な意思決定はトップクラスの経営者が行うこととして，それ以外の意思決定については，その重要度に応じて，組織のより下位に委譲したほうが望ましいということになります。この場合，何が重要であるかという判断は組織によってさまざまで，その認識いかんに応じて，できる限り多くの意思決定権限を組織階層の上位に集中しておくか，あるいはより下位に委譲しようとするかが決まってくることになります。前者のように，できる限り多くの意思決定権限を上位に集中することを**集権化**（centralization）と呼び，後者のように，なるべくそれらを現場に委譲しようとすることを，権限が分割されているという意味で**分権化**（decentralization）と呼びます。

一般的に，集権的な組織は，組織階層のより上位に位置する比較的少数の人間によって意思決定がなされますから，分業の調整という観点からは，組織全体の調整を行いやすいというメリットがあります。しかし，このような集権的組織では，多くの意思決定事項を組織が抱えているような場合には意思決定に時間がかかりすぎかえって非効率です。また，実際に意思決定を下すトップの人間は，現場の情報を十分に入手できていないために意思決定の質が低下したり，あるいは意思決定に参画できない現場の従業員にはモチベーション（☞第2章40ページ）が低下したりするといった問題が発生することになりかねません。

逆に，分権的な組織においては，意思決定のスピードが速く，現場作業員の参画意識を高めることができるというメリットをもっていますが，組織全体の調整はやりにくくなるという欠点を有しています。したがって，組織を設計する際には，どの程度，意思決定権限を組織の下位に委譲するかという決定が非常に重要になってくるわけです。

⑵　ピラミッド組織，フラット組織

意思決定権限を上位に集中するか下位に委譲するかの程度を決める際に重要な点は，1人のマネジャーが管理できる部下の数には限界があるという事実です。マネジャーも人間で，人間の認識や情報処理能力には限界がありますから，マネジャーがきっちりと分業間の調整を行おうとすれば，その人数を際限なく大きくすることになり非効率です。このように，1人のマネジャーが管理することのできる部下の人数のことを**管理の幅**（または「統制範囲」：span of control）と呼びます。一般に，適正な管理の幅として何人程度がよいかにはさまざまな説があり，仕事の種類やマネジャーの個人的能力にもよるので一概にはいえないのですが，企業では概ね10人前後が妥当な人数であると考えられています。皆さんの経験上も，例えばサークル活動をする際に，だいたい10人くらいずつの班のようなまとまりをつくって活動しているケースが多いのではないでしょうか。

管理の幅が広いと，マネジャーの数を少なくすることができるというメリットはありますが，他方で個々の部下の行動を十分に把握できなくなり，調整が困難になるという欠点が出てきます。逆に，管理の幅を狭く設定すれば，部下の監督は十分に行うことができますが，その分多くのマネジャーが必要となり，調整コストが増大するという欠点があります。また，組織全体の管理の幅を狭くすると，相対的に縦長の**ピラミッド組織**（階層組織）ができあがりますし，逆に管理の幅を広くとると，相対的に背の低く横広の**フラット組織**が形成される

図3-2　ピラミッド組織とフラット組織：原理と実例

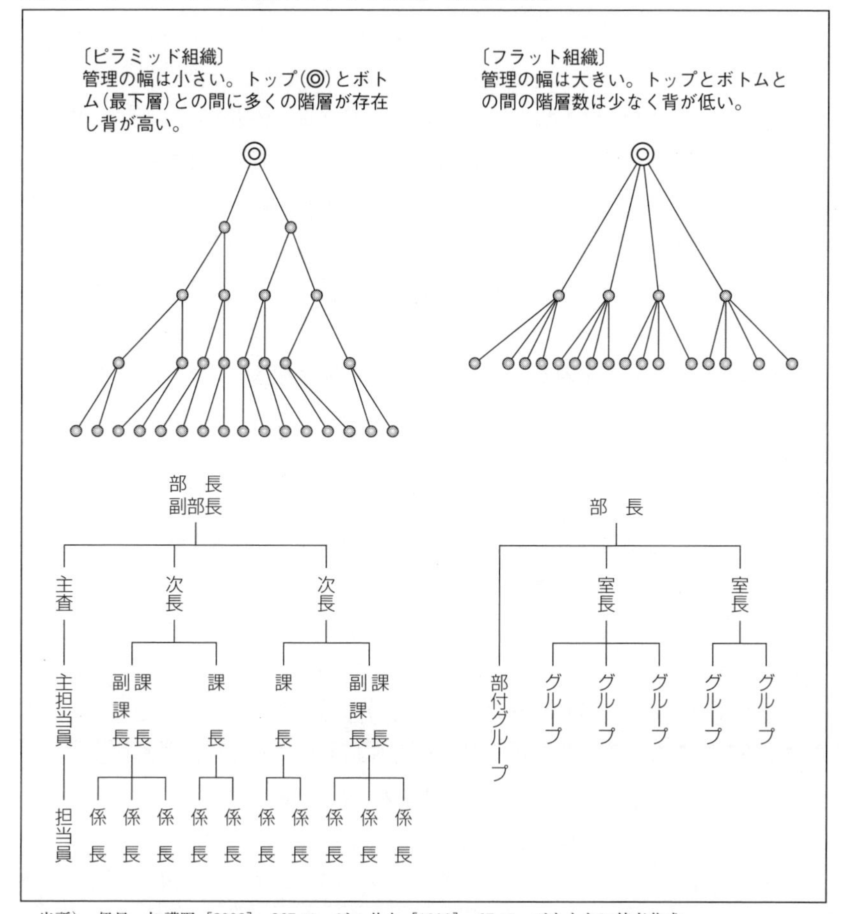

出所）伊丹・加護野［2003］，267ページ；井上［1999］，67ページをもとに筆者作成。

ことになります。

図3-2の上部の図は，このピラミッド組織とフラット組織のそれぞれの原理を説明するための模式図です。この図の下部には，実際の企業の例として，トヨタ自動車における組織図（1999年当時）を示しています。

ピラミッド組織には，階層の末端に至るまで綿密な管理をすることができるというメリットはありますが，図3-2に示されているように，次長や課長といったマネジャーの数が多く意思決定に時間がかかるというデメリットがあります。逆に，フラット組織はマネジャーの数が少なく，現場からトップまでの距離が短いため意思決定のスピードが速いというメリットはあるのですが，トップの統制が末端の従業員まで行き届きにくいというデメリットもあります。

また，一般に，ピラミッド組織の末端で働く作業員は，分業の程度が高くごく限られた範囲内での仕事にしか就いていないため，仕事上のやりがい感が下がりやすいといわれています。情報の流れも，上からきた情報をそのまま下に伝達するだけですから（こういう情報伝達の仕方をトップダウンないし上意下達（じょういかたつ）と呼びます），上司からいわれる通りに仕事をこなすしかありません。こういう作業組織の形態は，機械に喩えて**機械的組織**（mechanistic organization）と呼ばれることもあります。

これに対し，フラット組織では，分業の程度はそれほど高くなく，末端の作業員でも仕事のやりがい感が湧くと，一般的にはいわれています。フラット組織の作業現場においては，分業の程度が低いチーム型の作業組織がとられることがよくあります。仕事を個々人ごとに細かく分担するのではなく，チーム全体として目標を達成すればよく，個々人がどのような仕事を分担するかはチームリーダーを中心にその都度柔軟に決めればよいのです。このようにチームを組んで従業員相互の情報のやりとりが多い作業組織のことを，機械的組織に対して**有機的組織**（organic organization）と呼ぶこともあります。

最近では，情報技術革新やグローバル化の進展に伴って経営環境の変化がますます激しくなり，その変化のスピードも飛躍的に速くなりつつありますから，意思決定に時間がかかるピラミッド組織の階層を減らし（フラット化と呼びます），フラット組織に変更しようとする企業が増えてきています。

実は，組織をフラット化せずにピラミッド組織のままでも仕事のやりがい感を向上させるような仕組みがいくつか考えられるのですが，その点については後ほど本章の第4節で学習することにしましょう。

3-3　公式をつくっておく

直接コミュニケーションを取り合ったり権限関係を決めたりする以外に，もう1つ重要な調整の仕組みとして挙げられるのが公式化の程度を決めることです。ここでいう公式化とは，組織である一定の状態・問題が発生した場合に人々がとるべき行動をあらかじめ定めておくことです。つまり，Aという状況が発生すれば，Bのように決定し行動するという規則や手続きを，あたかも数学の公式のように事前に定めておくことが公式化です（「プログラム化」とも呼ばれます)。通常，公式化の具体的内容は職場の規則集という形で文書化されていたり，あるいはどの職務はどういうことをするのか，といったことが書かれた職務分掌規程・標準作業手続きというような形でマニュアルがつくられたりしている企業が多いようです。

この公式化の程度が高いと，管理者による調整は少なくて済み，組織全体としての調整にかかるコストを削減することができます。なぜなら，あらかじめどのように行動すべきかが定められていると，いちいちどういった行動をとらないといけないのか考えずに済みますし，またあえて上位の管理者が介在しなくても従業員自身で自ら仕事の調整をすることができるからです。

一般的にいって，事前に想定が可能で，しかも日常反復的に発生する事態に関しては，あらかじめそれに対応するための行動プログラムを準備しておくと便利です。皆さんも，日常生活のさまざまな局面において，ある程度事前予測が可能な現象については，無意識のうちにさまざまな“公式”を準備していることが多いはずです。例えば，雨の降った日には一本早めの電車に乗って大学に通う，アルバイトが入った日の帰り道には駅前のコンビニに立ち寄る，などのように，自分なりに決めごと（公式）をつくっている方も多いことでしょう。

しかし，環境の不確実性が増し，事前には想定できないような不測の事態が多く発生するようになると，組織のすべての行動を公式化し行動プログラムを定めておくことは，ほとんど不可能になります。したがって，一般的には，環境が安定的な場合には公式化の程度は高くなり，逆に不確実性が高く，いつどう変化するかわからないような環境のもとでは公式化の程度は低くなる，ということがいえます。

公式化は分業の調整にかかるコストを低く抑えるという効果をもつのですが，あまりにすべての事象について公式化してしまうと，かえって逆効果になってしまうこともあります。過度の公式化は，公式化された規則や手続きが厳格に適用されますから，その遵守のみが重んじられることになりがちで，その規則や手続きの精神が忘れられてしまったり，時間の経過とともに細部の規則や手続きが複雑化していったりという問題が発生しやすいといわれています。また，過度に分業しすぎてしまった場合と同じで，働く人々は考えることなしに行動をとることができますから，仕事に無気力になったり，モチベーションを喪失してしまったりという結果を招いてしまう場合も多いようです。ですから，組織を設計する場合には，どの程度，またどのような事象が生じた場合に行動プ

コーヒーブレイク　最も効率の上がる組織構造は？

大規模化し複雑化した組織は，いったいどのようにすれば最も効率的に経営できるのでしょうか。この問題について研究したのがマックス・ウェーバー（Weber, M.）です（写真）。

ウェーバーは，そのような巨大組織を管理運営するためには**官僚制**（bureaucracy）という巨大な精密機械のような機構が必要であると主張しました。官僚制の特徴として，ウェーバーは，①規則に基づいた職務遂行，②職務細分化と命令権限の付与，③階層型の職務構造，④専門家による規則運用，⑤業務遂行にあたる管理スタッフの存在，⑥職位の占有の禁止，⑦文書による命令と職務執行管理，などの要素を挙げています。これらの特徴は，「ピラミッド組織」のもとでの組織運営の特徴と非常によく似通っていることがわかるでしょう。

この官僚制というシステムのもとでは，組織の下位の者は上位管理者が発した命令に服従する（支配される）ことが“正当”であると考えられています。なぜなら，形式的に正しい手続きにのっとって法律が制定され，この法律に基づいて，上位管理者には“権力”を行使する公式的な権限が与えられたというように解釈されるためです。ウェーバーはこのような支配の体制を「合法的支配」と呼び，非凡な資質を有したカリスマによって支配される「カリスマ的支配」や，古くから行われてきた伝統の神聖さのみに依拠した「伝統的支配」から区別しました。

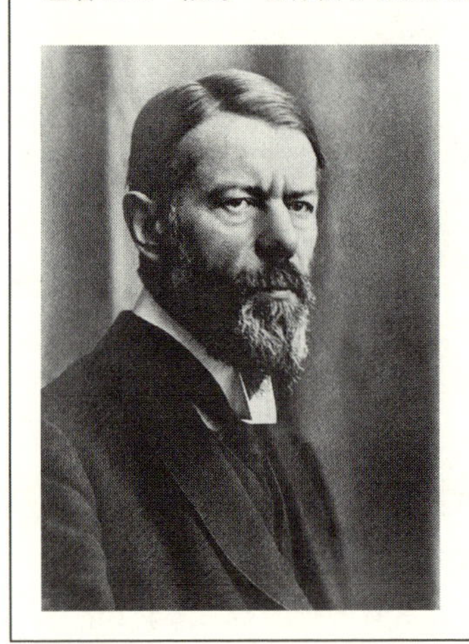

官僚制が行きすぎると，形式的合理性が過度に強調され，外部環境適応への柔軟性を欠き，また組織内部での人間疎外を引き起こすことになり，かえって非効率的・非合理的な組織運営になってしまうため（このことを「官僚制の逆機能」といいます），注意が必要です。

（ウェーバー 著，世良 訳［1970］）

ログラムを定めておいたらよいかについて慎重に決めておかなければなりません。

キーポイント 3.3

分割された個々の仕事は，組織全体をみて調整しないとうまくいかない！

4　仕事の効率を上げるには

4-1　分業の行きすぎ

第2節で，仕事を区切りのよいところで分割し，それぞれ別個の従業員に担当してもらうことで作業の効率が上がることを学習しました。では，仕事は区切りのあるところでできる限り細かに分割すればするほど効率が上がっていくのでしょうか。実は，そうではないのです。純粋に作業の効率という観点のみでいえば，この「分ければ分けるほど効率が上がる」という考え方は正しいのですが，そこには実際に作業をするのが生身の人間であるという事実（☞第1章15ページ）が抜け落ちてしまっています。

人間は，あまりに細切れに分割された，自分にとって意味のわからない作業ばかりをやらされると，つまらなくなってモチベーションを維持できなくなってしまいます。あまりに細かく分割された仕事に作業員が長期にわたって従事していると，作業員自身が何をしているのか自分でもわからなくなり，仕事へのやる気や情熱が低下してしまうという問題点が，分業にはあるのです。スミスの主張するように，段取り換えコストが不要になるよう細かく分業すればするほど，作業員はまったく同一の非常に単純な作業に長期間従事することになります。作業をするのに，まったく何も考える必要がなく，単に手を同じように動かしていれば自分の仕事は終わりなのです。このような状況で，仕事にやりがい感が生まれるわけがありません。つまり，やる気がなくなってしまうという意味で，過度の分業はかえって組織全体の効率を下げてしまうことになりかねないのです。「分業は効率を上げる」という命題は，工学的・エンジニアリング的発想では正しくても，こと人間社会を研究対象とする社会科学的には必ずしも真理であるとは限らない，ということになります。これは「コーヒーブレイク」のコーナーで触れた「官僚制の逆機能」の一種です（☞62ページ）。

実は，このような「作業効率を上げるためには分業を導入したほうがよいけれども，あまりに分業しすぎると作業員のモチベーションを下げてしまい，組織全体の効率を逆に下げてしまいかねない」というジレンマを解決するために，経営学ではいくつかの手法が考えられています。ピラミッド組織の階層数を減らしてフラット組織に変えたり，チーム作業を導入したりといった方法についてはすでに第3節で学習しましたが，今から述べる手法は，ピラミッド組織という形はそのまま残したうえで，職務のあり方を変更するというやり方です。このように既存の組織構造を前提としたうえで職務のあり方のみに変更を加えることを，**職務設計**（job design）と呼んだり，あるいは既存の職務のあり方を再び設計し直すという意味で**職務再設計**（job redesign）と呼んだりします。職務設計も職務再設計もほとんど同じ意味です。

4-2　分業を緩める

職務設計の1つの手法は，いつもやっている仕事を，構造的に固定しておくのではなく，たまには誰か別の従業員と交代することです。これを，**職務転換**（job rotation）といいます。この職務転換は，従業員が日常従事している作業とは別の作業を体験できるという意味で，仕事に従事する作業員にとっては新奇性がありますから，同じ仕事ばかり反復している場合よりも少し作業がおもしろくなり，やりがい感が増加します。

あるいは，普段なら職務は1つしか担当していないところ，2つ以上の複数の職務を1人の従業員が担当するという手法も，単調な作業をおもしろくするのには有効です。職務を担当している従業員自身の判断で，自由にその複数職務間を移動できます。自分の頭で考えながら，どの職務を今遂行すればよいかが決められるわけです。このように普段従事している職務以外にも別の職務を遂行するやり方を**職務拡大**（job enlargement）といいます。

また，通常従事している職務に加え，それよりも少し難しめの（普段ならより上位の職位の従業員が従事している）職務にも併せて従事させる，というやり方もあります。これも，複数職務に従事するという点において職務拡大の一種ともいえますが，普通の職務拡大と異なるポイントは，より難易度の高い職務をもこなさせる，という点にあります。こういう職務設計の手法を，職務を豊かにするという意味合いで**職務充実**（job enrichment）と呼びます。この職務充実は，従業員のもっている職務能力を積極的に開拓することを促進するという意味で能力開発にもつながりますし，非常に有効な職務設計手法であるとされています。これら各職務設計の手法をわかりやすく模式的に図示したのが図3-3です。

これらそれぞれの職務設計手法に共通している点は，いずれも何らかの形で分業を緩めることにつながっているということです。職務転換は，本来であれ

図3-3　職務転換・職務拡大・職務充実の模式図

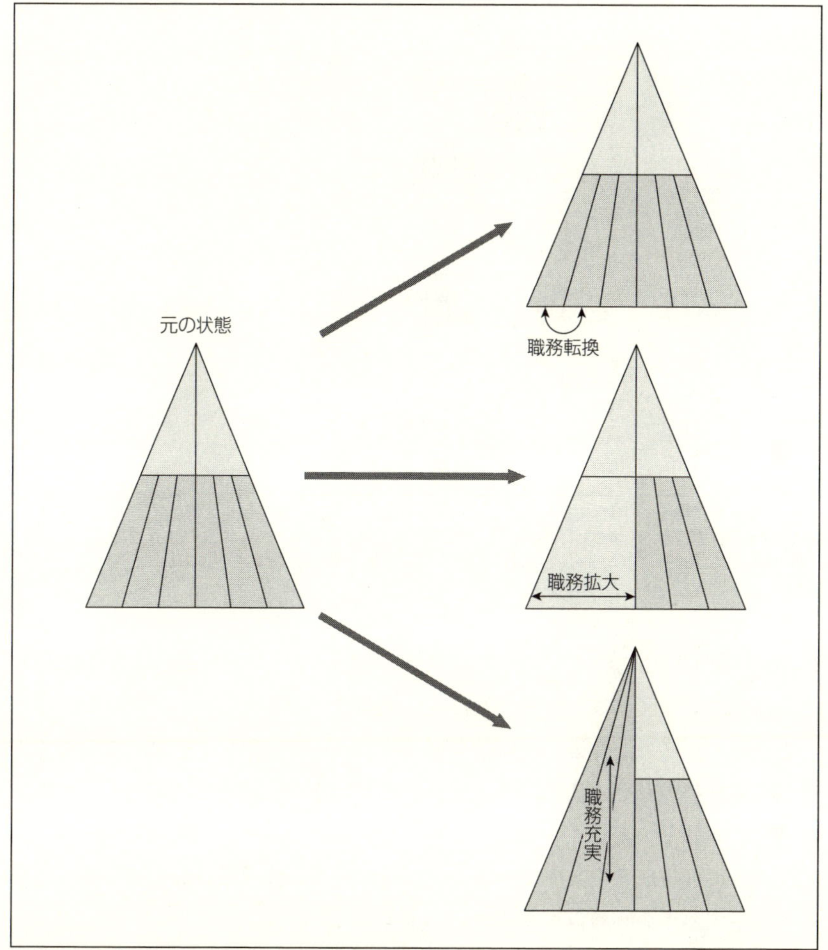

出所）沼上［2004］，80ページをもとに筆者作成。

ば別個の従業員が担当するべき職務を分業で交代することですし，職務拡大や職務充実も1人の従業員が複数の職務を担当するということですから，仕事を分割してそれぞれを別の従業員に担わせる分業の考え方とは逆行する動きであるといえます。

昨今，多くの工場の組立生産職場で取り入れられている**セル生産**という仕組みは，セル（「細胞」，「小さな部屋」：cell）と呼ばれる環状の職場レイアウトで，基本的に1人または少人数の作業員が，最初の工程から最終工程まで完成品を

図3－4　セル生産の例

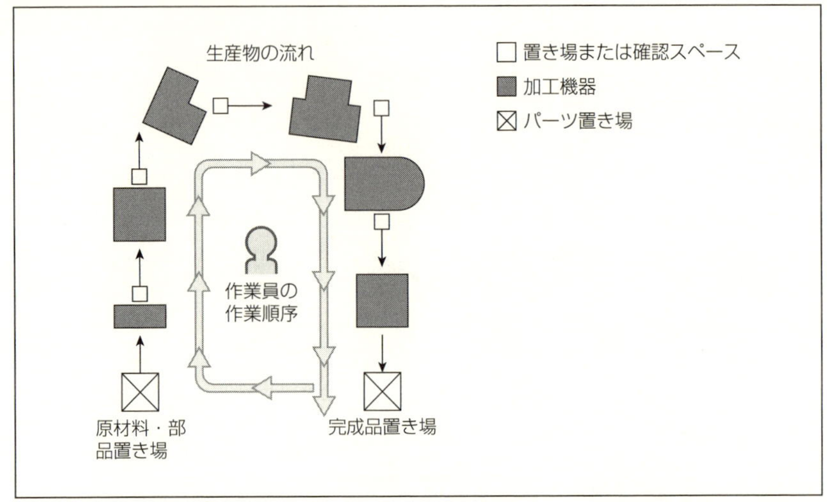

注）セル生産には単独の作業員で行う「1人方式」，複数の作業員で持ち場を分割して行う「分割方式」，複数の作業員が持ち場を順に廻っていく「巡回方式」の3種あるが，この図は「1人方式」を示す。
出所）信夫［2003］，105ページ，原著：Nicholas［1998］，p.352をもとに筆者作成。

1品ずつ組み立てることになっています。図3－4は，このセル生産を採用している職場のレイアウトを模式的に描いた図です。

このセル生産は，作業員の作業を無意味なものに分割してしまうことなく工程の全体を担当させる仕組みであり，ここでいう「分業を緩めること」と大いに関係があるといえます。実際，セル生産システムのもとで働いている作業員は，多くの作業改善提案や創意工夫を行っていて，作業員自身の責任感や達成感も向上するという報告もなされています。

ここで重要なポイントは，バランスです。分業しすぎてもモチベーションが下がってしまうのでいけないし，逆に分業を緩めすぎても，本来分業していれば得られるはずの作業効率が得られなくなってしまうので具合が悪く，どのようにその両者のバランスをとるか，ということです。このバランスをうまくとることができる企業が，人を上手に管理できていて効率も上がっている企業だということができるはずです。

4－3　日本の企業の分業は緩い

これまで本章では，分業とその調整という概念について，ごく一般的に共通してみられる原理原則を解説するという観点で述べてきました。本章の最後に，実はひとくちに分業といっても世界の国々，地域ごとにそのあり方が異なる，ということについて，簡単に触れておきましょう。

通常，アメリカの企業では，とりわけ工場の現場作業レベルでは，職務は非常に細かく分割され，1人の従業員は1つの職務だけ担当する，という発想のもとで運営されてきました（こういう考え方のことを**1人1職務**と呼ぶこともあります）。最近では事情が少しずつ変わってきましたが，今でもアメリカの企業では，伝統的には非常に細かな分業がなされているケースが多くあります。

これに対し，一般に日本の企業では，分業はあまり徹底されていません。少なくともアメリカの企業と比べると，日本の企業ではより緩い分業のシステムがとられているといわれています。この理由には諸説がありますが，日本では長らく集団主義文化のもと，みんなで一緒に仕事をしてきた伝統があり，個々の従業員の誰がどんな仕事を担当する，というふうに厳格に決めてしまうのには心理的抵抗が強いために分業が緩く設定されている，という説が最も有力です。

例えば，表3-1をみてください。この表は，実際にある日本の自動車会社の工場現場で用いられている仕事表（職場での仕事分担の一覧を示した表）の一例を示したものです。

1台の自動車の完成には非常にさまざまな作業工程を経なければなりません。まず鋼材をプレスして車体のいろいろな部分を打ち抜き，それらを溶接してボディをつくり上げ，塗装します。こうしてできあがった車体にエンジンやバンパー，シート，パネル，ガラス，タイヤなどといった種々の部品を取り付け，組み立てていくのです。この表は，最終組立ラインのいちばん最後の部分の仕事割当てを示したものです。この表の下部に書かれている注記をみると，この最終組立ラインでは職務1から16までの多種多様な職務に分業されていることがうかがえます。横軸に各職務の種類が示されていて，縦軸には作業員が書かれています。作業員の欄を横にみていけば，この最終組立ラインで各作業員がどのような職務を担当しているかがわかる，という仕組みです。

例えば，B班長の欄を左から右へと順に眺めてみてください。B班長は職務1から4までと9から16までのすべてを訓練済みで担当できることが示されています（職務5から8までは訓練中なので，いずれは担当可能になるでしょう）。つまり，このB班長は，とてもたくさんの職務を1人でこなすことが可能なの

表3-1　仕事表の例

氏名	職務															
	主ライン										解析等					
	1	2	3	4	5	6	7	8	9	10	11	12	13	14	15	16
職長						+		*	*							
A班長				+			+		*	*	*	*	*	*	*	*
B班長	*	*	*	*	+	+	+	+	*	*	*	*	*	*	*	*
C班長											*	*	*	*	*	*
D班長											*	*	*	*	*	*
E		+	*	*	*	*	*	*	*		*	+			*	*
F	*	*	+		+	+	+	+								
G	*	*	*					*	*							
H				+	*	*	*	*	*							
I			+	*	*	*	*	+	*							
J	*	*	+													
K										*					*	*
L												*			*	*
M	*	*	*		+		+	+								
N												+	*	*		
O								*	*	*	*	*	*	*	*	*
P	*	*	*	*			*									

注）1）＊印は訓練済み，＋印は訓練中を表す。
2）職務1：右リアドア取り付け，職務2：左リアドア取り付け，職務3：右フロントドア取り付け，職務4：左フロントドア取り付け，職務5：右ドア建て付け，職務6：左ドア建て付け，職務7：LLCラジエイター注入，職務8：最終インプット，職務9：車両搬送，職務10：部品そろえ，職務11：右モール取り付け，職務12：左モール取り付け，職務13：解析，検査ライン上，職務14：解析，大物・単体，職務15：右ラップ貼り付け，職務16：左ラップ貼り付け。
出所）小池・中馬・太田［2001］，30ページより。

です。他の作業員についても，多少の差異はありますが，多かれ少なかれ複数の職務を担当することができるということは共通してみられる現象です。日本の企業の作業員は，このように1人1職務ではなく，1人で複数職務を担当できるのです。こういった複数職務を担当できる作業員のことを，多くの技能をもっている作業員という意味で**多能工**と呼びます（これに対し，1人で1つの職務しかこなせない作業員は単能工と呼ばれます）。

一般に，日本の企業の現場作業員はきわめて有能で，仕事をきっちりこなすことで世界的に有名なのですが，1980年代にアメリカで日本的経営のブームが起こったのは，アメリカの企業では現場作業員の多くが単能工であるのに対し，日本の現場作業員がこのように多能工であり，有能であるということと大きく関係しています。日本的経営の要素として，いわゆる「三種の神器」（終身雇用，年功賃金，企業別組合）が有名なのですが（☞第10章234ページ，第11章263ページ），この章で学習した組織構造や職務設計という観点からいえば，日本的経営の重要なエッセンスは，この多能工を生み出した仕事・組織のあり方であるということができるのです。

キーポイント 3.4

分業しすぎるとモチベーションが下がり組織全体の効率を下げてしまうので，分業とモチベーションとのバランスをうまくとることが必要！

5　組織構造と人的資源管理

前節でみた「緩い分業」という特徴は，日本企業における人的資源管理の諸制度（採用や配置，能力開発，評価制度，報酬制度，労使関係管理など）のあり方に，アメリカのそれらと比べて大きな相違を生じさせているいちばんの根本となっています。分業が緩いということは，従業員の仕事内容が最初から明確には決められていないこと，そして特定の職務に固定的に長期間にわたって就くことが少ないということを意味しています。分業関係が違えば組織全体での調整のあり方も当然異なりますから，組織構造の全体が日本企業とアメリカ企業とでは大きく異なってくることになります。

例えば，日本企業とアメリカ企業とでは，表1－2（☞第1章21ページ）のような相違があることに言及しましたが，日本企業では分業が緩く「職務」概念が曖昧なために，（少なくともこれまでは）職務に基づいて仕事の結果を評価する仕組みをつくることができなかったのです。したがって職務をベースにして成果主義を導入しようとしても，なかなかうまく運用ができないという現象が生じていたわけです（☞第8章）。

人員の育成にあたっても，分業関係が緩くいつどのような仕事に就くかわからないために，「あなたはこの職務を極めなさい」というような形で，個々人の特定の能力だけに限定して伸張させるようなやり方は，これまでの日本企業ではとられてきませんでした（☞第5章113ページ，第6章135ページ）。

こうした人的資源管理の諸制度における日米間の相違については，以下の第Ⅱ部「人的資源管理の仕組み」の各章で詳しく学習することになります。第1章で学習したように，企業で人のマネジメントの全般を取り扱う部署は人事部です。人事部が行っている活動サイクルは，①人員を雇い入れる→②人員を育てる→③仕事に就かせる→④仕事の結果を評価する→⑤処遇を決める，から成り立っていることも学びました（☞第1章8ページ）。より具体的には，人事部のマネジャーがこれらのサイクルを動かし，人的資源管理の諸制度を実際に運用しているのです。

この人事部のマネジャーが動かしているサイクルのうち，「③仕事に就かせる」については，その仕組みの概略を本章で組織設計という観点から学習してきましたから，以下の第Ⅱ部の各章では，残った①人員を雇い入れる，②人員を育てる，④仕事の結果を評価する，⑤処遇を決める，のそれぞれについて，順次みていくことにしましょう。

キーポイント 3.5

組織構造によって規定される現場での「仕事の進め方」に応じて，人的資源管理制度のあり方も決まってくる！

注

1）本章での記述は，上林ほか［2024］の第8章「組織構造・職務設計」を基礎に加筆・修正を施した構成になっています。

2）「構造」や「組織構造」概念は，上林ほか［2024］，184–190ページ，に詳しく説明されていますので，これらの概念について詳しく知りたい方はそちらを参照してください。

本章の演習問題と読書案内はこちらから→

第 II 部

人的資源管理の仕組み

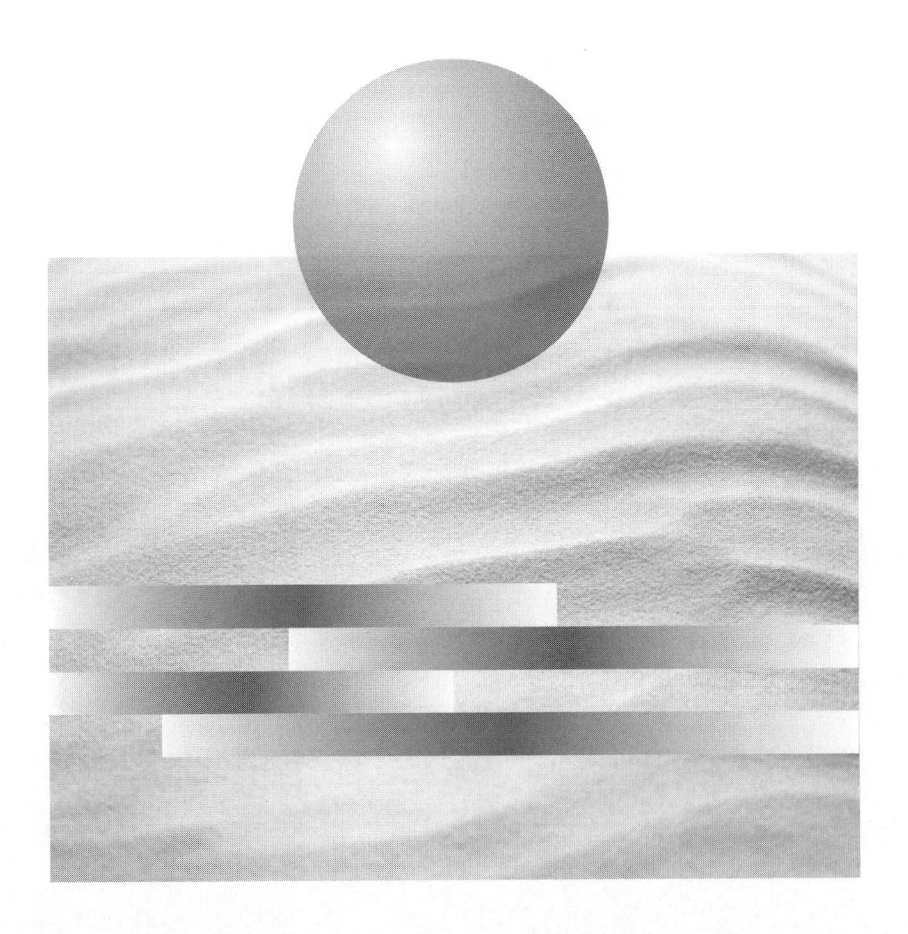

〔第Ⅰ部〕人的資源管理の位置づけ

第1章　人の管理とはどんなことか（人的資源管理入門）

第2章　組織は人をどのように捉えるのか（人間モデル・組織行動）

第3章　人の働く組織をどのようにつくるのか（組織設計）

〔第Ⅱ部〕人的資源管理の仕組み

第4章　組織は人をどのように雇い入れるのか（採用・異動）

第5章　組織は人をどのように育てるのか（キャリア開発・人材育成・教育訓練）

第6章　組織は仕事の結果をどのように評価するのか（評価・考課）

第7章　組織は人をどのように処遇するのか（昇進・昇格）

第8章　組織は人にどのような報酬を与えるのか（賃金・福利厚生・退職金）

第9章　組織は人の安全と健康をどのように守っているのか（安全・衛生）

第10章　組織は労働組合とどのように関わるのか（労使関係）

第11章　組織は辞めていく人とどのように関わるのか（退職）

〔第Ⅲ部〕現代的トピックス：人的資源管理の多様化

第12章　多様化する働く人たちを組織はどう管理するのか（ダイバーシティ・マネジメント）

第13章　多様化する雇用形態を組織はどう管理するのか（非正規雇用）

第14章　多様化する労働時間と場所を組織はどう管理するのか（裁量労働・在宅勤務）

第15章　多様化する働く意味づけを組織はどう管理するのか（ワークライフバランス・働き方改革）

第4章

組織は人をどのように雇い入れるのか

採用・異動

❖この章のねらい

「月給20万円と30万円の企業なら，30万円の企業に入社したい」——皆さんは仕事を選ぶときに，このように“○○したい”と自分の希望を真っ先に思い浮かべるでしょう。しかし，皆さんが希望をもっているのと同じように，人を採用する側も，こういう人材に来てほしいという思いがあるはずです。では，企業はどのような工夫をして必要な人材を選抜しているのでしょうか。

この問いに関連するキーワードは，「職務と人のマッチング」です。本章では，企業と個人のニーズをすり合わせながら，どのように仕事に人を就かせるのかを検討します。まず，人の採用に関わる一連のプロセスについて，みていくことにします。就職を控えている学生の皆さんはもちろん，転職を考えている方も，この採用の流れを踏まえた職務と人のマッチングを念頭に置いて就職活動をすることが，実は個人が望む会社に入る近道であることを理解しましょう。

職務と人のマッチングは，採用段階だけで終わるわけではありません。時間が経過するにつれ，多くの人は成長し，現在の仕事と能力の間に乖離が生じるからです。そこで，組織に入ってからの職務と人のマッチングである異動の方法と目的についてもみていきます。最後に，日本と欧米諸国の職務と人のマッチングの典型的なパターンを比較し，近年の日本における変化を説明していきます。

◈この章で学ぶキーワード

◎人材フロー　◎職務と人のマッチング　◎戦略的採用　◎ RJP
◎コンピテンシー面接　◎タレントマネジメント　◎メンバーシップ型雇用／ジョブ型雇用　◎職種別採用　◎社内公募制度

1 採用・異動とは

かつてユニクロは野菜事業に参入しましたが，アパレルとは違い，野菜は鮮度が命ですので，流通や在庫に詳しい人材を雇い入れることが必要になったでしょう。野菜事業は失敗に終わりましたが，その場合は店舗で余った人材を別の部門に移したり，最悪，雇用関係を終了させたりする可能性が出てきます。

このように，企業が継続的に事業を運営していくうえで，人を動かす絶妙なマネジメントが，人的資源管理において重要になってくるのです。人が動く流れを**人材フロー**と呼び，入口，組織内，出口における3つのフローがあります（図4－1）。

人材フローといっても，適当に人を動かせばよいというわけではありません。企業がやってほしい仕事にふさわしい人を就かせるように動かさなければ，その人は望ましい成果を発揮することができないからです。そこで，最適な「**職務と人のマッチング**」を図る人材フローを考えることが必要になってきます。この職務と人をマッチングさせる作業を「**雇用管理**」と呼びます。

職務と人のマッチングは，まず社内外から人材を集めてこなければ始まりません。売り手と買い手が交渉する場を“市場（しじょう）”といいますが，企業と労働者の間でも処遇などの労働条件の交渉が行われることから，市場の概念を当てはめることが可能です。雇用管理に関わる市場には「**外部労働市場**」と「**内部労働市場**」があり，前者は自社外，後者は自社内に職務とのマッチング候補となる人材が存在することになります。外部労働市場および内部労働市場における職務と人のマッチングの方法には，次の3つがあります。

1つ目は，「**採用**」です。これは会社の中にある職務とそれを担う能力があると考えられる人材を外部労働市場から確保し，マッチングを行うことです。2つ目は，組織に入ってからの職務と人のマッチングです。これには，①水平的に部門や仕事の配置を換える「**異動**」（例．営業からマーケティングへ），②上位の役職に就ける「**昇進・昇格**」（例．課長から部長へ）（☞第7章154ページ），③子会社や関連会社に人を移す「**出向・転籍**」という方法が含まれます。出向や転籍は今いる会社から出ることになりますが，特に出向は元の会社に戻ってくることを前提とした移動ですので，組織内フローの一部として本章では捉えて

図4－1　3つの人材フロー

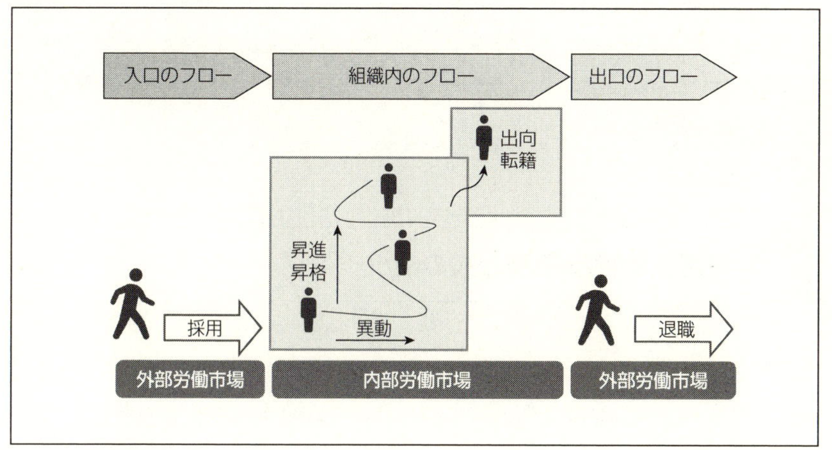

出所）筆者作成。

います。したがって，昇進・昇格と出向・転籍は内部労働市場における人材フローに相当します。3つ目は，社内にマッチングを図る職務がない状態をつくり出す「**退職**」です（☞第11章249ページ）。

ここまで読んで，職務と人のマッチングという言葉に若干据わりが悪いと感じた読者がいるかもしれません。おそらく，分業が緩いことが特徴的な日本のコンテキスト（☞第3章67ページ）においては，さまざまな仕事をこなせるように人を育てていくことが重要視され，「人と職務のマッチング」という人を先に置いた表現のほうがヒト重視の意味合いが前面に出て，何となく腑に落ちる方が多いことが背景にあると思われます。

本書であえて職務と人のマッチングとした理由の1つは，第1章で学習したように，企業の究極の目的は収益を上げるために従業員を効率的にマネジメントすることにありますから，特定の仕事ができる有能な人材を配置していくという組織側の論理が強調されることにあります。もう1つの理由は，各章において述べられている通り，近年，人基準から仕事基準の人的資源管理への変化がみられ，職務をベースとした人的資源管理に移行しつつある点を念頭に置いたことにあります。

キーポイント 4.1

企業は継続的にビジネスを行っていくために，採用や異動，昇進・昇格，出向や転籍，退職という方法を用いて，職務と人のマッチングを図ることが必要である！

2　採用における職務と人のマッチング

採用から内定までの一般的な流れと，それぞれにおいて職務と人のマッチングを実現するうえで企業と個人に求められることをまとめたものが表4-1です。表4-1に基づいて，職務と人のミスマッチ解消に向けたさまざまな工夫について詳しくみていくことにしましょう。

2-1　採用計画におけるマッチング

採用計画とは，企業がいつ・誰を・どのように採用するかに関する方針のことをいいます。では，採用計画はどのように立てられるのでしょうか。

皆さんがこういう人間でありたいと思うように，企業もこうあるべきだというめざしたい理想を必ずもっています。これを経営理念といいます。経営理念を前提に，自社がどのビジネス分野で競争していくかが経営戦略として策定されます。経営戦略を実行するのは人ですから，戦略を実現することを可能にする人材要件が，戦略から導き出されることになります（図4-2）。こうした企業戦略と採用をリンクさせる，いわゆる経営的な視点から人材の採用にアプローチすることを，**戦略的採用**と呼びます（Gully, Phillips and Kim［2014］）。

仮に，企業理念として，顧客満足の向上を掲げている企業があったとします。この理念を追求するには，例えば他社よりも安い商品を提供する（コスト・リーダーシップ戦略）か，他社にはないユニークな商品を販売する（差別化戦略）かのいずれかの戦略を実行することが考えられます。コスト・リーダーシップ戦略を選択すれば，効率的な作業が求められるため，本部で決められたマニュアルに沿って忠実に仕事を進める人が必要になるでしょう。逆に，差別化戦略を採れば，他社にはない斬新な商品を考えつく発想力の高い人が求められるでしょう。

表4-1　採用から内定までの流れと職務と人のマッチングに必要な工夫

採用活動のプロセス	企業に求められる工夫	応募者に求められる工夫
採用計画 1. 人材要件 2. 採用対象の属性と人数 3. 採用時期 4. 募集と選考の方法	・経営理念や経営戦略と人材要件の結びつきを明確化 ・人事担当者に戦略の構築家としての人事コンピテンシーを養成	・企業研究で入社希望先の経営理念や経営戦略を分析し，それと自身の性格・価値観や能力・知識とのすり合わせによる自己分析を行う
⇩ **募集と選考** 自社採用ページ・ウェブ求人広告 ↓ 会社説明会 ↓ 書類選考（履歴書，エントリーシート） ↓ 適性検査・筆記試験 ↓ 面接	・記憶にとどまりやすいメッセージの発信 ・RJP(Realistic Job Preview) ・リファラル採用 ・コンピテンシー面接の実施	・複数の就職情報サイトへの登録 ・志望先に勤務するOB・OGへのインタビュー ・インターンシップ参加 ・面接において「行動→理由→結論」を意識した説明
⇩ **内定**	職務と人のマッチング	

出所）筆者作成。

どういう人材を採用するかという人材要件が定まれば，2つ目のステップとして，採用対象の属性と人数が決定されることになります。属性については，①雇用形態（正規社員か非正規社員か）（☞第13章305ページ），②仕事経験の有無（**新規学卒者**か**中途採用者**か）を検討することになります。例えば，コスト・リーダーシップ戦略のもとでは，コスト低減が重要視されますので，パートやアルバイトなどの非正規社員や，即戦力となる中途採用者が優先されることになるでしょう。なお，就業経験を有し，特定のスキルや経験をもつ人材の獲得をキャリア採用と呼び，中途採用と区別する企業もみられます。

人数に関しては，短期と長期の両方の視点で決定する必要があります。人件費は企業の儲けである付加価値（☞第8章179ページ）から捻出されることに

■図4-2　戦略的な採用プロセス

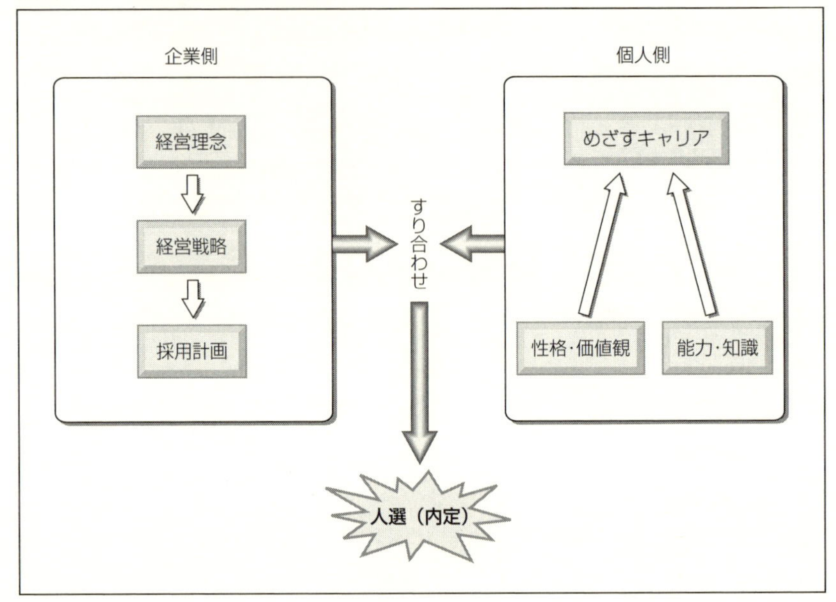

出所）筆者作成。

なりますので，短期的には付加価値と照らし合わせて適正な人数が算出されることになります。他方，長期的には経営戦略の実行に必要な人材の数や，転職や定年などで組織から退出する従業員がどのくらいいるかを予測して，採用人数が決定されることになります。

3つ目のステップは，採用時期を決めることです。最も一般的なのは，**新規学卒一括採用**です。学校を卒業見込みの者を対象に年1回4月に大量に採用する方法で，現在でも多くの日本企業がこの方式で人材を集めています。ただし，最近では，留学から帰国した学生や，いったん企業に入ったものの1～3年という短期間で転職を試みる**第二新卒者**向けに，採用時期を固定せずに優秀な人材を獲得しようとして，**通年採用**を取り入れる企業も少なくありません。

最後のステップでは，募集と選考の方法が決定されることになります。これについては，本章2-2で詳細に述べることにします。

(1)　採用計画の観点からみた企業に求められるマッチングの工夫

応募者のミスマッチを防ぐには，人事担当者が経営戦略と結びつけて人材要件を明確化する作業を丁寧に行うことが不可欠になります。近年，人事の世界で戦略人事という考え方が強調されるようになり，人事担当者の重要なコンピテンシー（能力）の1つとして「戦略の構築家」（ウルリッチほか 著，中島 訳[2013]）が注目されています。戦略の構築家とは，将来戦略的に必要となる人材像を見極める能力のことを意味します。戦略の構築家というコンピテンシーは，人事担当者個人の業績や企業全体の業績にもプラスの影響を与えることが確認されていることからも，人事担当者が戦略的思考をもつことが重要になってきています（☞第1章18ページ）。

選考人数が多い初期段階ではどうしても主体性や社交性といった抽象的な能力を採用基準として設定する傾向にありますが，企業固有の経営戦略から導き出された人材要件を明確化し，自社に見合った人材を見極めることが，長期的に人材のミスマッチを防ぐことにつながります。

⑵　採用計画の観点からみた応募者に求められるマッチングの工夫

応募者の希望と企業のニーズとのすり合わせがうまくいったときにはじめて，両者の間で雇用関係（内定）が成立することになります。そのため，このすり合わせをどう行うかが内定に至るポイントになるわけですが，もう一度，図4－2をみてください。経営理念や戦略の実現にあなたの性格や価値観，能力や知識をどのように活かすことが可能かという視点で，すり合わせを行うことが不可欠です。例えば，海外進出を目標としている企業の面接で，TOEICが高スコアであることや留学経験を語ることは意味があるでしょう。しかし，日本ローカルでのビジネスを重視する企業では，それほど武器にはならない可能性があります。

就職活動を控えた学生の皆さんは，就職活動の時期に入ると，企業研究をするために入社案内を冊子やウェブサイトを通じて閲覧するようになると思いますが，漠然とみているだけでは不十分です。企業の理念や戦略を“分析する”ことが必要になります。経営理念は入社案内やウェブサイト，会社四季報の「会社概要」の箇所に記載がありますし，経営戦略は多くの場合「中期経営計画」に書いてあります。それらを丹念に分析して，その企業が大切にしていることは何か，どういう方向でビジネスを展開しようとしているのか，そしてあなたはそれらにどのように貢献できるかという視点で自己分析をすることが，自らのニーズに適合的な企業を選ぶうえで重要なのです。

2-2　募集と選考におけるマッチング

採用計画が確定すれば，次に行われるのが募集と選考です。募集とは，企業が必要とする人材にエントリーしてもらえるよう，応募者に自社の情報を提供する活動のことを指します。選考とは，書類選考や面接などを通して，応募者の中から自社に適した人材を選りすぐることです。

⑴　募集の観点からみた企業に求められるマッチングの工夫

一般的に，ウェブ上に求人広告を掲載して募集を行う企業がほとんどです。もう１つウェブを用いた募集方法として，就職情報提供会社が運営する就職情報サイトがあります。リクルートが主催するリクナビが代表的です。

募集が始まる頃になると，企業は採用ページを更新します。職務と人のマッチングを実現するうえで企業側に求められることが２つあります。

１つ目は，人事担当者は応募者が覚えやすいメッセージを投げかけることです。例えば，サイバーエージェントという会社では，入社３年目以上の正規社員が毎年５日間の特別休暇を取得できる制度のことを「休んでファイブ」と名づけていますが，制度は社内で流行らなければ活用が進まないというポリシーから，記憶に残りやすいこだわりのある人事制度のネーミングにしているようです（曽山・金井［2014］）。

企業はできる限り優秀な人材に応募してほしいですし，応募者は自分の希望する企業から内定を得たいと考えていますから，お互いに自分を売り込むという意味でマーケティング活動と似ています。したがって，企業側は「こういう人材に来てほしい」というメッセージを，わかりやすくユニークさを感じさせる表現にすることが大切で，明確なメッセージがあるからこそ，その会社の雰囲気や仕事に適合的な人材にエントリーしてもらいやすくなると考えられます。

２つ目は，**RJP**（Realistic Job Preview）の実施です。これは企業の雰囲気や仕事のよい面も悪い面もすべて包み隠さず伝えることで入社前と後とのミスマッチを低減し，入口段階における職務と人のマッチングの精度を高めることを目的とする取り組みです。多くの企業で採り入れられているRJP施策に，以下のような採用ページに掲載されている「社員の声」が挙げられます。

Q.　入社後に感じたギャップはありますか？

・堅くて，どっしりした会社というイメージを持っていたが，入社後はむしろ「時代に合わせて積極的に変化しないと！」という雰囲気を感じる。（生産部門）

・お茶づけやみそ汁の印象が強かったですが，想像以上に幅広いカテゴリーの商

品を扱っているなぁと思いました。(開発部門)
Q. 働いていて大変だと感じることは？
・私の部署は，常に社会情勢やトレンドに注目しなければならないので，情報収集を怠けてしまうと業務に滞りが出てしまうところ。(管理部門)
・所属する部署の関係で出張が多いので，体力的に大変と感じることはあります。私もですが，色々なところに行ってみたい人には向いている環境だと思います！(生産部門)
(永谷園新卒採用サイト)

RJPには，入社後の自分の仕事のイメージが明確になることや，仕事や組織に対する魅力度や愛着が高まるなどの効果があり（Wanous [1992]），職務と人のマッチングを図るのに有効であると考えられます。また，RJPは最終的に応募者の自発的な離職の低減や仕事の満足の向上に寄与しますが，その理由はリアルな情報が事前に開示されることによって，応募者が当該企業に対して誠実さを認知するからで，誠実さはRJPと離職の関係を媒介するそのほかの要因の中で最も影響力が大きいとされています（Landis, Earnest and Allen [2014]）。筆者（厨子）の研究室が実施した調査でも，人事担当者の誠実さが内定先への満足度にプラスに効くことが確認されており（☞82ページ「コーヒーブレイク」），企業が応募者に誠実に接することは，職務と人のマッチングを成功させる鍵となるようです。

3つ目は，**リファラル採用**（Employee Referral Hiring）です。“Referral”は「紹介」や「推薦」を意味する英単語ですが，リファラル採用とは自社の従業員から友人・知人など採用候補者を紹介してもらう採用手法のことを指します。欧米では主要な採用方法として普及しているリファラル採用が，近年日本においても脚光を浴びています。社員は自社が求めている能力や適性にフィットしていると判断する人を選んで紹介することが多いため，職務と人のマッチングが高まる可能性があります。また，紹介する際に，紹介された人に会社の実態が伝わっている傾向があり，リファラル採用はRJPの機能も果たすことにつながります。紹介された労働者は，紹介されなかった労働者と比較して，良好な職務態度，高い定着率とパフォーマンスを示すことが実証的に明らかとなっている（Schlachter and Pieper [2019]）ことからも，リファラル採用は職務と人のマッチングを実現する新たな募集のあり方として，今後，積極的に活用されることが見込まれています。

 **コーヒーブレイク　人事担当者の誠実さが内定先の満足度を高める**

筆者（厨子）のゼミナールに所属する就職活動を終えた学生の多くから，人事担当者の印象が内定先を決定する重要な要因になったということを頻繁に耳にします。そこで，どういう人事担当者の対応が内定先企業の満足度に影響するのかを調べるために，厨子研究室では2016年8～11月にかけて，関西の国公私立大学に所属し，調査時点で内定を得ている大学生101人を対象に質問票調査を実施しました。

質問票調査では，先行研究から人事担当者の応募者に対する対応の特性について，①誠実さ（質問項目の例，以下同様：入社を決めた内定先の企業の人事部の対応はいい加減であった〔逆転項目〕），②寛容さ（内定先の企業の人事部は私の気持ちを考えて色々話しかけてくれた），③思いやり（入社を決めた内定先の人事部は私に対して常に親切であった），④責任感（入社を決めた内定先の企業の人事部は人事としての仕事をまっとうしていると感じた）という4つの変数を想定し，それぞれ3つの質問項目を設定しました。これらに加え，内定先の満足度（私は入社を決めた内定先の企業から内定をもらえたことに喜びを感じる，など3問），「性別」「内定先が第一志望か否か」「内定先の業種」も尋ねました。

重回帰分析に基づく統計解析を行った結果，内定先の満足度に影響したのが，「第一志望の内定先」と「誠実さ」の2つのみでした。つまり，第一志望の企業から内定を獲得した学生ほど，また就職活動中に人事担当者から誠実な対応を受けた学生ほど，内定先に対する満足度が高いということです。この結果は，性別や内定先の業種に関係なく成立しました。

内定先が第一志望の企業であることと内定先の満足度の間にプラスの関係があることは容易に想像できます。しかし，注目すべきことは，内定先への満足度に与える影響力は，人事担当者の誠実さのほうが大きかったという事実が確認されたことです。つまり，内定先が第一志望ということよりも，人事担当者の誠実な対応が内定先に対する満足度を向上させる要因として効果的であるということが示唆されます。

⑵　募集の観点からみた応募者に求められるマッチングの工夫

募集段階のマッチングで個人に必要となることは，3つあります。1つ目は，応募者は自分に合った会社を探す選択肢を広げるために，複数の就職情報サイトにエントリーすることです。リクナビをはじめ有名な就職情報提供会社のサイトほど，企業が採用情報を載せる料金が高くなり，大企業のように採用コストを負担できない中小企業の情報が載らない可能性があるからです。

2つ目は，志望している企業に勤務する大学のOB・OGにインタビューすることです。本章4-1で説明するように，特に日本企業の場合，協調性やコミュニケーション力など，人によって解釈が異なる曖昧な選考基準が用いられる傾向があります。そのため，多くの応募者を集めるほど優秀な人材を獲得できるという「大規模候補者群仮説」が妥当であるとの一種の神話が存在し（服部［2016］），どうしても多数の候補者を惹きつける「キラキラ」ワードが会社案内や人事担当者による説明会でのプレゼンテーションに並んできます。それらの魅力的な内容の真偽を確かめるべく，入社したい企業で働く同じ大学の卒業生に仕事内容のリアルを聞きに行くことが肝要です。

3つ目は，インターンシップへの参加です。**インターンシップ**とは，応募者が実際に仕事を経験する機会を与える，つまり体験版RJPを提供する仕組みです。正確にいうと，インターンシップは募集と直接関係するわけではありませんが，自社ブランドの向上を狙った採用マーケティングの場として活用されているケースが多く，仕事概要や会社の魅力を伝える募集の機能と同じことから，本章では募集段階の取り組みとして位置づけています。

企業セミナーや人事担当者が各大学に集まって合同で開催する説明会も会社情報を伝達する重要な方法です。しかし，何となく頭では理解できても，実感が湧かないはずです。実際の仕事を体験することや実務上の課題とその解決策についてグループワークやプレゼンテーションが求められるインターンシップは，応募者が仕事とのマッチングを図るうえでリッチな情報を得ることにつながり，入社後スムーズに仕事に適応できる可能性が高まると考えられます。

⑶　選考の観点からみた企業に求められるマッチングの工夫

選考の代表的な手法には，履歴書やエントリーシートなどの書類選考，SPI3をはじめとする適性検査，筆記試験，面接があります。もちろん，書類選考，適性検査，筆記試験は職務と人のマッチングに有効ですが，多くの場合，重視されるのが面接でしょう。それは，対面でのやりとりである面接が適材を見極める情報として，質的・量的の両面で豊富であるからです。そこで，面接に焦点を当てて企業側と応募者側のマッチングの工夫をみていきます。

面接では，被面接者に関する情報を多面的に収集できる反面，面接官の主観的な判断に影響を受けてしまうことも事実です。そのため，面接のプロセスを定式化して，面接の正確さを高める工夫が必要になります。そうした工夫の1つに，コンピテンシー面接が挙げられます。

コンピテンシーとは，特定の職務で最も業績の高い人が安定的にとっている行動特性のことです（☞第6章132ページ）。コンピテンシーは，高業績者に対

図4−3　コンピテンシー面接の流れ

【ステップ1】過去の行動事実を聞く質問をする。
例）学生時代に最も力を入れて取り組んだことを教えてください。

【ステップ2】応募者が話すエピソードから，応募者の行動事実を探す。
・行動事実（例．まず，何をしましたか？ 次にどうしましたか？）
・行動の結果，成果（例，最終的にどういった結果になりましたか？）

【ステップ3】行動の深掘りを何度も繰り返す。
例）いま話していただいた行動について，もう少し具体的に教えてください。

【ステップ4】行動事実の情報を評価する。
・具体的な情報が得られたとき
→自社の評価基準に照らして評価
・具体的な情報が得られなかったとき
→行動特性を備えていないと判断

出所）小宮［2016］，32ページをもとに筆者一部加筆修正。

する面接を通じて明確にされますが，そのときの面接方法を**コンピテンシー面接**と呼んでいます。コンピテンシー面接では，被面接者は自身の重要な出来事について，最終的な成果を得るまでの行動とその背後にある考えや思いを関連づけて，因果関係がきっちり押さえられるように，ストーリーとして詳しく語ってもらうことが求められます。

図4−3は，コンピテンシー面接の流れを表したものです。ステップ1では，例えば「学生時代に最も力を入れて取り組んだこと」のように，実際に応募者が経験したエピソードを聞き出すところから面接が始まります。

ステップ2では，行動内容について，「まず何をしたか」や「次にどうしたか」など出来事が起こった順番で話してもらいます。さらに，どういう結果が導き出されたか，最終的な達成状態を確認します。

ステップ3では，応募者のエピソードの中で特に自社が求めている人材の特徴（例えば，提案力に優れた人材）に当てはまる内容（例えば，ゼミで課題解決型学習プロジェクトに携わった経験）について，5W1H（いつ・どこで・誰が・何を・なぜ・どのように）を基本に深く突っ込んで質問していきます。

最後のステップ4では，たとえ応募者が話した経験事実が具体的であっても，自社が求める人材の基準と合致していなければマッチングができているとはいえませんので，人材要件との整合性のチェックが必要です。また，応募者が語ったエピソードが真実でない場合，その内容について曖昧にしか説明できない（例えば，私はリーダーシップがあるといったとき，リーダーで苦労した経験は特にありません。充実感で一杯です。という程度のことしか答えられない）はずですから，このときは選考から外れることになります。

圧迫面接ではなく行動結果に基づく面接を行うことが就職後のキャリア形成にとって望ましい（林［2009］）ことを支持する実証研究も存在し，コンピテンシー面接は行動と結果の具体性の観点から応募者が保有する能力やスキルの本質を見抜き，職務と人のマッチングの確からしさを高める点に特徴があります。

⑷　選考の観点からみた応募者に求められるマッチングの工夫

コンピテンシー面接の手法が多用されるようになれば，応募者に求められることは，「論理力」と「行動レベルで語ること」です。

“論理的である”とは，「結論（主張）が明確で，結論を支える証拠（事実）が相互に結びついている状態」を意味します。イイタイコト（結論）に対して，それは「なぜなら……だから」という関係がわかることが，論理的ということです。

先ほど，コンピテンシー面接では，行動と結果を因果関係で捉えて，被面接者の話した内容がチェックされることを述べました。結果は結論（主張）に，行動は結果を支える証拠（事実）にあたります。因果関係とは「A（行動）→B（結果）」と表せますが，この関係を他人に理解してもらうには，両者を結びつける正当な理由がなければなりません。例えば，「仕事の遅れている同僚を手伝った（行動）ところ，アルバイト先の店の売上が上がった（結果）」とします。これでは，手伝うことと店の売上がアップすることとの関係がよくわかりません。「手伝ってもらった人は，サポートを受けたことで頑張ろうという気持ちが高まり，仕事のスピードを上げるから」といった理由を示すことが不可欠です。したがって，採用面接では，「行動→理由→結論」を筋道立てて説明することがポイントになります。

さらに，コンピテンシー面接においては，経験をストーリーとして語ることが求められますから，具体的な行動や経験をベースに発言内容を構成することが必要です。「私はリーダーシップがあります」というのは，確かに主張として明確ですが，これでは具体性に欠けます。「私は２年間○○部の主将を務め，成績不振に陥ったとき，□□の形でメンバーを支援したことが，全国大会優勝につながったのだと思います。だから，メンバーを引っ張っていく力があります」と語れば，具体性のあるストーリーになります。

本章２－１で述べたように，企業の理念や戦略と個人の価値観や能力をすり合わせて，自分が企業にどのような貢献ができ，なぜその企業に適した人材かを示す際に，具体的な経験や行動に基づいて論理的に語ることが，応募者サイドから職務と人のマッチングを図るうえで重要であるといえます。

読者の皆さんの中で，特に大学生は，講義やゼミナールが将来，何の役に立つのだろうかと疑問に思っている人は少なくないのではないでしょうか。よく先生から，「なぜそういえるのか？」とか「その主張のエビデンス（証拠）を示しなさい」といった質問や指摘を受けると思います。実はそうした訓練を積み重ねることは，まさにコンピテンシー面接で求められるロジカルな思考を養成することに有効といえます。

キーポイント 4.2

戦略的採用，RJP，リファラル採用，コンピテンシー面接など，職務と人のマッチングの精度を高めていく工夫が企業側と応募者側に求められる！

3　異動による職務と人のマッチングの方法と目的

採用時点で職務と人のマッチングに成功したからといっても，その後マッチングした状態は持続するのでしょうか。第１章（☞15ページ）で人的資源の特徴の１つに「人は思考し，学習し，成長する」という点が挙げられていました。

通常，人は仕事経験や教育訓練を受けて能力が向上しますから，保有能力よりも簡単な仕事になった段階で，職務と人のマッチングの状態は崩れます。逆に，新入社員が配属先の仕事と自らの適性が合わずに十分なパフォーマンスを出せないケースも，職務と人のミスマッチが生じることになります。したがって，入社してからも続けて従業員を異なる仕事に移動させて，職務と人のマッチングを図っていく必要があります。

3-1　組織内における人材フロー

組織に入ってから実施される職務と人のマッチングが，「異動」と「出向・転籍」です。異動は異なる部門や職場に水平的に動くことを意味しますので，“移動”ではなくて，“異動”と表記することに注意してください。なお，垂直方向の移動である昇進・昇格については，第7章で詳しく説明されています。

異動のパターンとしては，会社間，部門間，事業所・支店間，職種間，職場間の移動があります。上で述べたように，こうした配置転換が行われる理由は，職務に求められる能力やスキル，知識と人材が保有するそれらとの間のギャップを埋めるためでした。入社後，そうしたギャップが起きるのは，図4-4のように3つの状況があり，それらを解消する目的で人の異動（**人事異動**）がなされます。

⑴　仕事に適した人材を配置して職務と人のマッチングを図る

個人の能力が仕事の難易度や内容に合うように人を配置することが，本人にとっても企業にとっても望ましいはずです。これを**適正配置**といいます。図4-4の（1）と（2-a）では，仕事と能力が均衡していません。(1）は，担当している仕事（仕事B）に求められる能力よりも，Aさんが保有する能力のほうが上回っているケース（仕事が簡単）にあたります。その逆が（2-a）で，仕事Eに必要な能力に対して，担当者（Dさん）の能力が不足しているケース（仕事が難しい）です。いずれの場合も，個人の能力を活かしきれておらず，本来の仕事のパフォーマンスが発揮されないでしょう。このため，Aさんには仕事Cに，Dさんには仕事Fに人事異動させることで適正配置を実現することになります。

⑵　難しい仕事で人を成長させて職務と人のマッチングを図る

人は仕事を経験しながら育つという側面もあります。あえて，能力以上の仕事に配置して，適性を発見することや成長させることも必要です。こういったタイプの異動は，次世代のリーダー（経営幹部）を育てる目的で行われることが多いです。図4-4の（2-b）で，Jさんが最終的に経営幹部に求められる能力に到達するまで，営業部から人事部，次に経営企画室，海外関係会社へと，

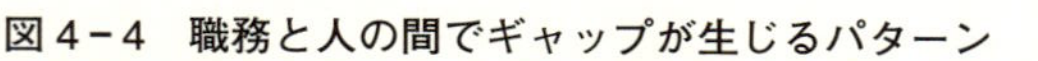
図4-4　職務と人の間でギャップが生じるパターン

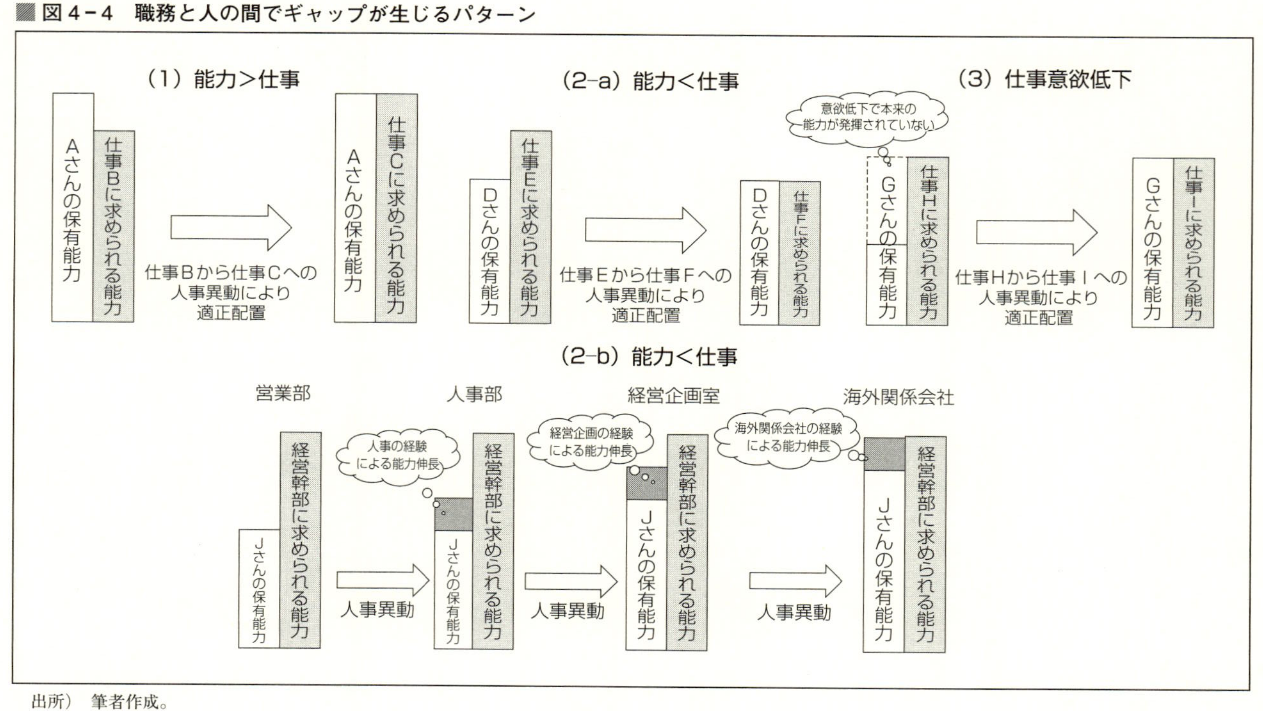

出所）筆者作成。

数年ごとに仕事の連続性がない複数の職能へと異動（非連続の異動）を経験させながら，きわめて厳しい状況でも対処できる能力が要請される経営幹部のポストにマッチングさせていきます。このような短いスパンで，本人の実力を超える困難な（タフな）仕事を割り当てて（アサインメント），ポテンシャルを引き出す手法を，実務のコンテキストにおいて「**タフアサインメント**」と呼ぶことがあります。

人材育成のフィールドで呪文のように唱えられる数字に「70：20：10」があります。これは，アメリカのリーダーシップ開発の研究機関であるCCL（Center for Creating Leadership）が人の成長の70％が実際の仕事経験，20％が他者から受けた助言や薫陶，10％が公式的な学習機会（研修や書籍からの学び）によって規定されることを調査研究から導いたものです（Lombardo and Eichinger［2010］）。

図4－5で示されているように，海外での仕事のアサイン（割り当て）を筆頭に，国内での仕事のアサインやキャリア・パス，特別なプロジェクトの順で飛躍的な人材の能力開発が望めます。海外勤務での慣れない環境でプレッシャーを感じて仕事を進めたり，リスクの高い仕事に携わったりすることで，いかなる困難な状況にも対処できることが期待されるのです。こういった経験は，まさに自身の能力を超える仕事への異動に当てはまります。図4－4の（2–b）のような育成を重視した異動が適用される者に次世代リーダー（経営幹部候補）が多いのは，海外への異動になるほど企業にとってはコスト面で，個人にとっては生活面でハードルが高いためです。

今後，グローバル化が進めば複数の国でリーダーが必要になり，飛躍的な成長が見込める仕事に早い時期から若手の有能な人材を短期間で加速度的に異動させていく視点が不可欠になってきます。こうした組織に優れたパフォーマンスをもたらす資質（talent）を有した人材に対して，会社主導で長期的かつ戦略的に配置転換や能力開発を行う人的資源管理の手法を「**タレントマネジメント**[1)]」といいます。人材育成面でのタレントマネジメントの展開については，第5章でみていきます。

なお，仕事経験が人の成長に影響する割合が大きいことは事実ですが，他者から受けた助言や薫陶，公式的な学習機会が人材育成において意味がないというわけではない点に注意してください。質の高い仕事経験から学びを得る人とそうでない人がいるように，仕事経験を成長に転換する仕掛けが必要になって

■ 図 4－5　人材の成長を決める要因

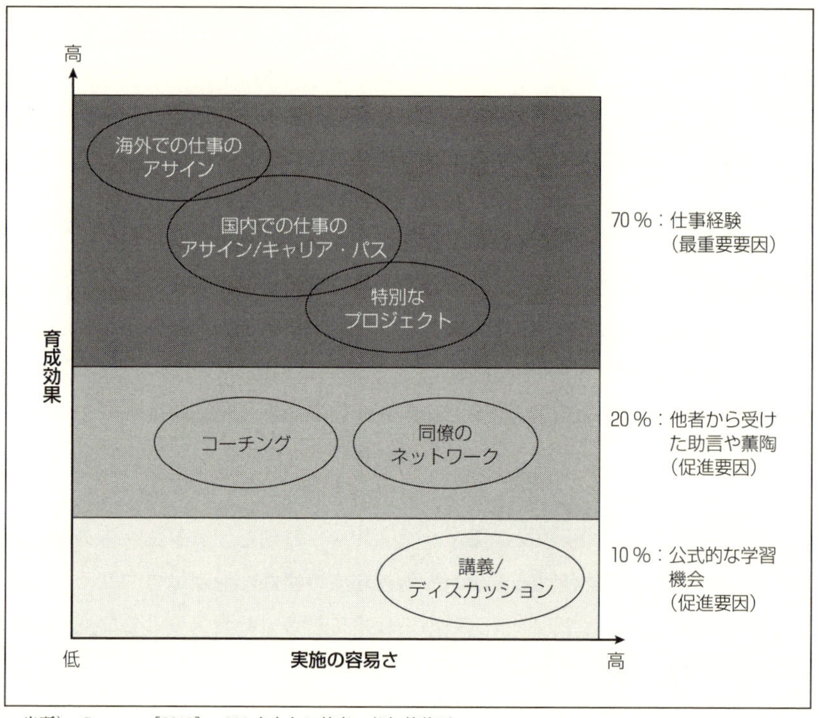

出所）　Garavan［2015］, p.222 をもとに筆者一部加筆修正。

きます。その仕掛けこそが，コーチングを通じた上司からの助言や Off-JT をベースとする教育研修で，図 4－5 で「促進要因」と位置づけられているゆえんです。この点については，第 5 章で説明を加えます。

⑶　人の働く意欲を高めて職務と人のマッチングを図る

人は入社後，慣れない仕事をやっていくうちに，知識やスキルが向上して，難しい仕事にもチャレンジするようになり，仕事がおもしろく感じるようになります。ところが，しばらくすると，今の仕事では新しく活動の幅を拡大して自分の可能性を広げることが困難となり，仕事がルーティン化してしまうようになります。この結果，個人のモチベーションが下がるといわれています。

図 4－4 の（3）のように，客観的にみると，G さんは能力に見合った職務（仕事 H）に就いていますが，担当者（G さん）の仕事に対するやる気が低い状態では，本来の能力が発揮されません。職務と人が良好な状態で適合している

図4－6　出向と転籍の違い

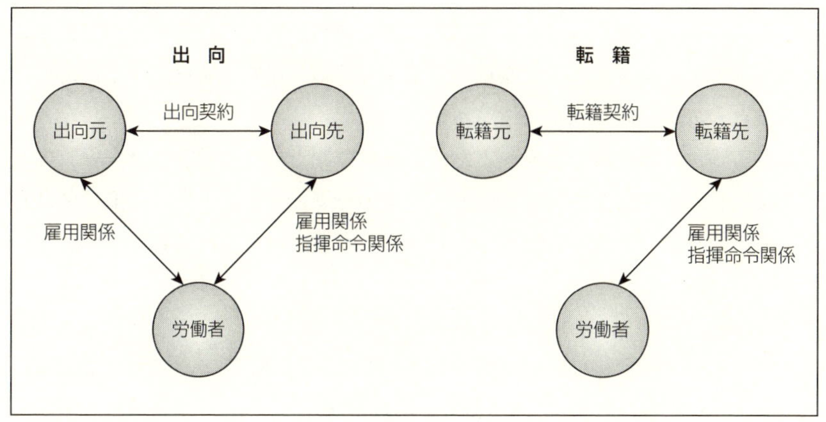

出所）筆者作成。

とはいえないでしょう。新しい仕事（仕事Ⅰ）に配置換えし，変化を感じさせて働く意欲を高め，職務と人のマッチングを図る必要があるのです。

3－2　組織を超えた人材フロー

企業の枠を超えた人材の移動が出向と転籍です。出向と転籍の違いは，図4－6をみてください。

出向とは，元の会社（出向元）と雇用関係を維持したまま出向先の子会社や関連会社に人材を異動させる方法です。指揮命令は出向先の企業にあります。他方，転籍とは，現在勤務している企業と雇用関係を解消し（＝退職），転籍先の企業と新しく雇用関係を結ぶ異動の方法を指します。

出向の場合は，出向元との雇用関係は維持されていますので，元の会社に戻るケースもありますが，転籍ではいったん雇用関係を中止しているため，元の会社に戻ることはほとんどありません。また，労働条件は出向の場合には出向先（退職や解雇など身分に関わるものは出向元）の就業規則が，転籍の場合には転籍先の会社の就業規則が適用されることになります。

出向・転籍の目的も人材フローの調整活動の一環ですので，組織内における異動の目的と基本的には同じです。ただし，組織の外に範囲を広げて職務と人のマッチングを行う出向・転籍は，次のような固有の役割をもっています。

1つは，柔軟な雇用調整という役割です。その人にふさわしい職務が社内になければ，退職を通じて職務と人のマッチングを図ることを本章の冒頭で述べました。しかし，日本は諸外国に比べ，解雇法制が厳しく，人を辞めさせることは容易ではありません。従業員を失業させることなく，適材適所を円滑に行う手段として，出向や転籍が活用されるのです。

もう1つは，経営者を育成するための経験の幅を広げる役割です。企業内だけでは経験の幅が限定されますので，企業の枠を超えて，上位の役職に就けたり，元の会社にない仕事に配属したりして，経験の幅を広げるわけです。

キーポイント4.3

企業の中や枠を超えて人材を動かすのは，適正配置，人材育成，従業員の働く意欲を高めるという3つの目的がある！

4　職務と人のマッチング手法の変化

ここまで，職務と人のマッチングに関する具体的な方法と目的について，説明してきました。では，日本企業における雇用管理は，どのような特徴をもっており，最近，どのように変化しているのでしょうか。欧米諸国と比較しながら，みていくことにしましょう。

4-1　日本と欧米における従来の雇用管理のパターン

表4-2は「**メンバーシップ型雇用**」と「**ジョブ型雇用**」の雇用管理の特徴をまとめたものです。一般的に，日本企業はメンバーシップ型雇用，欧米諸国の企業はジョブ型雇用に当てはまる要素が多いといわれています。

いま，“当てはまる要素が多い”と表現したのは，「メンバーシップ型雇用」と「ジョブ型雇用」はそれぞれ理念型（佐藤［2022］）であるからです。理念型とは，現実そのものとは異なりますが，リアリティの複雑さからエッセンスを取り出した理想的な概念モデルを意味します。抽象度の高い概念モデルを比較検討することによって，現実にフィットした人的資源管理の実際の仕組みを考案することが可能になります。

表4-2　2つの雇用管理のタイプ

	メンバーシップ型雇用	ジョブ型雇用
雇用契約の特徴	職務に定めがない 無期雇用	職務を特定 有期雇用
人と職務のマッチングの考え方	人を職務に就ける ⇨　職務 会社の専門家（企業特殊技能）	職務に人を就ける 職務　⇨ 職務の専門家（一般的技能）
採　用	新卒一括採用	中途採用
異　動 昇進・昇格	会社主導・会社裁量	個人主導・個人の同意
退　職	定年制	職務の消滅（整理解雇） 能力不足（普通解雇）
人事権	人事部	事業部（現場管理職）

出所）佐藤［2022］；濱口［2021］をもとに筆者作成。

(1)　メンバーシップ型雇用

メンバーシップ型雇用では，組織の一員（メンバー）となることが強調されます。従来，日本企業では緩い分業システムがとられ，職務が厳格に定まっていませんでした（☞第3章69ページ）。人を仕事に合わせていくというスタンスがとられ，人と仕事の結びつけ方が緩やかで可変的ですから，職務を定めた雇用契約を締結することはできません。そのため，特定の仕事に適任かどうかよりも，仕事経験がなく，組織の考え方になじませやすい新規学卒者を定期的に一括採用し，メンバーシップを強化する学歴や協調性といった曖昧な潜在能力が選考基準として重視されます。この結果，従業員は職に就く「就職」よりは会社に入る「就社」（人を職務に就ける）の意識が強くなります。

さらに，仕事経験がない，まっさらな人材だからこそ，定期的に人事部が主体的に人事異動をかけながら，わが社を熟知した会社の専門家（濱口［2021］），すなわち，**企業特殊技能**を保有した人材を育てることが大事にされてきました。企業特殊技能とは，その企業ならではの仕事の進め方やメンバーと協働する能力といった当該企業でしか活用できないスキルのことです。日々の業務の意思決定権限が現場に移譲されるケースが多い日本企業では，企業特殊技能は職場ごとに形成され暗黙的な性質をもつため，定期的なジョブ・ローテーションにより，会社の専門家にする人材フローが重視されてきました。

最後の出口段階の人材フローのマネジメントとして，定年制（☞第11章252

ページ）が挙げられます。定年制とは，退職する一定の年齢を定めた制度のことです。上で述べたように，多くの日本企業では他社での転用がきわめて困難な企業特殊技能を伸長することを目的に，会社が主導的に配置配属を決定します。労働者は自らの市場価値を上げにくい，言い換えると転職しにくい状況に置かれることになります。

そこで，会社は無期雇用と引き換えに，そうした制約を従業員に受け入れてもらうわけです。経営危機に陥り事業整理で担当業務がなくなったり，本人の能力不足で仕事の成果が出なかったりしても，基本的に解雇は行われません。ただし，無期雇用といっても何らかの区切りがないと，従業員の入れ替わりによる組織の新陳代謝が図れませんので，雇用契約終了の目途となる年齢である定年が設けられることが通常です。

⑵　ジョブ型雇用

欧米諸国は厳格な分業システムが典型的でした（☞第3章67ページ）。仕事と人の結びつきが固定的ですから，**職務記述書**（job description）（☞第8章188ページ）で雇用条件が明確に定められます。それゆえ，仕事に人を充てるという考え方が基本となり，職務を実際に遂行できる顕在能力やこれまでの仕事業績を選考の基準とし，離職や退職で欠員が生じたときに最も適した人材を補充する方式（中途採用）が採られます。

各事業部門の戦略達成に必要な職務は何か，その職務を担う人材をいつ・どのように調達するかについては，事業サイドでしか判断できないため，人事権が事業部（現場管理職）に委譲されます。ただし，事業部が人事権を有するといっても，雇用契約と異なる職務への異動はもちろん，昇進であっても本人の同意が求められます。企業は労働者と職務を限定して雇用関係を締結するわけですから，当初の約束とは違う職務への配置転換を会社が一方的に行使することは契約違反になるでしょう。したがって，事業部門が職務内容を提示し，個人のニーズとのマッチングを図る社内公募制度（後述）が一般的となります。

特定の職務を遂行できる能力や職歴の有無が，採用や異動・昇進の基準となるため，従業員は職務の専門家（濱口［2021］）としてのキャリアを発達させていくことになります。ここでの職務の専門家とは，**一般的技能**を有した人材のことを意味します。一般的技能は，会計処理やマーケティング・リサーチのスキルなど専門性が高く，他社に転職しても活かせる点に企業特殊技能との相違点があります。そのため，メンバーシップ型雇用のように，企業側に労働者の雇用を保障する必然性は限りなくなくなるでしょう。ということは，経営上の理由で担当する職務が消滅する場合や，担当職務を行いうる能力が不十分である場合，企業は当該従業員を解雇する（前者を整理解雇，後者を普通解雇と呼びます）ことが可能になるのです。

4-2　日本における新しい人材フローの仕組み

先に説明したように，メンバーシップ型雇用に近い雇用管理が展開されてきた日本企業では，実務経験のない新規学卒者を時間をかけて異なる部署に配置転換することを通して，職務と人のマッチングが実現されてきました。ところが，そうした職務と人のマッチングは，以下の点で問題を抱えています。

第1に，仕事の専門性が身につきにくいことです。平たくいうと，何でも屋的になってしまうことです。短期間で部署や職場をまたいで動くわけですから，1つひとつのスキルや知識を深めることが難しくなります。

第2に，幅広い異動に伴うコストが増加することです。これには2種類の費用が含まれます。1つは，教育訓練費用です。仕事が変われば求められる能力も異なりますので，その都度，教育が必要になり，人事異動が頻繁になるほど，教育に投資するコストが上昇してしまいます。もう1つは，生産性が一時的に悪化することです。これまで経験したことのない仕事に配属されれば，しばらくの間は仕事がうまくできないでしょう。仕事の関連性がない非連続な異動（例えば，研究開発から人事部への異動）であれば，いっそう仕事の効率は落ちるはずです。これは教育訓練のコストとは違い，目に見える費用ではありませんので，見すごしやすいのですが，企業だけでなく個人にとっても，生産性が思うように上がらない仕事に配置転換を続けることは，望ましくありません。

このような問題を克服しようと導入されているのが，**職種別採用**と**社内公募制度**です。

(1)　職種別採用

募集段階から配属する業務を約束する採用方式を職種別採用と呼びます。表4-3は，ヤマハ発動機における募集対象の職種をまとめたものです。

ヤマハ発動機では，入社後のミスマッチの抑制を目的に，2025年度の総合職採用から職種別採用を開始しています。同社の職種別採用の仕組みは「JOBマッチングコース」と呼ばれ，技術系では「モーターサイクル開発」「電動アシスト自転車，e-Bike開発」「マリン開発」など10職種から選択して応募す

表4-3　ヤマハ発動機の職種別採用の職種一覧

技術系		事務系		
		コーポレート	セールス&マーケティング	プロダクトサポート
モーターサイクル開発	品質保証	財務・経理	モーターサイクル事業	生産管理
電動アシスト自転車，e-Bike 開発	IT・DX	IT・DX	電動アシスト自転車，e-Bike 事業	調達
マリン開発	調達	人事・総務	マリン事業	
ロボティクス開発	アフターサービス	広報	ロボティクス事業	
生産技術	新規領域／技術研究	ブランディング		

出所）『日経速報ニュースアーカイブ』2024年2月26日付およびヤマハ発動機株式会社の採用ページ（URL：https://global.yamaha-motor.com/jp/recruit/graduates/student/jobmatch/）をもとに筆者作成。

ることが可能です。事務系においては，大きく「コーポレート」「セールス&マーケティング」「プロダクトサポート」の3種類のコースの選択，もしくは各コースに含まれる「財務・経理」「モーターサイクル事業」「生産管理」など11職種から選んでエントリーすることも可能になっています。

職種別採用は，大学で修得した専門的知識を活かせる職務への配属を志望するバイタリティのある応募者の選抜が可能となり，入口段階での仕事をベースとしたマッチングを実現します。このように職種別採用は，募集の際，入社後に配置する仕事内容をあらかじめ明示し，特定の仕事で活かせる素質，知識やスキルを保持しているかどうかをチェックし，人を仕事に就ける（メンバーシップ型雇用）のではなく，仕事に人を就ける（ジョブ型雇用）ことを基軸とした採用のあり方といえるでしょう。

(2)　社内公募制度

従来，人事異動は，人事部が主体となって定期的に実施されてきました。従業員は数多くの職務経験を通じて，自分にふさわしい仕事を発見していくことになりますので，人事部による適性の見極めが必要になるからです。ところが，社内公募制度はこれまでのような会社主導ではなく，個人の希望と会社のニーズをマッチングさせて異動を実現する点が特徴的です（図4-7）。

社内公募制度では，一般的に社内のイントラネット（社内限定のコンピュータ・ネットワーク）上に，業務内容，募集人数，勤務地，求められるスキル・経験など，その仕事を担当するための要件が公開されます。個人はこの情報を閲

図4-7　社内公募制度のイメージ図

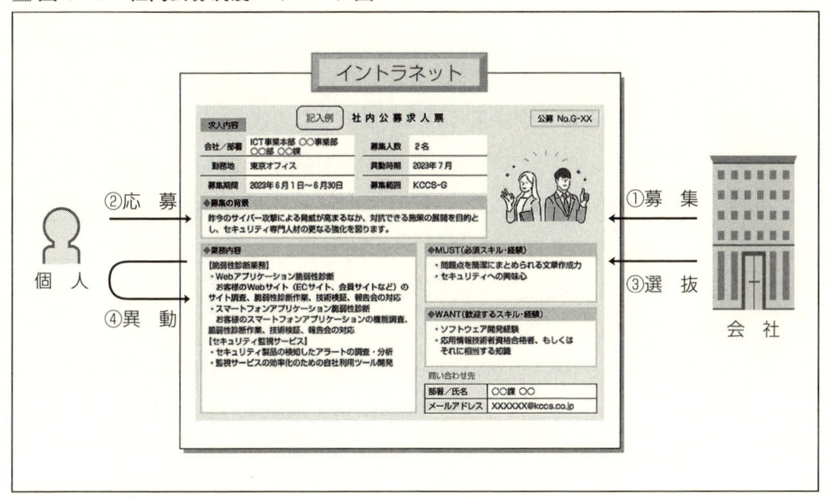

出所）労務行政研究所［2024c］，43ページをもとに筆者作成。

覧して，希望の仕事があれば応募し，選考を経て，応募者の保有能力や職歴とマッチングすれば異動が成立します。

社内公募制度は，従来とは異なる新たな内部労働市場を会社内につくることになり，それは次の2つのことを意味します。1つ目は，個人の専門性を高めることです。異動の選択権が個人に付与されるわけですから，どのような仕事をしたいのか明確でないといけません。そのためには，キャリアの絞り込みが必要になりますので，個人は希望の仕事に求められる知識やスキルを専門的に習得するようになると考えられます。2つ目は，職種別採用と同様に，各職務に最も適した人材を配置するという，仕事をベースにした（ジョブ型雇用）人事異動のあり方に変化することです。

従来から，社員の仕事やキャリアの希望を聞く**自己申告制度**がありました。自己申告制度は，上司や人事部が本人からの申告内容を参考にして異動先を決定するものですが，本人が希望する職務への異動が必ず実現するわけではありませんので，会社主導による異動の側面が強いといえます。

また，社内公募制度とよく似た仕組みに**社内FA制度**があります。FAとはフリー・エージェントのことです。FA制度は野球やサッカーと同様に，経験年数や実績など一定の資格を有した個人が自分から手を挙げる仕組みで，募集がされているわけではありませんが，希望の仕事に異動したい意思を表明する点に特徴があります。このことから，社内FA制度は求職型，社内公募制度は求人型である点で両者は異なります。

(3)　日本企業における職種別採用と社内公募制度の現状

リクルートワークス研究所が2024年に行った調査によると，日本企業において職種別採用（職種を限定した新卒採用）を実施する割合は50%に上っています。ただし，採用後の職種変更について，「職種変更なし」が21.4%，「本人希望で職種変更あり」が29.1%の一方で，「本人希望・会社都合で職種変更あり」が49.3%を占めています。

また，労務行政研究所による2024年調査では，社内公募制度の導入率は30.7%にとどまっています。加えて，人事異動に対する会社の方針・考え方について，「会社主導の異動を重視している」と回答した企業の割合が62.4%であるのに対して，「本人希望の異動を重視している」と回答した企業はわずか2.7%です。

メンバーシップ型雇用かジョブ型雇用かを判断する際には，表4-2で示したように人事権の所在など異動のあり方以外の要素を考慮に入れる必要がありますが，これらの実態調査の結果をみる限り，日本企業においてはジョブ型雇用に完全に移行しているとはいい難い点に注意が必要です。

キーポイント4.4

日本企業において，職務と人のマッチングのあり方が，ジョブ型雇用の特徴をもつものに変わりつつあるが，今後，完全にジョブ型雇用に向かうかは留意する必要がある！

注

1)　タレントマネジメントには，経営幹部候補をはじめとする一部の限られた優秀者をタレントとみなす選別アプローチと，対象者を全社員に広げる包摂アプローチの2つの考え方が存在します（石山［2020］）が，ここでは前者のアプローチに立脚したタレントマネジメントを対象としています。

本章の演習問題と読書案内はこちらから→

第5章

組織は人をどのように育てるのか

キャリア開発・人材育成・教育訓練

❖この章のねらい

企業が従業員の育成にお金をかけるのは，なぜでしょうか。考えてもみてください。皆さんは小学校から大学まで，学校で教育サービスを受けるために，多額の授業料を払ってきたと思います。ところが，企業でも入社後すぐに新入社員研修が始まり，その後も社員の能力を高める機会がたくさん用意されていますが，その多くは無料か会社が一部費用を負担してくれることがほとんどです。

では，企業はどうしてそこまでして人を育てようと考えるのでしょうか。本章では，まず，この問いから解き明かしていきたいと思います。その後で，人を育てる具体的な方法について説明していきます。最後に，近年，従来の日本企業における人材育成のやり方に変革が迫られるようになりましたが，その内容はいかなるもので，新たにどのような工夫や試みが必要になるのかを考えていくことにしましょう。

◆この章で学ぶキーワード

◎ OJT　◎ Off-JT　◎自己啓発　◎経験学習　◎コーチング　◎キャリア自律
◎人材育成への投資リターン　◎選択型研修　◎選抜型研修
◎人材育成施策と経営戦略との連動　◎投資効果の可視化

1　人材育成を行う理由とは

“4299万円”――何の金額を表しているでしょうか？　これは，日本企業における2022年度の教育研修費用総額の平均値（産労総合研究所［2023］）です。この金額に対する感じ方は人によって違うと思いますが，総務省・経済産業省による2021年の調査によれば売上高1億円以上の日本企業は全体の20.3％にとどまることに鑑みると，多くの企業にとって決して小さな額とはいえないはずです。ここでの教育研修費用は，外部の教育機関のセミナー参加費や講師費など，後ほど述べる職場から離れて行われるトレーニングにかかった合計額に限定されています。職場で実際に仕事をしながら上司・先輩から受ける教育では，本来の業務を止めて指導にあたらなければなりません。そうした目にみえないコストも含めると，人材育成にまつわる費用は4299万円をゆうに超えるはずです。

では，なぜ企業は多額の費用を負担して人を育てるのでしょうか。それは，①企業業績の向上，②競争優位性の構築，③従業員の定着を図る，主にこれら3つをめざすためです。

1-1　企業業績の向上

企業が持続的に発展していくには，企業価値を高めて業績を向上させることが必要です。企業業績の源泉は優れた製品やサービスですが，それらを生み出すのはヒトですので，従業員の仕事のパフォーマンスを高めていくことが重要となります。仕事のパフォーマンスが十分に発揮されない理由として，その人の保有する能力と担当する仕事に求められる能力との間にギャップがあることが挙げられます。その場合の解決策として，適正配置（☞第4章87ページ）がありました。もちろん，担当職務を変更することで個人の仕事成果を発揮させることは1つの方法であることは確かですが，それだけでは企業が取りうる手立てが限定的になります。

人的資源には，「人は思考し，学習し，成長する」という固有の特質（☞第1章15ページ）がありました。人的資源が他の資源にないこうした特徴をもつからこそ，人材を育成することにより仕事に必要な能力にキャッチアップさせて，仕事のパフォーマンスを高めていくことができます。さらに，優秀な人材には，より困難な職務を担うための能力・スキルを伸長させることを通じて，飛躍的な仕事の成果を望めます。このように，従業員1人ひとりの成長が，場合によっては適正配置では実現できない飛躍的な企業業績に結びつく可能性を見込めることから，企業は人材育成を行うわけです。

1-2　競争優位性の構築

ある会社でしか通用しない仕事の進め方やメンバーと協働する能力など，その企業に特化した能力・スキルのことを企業特殊技能（☞第4章93ページ）と呼びました。同じ商品を扱っていても，各社で顧客は異なりますので，うまく営業していくためには，自社ならではのノウハウやコツが必要です。こうしたスキルや知識は，会社にいる人しか理解しえないものですから，たくさん身につけるほど，その人材は企業にとって特別な意味をもつようになります。このことは，何を意味するでしょうか。

経営資源の独自性のことを経営戦略論では「模倣困難性」といいます。模倣困難な資源を有する企業は，競合他社や新規参入業者よりも有利なポジションに立てる，つまり競争優位性を築くことができるといわれています。企業特殊技能は，“企業特殊”という言葉通り，当該企業固有のものです。企業特殊技能の固有性が高まるほど，他社が真似できない（模倣困難性が高くなる）ことになり，持続的な競争優位をもたらすことになります。このように，従業員の企業特殊技能の向上が企業の競争優位性の源泉となることから，従業員の人材育成への投資に積極的になるのです。

1-3　従業員の定着を図る

上で述べたように，通常，人は成長したいという意欲をもっているはずです。スキルアップなど従業員は成長を感じる機会があれば，ますます企業に貢献するようになるでしょう。近年，若者をとりまく職場環境に変化を迫る態様の1つに，「ゆるい職場」（古屋［2023］）現象があります。ゆるい職場とは，著しく成長機会が乏しい職場のことを指し，ゆるい職場を理由に若年労働者の離職が増加しているのです。若手社員を起点として，従業員が成長実感をもち続けて長く企業に定着してもらうために，人材育成は重要であるといえます。

もちろん，日本においても転職が当たり前になりつつある今日，1つの会社で勤め続ける労働者が減少傾向にあることは確かです。しかし，1人の人材を採用する際のみならず，在職期間中に育成するのにも多大なコストがかかっています。定着率が高まれば，そうした費用を無駄にすることが少なくなるでしょう。また，近年の日本のように，人手不足が深刻な状況下では，人材をいかに定着させるかは重要課題になります。このようなことから，企業が人材育成に注力して，従業員の定着を図ることには正当な理由があるといえます。

キーポイント 5.1

企業がコストを支払って人を育てるのは，企業業績を向上させる，競争優位性を構築する，従業員の定着を図る，主としてこの3つの理由のためである！

2　人を育てる方法

人を育てることを表す言葉に，「**教育**」「**訓練**」「**教育訓練**」「**能力開発**」「**人材開発**」などがあります。訓練が実践的な内容（what）を，教育が実践の背後にある原理原則（why）を教えることだという人もいます。ただし，理論的にも実務的にも明確な区別の基準があるわけではありません。本章では，教育，訓練，教育訓練，能力開発，人材開発を意味の違いがないものとして，互換的に用いることにします。

企業内の教育の仕組みには，大きく分けて，①職場で行われるトレーニング，②職場から離れて行われるトレーニングの2種類があります。

2-1　職場で行われるトレーニング

まずは仕事に必要な能力を学習しないことには，日常の業務をうまくやっていけません。日常の仕事を通じて上司や先輩など，会社にいるあらゆる人から仕事に関する指導や助言を受けるタイプの人材育成の方法を **OJT**（オー・ジェー・ティー：On-the-Job Training）といいます。飲食店のアルバイトであれば，新しく入店した際に，ドリンクづくり，料理の運び方，レジの打ち方といった業務について，先輩や店長が側について実際に新人が作業を進めながらスキルや知識を習得していくパターンがOJTの一例です。

OJTでは，「あの仕事」の次に「この仕事」のスキルをというように，いろいろな仕事を経験しながら，幅広い分野の能力を従業員に習得させることが可能ですので，特に企業特殊技能の養成に有効な教育手法といえます。指導のプロセスが社外からは把握できず，ブラックボックス化されていることからも，企業特殊技能の模倣困難性は高まるといえます。また，OJTにおいては，仕事に直結した実務知識を獲得でき，それをすぐに仕事で試すことができるため，指導者は学習成果（例．ドリンクをレシピ通りにつくる）を，学習者は自分の成長（例．ドリンクをレシピ通りにつくれるようになった）を迅速に確認できる点に，OJT の最大の特徴があります。

ただし，教える側は経験と勘で指導し，教えられる側は聞いて見て学ぶという，一種職人の世界のようなところが OJT にはあります。また，学習者のモチベーションが低ければ，いくら熱心に指導しても，期待通りの学習成果が得られません。職場において，先輩によって教える内容が異なって困惑した経験をした人も多いでしょう。逆に，自分が教える立場になったときに，新人が仕事を覚える意欲が高くなければ，教えにくいと感じた人も少なくないはずです。OJT を効果的に実施するには，学習者の意欲を高める教え方がポイントになってきますが，これについては第3節で説明します。

2-2　職場から離れて行われるトレーニング

OJT は，仕事場面で学んだことを実際に試せる点によさがありました。しかし，学習効果を上げるには，断片的な実務知識を実践で活かせるよう相互に結びつけることが必要です。例えば，マーケティング担当者がこれまでの仕事経験から自社がターゲットにする顧客についての知識を蓄積していたとしても，それらの多様な実践知だけでは顧客ニーズを満たす商品開発は難しいでしょう。「こういう顧客ニーズには，このアプローチ」というような具体的な提案に落とし込むには，マーケティングに関する理論知の力が必要です。また，今日のようにビジネス環境の変化が激しければ技術や知識はすぐに古くなり，最新のものに更新することが求められます。

本社の研修施設や社外の教育機関など職場から離れた場所で，最新の体系的な知識を学習する機会を提供する人材育成の場が，Off-JT と自己啓発です（図5-1）。

(1)　Off-JT

Off-JT（オフ・ジェー・ティー）とは，Off-the-Job Training の頭文字をとったもので，仕事（job）から離れて（off）行われる教育訓練（training）を意味します。通常は，本社の研修所に対象者が集められて，講義を受けたりグループワークやプレゼンテーションをしたりして，教育を受けることになります。Off-JT には，さまざまなメニューが存在しますが，大きくは階層別研修，職種別研修，特定課題別研修の3つのタイプに分類することができます。

図5-1　職場を離れたトレーニング（Off-JT）の体系（大建工業の事例）

	階層別研修	スキル強化研修	職種・テーマ別				自己啓発
			営業	製造	海外	テーマ	
部門長クラス	経営幹部候補者育成研修 新任部門長研修				海外赴任前研修		マネジメントスクール 通信教育 語学教育
管理職クラス	部門長候補育成研修 新任管理者研修	ファイナンス アカウンティング コーチング 意思決定力 考課者研修				女性社員リーダー候補者研修	
中堅層チームリーダークラス	昇格者研修	リーダーシップ（異業種交流） 問題解決（実践編） プレゼンテーション インバスケット 部下育成・後輩指導	営業スキル強化応用	製造リーダースキル研修		OJTリーダー／中途社員／正社員登用／スタートアップ	
担当者クラス	キャリアプラン研修 入社後フォローアップ研修 新入社員研修	ロジカルシンキング（問題解決基礎編） ビジネスコミュニケーション	営業スキル強化基礎	製造中堅若手階層研修 製造若手社員フォロー研修		コンプライアンス研修	

出所）大建工業株式会社「DAIKEN グループレポート 2024」，49 ページより。

▶階層別研修

階層別研修とは，経営幹部候補者から新入社員までを対象に階層ごとに実施される教育です。図5-1の「階層別研修」に当たります。代表的には入社直後に受ける新入社員研修，入社後数年間実務に必要な基礎知識を学ぶ年次ごとの研修（図中の入社後フォローアップ研修，キャリアプラン研修），上位の役職に昇進したときに受講する管理職研修（図中の昇格者研修，新任管理者研修，部門長候補育成研修，新任部門長研修，経営幹部候補者育成研修）があります。

最近では，内定者に入社前の早い時期から自社の仕事を理解させ，初歩的な知識・スキルを習得してもらう目的で，内定者研修を設けている企業が一般的です。ほとんどの階層別研修は集合研修の形式をとり，職種や部門を超えて同じ階層に位置する社員が抱える課題の解決や，特別に求められるスキル・知識（例えば，リーダーシップ力やプロジェクトマネジメント力など）の養成をねらいに，共通の内容が一斉に参加者に教えられます。

▶職種別研修

職種別研修とは，生産・営業・人事・研究開発など，職種ごとに行われる教育です。図5-1では，「職種・テーマ別」の「営業」「製造」の列に当たります。職種別研修は，特定の部門や職種に求められる専門的なスキルや知識を身につけることを目的とします。

営業部門における顧客販売スキル研修（図中の営業スキル強化基礎・応用研修），製造部門における業務プロセス研修やモノづくり現場のリーダー育成プログラム（図中の製造若手社員フォロー研修，製造中堅若手階層研修，製造リーダースキル研修）が一例です。

▶特定課題別研修

特定課題別研修とは，特定の課題をテーマに実施される教育です。図5-1の「スキル強化研修」と「職種・テーマ別」の「海外」「テーマ」の列が特定課題別研修に該当します。

人事評価や海外赴任など，特殊な業務状況に直面したときに，本来業務とは異なる新たな課題を抱えることになります。本来の業務に支障が出ないように，人事評価スキルや語学力の向上といった個別課題をクリアするための教育（図中の考課者研修や海外赴任前研修）が提供されます。

(2) 自己啓発

自己啓発とは，個人が自分の意思で学習することを意味します。OJT・Off-

JT は企業が主体となって社員に施す教育ですが，自己啓発は個人が興味・関心に従って自主的に学ぶことを企業が支援しようとするものです。

自己啓発プログラムは企業内で教育のメニューを用意するというよりは，正社員では「受講料などの金銭的援助」「自己啓発を通して取得した資格等に対する報酬」「就業時間の配慮」，正社員以外では「受講料などの金銭的援助」「就業時間の配慮」「教育訓練機関，通信教育等に関する情報提供」の順で実施割合が高く，自己啓発にあたっての企業によるサポートや報償が中心となっています（厚生労働省「令和５年度能力開発基本調査」）。

図５-１にある「自己啓発」が自己啓発に基づく教育の仕組みの事例です。各種資格取得に向けた通信教育，語学力底上げ教育，専門職大学院（MBA）のような経営課題を解決するための理論や思考法の獲得を目的とするマネジメントスクールが自己啓発プログラムの例として挙げられます。新型コロナ禍以降，場所と時間の融通が利きやすいオンライン型のセミナーや研修が急増しています。

> **キーポイント 5.2**
> *人を育てる方法には，OJT，Off-JT，自己啓発の３種類が存在する！*

3　人材の成長を高める工夫

第４章（☞89ページ）で述べたように，ビジネスパーソンの成長は「仕事経験」が基盤となっていました。では，これまでみてきた人材育成の仕組みに効果はないのでしょうか。

良質な経験をしても学びを得られない人もいるように，やみくもに仕事経験を与えれば人は成長するかというと，必ずしもそうとは限りません。一方で，教育研修を受ければ知識は増えますが，それらを俯瞰し体系的に理解しなければ，現場に戻って活かすことは難しいでしょう。

仕事経験が成長につながるメカニズムはもう少し複雑で，図５-２で描かれているような経験を成長に結びつける仕掛けが必要になるのです。その工夫にはさまざまなものがありますが，ここでは図５-２で示されている① OJT と

■図5-2　人の成長のメカニズム

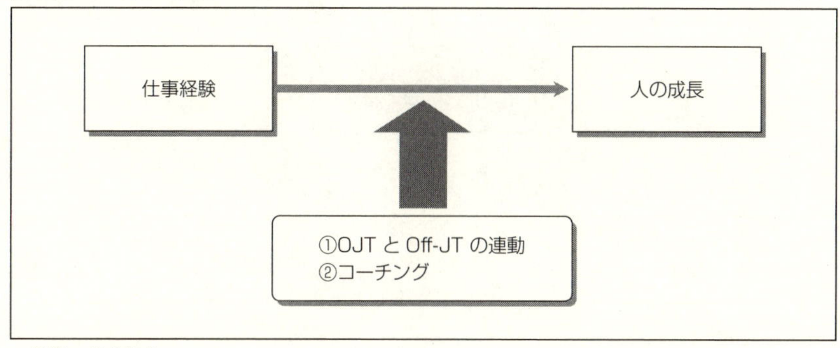

出所）筆者作成。

Off-JT の連動，②コーチングについてみていくことにしましょう。

3-1　OJT と Off-JT の連動

本書のタイトルにもなっている“経験から学ぶ”ことは，日常感覚からしても当たり前のことだと思うかもしれません。しかし，どうやって学ぶかを説明してくださいといわれると，そう簡単ではないはずです。人がどのように経験から学んでいるかを表したのが，図5-3の「**経験学習**サイクル」です。

経験学習サイクルでは，学習を「経験の変換を通じて知識が創出されるプロセス」（Kolb［2015］, p. 49）と定義し，①具体的経験，②内省的観察，③抽象的概念化，④能動的実験の4つのステップから構成されます。この4ステップが「①→②→③→④→①→……」とスパイラルに進みながら，人の学習は促進されるといわれています。

具体的経験とは，仕事で実際に経験した出来事や直面した事実そのもののことです。ここでの体験は，新規プロジェクトに挑戦してうまくいったというような成功体験に加え，最近上司に怒られてばかりいるなど失敗体験も含みます。

内省的観察とは，具体的経験における出来事や事実が意味する内容について，さまざまな視点から振り返りを行うことを指します。具体的には，その人にとって重要なエピソードをもとに成功や失敗の原因を分析し，経験内容がもつ本質的な意味合いが認識されます。「内省」以外に，「省察」や「リフレクション」という表現が用いられることもあります。

抽象的概念化とは，内省的観察で明らかとなった経験の意味内容から，教訓

図 5－3　経験学習サイクル

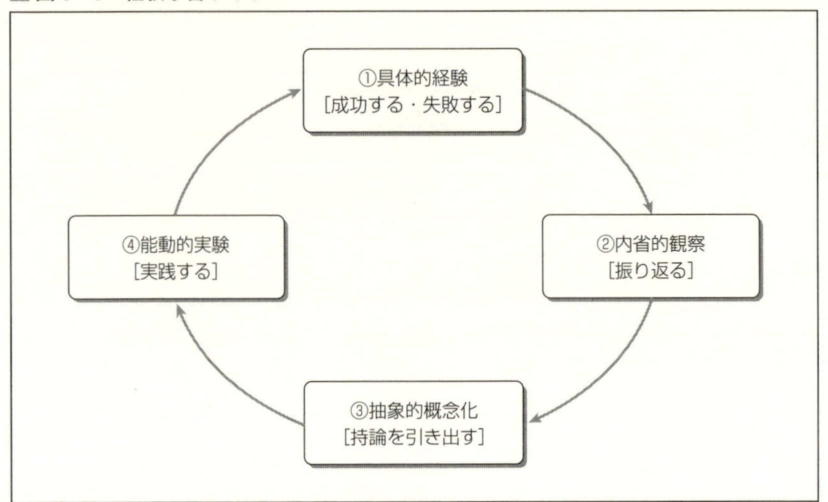

出所）Kolb［2015］, p.51 をもとに筆者一部加筆修正。

を引き出し，ほかの仕事場面でも適用可能な持論をつくり出すことです。持論とは，その人固有の経験から抽出されたコツ（○○のときには△△になるとうまくいく）や法則（○○ならば△△）で，学問上の普遍的な理論とは性質が異なりますので，区別する意味で「マイ・セオリー」とも呼ばれます。

最後に能動的実験とは，抽象的概念化で見出された持論を仕事に適用することです。見出したコツや法則を実際に使って仕事を遂行したり，別の場面で応用したりした結果，成功や失敗が得られますから，それが再び新たな内省的観察，抽象的概念化につながっていくわけです。

少しわかりにくいと思いますので，例を挙げて説明してみましょう。小売スーパーで働く A さんは，弁当の発注でミスを繰り返していました（具体的経験）。この問題を克服するために，A さんは発注ミスの原因を探ってみると，前週の販売個数のみを頼りに発注していたこと，どうやら発注の前に先輩は店舗の近くで運動会などのイベントがないかを調べて弁当の仕入れ数を決めていたことに気づきました（内省的観察）。このことから，弁当の発注精度を上げるには過去の売上データだけでなく，店舗近隣のイベント状況を把握するところまで情報収集をしなければならないという教訓を得ました（抽象的概念化）。すぐ近くのテーマパークで新しいアトラクション公開の今日，いつもの倍の予定

図5-4　アサヒビールのライン長の成長支援の全体像

階層／区分
事業場長
所属長
OJT 支援（Input）
重点 360 度フィードバックを中心とした OJT ツール活用向上
❶リーダー・ミーティング アクションプラン策定
❸ライン長選択型研修 課題別研修フォロー ※リーダー含む
❷グループ／ピアコーチング アクションプラン実践フォロー
Off-JT（Input）
新任ライン長フォローアップ研修 コーチングスキルの習得
新任ライン長研修 マネジメント知識の習得
OJT（Output）
上司　部下
日々の指導 One On One, ローリング etc.
（期首）目標設定面談
（中間）期中支援面談
（期末）評価面談
キャリアデザイン面談
組織目標の達成
自己研鑽（Input）
自己研鑽プログラム（e-ラーニング／通信教育）
資格取得支援
選択型研修

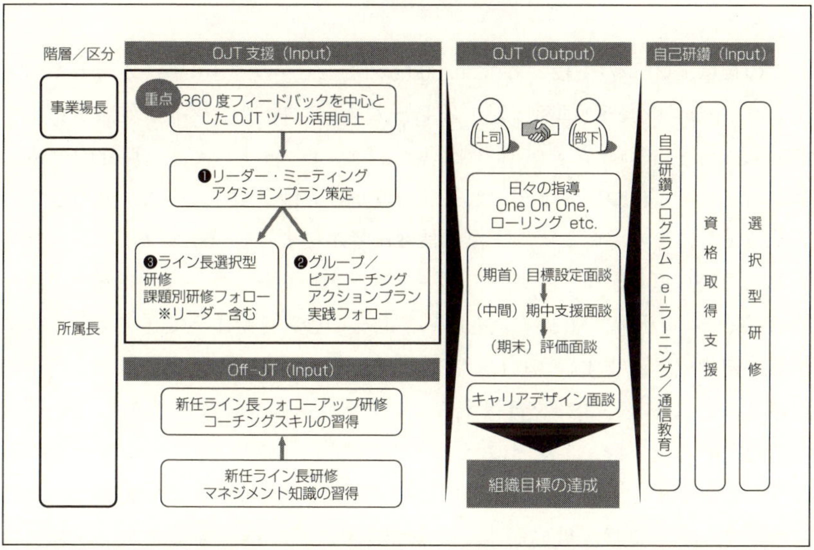

出所）労務行政研究所［2016a］，31 ページより。

来場者数との情報を収集し弁当の発注量を倍増したところ，過剰な売れ残りも欠品も発生しませんでした（能動的実験）。

以上でみてきた経験学習のサイクルのポイントは，①仕事経験だけでは人は成長しないこと（経験に対する内省の重要性），②能力やスキルの受動的な獲得ではなく，経験から仕事に役立つ持論を引き出すことを強調する点にあります。したがって，質の高い経験ができる仕事を割り当てた後，その仕事を遂行できるよう能力向上を支援する OJT と，経験の振り返りを促す Off-JT の連動を図ることが人材の成長には不可欠となります。

図5-4は，アサヒビールにおけるライン長の成長支援の全体像を表したものです。注目すべきは，真ん中にある OJT を有効に機能させるべく，Off-JT，OJT 支援，自己研鑽による人材育成システムが有機的に連動していることです。まず，ライン長になった段階で「新任ライン長研修」と「新任ライン長フォローアップ研修」が Off-JT で実施されます。新任ライン長研修では，コーチング（☞本章3-2）やコンプライアンスなどマネジメントに関する原理原則の学習が行われます。また，新任ライン長フォローアップ研修においては，マネジメントや部下育成に携わった中で生じた悩みを参加者相互に共有，アドバ

イスをしながら，コーチングに基づくキャリア面談が部下にできるようになることが目標とされます。

この後は，OJTの支援として「360度フィードバック」「リーダー・ミーティング」「ライン長選択型研修」「グループ／ピアコーチング」が展開されます。「360度フィードバック」（多面評価）（☞第6章146ページ）では，自身のマネジメント・スキルについて上司・部下・同僚から評価を受け，本人が気づきを得られるようになっています。また，被評価者が集まって360度フィードバックの結果の振り返りが「リーダー・ミーティング」でなされ，自己評価と他者評価のギャップの原因を互いに話し合い，自分の強みを踏まえて「アクションプラン」が作成されます。さらに，360度フィードバックの結果を踏まえ，自分に不足するスキルや知識を習得する「ライン長選択型研修」，資格取得や通信教育などの自己研鑽，半年間にわたって定期的に互いのアクションプランの進捗をフォローする「グループ／ピアコーチング」が用意されています。

Off-JT，OJT支援，自己研鑽での気づきや教訓をベースにアクションプランが立てられ，それが目標管理（☞第6章127ページ）において業務目標として具体化され，日々の仕事が実践されるサイクルとなっており，経験学習のサイクルをOJTとOff-JTとリンクさせて，学習効果を高める工夫がうかがわれる好事例だといえるでしょう。

3-2　コーチング

OJTとOff-JTの連動は人材育成の仕組みに焦点を当てた人の成長を促すアプローチでしたが，教える側の教え方に着目したのが**コーチング**です。

コーチングで強調されるのが，課題を解決するのは指導者ではなく，学習者である点です。よく仕事で伸び悩んでいる人に対して「○○の教育メニューを受講しなさい」と指導者が解決策をすぐに提示しがちですが，それではいつまでたっても学習者は育たないのです。自分で考えるクセがつくからこそ，次に同じような問題に直面したときにスムーズに乗り越えることができるのです。

コーチングは，解決策は上司が提示するのではなく，自分でみつけ出すことに重点が置かれている点で，経験学習の内省的観察や抽象的概念化を促して仕事経験を成長に結びつける人材育成のアプローチであることが特徴的だといえます。コーチングの手法にはさまざまなものが提唱されていますが，それらに共通するポイントが「傾聴」と「質問」です（図5-5)。

■図5-5　コーチングの概要

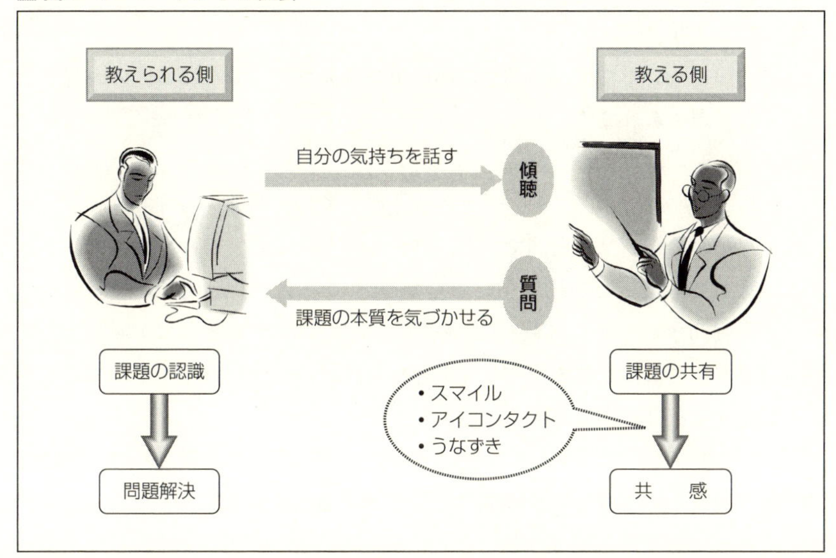

出所）筆者作成。

(1) 傾　　聴

コーチングでは，まず，指導者（上司や先輩）は学習者（部下や後輩）の抱えている問題にしっかり耳を傾けることを重視します。傾聴はアクティブ・リスニングともいわれるように，相手の話を黙って聞くのではなく，学習者が「話を聞いてくれている」と感じるよう積極的な聞き方をしなければなりません。というのも，学習者が抱える根本的な課題を認識し，解決策をみつけるための的確な質問を，指導者が考え出すことが主たる目的になるからです。

このとき，スマイル，アイコンタクト，うなずきといった非言語的なコミュニケーションも有用です。スマイルは相手に対する好意的態度や思いやりなど，親密さを表すツールになりますし，アイコンタクトは相手の本心を知るのに役立つとされています。例えば，質問に対して，学習者が指導者の目をみて答えなければ，真実を語っていない可能性があります。また，うなずきを多く表す面接者の場合，少ししかしない面接者と比べて，被面接者の発言量が増加したという結果や，うなずきやあいづちを多く示す面接者に被面接者は好意的な評価を与えた，という研究結果があります（山口［2009］）。このことから，上司や先輩は部下・後輩の話を単純に聞くだけでなく，真意を理解しながら聞いていることを表す表情や態度が肝要になります。

⑵　質　問

次に質問についてですが，相手に解決策を発見させるような質問の内容と仕方に工夫が求められます。

▶質問の内容

・「なぜ」型ではなく，「何」・「どのように」型の質問をする

理由を尋ねるタイプの質問ですと，責められている感じがして，答えることにためらってしまった経験はないでしょうか。「なぜ，営業成績が悪いのですか？」と質問するより，「何が営業成績を下げていると考えられますか？」と聞くほうが，解決策を導き出すヒントとなる課題が明確になりやすいでしょう。

・可能性を広げる質問をする

「どうして，仕事でミスばかりするのですか？」という聞き方では，問題解決に向けた新しいアイデアが出てきそうにありません。「どうすれば，仕事がうまくいっていたと思いますか？」というふうにポジティブに聞くと，「どうすれば」に対する回答が，直接解決につながりうる具体策に結びつきます。

・学習者の視点に変更を迫る質問をする

目の前の問題に注目するだけでは，課題ばかりで学習者のモチベーションも下がってしまいます。そこで，話す内容の時間軸を変えてみることも，相手の気づいていないことを引き出すのに有用です。例えば，コミュニケーション力に問題を抱えている人に，「なぜ後輩とうまく意思疎通ができないのですか？」と迫るだけでは，コミュニケーション力を強化することで，どんないいことがもたらされるか曖昧です。「5年後になりたい自分って，どんな自分ですか？」と時間軸を長期にずらして聞いておいて，「あなたがめざす管理職に就くには，部下をまとめることが求められるので，コミュニケーション力が不可欠ではないでしょうか」と未来志向的な質問をすることによって，問題解決に積極的になりやすいでしょう。

▶質問の仕方

・相手の言葉を念押しする

例えば，「来週までにすることは～ですよね」という言い方です。相手の言ったことをリピートすることは，決定内容を確かめる意味合いもありますが，聞き手はきちんと話を聞いているという姿勢を話し手にアピールすることができます。話す側が聞いてくれていると思えば，本音を話しやすくなるでしょう。

・あいづちを打つような言葉を使う

先に非言語的なツールとして，あいづちの役割を述べましたが，言語でも同じような役割を果たします。例えば，「なるほど，それは大変ですね。もう少し事情を聞かせてください」といえば，話し手は聞き手が自分に共感してくれていると認識し，話す側も抱えている問題を具体的に語りやすくなるでしょう。

・沈黙を活用する

質問が大事だからといって，「それで？ 次は？」と矢継ぎ早に尋ねても，聞かれた側は答えに苦しみます。相手に考える時間，つまり質問と応答の間に“間”をとらないといけません。間をとることで沈黙が生まれ，指導者は不安になることもあるでしょうが，話し手にすぐに答えをみつけなくてもよいという安心感を与え，熟考の末に解決に向けたアイデアを引き出せます。

このように，学習者が経験から学んだことの本質を指導者の質問から主体的に見出し，それをもとに次の実践に向けた具体的なアクションプランを自身で立てさせる意味において，コーチングは経験を飛躍的な成長に変換させる手法の1つであるといえるでしょう。

キーポイント 5.3

「OJT と Off-JT の連動」「コーチング」によって，仕事経験を人の成長に結びつけることが可能になる！

4　人材育成の新しい試み

4−1　日本企業における人材育成の課題

従来，日本企業では，長期雇用を前提に学校を卒業したばかりの新規学卒者を一括に採用し，複数の仕事を経験させながら，時間をかけてゆっくり人を育てるスタイルをとってきました（☞第4章93ページ）。その際，OJT をメインに Off-JT を適宜組み合わせながら，突出して仕事ができる人材というよりは，全員が一律にスキルアップすることがめざされていたのです。このことも背景にあって，本章の冒頭でも述べたように，人材育成に関わるコストが過大になってしまっていたことも，日本企業の課題の1つでした。

1990年代に入って，バブル経済崩壊に伴う経済環境の悪化や，国際競争の激化により，安定的なビジネス展開ができなくなり，従業員を定年まで雇い続けることが困難になりました。そうした中，当時の日本経営者団体連盟（現日本経済団体連合会：以下，日経連）は，組織と個人の新しい関係を表す「**エンプロイアビリティ**」（employability）という考え方を提唱しました。エンプロイアビリティとは，「雇用される能力」のことを意味します。会社が雇用を保障することができないとすれば，雇用保障に代わるインセンティブがないと，いまいる組織で社員はやる気をもって働かなくなるでしょう。そこで，現在の会社を辞めさせられたときに，別の会社で仕事を得られるように，他社でも通用する能力を身につけることを労働者の新たなインセンティブにしようという考え方に多くの日本企業が着目するようになりました。

エンプロイアビリティは，自分のキャリアは自分で組み立てるとするキャリアに対する自律的な価値観（**キャリア自律**）を労働者に浸透させるトリガーとなりました。こうした潮流は，人材育成の責任主体を企業から個人へ変化させることになりました。キャリアは個人に帰属するものであり，自らのキャリアに主体的に向き合い，行動するというマインドセットを強化するために，「**キャリアオーナーシップ**」（経済産業省［2018］）なる概念も近年になって提唱されています。

その後，VUCA（変動性，不確実性，複雑性，曖昧性〔☞第7章注2〕）時代に突入し，ビジネスの先行きが読めない不透明な中，近年，資本としての人材に投資することで劇的な環境変化への適応力を高め，持続的に企業価値を創出することをめざす「**人的資本経営**」（☞第1章22ページ）（☞120ページ「コーヒーブレイク」）に着目されるようになっています（図5-6）。人的資本経営において強調されるのが，「人材投資に対するリターン」です。つまり，人材への投資を行うことが，どのくらい組織に価値を生み出したかということです。2023年3月期決算から上場企業約4000社に対して有価証券報告書への人的資本情報の開示が義務化され，その中の「サステナビリティに関する考え方及び取組」分野で記載すべき項目の1つに「人材育成方針」があります。人への投資のうち，**人材育成への投資リターン**，平たくいうと，従業員の能力やスキルなどの人材価値の最大化を目的とする人材育成に関わる取り組みにどのくらい効果がある（あった）かが，人的資本経営において重要視されていることがうかがえます。

図5-6　今後の日本企業の人材育成に求められること

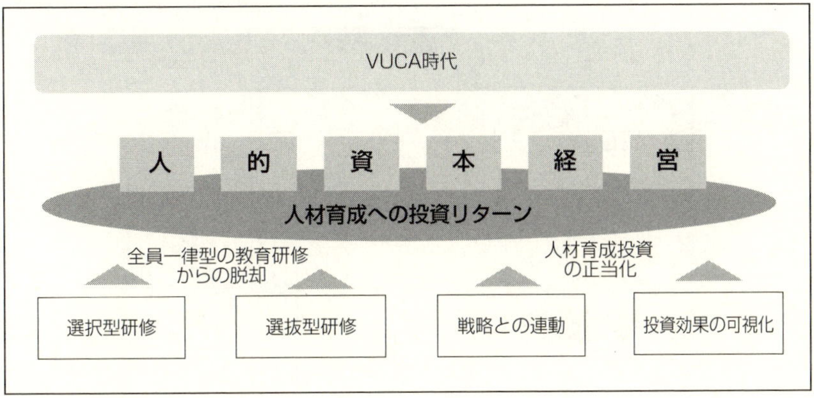

VUCA時代

人的資本経営

人材育成への投資リターン

全員一律型の教育研修からの脱却

人材育成投資の正当化

選択型研修

選抜型研修

戦略との連動

投資効果の可視化

出所）　筆者作成。

このような流れの中で企業の人材育成で求められることは，①全員一律型の教育研修からの脱却，②人材育成投資の正当化の2つです。①は選択型研修と選抜型研修，②は戦略との連動と投資効果の可視化により実現することになります。

4-2　全員一律型の教育研修からの脱却

(1)　選択型研修

図5-7は，ライオンの選択型研修のメニューを示したものです。ここでは，LCV（ライオン・キャリアビレッジ）について取り上げます。LCVは，従業員個々人のキャリアテーマに合わせて自主的に学びのスタイルを選ぶ仕組みであり，従来の階層別研修に代替して導入されました。6000を超える学習コンテンツから構成される「eラーニング」と「ケース討議」の2本立てとなっています（労務行政研究所［2023b］）。eラーニングには，各部所が独自に作成した社内用語や営業知識・研究知識を解説する内容が含まれています。ケース討議では，特定の知識・経験に長けた社外の専門家に加え，ライオンの社員がファシリテータ役（「LCV教授」と呼称）となり，マーケティングや商品開発などの実務上のケース課題を題材にディスカッションが行われます。

ライオンでは，「個と組織の活性化」という考え方を基盤に，LCVをはじめとしてキャリア自律を支援する研修制度を積極的に展開しています。その背景には，「階層別や年代別教育のような従来の教育では，どうしても画一的にな

図 5-7　ライオンの選択型研修

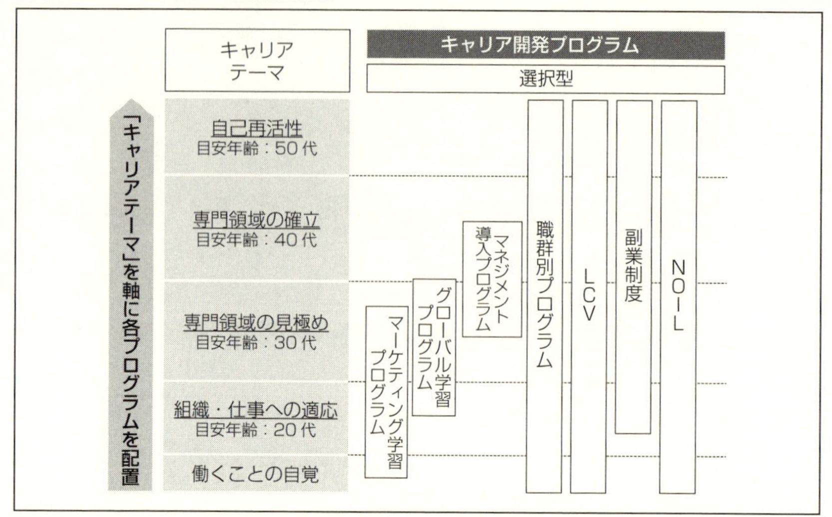

出所）ライオン サステナビリティ Web サイト 2024，185 ページをもとに筆者一部抜粋。

ってしまい，本来の実施意図から外れてしまう」（労務行政研究所［2023b］，30 ページ）ことがあったようです。**選択型研修**は，本人が自分の現在の強みや弱みを考慮に入れ，何をどのようにどのキャリアのタイミングで学ぶのかを主体的に選ぶ仕組みです。本人の興味やキャリアプランと必ずしも合致しない研修を強制的に受けさせる全社員必須型の研修とは異なり，選択型研修では研修参加者の学習意欲は高く，教育効果も上がるため，高い費用対効果を見込めるはずです。

⑵　選抜型研修

ある役割を担うのにふさわしい人を会社が選んで実施するのが，**選抜型研修**です。選抜型研修は，将来，経営を担うコアとなる人材を育成する目的で実施されることが多くなっています。企業によっては，“後継者育成”という意味から「**サクセッションプラン**」と呼ぶこともあります。ただし，サクセッションプランは，能力以上の困難な職務の割り当て（タフアサインメント☞第 4 章 89 ページ）を含むより広義の概念であることに注意が必要です。

図 5-8 は，富士通の「ビジネスリーダー育成プログラム」の概要をまとめたものです。図の左側に示されているのが，本研修の体系図です。マネジャーから一般社員優秀者までを対象とするのが「Leadership Essentials」，部長か

■図5-8　富士通の選抜型研修

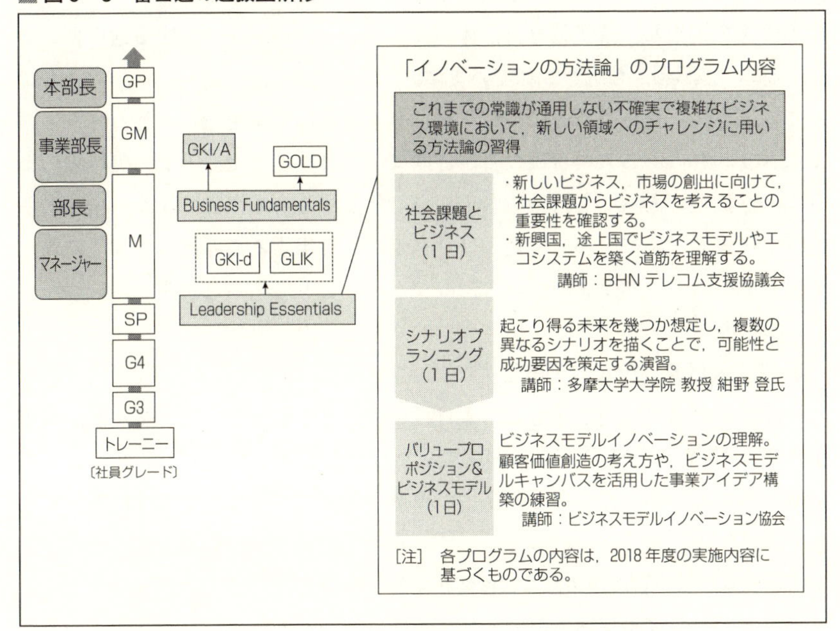

出所）労務行政研究所［2020］，22 ページおよび 24 ページをもとに筆者作成。

ら事業部長クラスまでを対象とするのが「Business Fundamentals」と「GKI/A」です。いずれの研修も，業務パフォーマンス，および本人のポテンシャルを測定する社外アセスメントの結果を踏まえ，各本部長が選抜した人材に限定して実施される選抜型のプログラムとなっています。ここでは，Leadership Essentials に焦点を当てて説明します。

Leadership Essentials に含まれる1つの研修が，図の右側の「イノベーションの方法論」です。この研修では，将来起こることが予測できない複雑なビジネス環境下で，新たな分野に挑戦するための方法論の習得がめざされます。受講生は社会課題に基づいて新たなビジネスモデルを構築することが最終目標として設定され，「社会課題とビジネス」（社会課題をベースにビジネスを検討することの重要性を学習），「シナリオプランニング」（将来に対して複数のシナリオを描き，望ましい戦略を検討する演習），「バリュープロポジション＆ビジネスモデル」（ビジネスモデルを可視化・分析する手法であるビジネスモデルキャンバスを用いた事業アイデア構築の演習）の3つのプログラムから構成されます。3プログラムを修了した受講生のうち希望者を選抜して，実際の地方都市をフィールドワークして課題を抽出し，解決策を自治体の長にプレゼンテーションする選択型のプログラム（実践編）も用意されています。

このように，選抜型研修は変革を担う経営人材に対象を絞って行われますので，メリハリのある人材育成投資が可能になります。また，上記の実践編のように，選抜型であっても，選抜者全員を対象とするものだけでなく，自らのキャリア・成長段階に合わせて選ぶプログラムも併用することは，さらに優れた人材育成のコストパフォーマンスにつながりうると考えられます。

4-3　人材育成投資の正当化

人的資本経営の推進とともに，人材投資に対するリターンに主眼が置かれるようになれば，「特定の人材育成施策になぜ投資をするのか」と「どのような効果があったのか」について，正当な根拠を明確にすることが必要になってきます（図5-9）。

⑴　特定の人材育成施策になぜ投資をするのか

他社との競争環境にある中で，持続的に自社固有の価値を高めるための方針である経営戦略を策定し，経営戦略を達成することが企業の存続にとって重要課題の1つです。したがって，ある人材育成に関わる取り組みに投資することの正当性は，それらが経営戦略の実現にどう貢献するか（**人材育成施策と経営戦略との連動**）によって示すことができるでしょう。これは，まさに**戦略的人的資源管理**（☞第1章20ページ）の考え方です。ただし，経営戦略は人事以外の職能横断的に定義されるビジネス全体の方向性ですので，いきなり人材育成施策と紐付けて考えることは難しいでしょう。そこで，経営戦略を人的資源管理全般に関わる設計方針に落とし込んだ人事戦略を立ててから，人材育成施策の詳細な検討に入っていくことになります。抽象的でイメージしにくいと思いますので，以下では花王の事例をもとに，上記のプロセスについて具体的にみていきましょう。

図5-9の左側にあるように，花王は2023年に「グローバル・シャープトップ」戦略を新たに掲げています。この戦略は，「顧客の重大なニーズに，エッジの効いたソリューションで世界No.1の貢献をすること」を意味し，きわめて独創的な切り口で特定顧客の満足が得られる付加価値の高いモノづくりを進化させる唯一無二の企業をめざすことが企図されています。同社は，この経営

■図5－9　人材育成投資の正当化：戦略との連動／投資効果の可視化

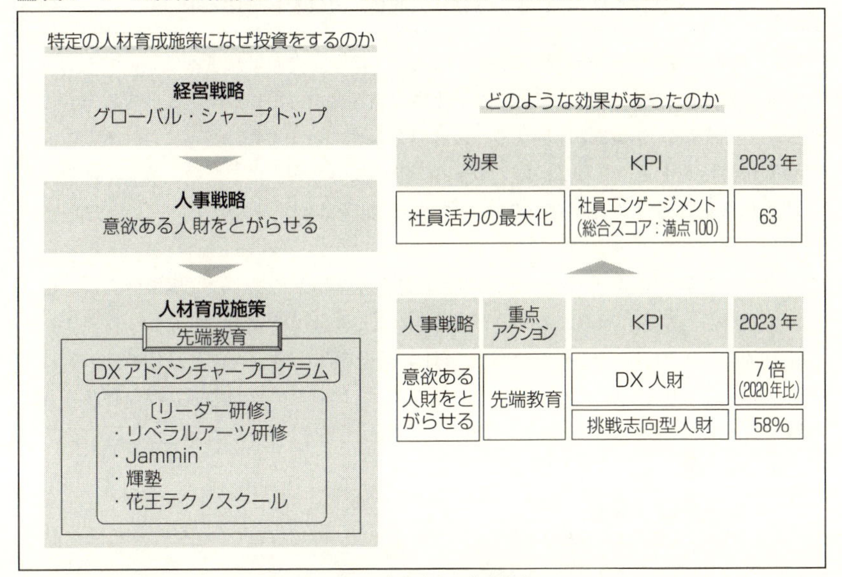

出所）「花王 サステナビリティレポート2024」をもとに筆者作成。

戦略を実現するために，「意欲ある人財をとがらせる」を人事戦略として設定しています。

特に，デジタル技術が旧来のビジネスシステムの創造的破壊に結びつくこと（花王株式会社DX戦略説明会［2024］），リーダーが率先して突き抜けることが変化を先導する企業を導く（NIKKEIリスキリング［2020］）ことから，同社はデジタル技術とリーダーシップ発揮に異才な人材を重視しています。こうした人材を養成する研修を「先端教育」と位置づけ，その中には「DXアドベンチャープログラム」や「リーダー研修」といったプログラムが含まれます。DXアドベンチャープログラムは，ビジネスプロセスと新しい価値づくりを加速させることをめざして，IT技術者ではない社員のデジタルリテラシーを向上させるものです。リーダー研修は，「リベラルアーツ研修」「Jammin'」「輝塾」「花王テクノスクール」の4つから構成されています。各プログラム内容は異なりますが，多様な価値観を尊重し，優れた人格と見識を兼ね備え，新しい価値の創造やチャレンジ精神を醸成することを目的とするリーダーシップ開発研修です。

以上の研修は，顧客に対して新たな価値を与えるデジタル技術を中心とした高い専門性と挑戦意欲を有したとがった人材を育成することを目標としており，

コーヒーブレイク　日本における人的資本経営を科学する！

「人材版伊藤レポート」（経済産業省［2022］）に端を発して，日本において人的資本経営の潮流にどう対応していくかが焦眉の課題となっています。人的資本経営については実務界での議論は目覚ましい展開をみせていますが，日本における学術的な研究蓄積が十分であるとはいえません。そのような中，ここでは人的資本経営の理論化を前進させる端緒となりうる研究（堂西［2024］）を取り上げたいと思います。

堂西［2024］では，「社会において人的資本経営がどのような文脈で語られ，どのような話題や取り組みとの関連が認識されてきたか，その動向を把握する」ことを目的に，人的資本をテーマとする『日本経済新聞』関連の新聞記事（2021年11月2日～23年9月18日）276件のテキストデータに対して，数学のグラフ理論を基礎とした計量的なネットワーク分析（金［2009］）を行っています。以下は，分析の結果を図示したものです。

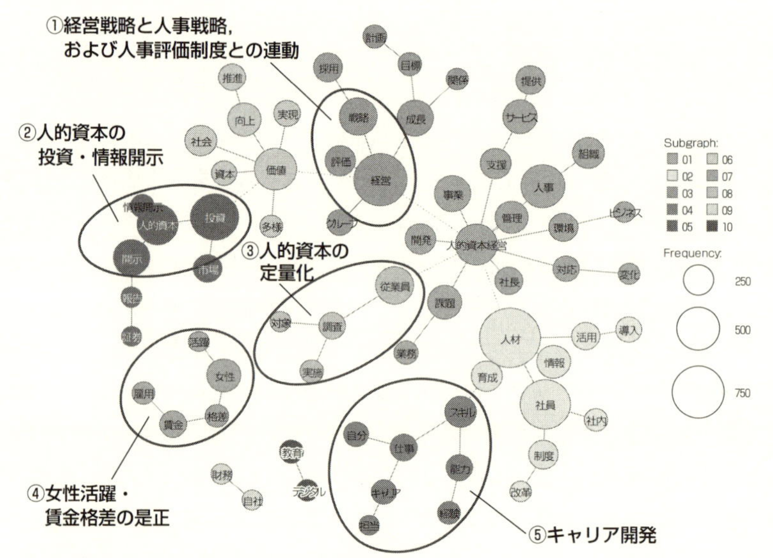

出所）　堂西［2024］をもとに筆者一部加筆修正。

上の結果図の線で結ばれている語と語の関連を確認することで，今回の分析対象となっている記事の共通のテーマを探ることができます。図にある通り，①経営戦略と人事戦略，および人事評価制度との連動，②人的資本の投資・情報開示，③人的資本の定量化，④女性活躍・賃金格差の是正，⑤キャリア開発の５つのテーマが抽出されています。

上記の結果は，人的資本の投資・情報開示や組織と個人の活性化を促すキャリア開発など，「人材版伊藤レポート」で提示されているアクションが含まれています。一方で，経営戦略と人事戦略の連動は「人材版伊藤レポート」でも強調されていますが，それらと人的資源管理の仕組みの中でも特に人事評価制度とのリンクが推し進められていること，③の記事データに戻ってつぶさに内容を確かめると，人的資本の測定に付随する人事や管理職の負担増大が顕在化しつつあることが見出されています。これらは，人的資本経営に関する数ある論点の中ではこれまで挙がってこなかったトピックスであり，膨大なデータを定量的に分析することによってはじめて明らかになったといえます。

実務サイドにおける測定・指標の開示という数量化の試みを縦糸に，アカデミアによる人的資本経営を構成する要素，ならびにそれらと組織パフォーマンスとの因果連鎖の量的アプローチに基づく解明を横糸に紡ぎだされたタペストリーこそが，人的資本経営の真の姿に近づく第一歩になりうると考えられます。

経営戦略・人事戦略と結びつけて人材育成施策が導入されています。このように，経営戦略と人材育成施策の連動を明示することで，人材投資の必然性を正当化することができます。

(2)　どのような効果があったのか

大学入試や資格試験の受験の前に，模擬試験を何度か受けた人は多いと思います。模擬試験では，偏差値や判定ランクで合格可能性が数値化され，学力レベルを客観的に把握することができます。それによって，費用と時間をかけて受講した授業の善し悪しを判断することも可能になります。

これまで日本の企業は，教育効果の定量化という視点が希薄でした。日本企業では，人的資源管理パラダイムに則り，ヒトは他の経営資源と比較して重要度が高いリソースとみなし，十分な教育投資をかけてきました（上林［2011］）。極端ないい方をすれば，コスト度外視で，ヒトを育てることを積極的に進めてきたところがあり，こうした事情もあって，本章第1節で述べた通り，日本の教育研修費が多額に上っているともいえます。2022年8月に内閣官房の非財務情報可視化研究会から「人的資本可視化指針」（内閣官房非財務情報可視化研究会［2022］）が公表され，ようやく日本企業においても人的投資の効果とその測定，および公開（**投資効果の可視化**）に向けて舵が切られました。

図5-9の右側には，花王が開示している指標の一部を示しています。まず，図の下段で，上記（1）でみた経営戦略から導出された人事戦略である「意欲

ある人財をとがらせる」を実現するための人材育成施策を総称する先端教育（重点アクション）によって何を達成できたかが明記されています。

図中の**KPI**（Key Performance Indicator）とは，重要業績評価指標と訳されるもので，組織の最終目標の達成度合いを数値で表した測定指標のことを指します。通常，売上高や利益といった組織パフォーマンス向上が企業の最終目標になりますが，そのプロセスに中間目標となるベンチマークとしてKPIを定め，その達成状況を把握することにより，着実に最終ゴールに導くことが意図されています。上の大学入試や資格試験の例でいえば，合格が最終目標，偏差値や判定ランクがKPIに当たります。

花王のケースに戻ると，「DX人財」と「挑戦志向型人財」の2つのKPIについて，2023年の実績でDX人財（デジタル技術を駆使してビジネスプロセスの変革を担い，新たな価値を創出する社員）は2020年比で7倍，挑戦志向型人財（挑戦的な目標に向かって日々活動している社員）は日本花王グループ従業員の58％を占めていることが開示されています。これらの数値をみれば，先端教育が人事戦略で規定された人材の育成（とがったデジタル技術力とリーダーシップ力）にどの程度貢献したかが一目瞭然です。さらに，社員エンゲージメント調査の結果（100点中63点）も合わせて開示されており，先端教育が従業員の働きがい・仕事のやりがいにいかにつながっているかという観点から人材育成施策の効果が示されています。

もちろん，人事戦略で求められる人材が増えたという量的な側面のみで戦略達成に効果的だったと判断することは十分ではないかもしれません。また，社員エンゲージメントには先端教育だけでなく，このほかのさまざまな取り組みも影響します。人材育成施策が社員エンゲージメントを高めたという因果関係を特定するには，経年で効果検証を行う必要があることも確かでしょう。しかし，経営戦略や人事戦略の達成度を確認するのに有効な測定指標はどのようなものか，投資のリターンは何なのかということを可視化する試みは，企業を取り巻くあらゆるステイクホルダーに人材育成投資を正当なものであると説得する基盤として，今後の企業経営において欠かせないといえるでしょう。

キーポイント 5.4

人的資本経営が企業経営の潮流となる中で，全員一律型の教育研修からの脱却，人材育成投資の正当化の2つが求められている！

本章の演習問題と読書案内はこちらから→

第6章
組織は仕事の結果をどのように評価するのか

評価・考課

❖この章のねらい

「学校や会社で定期的に受けている評価に納得していますか？」――多くの読者の皆さんにとって，大学の成績評価や会社での上司評価など，評価は定期的に行われるごくありふれたイベントだと思います。しかし，いざ冒頭の問いを投げかけられたら，何のためらいもなく“YES”と答える方は，どれくらいいるでしょうか。オリンピック競技の判定をみていても，「審判の評点は間違っているのではないか？」と思った経験はないでしょうか。他人の評価結果に疑問をもつことが多いのですから，自分の評価に対してはもっと敏感になるはずです。

では，なぜ“人が人を評価する”という難しい作業をわざわざする必要があるのでしょうか。また，評価の基準にはどのようなものがあり，評価される側の納得を得るためには，どういう工夫が必要になるのでしょうか。

こういったことは，評価する側だけが理解しておけばいいように思えますが，評価者がいつも正しい判断ができるとも限りません。正確な評価とは何かについて，評価する側と評価される側の双方の立場から考えられるようになることが本章の最終的なねらいです。

◆この章で学ぶキーワード

◎評価基準　◎目標管理（MBO）　◎評価エラー　◎古典的テスト理論
◎測定の妥当性・信頼性　◎多面評価　◎パフォーマンス・マネジメント

1　人事評価の目的とは

「人事評価はどうして必要か？」このきわめてシンプルな問いに，どのように答えるでしょうか。人事評価には，次の3つの目的があります。

1つ目は，**処遇決定**のための情報を収集する目的です。仕事への貢献度と関係なく給与が決まっていたら，従業員の多くは不満を覚えるでしょう。基本給や賞与，昇給（☞第8章191ページ）を決める際の判断材料となるような各従業員の働きぶりに関する情報を収集するねらいが人事評価にはあるのです。処遇には金銭としての給与だけでなく，組織内での地位で報いる昇進や昇格（☞第7章154ページ）も含みますので，昇進・昇格者を選定する役割も人事評価にはあります。

2つ目は，**適正配置**のための情報を収集する目的です。第4章で学習した職務と人のマッチングを思い出してください。職務と人のマッチングの基本は，ある職務（ポスト）を担当するにふさわしい人材を充てることでした。マーケティングの知識に精通する人を商品部の仕事に配置させることが一例です。この場合，消費者行動や商品開発に関する専門的知識をどの程度もっているのかを，評価を通じて見極めることが必要になります。

3つ目は，**人材育成**のための情報を収集する目的です。現在より高い給与を得たいと考えている人がいるとします。上司から「今期のあなたの仕事ぶりでは，昇給はできない」とだけいわれたら，その人の働く意欲は低下するはずです。評価する側（評価者）は，どうすれば昇給が可能になるのかを評価される側（被評価者）に説明する必要があるでしょう。評価者は被評価者の現状と目標（到達点）とのギャップを明らかにし，被評価者に足りない部分を埋めるための課題を提示することで，被評価者の成長を促すことができます。

ここで用語の整理をしておきましょう。一般的に，企業で実施される評価を表す語として，「**人事評価**」「**人事考課**」「**人事査定**」「**アセスメント**」が使われています。これらの用語の違いについては，論者によってさまざまで統一した定義はありません。ただし，処遇決定のために行われる評価を「人事考課」や「人事査定」，専門的な訓練を受けたアセッサー（評価者）が心理測定ツールに基づいて適正配置や人材育成のために実施する評価を「アセスメント」と呼称し，両者を総称して「人事評価」と呼ぶことが多いようです。本章では先に述べたように，処遇決定・適正配置・人材育成の３つの目的を念頭に置いていますので，「人事評価」という用語を用いることにします。

キーポイント 6.1
人事評価には，処遇決定，適正配置，人材育成の３つの目的がある！

2　人を評価する基準

2-1　５つの評価基準

前節で示した３つの目的を達成するために，人事評価では個人の“働きぶり”が評価されますが，それはどのような側面から捉えられるのでしょうか。

一般的に，「インプット」「スループット」「アウトプット」の仕事の流れに即して，人の働きぶりが捉えられます（図6-1）。例えば，自動車販売会社の営業員が，巧みな交渉スキルをもって（インプット），富裕層への営業活動を積極的に行った（スループット）ところ，高級車の販売台数が前年比２倍に達した（アウトプット），という状況を思い浮かべてください。

インプットの評価を「**能力評価**」，スループットの評価を「**情意評価**」「**行動評価**」「**バリュー評価**」，アウトプットの評価を「**業績評価**」として，大きく５種類の**評価基準**を設けることができます。なお，これらは人の働きぶりを測る“ものさし”の役割を果たしますので，人事評価の**測定尺度**（あるいは**尺度**と短く言い表す場合もあります）とみなすことができます。まずは，最もイメージしやすいアウトプットの評価からみていくことにしましょう。

(1)　業 績 評 価

業績評価は，仕事で頑張って成果を上げた人ほど，高評価を与えるという考え方に立っています。先の例では，自動車の販売台数が多い営業員ほど，評価が高くなるわけです。

仕事の頑張りは，通常，半年ないし１年間の目標の達成度によって判定されます。当然，口約束で目標を決めておいたとしたら，達成できなかったときに「そんな目標は立てていなかった」ということになるはずです。そこで，どの

図6-1　人事評価の5つの基準

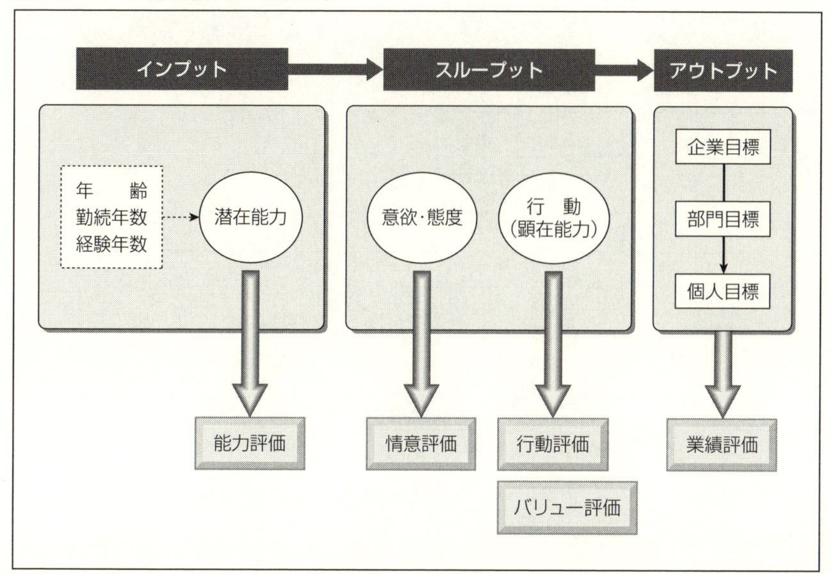

出所）筆者作成。

ような目標を立て，どんなふうに実現していくのかを目にみえるようにする仕組みが必要になるでしょう。その仕組みのことを**目標（による）管理**（**MBO**：Management By Objectives）といいます。

MBOでは，表6-1のような目標管理シートが用いられます。このシートに上司と部下が順次記入しながら，目標設定と評価の面接が進められます。一般的に，目標を立てる段階（通常4月，期首），中間チェックを受ける段階（通常9月），最終チェックを受ける段階（通常3月，期末）の3回にわたって，上司と部下との間で面接が実施されることになります。なお，4月～9月を上期，10月～翌年3月を下期と呼びます。

▶期首における面接

期首では，「目標」（①）と「達成内容と方法」（②）を上司と部下で確認します。目標は期首に1年間をベースに立てる場合もあれば，上期と下期に分けて，半年ごとに立てる場合もあります。目標を記述する際にポイントになるのが，「A地域の顧客を訪問して，8月までに新規顧客を5件獲得し，9月末には前年比2%アップを図る」というように，「何を」「いつまでに」「どのように」の3点を明確にすることです。

表6-1　目標管理シート

2024年度　目標

部 署	営業部	役職・等級	主任・G4
氏 名	有斐閣 太郎	社員番号	1234

	①目　標		②達成内容と方法 (何を・いつまでに・どのように)	
	上　期	下　期	上　期	下　期
1	高級車αの売上高予算の達成		A地域の顧客を訪問して，8月までに新規顧客を5件獲得し，9月末には前年比2%アップを図る	
2	営業マニュアルの見直しと改善		6月までに，部署のメンバーに聞き取りを行い，既存のマニュアルの問題点を洗い出し，8月末までに改善点をまとめる	
3				
4				

コメント（次年度への課題）
目標1について，目標達成には至らなかったが，A地域の顧客の高齢化が進み，自動車の販売需要が低迷するなか，粘り強く交渉に当たり，3件の新規顧客を獲得したことは評価できる。今後は，A地域以外にも訪問できる時間を取れるように，エコカーの販売は若手社員に任せることが必要である。

出所）筆者作成。

もう1つ重要なことは，無理に目標を数値化することに拘（こだわ）らないことです。「○○の改善」や「△△の向上」など，最終的な変化や改善の方向がはっきりイメージできるよう，目標を質的な形で表現するわけです。表6-1の2つ目の目標はその典型例です。

最後に，目標をどれだけ達成すれば何点になるか（達成水準）を確認します。多くの企業では，「上回る：5」「やや上回る：4」「達成：3」「やや下回る：2」「下回る：1」という，5つのレベルで目標の達成度が判定されることがよく見受けられます。「上回る」「やや上回る」など達成度合いを区別する標語を**評定**

管理シート	記入例

	上期		下期	
	日付	氏名	日付	氏名
上司				
部下				

③具体的行動と結果（いつ・何を・どのようにして・どういう結果が出たか）		④評価					
		上期			下期		
上期	下期	部下	上司	最終	部下	上司	最終
4月から8月にかけて，A地域の顧客先を訪問していたが，8月末時点で3件しか新規契約を獲得できず，前年比1%にとどまった		2	2	2	3	3	3
8月初旬には，改善点の整理が終了し，部署のメンバーの協力を得て，マニュアルの一部に改訂が始められていた		3	4	4	3	4	4
		3	4	4	2	1	1
		3	2	2	2	2	2
		合計点（100点満点）		12（60）	合計点（100点満点）		10（50）
					総合得点（200点満点）		22（110）

最終評価	S	A	B	Ⓒ	D
	181点以上	161～180	121～160	60～120	59点以下

カテゴリー，それらに与えられた点数を**評定値**といい，ものさしの目盛りに相当します。

ただし，“やや”上回る（下回る）という状態が何を指すのか不明瞭です。これでは，最終評価を決める際に，評価者と被評価者との間で意見の食い違いが起きる可能性が出てきますので，到達点がイメージできるように，各レベルの内容を具体的に記述しておく方法も一案でしょう。

▶中間チェック段階における面接

どれだけ緻密に目標を立てていたとしても，必ずしも計画通りに進むとは限りません。そこで，4月から翌年3月までのちょうど1年の折り返し地点となる9月に目標の進捗状況をチェックする必要があります。このとき，目標の到達具合を確認することに加え，経営環境の変化や突発的に発生した問題など，期首に想定されていなかった事情を考慮に入れて，目標の修正や追加が行われることもあります。また，半年ごとに目標を設定した場合は，上期目標の達成度の評価と下期目標の設定がなされます。表6-1の1つ目の目標は，当初目標を若干下回る3件しか新規契約の獲得ができていないため，「2」という評価結果になっています。

▶期末における面接

1年が経過すれば，最後に目標の達成度が評価されます。通常，評価者である上司による評価（**上司評価**）だけではなく，被評価者である部下も自ら評価（**自己評価**）をします。半年や1年も前のことを完全に記憶できている人は少ないでしょうから，上司は部下の行動を観察し，記録しておくことが重要です（表6-1の「③具体的行動と結果」）。特に上司評価と自己評価が一致しないときには，そうした記録は被評価者の納得感を得るうえで鍵になってきます。最終的に，期首（もしくは9月）に立てた全目標について評価点数が付けられ，それらを合計し，総合得点（表6-1では総合得点が110点のためC評価）が確定し，給与や昇進・昇格に反映されることになります。

ただし，点数を出すだけで終了してしまっては，目標管理の効果が半減してしまいます。評価の目的の1つに，人材育成があったことを思い出してください。表6-1の「コメント（次年度への課題）」で示されているように，目標が未達の場合，評価者は被評価者に解決策をアドバイスすることが必要です。また，目標を達成した場合であっても，より高度な目標に挑戦するために，どのような知識やスキルを向上させるべきかを提示することも不可欠となります。

なお，目標管理には，処遇決定や人材育成以外に，戦略と従業員の仕事との連動を図る役割があります。目標は被評価者が好き勝手に立てられるわけではありません。経営トップが策定した経営戦略（企業目標）が，部長（部門目標）に下ろされ，それが各従業員の目標（個人目標）を設定する際の基礎になります。そういう意味では，目標管理は「企業戦略と人事とのリンクの強化」（☞第1章17ページ）を実践できる仕組みであるといえるでしょう。

(2) 能力評価

業績評価は，半年ないし1年間で発揮された個人の貢献度を評価対象にしていました。しかし，自動車販売会社の営業のように，短期的に結果が出る仕事ばかり存在するわけではありません。例えば，商品開発では，消費者の声を聞いて試行錯誤の後に，やっと画期的な新製品が生み出されるケースがあります。また，現在それほど高い成果を示していなくても，能力を着実に向上させながら，成果の実現に向けて努力している従業員もいるはずです。これらの人材は，長い目でみれば高い業績を生み出す可能性を秘めています。

このように，短期的な結果だけで従業員の優劣を判断すると，人材の価値を見誤ってしまいます。企業は短期の業績だけでなく，将来的な業績を見据えて活動しているはずですから，従業員の将来性を見極めることが必要です。その役割を果たすのが，能力評価です。

能力評価は，従来の日本企業において，特に重視されていました。そこでの能力とは，正確には「**職務遂行能力**」(**職能**) のことを指します。職能遂行能力は職能資格制度において，従業員の格づけの基準となっている能力 (☞第7章163ページ) です。職能資格制度では，営業，製造，研究開発，人事など，すべての職種で共通の基準 (企画力，判断力，折衝力，指導力など) をもとに能力 (職能) が定義されます。

職務遂行能力の評価で特徴的なのは，従業員が過去から現在にわたって蓄積してきた能力 (**潜在能力**) がチェックされる点です。言い換えれば，必ずしも仕事で発揮されているか否かは問いません。長期的な経験によって広げられた知識やスキルが重要視されるのです。能力評価には，このように人がいま有する能力を将来の働きぶりを予測する要因と捉え，人の成長を見込んで評価しようという考え方が基礎にあるといえます。

⑶　情意評価・行動評価・バリュー評価

では，短期間における人の頑張り度合いと，長期にわたって蓄積された能力を評価する仕組みを用意しておけば十分でしょうか。これのみに頼るのは，2つの点で問題があります。

1つは，業績評価が行き過ぎると，従業員は結果がすべてであると考えるようになってしまうことです。店舗の在庫商品を売り上げると高評価を得る家電量販店の店員は，ニュー・モデルのパソコンが近いうちに発売され，その使い勝手がよいことを知っていたとしても，在庫商品の販売台数を増やすことだけに関心が向くでしょう。これでは，顧客の満足度は下がってしまいます。

もう1つは，過去に習得した知識やスキルが，仕事において高い成果をもたらすとは一概にいえないことです。一例を示せば,「電卓を用いた会計処理がミスなくできる」事務職は，デジタル技術が発展した今日，事務作業の効率化にどの程度貢献できるかは予測しにくいでしょう。

さらに,“○○の能力がある”という事実だけで評価することは，人件費アップにつながる可能性があります。例えば，金融機関で働く従業員が，FP（ファイナンシャル・プランナー）の資格を取得することは，金融に関する専門性を向上させることが見込まれ，適切に処遇することは重要です。しかし，FPの知識が実際の仕事場面で活用されなければ，処遇に見合うだけの付加価値が生み出されるとは限らないでしょう。

▶情意評価

まず，1つ目の問題を解消するのが「情意評価」です。従業員の仕事への取り組み姿勢や意欲が評価の対象となります。具体的には，①規律性（組織のルールや慣習に従って業務を遂行しているか），②責任性（指示命令されたことを最後まできちんとやり遂げようとしているか），③積極性（新しいことへの挑戦や自発的に仕事の改善および工夫を行っているか），④協調性（他者の仕事の支援や業務の連携を図っているか）といった項目が挙げられます。家電量販店の例では，顧客のニーズを満たす商品を勧めるために，日々，さまざまな家電製品の機能についてリサーチをしている（積極性の高い）店員を評価することになります。

▶行動評価

2つ目の問題を解消するのが「行動評価」です。仕事に必要な能力を保有しているだけでは，それが最終的な成果に結びつくか不確かであるとの懸念がありました。そこで，成果に直結する「**コンピテンシー**」と呼ばれる能力（行動）がチェックされることになります。コンピテンシーとは,「特定の職務で高い業績を発揮する行動特性」のことです（☞第4章83ページ）。コンピテンシーは，能力評価の基準となる職能とは以下の2点で性質が異なります。

第1に，職能は職種共通の尺度を用いて設定される一方，コンピテンシーは職務や職種ごとに細分化して定義されたスキル・知識，行動を指します。コンピテンシーは，仕事と密接に関連した能力や行動である点が特徴となっているわけです。

第2に，それらの知識やスキルは，優れた成果を生み出すものに限られることです。一般的に，コンピテンシーは，卓越した業績を発揮する人と平均的な人とで，仕事における行動面で何が決定的に違うのかを，インタビューを用いた面接を通して明らかにします。つまり，たまたま特定の状況で確認される行動ではなく，高業績者が一貫して安定的に示す行動や，業務を行う際に活用しているスキル・知識がコンピテンシーなのです。一見，コンピテンシーは知識やスキルを指す点で，職能と似ているように思えますが，①最終成果が具体的にイメージでき，②実際の仕事場面で確認される能力（**顕在能力**）であることが，ポイントになります。

表6-2は，資生堂のロジスティクスのコンピテンシー項目を示したものです。同社では，セールス（営業），ブランドマーケティング，財務経理，HR（人事）など約20種類の社員が担う職務の専門領域（ジョブファミリー：JF）を定め，ジョブファミリーごとにコンピテンシー（ファンクショナルコンピテンシー：FC）が設定されています。また，表の下側にあるように，ジョブ・グレード（GG8～GG12以上）（☞第7章153ページ）別に，求められるコンピテンシーのレベルが「学習レベル」から「指導レベル」まで細かく定義されています。このように，各ジョブファミリーにおける職務遂行に必要なコンピテンシーを明確化し，社員1人ひとりの「専門性向上」に対するインセンティブを高めているようです[1)]。コンピテンシー評価は，成果達成までの行動プロセスを確認できるというメリットに加え，職務ごとの専門性の深さを評価できる点にも特徴があります。

▶バリュー評価

近年，バリュー評価を組み入れる企業が増えてきました。バリュー評価とは，企業の存在意義を意味する経営理念（ミッション），ミッションを達成したときの理想像である経営ビジョンを実現するために従業員がもつべき行動指針・基準（バリュー）を日常業務でどのくらい体現できているかを評定するものです。従業員が仕事場面で発揮した“行動”を評価のベースにする点で行動評価の一種で，先述した1つ目の問題である，業績評価における行きすぎた短期的思考に従業員を陥らせない効果を見込めます。バリュー評価は，職務から帰納的に抽出されるコンピテンシーとは異なり，企業のミッション・バリューから演繹的に導き出された従業員に求める行動を評価の基軸とします。

表6-3は，三井住友海上火災保険のバリュー評価項目と評点の定義を取り上げています。同社では，経営理念「グローバルな保険・金融サービス事業を通じて，安心と安全を提供し，活力ある社会の発展と地球の健やかな未来を支えます」，経営ビジョン「持続的成長と企業価値向上を追い続ける世界トップ

表 6-2　資生堂のコンピテンシー項目とジョブグレードごとに求められる水準：ロジスティクスの例

ファンクショナルコンピテンシー	定　義	トレーニングソース
倉庫・配送プロセス，システムとオペレーションの理解	入庫から出庫，顧客配送着荷までのオペレーション全体に対するプロセス詳細と関連するシステムへの理解。 応用的期待は，文書化するスキルを持つことによる効率化改善の機会把握。	・プロセスフローチャート ・システムトレーニング ・現場視察
プロジェクト立案・管理・実行力	関係するチームメンバーと共に，プロジェクトを定義し，ゴール像を共有し，スケジュールに沿いながら分担したタスクを進捗させ，問題点をチームとして解決する等のプロジェクト管理をリード・実行する。	・プロジェクトマネジメント研修 ・グローバルイニシアチブ部での OJT
将来予測・想定・準備力	直近 0～3 カ月に発生し得る事態を質的・量的に予測・想定し，必要なリスク回避策を準備する。対象は，キャパシティ，BCP，品質等。	・上司からの OJT，過去のレポート ・販売予測
交渉力	社内・社外の関係者・関係組織をあるべき方向に進むように交渉し，前進を促す。 ・交渉し向かうべき方向の正しい設定分析 ・ビジネスにおける対人交渉術 ・Win-Win な結論に至らない場合のトレードオフ・リスク管理	・上司からの OJT ・戦略セミナー ・購買部 SPP 研修
国内外の業界情報や最新の技術への浸透	日本国内，海外問わず，最新の情報を装備することによる，効果・効率改善機会把握のための準備。	・内閣府 SIP への同期 ・資生堂グローバルロジスティックコミュニティでの情報交換

Level	Rating EN	Rating JP	各レベルの定義
GG12 以上	Leading	指導レベル	当該 FC に対する習熟度・見識の高さにより，部下を指導・育成できるレベル
GG11	Professional	専門レベル	当該 FC における第一人者として，他者の模範となり得る専門性を発揮しているレベル
GG10	Practical	実務レベル	当該 FC を実務レベルで十分に発揮しながら，担当業務の課題解決に取り組んでいるレベル
GG9	Basic	基礎レベル	当該 FC の基礎的な考え方を理解し，担当業務遂行時にそれを活用し始めているレベル
GG8	Learning	学習レベル	与えられた業務を遂行しながら，当該 FC について身に付けようとしているレベル

出所）　労務行政研究所［2023c］，61 ページをもとに筆者一部修正。

表6-3　三井住友海上火災保険のバリュー評価項目と評点の定義

行動指針（バリュー）	行動基準項目
お客さま第一	①お客さま第一 常にお客さまの安心と満足のために行動する
誠　実	②誠実 あらゆる場面で，あらゆる人に，誠実，親切，公平・公正に接する
チームワーク	③コミュニケーション 多様性を尊重し，常に相手への敬意を持って，積極的に対話を重ねる
	④人脈形成 社内外の関係者と信頼関係を築き，幅広い人脈を形成する
	⑤組織貢献 組織目標の達成に向け，高め支えあいながら，自らの役割を全うする
革　新	⑥プロセスデザイン 明確なゴールを描き，その実現に向けたプロセスを設計する
	⑦スピード 品質と生産性の向上を常に意識し，迅速に行動する
	⑧変革・創造 現状にとらわれることなく柔軟に発想し，自ら新たな課題を見つけて挑戦する
プロフェッショナリズム	⑨自己研鑽 主体的・継続的な学びを通じて，進化し続ける
	⑩成果へのこだわり 目標達成や成果にこだわりを持ち，主体的に自らの課題をやり抜く
	⑪人財育成 部下や同僚，後輩の育成に責任を持って取り組み，自主自立した社員を育て上げる
	⑫マネジメント 組織のビジョンを示し，個の力を高めながら，組織全体をリードする

〈行動評価の評点の定義〉

評点の定義	評点
当該役割区分に求められる基準を大きく超えるレベルで行動している	90以上
当該役割区分に求められる基準以上のレベルで行動している	80～89
当該役割区分に求められる基準を概ね満たすレベルで行動している	70～79
当該役割区分に求められる基準で行動するために，育成が必要である	60～69
当該役割区分に求められる基準で行動するために，一層の育成が必要である	50～59
当該役割区分に求められる基準で行動するために，相当の育成が必要である	49以下

出所）労務行政研究所［2022c］，60～61ページをもとに筆者一部修正。

水準の保険・金融グループを創造します」を達成するうえで，表にあるように，従業員が大切にすべき行動指針（バリュー）を，「お客様第一」「誠実」「チームワーク」「革新」「プロフェッショナリズム」の5つの要素に分類し，それらを12の行動基準として具現化しています。考課者は各従業員が発揮した行動を観察し，表の下側の評点の定義にしたがって，項目ごとではなく，総合的に100点満点で点数（評点）が付けられ，月例給与や昇格判定に反映されます。

バリュー評価には，業績評価だけでは見落としてしまう人材の有能さを適切に見極める意味合いもありますが，近年のグローバル化の進展に伴い，多種多様な社会的・文化的背景をもつ人材が同一の組織で働くようになった場合に，組織の価値観を浸透させ，企業が社員に求める行動原理に対する共通認識を醸成する必要性が高くなっていることも導入の背景にあると考えられます。

以上でみてきた，業績評価，能力評価，情意評価，行動評価，バリュー評価は，直属の上司による一次評価を経て，さらにその上の上司による二次評価，最終的に人事部長や経営トップによって評価の最終調整が行われることが一般的です。また，能力評価，情意評価，バリュー評価の結果は昇格・昇進，昇給に，コンピテンシー評価，業績評価の結果は賞与に反映するケースが多いですが，成果主義的な処遇を志向する企業は能力評価や情意評価を廃止するなど，評価基準と報酬の連動のさせ方のバリエーションは企業によってさまざまです。

2-2　日本企業における人事評価の変化

(1)　従来の特徴

日本企業において，どの評価基準が重視され，近年，どのように変化しているのかを簡単に振り返っておきましょう。

これまでの日本企業における人事制度は，職能資格制度を基礎に設計されていました（☞第7章163ページ）。職能資格制度のもとでは，人事評価は能力評価と情意評価がメインに行われていました。どうしてなのでしょうか。

長らく日本の企業では，個々人の職務間の境界は明確でなく，複数の職務を担当できること（多能工化）が奨励されていました（☞第3章68ページ）。また，各人の仕事の調整は，現場の変化にフレキシブルに対応可能なように，従業員の間で水平的に実施されます。こうした組織運営を可能にするには，従業員が長期的に組織にとどまり，さまざまな仕事を経験して，専門分野を超えて幅広く多様な知識やスキルを習得し，従業員間の協力や相互理解を促す工夫が必要になります。

その際，まず，能力評価が有効に機能します。先ほど，能力評価の項目の中身は職務遂行能力であることを述べましたが，それは個人が担当している仕事内容を細かく分析して設定されたものではなく，どのような職種や職務にも当てはまるようなものでした。また，一度，身についた能力は低下しないという前提で運用され，人事異動で異なる仕事に配置転換が行われたとしても，能力評価の点数が大幅に下がってしまうことは非常に稀でした。この評価の仕組みのおかげで，従業員は仕事の経験の幅を広げることに積極的だったのです。

さらに，仕事の進み具合が遅い従業員を手伝ったり，休んだ同僚の仕事の穴埋めをしたりするなど，従業員同士で協力して仕事の調整をすることや，現場で自発的な仕事の改善や創意工夫を促すべく，協調的かつ積極的な取り組み姿勢を評定する情意評価が重視されてきたのです。

⑵　従来の問題と変化

能力評価や情意評価は，2つの問題を併せもちます。1つ目は，従業員が仕事に固有の専門的なスキルアップを軽視しがちになることです。先ほど述べたように，能力評価では担当職務以外のさまざまな分野の仕事に必要な幅広い知識やスキルが評価対象となりますので，従業員には“ヨコに広げていく能力形成”（ジェネラリスト育成）へのインセンティブが働きます。

ところが，近年，知識経済の進展に伴い，高度な専門的知識を駆使して活躍する人材（スペシャリスト）が出現しています。具体的には，デジタル・マーケティングやHRテック（テクノロジー）といった専門性の高い仕事を担う企業内プロフェッショナルです。そういった専門職人材のモチベーションを下げないように，高度な専門的スキルを評価する仕組みが必要になってきました。

2つ目は，評価が曖昧になってしまうことです。職務遂行能力は職種共通の基準ですので，評価の客観性に乏しくなります。例えば，単に企画力という表現だけでは，どういう状態かイメージしにくいでしょう。このように，職務遂行能力の客観的な評価が難しいことから，年齢が高いほど，あるいは勤続年数が長いほど，職務遂行能力のレベルが高いと判断する日本企業が多いのが現状です。図6-1（☞127ページ）で年齢や勤続・経験年数から潜在能力に向けて破線の矢印が引かれているのは，そのことを表しています。結果的に，年功的な運用となり，人件費の増加が問題となりました。

また，情意評価は職務態度をチェックするものですが，きわめて主観的な判断に偏る可能性があります。例えば，「定時に出社する」というのも，「商品の発注締め切りを守る」というのも，どちらも規律性を表します。この場合，定時出社は社会人として当然の行為だと考える評価者は，それを規律性が高いとは認識しません。評価者によって判断が随分とばらつく傾向にあるでしょう。

以上の問題を背景に，日本企業では成果主義がさかんにいわれるようになった1990年以降，目標管理に基づく業績評価やコンピテンシーを基準とする行動評価が人事評価の主流になってきました（髙橋［2010］）。さらに，上述の通り，グローバル化の流れの中でバリュー評価を採用する企業が増加しつつあるのが現状です。

キーポイント 6.2

人事評価には，業績評価，能力評価，情意評価，行動評価，バリュー評価があり，最近の日本企業では，業績評価，行動評価，バリュー評価がメインに行われることが多くなっている！

3　評価者が陥る誤り

次のストーリーは，ある職場における人事評価面接前の１コマを描いたものです。果たして，上司はこのような事前準備で面接に臨んで正しい評価ができるといえるでしょうか。

■部下であるＡさんの人事評価の面接が来週に迫ったある日のこと……

面接日までにＡさんは今期の自己評価をしてくるので，上司の私も彼の評価結果を出しておかないといけないなぁ。今年は新しいビジネスがスタートして，毎日の業務に追われ，彼の仕事ぶりを十分にみていなかった。最近，顕著な出来事はなかっただろうか……。

そういえば，先月，彼が担当している営業先からクレームが１件あった。今回は新商品の取り扱いで，彼も慣れていなかったので，ミスはたまたまだろう。彼は常に明るく丁寧に顧客に接し，取引先からの評判も高い。これほど彼は他人から好印象をもたれているので，メンバーをうまく巻き込んで仕事を進める統率力があることは間違いない。

しかも，数カ月前から未経験のプロジェクトを任され，メンバーをうまく巻き込んで着実に高い成果を上げているので，顧客ニーズを的確に見極める力（判断力）や，仕事の進捗が遅い後輩をきちんとフォローできる力（指導力）があるといってよいだろう。自分のことを思い起こせば，入社5年目で彼くらいの判断力と指導力は持ち合わせていなかった。判断力と指導力は5点としよう。

ただ，残念なことに，同僚に業務が集中して残業を余儀なくされているとき，同僚を手伝うことに消極的だった。協調性の項目を厳密に評価すれば2点だが，この結果だけで彼のモチベーションが下がってしまってはよくないだろう。可もなく不可もない3点の評価結果にしておこう。

上のような話は決して特別なことではなく，評価者がよく陥ってしまう誤り（**評価エラー**）を表しています。一般的に，評価には6つのエラーがつきまとうといわれます（大沢・芝・二村 編［2000］）。評価者は正しい評価をするために，以下のエラーを十分に認識しておく必要があります。

3-1　期末誤差

評価者は6カ月や1年も前の出来事を完全に覚えていないことを理由に，評価面接の直前の出来事に基づいて評価をしてしまう傾向があります。これを**期末誤差**と呼びます。

先の例では，日々の業務に多忙を極め，部下の仕事ぶりの観察が不十分であったため，面接日の1カ月前の事実を根拠に評価が進められており，これが期末誤差に相当します。今回のミスは偶然であったと評価者は判断していますが，1年を通して観察すると，組織に損失を与えうる重大な問題を部下は抱えているかもしれません。このように，一時点の，しかも評価直前の被評価者の職務行動を評価の材料にすると，組織に影響力が大きい事実を見逃してしまう可能性があります。

3-2　ハロー効果

ハロー（halo）が後光（太陽や月の中心から外側に向かって放たれている円形の光）のことを意味する通り，**ハロー効果**とは特定の評価要素が際立ってみえると，別の要素に対しても同じような評価を下してしまう傾向を指します。

先のケースでいえば，明るく丁寧に顧客に接するAさんの行動や取引先からのよい評判が上司には印象的であったため，統率力も優れていると判断していることが，ハロー効果に当たります。人当たりのよい接客をしているからといって，必ずしも部下をうまく引っ張っていけるとは限りません。一見，愛想がなくても，リーダーシップを発揮することにたけている人もいるでしょう。

3-3　論理誤差

論理誤差とは，評価結果の一貫性を求めるばかりに，事実によらずに推測で評価項目の間に密接な関係があると考えて評価を行ってしまう傾向を指します。

先の例では，「未経験のプロジェクトで高い成果を上げている」ということは，「顧客ニーズを見極める判断力」に優れ，「仕事の進捗が遅い後輩をきちんとフォローしているはずだ」と評価項目間のつながりを意識して評価していますが，それぞれの事実の間を結びつける論理的な根拠がありません。ある意味，上司は部下に対する自分の評価の正当性を固持するために，無理矢理，事実と事実の関連づけをしています。プロジェクトでの成果は，別の人の貢献によるものかもしれませんし，A さんがメンバーの指導を適切に行えているとは一概にいえないはずです。

3-4　対比誤差

対比誤差とは，評価者が自分や別の誰かと比較して評価をしてしまう傾向を意味します。大概，自分の得意なことは厳しく，不得意なことは甘く評価してしまうといわれています。

先の事例では，自分が入社5年目のときに，A さんほど判断力や指導力を有していなかったことから，客観的にみればそれほど高いレベルでもないかもしれないのに，A さんの評価結果を高くしています。これが対比誤差に相当します。

ところで，評価のやり方には，**相対評価**と**絶対評価**があります。相対評価とは標準的な働きぶりをしている人を1人決めておいて，その人を基準にほかの人を評価する手法です。A さんはB さんより優れているか，劣っているかで従業員に順位をつけていくわけです。相対評価の場合，レベル5は全体の○％というように，あらかじめ各段階の定員が確定されます。ちょうど，一昔前の小・中・高の通知表と同じ仕組みです。通知表でも，5は学年で何人（○％）という枠が決まっていました。

一方，絶対評価とは評価のモノサシ（基準）をはじめに定め，その基準に沿って1人ひとり評価する方法です。例えば，企画力について，レベル1～5の5段階を設け，被評価者の職務行動をもとに，各人のレベルを判定していきます。絶対評価の場合は，他人との比較を前提にしませんので，全員レベル5という評価もありえます。学校の例では，3年間の通知表の結果に基づいて内申書が作成されますが，3年間の平均点が4.5以上ならA，3.5以上4.5未満ならB，1.0以上3.5未満ならCと3段階に置き換えるような作業が絶対評価にあたります。たまたま生徒が優秀でクラス全員の評定平均が5になったとしても，あえて点数のバラツキが出るように生徒間で調整はしません。

これらのことを踏まえると，自分や他者と被評価者を比べてしまう対比誤差は，相対評価のときに出てきやすい評価エラーだといえます。

3-5　寛大化傾向

評価者も人間ですから，部下に嫌われたくないと思うでしょう。被評価者との対立を避けたいがために，実態よりよく評価してしまうことがあります。この現象を**寛大化傾向**といいます。特に被評価者の行動を十分に把握できていない場合，異議申し立てがあった際，評価結果に対して説明ができないことを恐れて評価者は寛大化傾向に陥る可能性が高くなります。

先のケースでは，Aさんの協調性に関して，本来は2点のレベルですが，彼の意欲を下げないように，最終的には3点の評価結果を与えたことが，寛大化傾向に当たります。

3-6　中心化傾向

1～5の中から1つ選んで○印を付ける形式のアンケートに答える際，無難な3（どちらともいえない）を選んでしまわないでしょうか。それは，回答が面倒であるという理由もありますが，質問内容がよくわからないときに，とりあえず3を選択するという人が多いからだと思います。

評価においても，これとまったく同じことが起こりえます。「可もなく不可もない3点の評価結果にしておこう」というのが典型例です。これを**中心化傾向**といいます。上司は部下の行動をよく観察していないため自信がなく，判断に困り，結局は平均的な評価（5段階ならレベル3）をしてしまうのです。

キーポイント6.3

正確な評価をするために，評価者は陥りやすい誤りを十分に認識しておく必要がある！

4　正確な人事評価とは

4－1　正確な評価に不可欠な要件

評価結果に偏りが生じない正確な人事評価には，評価者は第3節で説明した評価において陥りやすいエラーに気をつけておくだけで十分なのでしょうか。「評価する際の誤りを知っておくように」というだけでは，評価者の気のもちように左右されてしまいます。

突然ですが，学力を測るということを考えます。学力は目に見えないものですので，物の長さを定規で測るときのように，人間に何らかのモノサシを直接当てて測定するようなことはできません。学力の程度は，テストでの正答と誤答のパターンから間接的に判断するしかないのです。

いま，日本語の読解力（学力）を測るために，国語の試験を実施したとします。採点の結果，出てきた点数は日本語の読解力という真の学力を正確に表しているでしょうか。定規にゆがみやそりがない限り，測定値に疑問をもつ人が少ないように，誤解を恐れずにいえば，工学・物理学など理系領域で用いられる測定器が表示した値はほぼ間違いないと考えるでしょう。ところが，先ほど，“間接的に判断するしかない”と述べましたが，目に見えない（見えにくい）ものの測定には，念頭に置かなければならないことがあります。そのことを数理的に表現しているのが，**古典的テスト理論**（Classical Test Theory）です。古典的テスト理論は，教育測定学や計量心理学の分野でテストを科学的に研究する最初の理論とされています。

古典的テスト理論は，以下のような基本モデルを想定します。

$$X_i = t_i + e_i$$

X_iはテストの点数（測定値），t_iは本当の学力（真値），e_iが誤差を意味します。添え字にiが付いているのは，Aさん1人だけなく，他の人にも同じように当てはまるからです。数式が出てきて，難しく思った人もいるかもしれませんが，この式が表していることはきわめてシンプルです。テストの点数（測定値）は，本当に測りたいもの（真値）である学力と誤差とのセットになっているということです。数理モデルは，シンプルに現実を記述するところに，美しさの真骨頂があります。

誤差とは，本当に測りたいものからのズレ（真値と測定値の差）のことを指します。たまたまヤマが当たったとか，試験当日に極度に緊張してしまって集中できなかったとか，真の学力とは異なる別の要因でテストの点数が左右されることがよくあります。このような計測時にコントロールできない偶発的な原因によって生じる誤差のことを**偶然誤差**といいます。誤差は偶然誤差だけでなく，真値に**系統誤差**が入り込むことがあります。系統誤差とは，同じ測定の度に常に発生する真値とのズレのことです。数学の試験の一部に，英語で書かれた問題が含まれている場合，数学の学力とは関係なく英語の学力しだいで常に誤答が起こってしまう可能性がありますが，これは系統誤差を生む原因となります。

古典的テスト理論のモデル式は，系統誤差を s_i と置くと，より正確には，下記のように書けます（吉田・石井・南風原［2012］）。

$$X_i = t_i + s_i + e_i$$

人事評価は，目に見えづらい被評価者の働きぶりを何らかの基準（尺度）でもって測定する行為にほかなりませんので，上記のモデル式が同様に当てはまります。すなわち，人事評価において被評価者（部下）に与えられた評点（1～5点など）（測定値）X_i は，彼（彼女）らの働きぶり（真値）t_i に，系統誤差 s_i と偶然誤差 e_i が加わったものとして表されます。図で表現すると，図6－2の上部のイメージです。職務遂行能力のような曖昧な基準は，第２節で述べたように，本当に測りたい働きぶりとは無関係な得点差を生じさせ，系統誤差の要因となります。また，人事評価に不慣れな上司の判断のブレは，不安定な評定結果を生み出す偶然誤差の一例です。

人間の態度や行動は複雑多様ですので，誤差がどのくらい入るかは事前にわからず，人によって誤差の入り方が大きいこともあり，この誤差をいかに小さくして真値に迫るかが，特に心理学分野で研究されてきました。可能な限り，誤差を最小にすることを考えるうえで，**測定の妥当性・信頼性**という概念が重要になってきます。

■ 図6－2　正確な人事評価に不可欠な要件

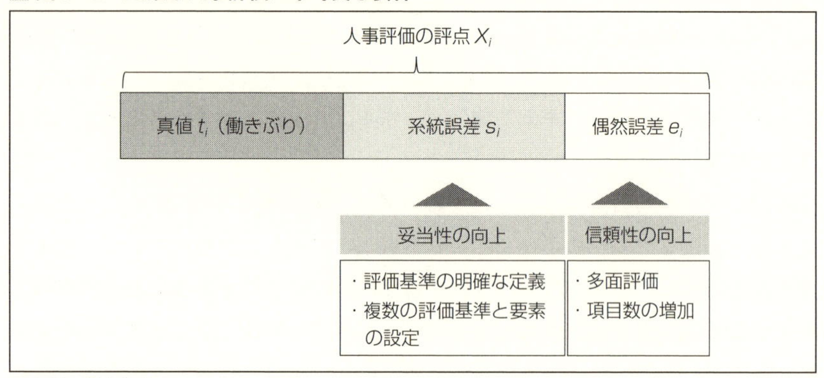

出所）筆者作成。

妥当性とは，「測定したい対象を的確に捉えている程度」を意味します。妥当性を高める方法の１つは，測りたい対象をきちんと定義し，その定義に相応しい尺度を用意することです。仮に，英語力を「リスニング技能，リーディング技能，スピーキング技能，ライティング技能」と定義する場合，読解問題のみを出題する英語のテストは妥当性に乏しいことになります。

信頼性は，「測定値が安定していて一貫性がある程度」，つまり測定の精度のことです。信頼性の安定性・一貫性には，①ある評価基準（能力や行動など）をもとに，異なる評価者で評定したときに，同じ評価結果になること，②特定の評価基準で繰り返し測定し，同一の評定が得られること，③任意の評価基準に対して複数の項目で測定した場合に，測定スコアのパターンが類似することの３つを含みます。そのため，信頼性の向上には，複数の評価者による評定とさまざまな評価項目の適用が鍵となります。

妥当性の確保は本当に測りたいものに近づく営みであり，信頼性の追求は“たまたま”を希釈させる機能がありますので，それぞれ系統誤差と偶然誤差を小さくすることにつながります。以下では，図6－2の下部に示しているように，正確な人事評価に向けて，妥当性を確保する方法として「評価基準の明確な定義」と「複数の評価基準と要素の設定」を，信頼性を確保する方法として「多面評価」と「項目数の増加」を取り上げてみていくことにしましょう。

4-2　人事評価における測定の妥当性を確保する方法

(1)　評価基準の明確な定義

表6-2の資生堂のコンピテンシー項目の中の「将来予測・想定・準備力」とは，「直近0～3カ月に発生し得る事態を質的・量的に予測・想定し，必要なリスク回避策を準備する。(後略)」と定義されています。直近0～3カ月の期間の予測，リスク回避策の準備とコンピテンシーの定義を明確化することにより，同社が働きぶりとして捉えたい予測力や準備力を正確に評定することになりうるでしょう。また，定義の明確化と関わることとして，評価基準の精緻化を図ることも測定の妥当性を高める一手法となりえます。コンピテンシーが典型的ですが，コンピテンシーは職種や職務ごとに細かく分類された評価項目でした。職務横断的な尺度を適用する能力評価に比べて，被評価者の真の実力を評定することにつながると考えられます。

(2)　複数の評価基準と要素の設定

複数の評価基準の設定とは，モノサシの種類を増やすことを意味します。能力だけよりも，情意や行動など多面的な要素から判定するほうが，被評価者の働きぶりの優劣について見落としが少なくなるでしょう。加えて，1つの項目に対して多面的な側面から測定することも重要です。表6-3の三井住友海上火災保険のバリュー評価項目をみると，「③コミュニケーション」「④人脈形成」「⑤組織貢献」の3つの要素からチームワークが構成されています。「③コミュニケーション」の1要素のみであると，“対話が上手である”ことのみを測ってしまうことになりかねず，チームワークが含む多様な意味内容を捉えられません。ネットワークづくりや相互援助による組織目標の達成という複数の要素を用意することで，同社が想定している真に測りたいチームワークに迫ることができます。

このように，複数の基準や要素をもとに妥当性を担保せざるをえない理由は，“働きぶり”が目に見えにくく，人によって捉え方がさまざまであることが挙げられます。物理的に計測できるもの，例えば体重や身長は定義が明瞭（「体の重さ」，「背の高さ」）で，それぞれ体重計と身長計で測定可能であることを否定する人は皆無だと思います。ところが，人間の態度や行動は，協調性や誠実さなど，自然科学が扱う概念とは違い，どちらかというと“ふわっと”した曖昧なものが多く，ピタッと1つの尺度で測定することが困難です。上でみてきた妥当性を高くする方法は，曖昧模糊とした対象であっても，真実に迫るための叡智であるといえるでしょう。

4-3　人事評価における測定の信頼性を確保する方法

(1)　多面評価

多面評価とは，直属の上司に加え，同僚，部下など評価される人と関係の深い複数の人間で実施する評価のことです。同じ部署の人だけでなく，業務上で接点のある他部署の上司・同僚・部下も評価者に含まれます。仕事で関連のある他部署の上司は，「斜めの関係」と呼ばれることから，図6-3では斜め方向に描いています。図から一目瞭然ですが，本人（被評価者）を中心に評価者がぐるっと1周するイメージですので，多面評価を360度評価と呼ぶことがあります。直属の上司1人で評価すると，個人の主観に偏り，たまたまその上司だったから出てきた結果となる可能性があります。多面評価においては，各階層の評定結果に一貫性があるかをチェックすることが可能となり，評価結果の信頼性の確保に寄与するといえます。

(2)　項目数の増加

1つの評価要素に対して1項目で判断を求めることは，評価者にとって時間的なコストが少なく望ましいことは確かです。しかし，評価者も人間ですので，項目の意味内容を読み違えたり，特定の文言に引っ張られたりすることがあるでしょう。そのため，個々の評価要素を複数項目で捉えることが必要です。例えば，協調性について「仕事が遅れているメンバーのサポートを躊躇しない」「メンバーと意見が対立したとき，メンバーの意見を受け入れることが多い」「同僚と相談しながらプロジェクトを進めることが多い」の3項目に同じような評点が確認されれば，協調性が高い人と低い人の区別ができていることになり，評価における測定の信頼性の程度を判定することができます。

キーポイント6.4

正確な評価には，測定の妥当性と信頼性を確保する工夫が必要である！

図6－3　多面評価（360度評価）のイメージ図

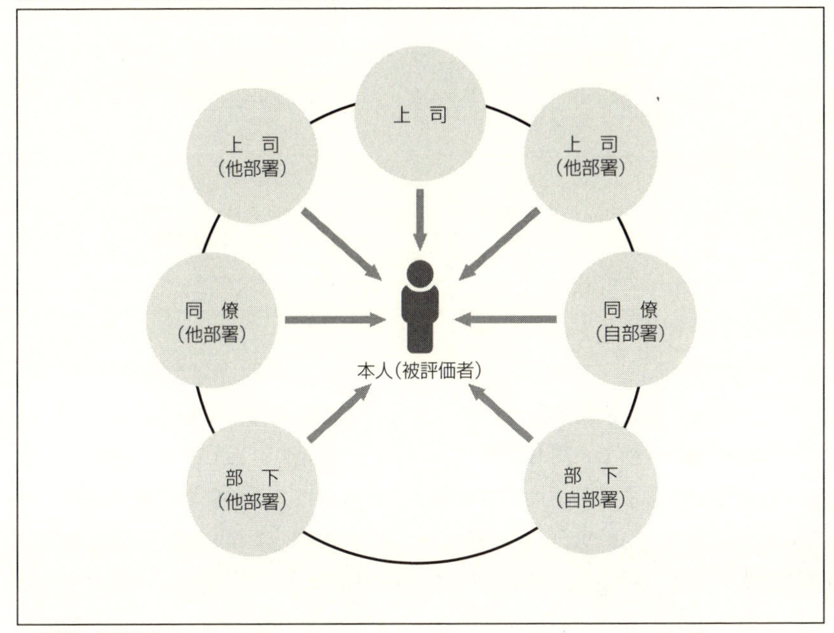

出所）筆者作成。

5　人事評価の今後の方向性

Job総研による2023年の調査によると，人事評価に不満を感じている（「とても感じている」「やや感じている」「どちらかといえば感じている」の合計）人の割合は75.2%に及んでいます。

人事評価に対する否定的な見方が多い理由にはさまざまありますが，「測りすぎ」の弊害が指摘されています（ミュラー 著，松本 訳［2019］）。ミュラーは，企業に限らず，学校，医療，警察などあらゆる組織において，説明責任（アカウンタビリティ）が求められ，測定への執着と数値化こそが客観的であるとの信念が蔓延（はびこ）っていることに警鐘を鳴らしています。過度な測定信奉が測定自体を目的にすり替え，より多くの時間と労力を測定に費やすことに陥らせ（図6－4），期待された組織の改善をもたらしていないといいます。

図6-4　人事評価の今後の方向性

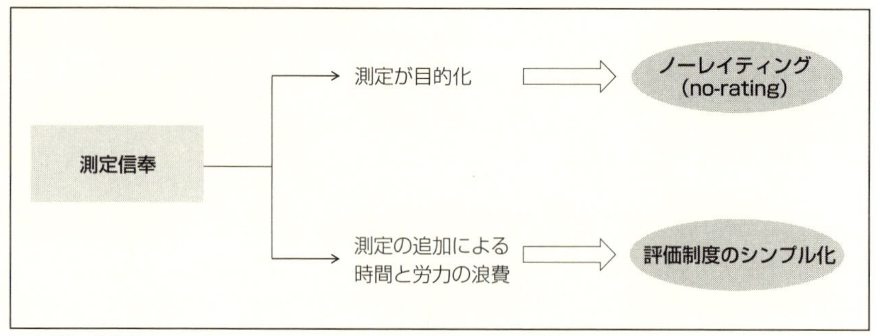

出所）筆者作成。

第4節でみた測定の妥当性と信頼性を確保する工夫は，測定の精度を上げることを意味しますので，同じように次の2つの問題に直面します。第1に，測定が目的化してしまった結果，本章第1節で述べた人事評価の目的の1つである人材育成の視点が欠如してしまったことです。先のJob総研の調査報告で，評価によりモチベーションが下がった理由の1つに，「上司が自分を見てくれていないと思ったから」(38.5%) が挙げられていることからも，人事評価の人材育成としての機能が弱くなっていることがうかがわれます。

第2に，測定への固執が人事評価の基準や項目の複雑多様化を招き，評価にまつわるマネジャーの負荷がより重くなってしまったことです。とりわけ，近年，部下の人事管理をしながら自らも1人のプレイヤーとして個人業績が求められるマネジャー，いわゆるプレイング・マネジャーが増加し，彼（彼女）らは仕事でさまざまなジレンマを抱え，板挟みの状態で疲弊しているのが実情です（井川・厨子［2015］)。

これらの問題の解消に向け，今後の人事評価の方向性として，「ノーレイティング」(no-rating) と「評価制度のシンプル化」(図6-4) が注目されています。

1点目の**ノーレイティング**とは，序列化（S，A，B，C，Dなどのランク付け）をやめることを指します。この背景には，「人事評価の精緻化神話」が根底にあるといえます。つまり，公平な人事評価にするには，評価の基準や項目を細かくつくり込んでいくことが好ましいという幻想があります。ところが，従来の人事評価のあり方は，システムを維持するのに過大な時間とコストがかかるにもかかわらず，相対評価に基づく点数化が従業員のモチベーションを下げるという問題を顕在化させました（鈴木［2017］）。

ノーレイティングは，人事評価を全面的に廃止することを意味しません。その真意は，序列化や精緻化の部分をマイルドにし，経営環境の変化に応じてリアルタイムにパフォーマンスをフィードバックすることで，上司・部下間のコミュニケーションを活発にして，部下の成長支援を促進していくことにあります（☞150ページ「コーヒーブレイク」）。評価者と被評価者の関係のよさ（上司に対する満足感，上司からのサポート，上司に対する信頼）が評価の公平感や評価結果に対する満足感にポジティブに影響し，その効果は評価結果自体のよさや評価プロセスにおける従業員の参加の程度よりも大きいことを示す研究（Pichler［2012］）もあります。

こうしたことから，精緻なモノサシづくりに注力しすぎる“performance appraisal”ではなく，上司と部下の対話を基軸とした“performance management”（**パフォーマンス・マネジメント**）が注目されるようになったのです（Dickmann and Baruch［2011］）。パフォーマンス・マネジメントとは，組織のミッション，バリュー，企業戦略，人事戦略と部門・チーム・個人の目標を連動させ，その進捗管理と達成プロセスにおける育成支援を提供し，継続的に組織全体のパフォーマンスを向上させる体系的なプロセスのことです。評価における人材育成の側面を重視するという意味合いが強くなることから，「パフォーマンス・ディベロップメント」（performance development）という表現が実務界で使われることもあります。

2点目の評価制度のシンプル化とは，評価基準や項目数の集約を図ることを意味します。三井E&Sの一般職（非管理職）のケース（労務行政研究所［2024b］）では，「年度考課」「昇格候補者選考」「半期考課」「目標管理」の4種類の評価を実施していたようですが，運用が煩雑になったことから，評価者・被評価者にとってわかりやすい仕組みへの改変を目的に，事技系は「能力評価」と「業績評価」に，技能系は「能力評価」と「成果貢献度評価」に評価基準の縮小化が行われています。また，評価項目の数も，例えば事技系の能力評価を取り上げると，「知識」「問題発見・真因追及力」「課題形成・企画構想力」「協働力」「業務遂行力」の5項目のみで構成されています。シンプルな評価制度へ見直すことは，特に評価者である管理職の評価に関連する時間や労力の軽減につながるといえます。

コーヒーブレイク　サッポロビールのノーレイティング

サッポロビールは，2020 年 1 月に，年間考課ランク付けを廃止（ノーレイティング）し，“支援型”マネジメントを念頭に置いた人事評価に移行しています。この背景には，考課ランクがあると序列づけすることが目的となり，人事評価の結果をもとにどう育成支援を行うかという視点が弱くなっていたことがあります。また，考課ランクが中位に収斂しメリハリがつかず被評価者の納得感が得られないばかりか，考課ランク決定のための評定会議に膨大な時間と労力が費やされていたことも課題として認識されていました。

ノーレイティングのねらいは，①処遇決定と育成を明確に分ける，②育成・評価のフィードバックをリアルタイムで行う，③事業場全体で育成する仕組みをつくる，の 3 点にありました。新制度の根幹となるのが，「1 on 1 ミーティング」「相互フィードバック」「人財育成会議」です。1 on 1 ミーティングは，1 カ月に 1 回 30 分を目安に，本人の現状の力の発揮具合や成長の方向について効果的なタイミングで支援がなされるものです。相互フィードバックは多面評価のことで，本人の気づきを得るための育成機会と位置づけられ，ここでの結果は後ほど述べる評価には反映されません。人財育成会議は，強み・弱み，キャリア志向，今後成長させたいスキルなどメンバー 1 人ひとりの育成課題と方針について，原則として年 2 回，各部門のマネジメント層が話し合う場となっています。ランクを付ける会議をやめて，メンバーをどのように育成していくかの議論に注力するところが特徴的です。

ノーレイティングが導入され，考課ランクは用いられなくなっていますが，人事評価は実施されています。新評価制度は，「スキルレビュー」（スキルの発揮度合い），「パフォーマンスレビュー」（個人業績をベースとした組織目標への貢献度），「ストレッチゴール」（個々人が主体的に設定する目標の挑戦度）の 3 つからなります。この中で，パフォーマンスレビューの結果が反映される賞与の決定がノーレイティングならではの仕組みといえます。賞与の総原資が事業場に渡され，それをどう配分していくかは事業場に委ねられています。考課ランクのないパフォーマンスレビューの情報に基づいて，事業場で成果を出した人を選定する必要がありますが，「自分の頑張りがダイレクトに処遇につながる可能性があるので，制度が変わって働きやすくなった」（労務行政研究所［2022b］，42 ページ）との社員のポジティブな意見があるように，1 on 1 ミーティングを通じた所属長とメンバーとの密なコミュニケーションやリアルタイムのフィードバックにより，現場の納得感ある処遇決定が可能になっていると考えられます。

（労務行政研究所［2022b］をもとに筆者作成）

以上の方向性は，人事評価の測定およびその妥当性・信頼性の追求と矛盾しているかもしれません。しかし，人間を対象とする測定を行う限り，どんなに精緻な尺度に洗練させたとしても，誤差が必ず付随することを古典的テスト理論のモデルが教えてくれています。そうであれば，人事評価における測定の妥当性・信頼性を若干犠牲にする部分があったとしても，従業員の成長と上司の評価コストの低減にも目を向けることが，結果的には評価者と被評価者双方にとって納得いく人事評価を実現可能にすると考えられます。

キーポイント6.5

評価者と被評価者の両者が納得いく評価制度にするためには，測定の妥当性・信頼性の確保に加え，ノーレイティングと評価制度のシンプル化も同時に考慮に入れる必要がある！

注

1)　資生堂では，コンピテンシーは昇格要件の1つとして活用され，毎年の昇給・賞与の決定などの評価には用いられていません。ここでは，コンピテンシーの項目の典型例として紹介しています。

本章の演習問題と読書案内はこちらから→

第7章
組織は人をどのように処遇するのか
昇進・昇格

❖この章のねらい

課長や部長という役職に魅力を感じる人も多いことと思います。なぜ，そこに魅力を感じるのでしょうか。1つの理由は，課長や部長という役職に就くと，より大きな仕事をすることができるところにあるでしょう。しかし，当然のことながら，新入社員がいきなり課長や部長の役職に就くことはありません。仕事の経験を積み，能力を高めながら，そのポジションに昇進していきます。本章ではどのようなメカニズムで昇進・昇格の管理が行われているのか，そしてそれらはどのように変化してきているのかをみていくことにしましょう。

❖この章で学ぶキーワード

◎職能資格制度　◎資格　◎昇格　◎昇進　◎重層型昇進構造
◎職務等級制度　◎役割等級制度　◎ファストトラック

1　昇進・昇格の管理とは

1-1　従業員を格づける

第1章で人事部門の役割の3つめに「(3)仕事に就かせる」（☞9ページ）が挙げられていたことを思い出してください。仕事に就かせるとは，Aさんにはαという仕事を，Bさんにはβという仕事を割り当てるということです。そのためには，α，βという仕事がどのような内容なのかという職務の要件を明らかにしておかなければなりません。同様に，従業員についても，Aさん，Bさんはそれぞれどのくらいの能力や経験があるのかを明らかにしておく必要があります。第4章「採用・異動」でもみたように，それによって職務と人のマッチングが可能になります（☞74ページ）。

しかし，社内にあるたくさんの職務と多くの従業員1人ひとりとのマッチングをその都度その都度行っていては時間や労力がかかりすぎてしまいます。そこで，仕事も従業員もある程度の要件ごとにあらかじめグループ化しておくと，あるレベルの仕事にはこのレベルの従業員たちの中から最適の人を割り当てることが容易になります。従業員に関するグループ化は，従業員として求められる広い意味での能力ごとにまとめて，従業員を序列づけしておくことが必要となります。この序列づけの仕組みは**等級制度**あるいは**社員格づけ制度**と呼ばれています。

等級制度は，従業員の属性を基準にした**資格制度**と社内にある職務の価値を基準にした**職務等級（ジョブ・グレード）制度**とに大別されますが（八代［2009］），ここには，資格制度が従業員の属性という労働供給側の要件に着目しているのに対して，職務等級制度はどういう仕事をするかに関わる職務という労働需要側の要件に着目している違いが認められます。資格制度とは，「職制とは別に，企業内における従業員の序列や処遇を明確にするために設けられている制度」（高年齢者雇用開発協会［1984］，参考資料3ページ）と定義されます。何に基づいて序列の階層を形成して従業員を格づけるかは組織によって異なります。かつての資格制度は，ホワイトカラーとブルーカラーという区分に基づいたり，学歴や年齢といった年功に基づいたりしましたが，現在では，職務遂行能力に基づいて格づけを行う**職能資格制度**が広く導入されています。もう一方の職務等級制度も新しく導入され始めていますが，これについては，第5節でみることにします。

ここで，**資格**という用語のもつ意味について確認しておきましょう。一般に資格は職業資格と企業内資格に大別されます（今野・下田［1995］）。職業資格は，医師や弁護士のような国家資格，日商簿記や英検といった公的資格，TOEICなどの民間資格であり，おそらく多くの人は資格と聞くとこれらを思い出すのではないでしょうか。けれども，昇進・昇格の管理で用いられる専門用語としての資格は企業内資格であり，私たちに馴染みのある職業資格とは異なるものです。この点をまず理解しておくことが必要です。

1-2　昇進と昇格

職能資格制度については後ほど詳しくみることにしますが，まず，昇進と昇格の違いを確認しておきましょう。**昇格**とは上位の資格に異動することを，一方，**昇進**とは上位の職位（役職）に異動することを意味します。

賃金などの処遇は基本的にどの資格に格づけられるかで決まるので，すべての従業員は何らかの資格に格づけられており，上位資格者ほど高い給与となっています。しかし，課長や部長という役職は数に限りがあるので，就ける人は限られてきます。仮に，社員―係長―課長―部長という序列で従業員の格づけを行うと，従業員の能力が高まってくると課長や部長がたくさん出てくることになってしまいます。しかし，そのために，するべき仕事もないのに課や部を増やすことになれば本末転倒です。資格と役職を分けることで，ある資格に格づけられる従業員に対する処遇は資格に基づいて行い，そのうえで職制としての役職を担う能力のある従業員には役職を担当させる方法がとられています。

昇進・昇格管理とは，どういう基準で従業員を格づけして上への異動（昇格）を行っていくのか，一定の資格に格づけられた従業員の中から役職に就く従業員をどのように決めていく（昇進）のかに関わるマネジメントのあり方です。

キーポイント 7.1

従業員を序列づける仕組みは等級制度と呼ばれ，それは資格制度と職務等級制度に大別される。資格を上に異動することが昇格，職位を上に異動することが昇進である！

2　なぜ，昇進・昇格が行われるのか

格づけられた従業員をさまざまな仕事に割り当てていく配置の仕組みは，第4章でみてきた通りですが，ここでは昇進・昇格がなぜ行われるのかについて，組織の側と従業員の側とのそれぞれからみてみましょう。

2-1　組織側の理由

なぜ，組織は昇進・昇格を行って従業員をより上位の資格や役職に異動させるのでしょうか。その理由をみていくことにしましょう。

まず，労働力の質的・量的な調整のために昇進・昇格は行われます。たとえば，課長の役職に空きができたときに，そこには課長を担う能力を備えた人（質的）が1名（量的）必要となります。誰でもよいから1人をそのポジションに就けるというわけにはいきません。そして，質的にも量的にも最適な状態をつくりだすことは組織の効率を高めることになります。

次に人材育成という目的が挙げられます。従業員はいろいろな仕事を経験することで成長していきます。日常でも「場が人をつくる」などといわれることもありますが，責任や権限がより大きな仕事を経験させるためには，それができる資格や役職に従業員を就けることが必要になります。

そして，モチベーション向上という側面もあります。上でみたように，より大きな仕事ができるポジションに従業員を就かせることは人材育成の機能のみならず，モチベーション向上の機能も果たします。従業員の多くは，より上位の資格や役職に就いて大きな仕事に取り組み，より高い給与を得ることにやる気を感じているからです。

2-2　従業員が求めるもの

従業員も，昇進・昇格に求めるものがあります。1つ目として，報酬の獲得です。報酬には外的報酬と内的報酬があることは第8章で詳しくみていきます（☞178ページ）が，昇進そのものは外的報酬ですし，昇進・昇格に伴いより高い給与を得られることも外的報酬です。従業員はこうした外的報酬を得たいがために昇進・昇格を求めます。同時に，より大きな仕事をすることから得られる達成感や満足感，やりがいといった内的報酬も，多くの従業員は欲しています。

2つ目は，キャリアの形成です。従業員は，何年か先に自分がどのような職業人生を送りたいかという自身のキャリアを描いています。特に，キャリア自律（☞第5章114ページ）がいわれる近年はキャリア形成に対する意識が高まってきています。それは，同じ組織の中のある部署でこういう仕事をしていたいというものもあれば，別の組織で違う仕事をしていたい，あるいは独立して事業を起こしていたいといったものもあるでしょう。いずれにせよ，自分のキャリアを形成していくために，この仕事をやってみたいというものを多くの従業員は心に抱いているはずです。やってみたい仕事をするためには上位の資格や役職に就くことが必要な場合，従業員はキャリアの形成のために昇進・昇格を求めることになります。

第4章でみた社内公募制度（☞96ページ）は，こうした従業員の希望に応える機能を有しています。

2-3　両者のバランス

このように組織には昇進・昇格を行う理由があり，従業員には昇進・昇格を求める理由があります。もちろん，組織である以上，当然，組織の側の理由が優先されるわけですが，それだけを貫徹すればよいというわけにはいきません。組織の理由だけを貫徹するということは，従業員の考えや求めるものを考慮せずに組織の都合や考え方だけで物事を進めていくということです。果たして，それで従業員は十分なパフォーマンスを発揮するでしょうか。第1章で「人は思考し，学習し，成長する」ことを学んだことを思い出してみてください（☞15ページ）。従業員のもつこの特徴を最大限に利用するためには，従業員が求める働き方を実現できる方法も取り入れながらマネジメントを行うことが必要となります。

それゆえ，昇進・昇格の管理においても，組織がそれを行う理由だけでなく，従業員がそれを求める理由を考慮することが必要となります。これは，キャリア形成のイニシアチブを組織が従業員にどこまで認めるかという問題でもあり，他律が原則の組織において，従業員にどこまで自律を認めるかという問題と捉えることもできます。

特に近年，従業員のキャリアに対する意識が高まるとともに，キャリア形成に関するさまざまな施策が導入されるようになってきています。後ほどみるように，これまでのような終身雇用を前提とした組織主導のキャリア形成が難しくなってきている中，今まで以上に従業員の求めるところへの配慮が必要となってきています。それゆえ，組織が昇進・昇格を行う理由と，昇進・昇格に関して従業員が求めるところとのバランスを考慮することが重要視されてきています。

2-4　スピード，格差，基準

昇進・昇格管理では，3つの点に着目することが必要とされています。それらは，昇進スピード，昇進格差，昇進基準の3つです（慶應義塾大学ビジネススクール 編，高木 監修［2004］）。

昇進スピードは，従業員をいつ頃，どのポジションに就かせるかという問題です。より早くより上位のポジションに就くことができれば従業員のモチベーションは高まりますが，それを支える能力開発や育成の体制が整っていなければ，過大な負担を従業員に負わせる結果に終わってしまいます。また，そもそも就かせるべき上位のポジションを確保しなければなりません。既存のポジションならば現任者をどうするのか，新設のポジションならばどういうポジションをなぜ新たに設けるのかなど配置の問題も関係してきます。

昇進格差は，主として同期入社の従業員間でどれくらいの格差をつけるかというものです。後ほどみるように，これまでは多くの日本企業では入社後長期間にわたって大きな格差をつけないマネジメントが執り行われてきました。その結果，組織によって違いはあるものの，管理職に就くのは早い人でも30代後半くらいというのが一般的なパターンでした。近年，同期入社の従業員間の昇進格差が早い時期からつくようになってきていますが，あまりに大きな格差は昇進できなかった従業員のモチベーションの低下をもたらす危険があります。しかし，同時に，格差が小さすぎても優秀な従業員のやる気をそぐ危険があります。したがって，どの程度の昇進格差を設けるかは従業員のモチベーション維持のために重要なこととなります。

昇進基準は，何に基づいて昇進・昇格を決定するかです。一般には，人事考課に基づく能力評価や業績評価，在職年数，人柄，上司の推薦など複数の基準が取り入れられています。また，どの役職や資格に昇進・昇格するかによって基準は異なってきます。これは昇進・昇格の仕組みをいかに設計するかという問題です。そのためには，社内の職務にはどのようなものがあり，それぞれどのような能力や経験が必要なのかがきちんと整理されていなければなりません。

キーポイント 7.2

昇進・昇格の管理では，異動に関する組織の理由と従業員の理由のバランスを考慮することが必要となる！

3　従来の昇進・昇格管理のあり方

これまでは主として昇進・昇格管理の理論的な部分をみてきましたが，本節では，従来の昇進パターンがどんなものであったかという，より具体的な側面をみていくことにしましょう。

3-1　キャリア・ツリーにみる昇進パターン

同時に入社した従業員がいつ，何人，どの役職に就いていったかという昇進パターンを目にみえる形で示したものが**キャリア・ツリー**です（図7-1）。図7-1を目で追いながら，これまでの昇進パターンを確認していくことにしましょう。

このキャリア・ツリーでは，同期入社した67人の昇進パターンが示されています。同期入社の67人は入社後3年目に全員，主任に昇進しています。下の四角に示された昇進比率が100％となっているのは67人全員が昇進しているからです。時間が0となっているのは，67人全員が同時に昇進しているので，そこには時間差がないためです。さらに2年後（入社5年後）には，66人が係長職に，1年遅れて残りの1人も係長職に昇進しています。同期全員が係長職に就いているので昇進比率は100％ですが，1人だけ昇進が1年遅れたので時間は1となっています。このように同期入社のメンバーがどのように昇進していったのかをたどっていくと，結局，同期の8割を超える人たちが入社後約20年かけて課長職Ⅰにまで昇進していること，けれども次長職にまで昇進した人は同期のわずか1割にも満たないことがわかります。

次に，昇進速度差と職位間の差については以下の点が確認できます。主任から係長職への昇進過程において，同期入社の1人だけが1年遅れていました。しかし，係長職から課長代理職への昇進は，遅れてきた1人が昇進して全員が係長職に就いた後にさらに2年を費やしてから行われています。これは，課長代理職から課長職Ⅰへの昇進でも同じです。つまり，同期入社の人たちの間で1つ上の職位への昇進速度に差はつけるものの，2つ以上の職位間の差をつけることはしていないのです。そのため，1つ上の職位への昇進速度に差があっても，一度その職位で全員が揃うのを待ってから，その上の職位への昇進競争

■図7-1　キャリア・ツリー

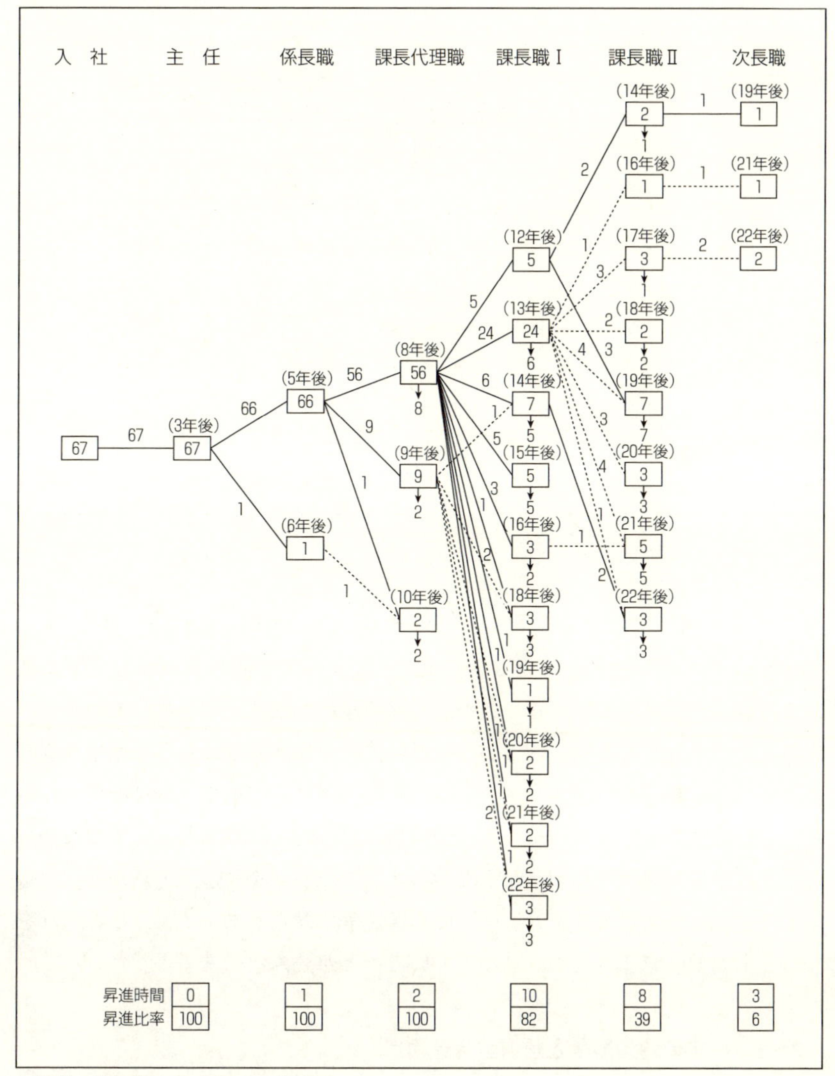

出所）竹内［2016］，159ページより。

を再び始めているのです。竹内［2016］は，これを仕切り直しと呼んでいますが，このことは，後ほど詳しくみる通り，従業員のモチベーションの維持につながっています。

最後に，昇進の遅れを取り戻すことも実際になされていることがわかります。

図7-2　将棋の駒型競争

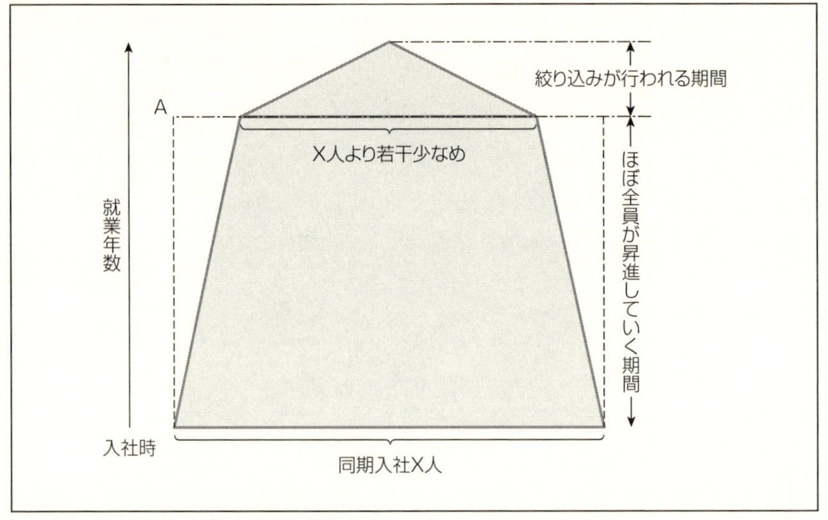

出所）小池［1981］をもとに筆者作成。

図7-1で，各職位における2番目以降の四角囲み（同期で最初にその職位に就かなかった人たち）から延びている点線が，それより上の四角囲みから右下に延びている実線と交わっていることが，昇進の遅れの取り戻しを示しています。仕切り直しを行うことは，ここから上の職位への昇進競争はもう一度やり直しということを意味しています。つまり，昇進の遅れを回復できる可能性を保障しているわけです。もちろん，それが頻繁に起こるほど簡単なことではなかったことは点線と実線の交わりが少ないことからわかりますが，それが存在することは，たとえ同期入社メンバー間の昇進競争で遅れがあっても，その遅れを取り戻すことはできる仕組みになっていることが読み取れます。

3-2　将棋の駒型競争と重層型昇進構造

図7-1のキャリア・ツリーに示されるような昇進パターンのあり方は多くの研究によっても取り上げられています。たとえば，小池［1981］は，年功的労務管理が行われていた時期の昇進パターンを「**将棋の駒型競争**」と名づけました。図7-2はそれを図示したものです。

縦軸に入社以後の就業年数を，横軸に同期入社の従業員X人をおいています。従来の昇進パターンでは，かなりの年数を経るまで（図7-2のA）同期入

▩図７−３　重層型昇進構造

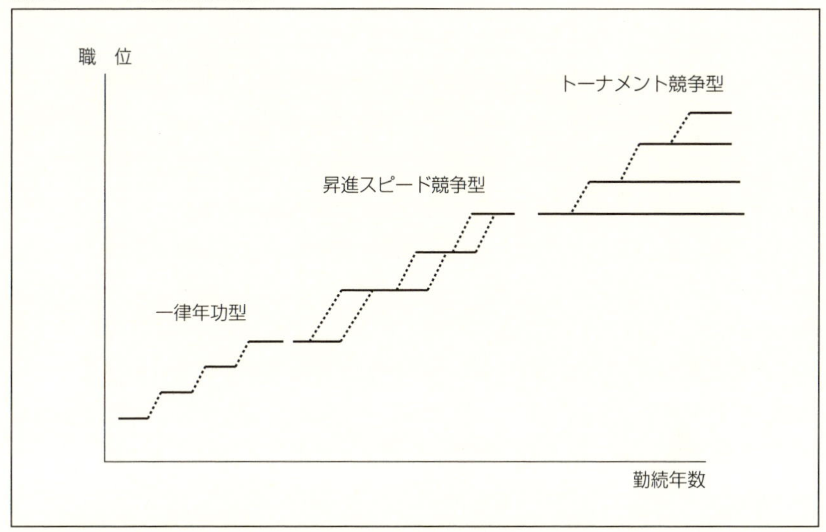

出所）今田・平田［1995］をもとに筆者作成。

社の従業員のほとんど全員を昇進させていました。したがって，入社後Ａの時点までは同期入社のほぼ全員が昇進し続けることとなり，Ａの時点ではＸ人より若干少なめの人数が昇進競争に残っていることになります。しかし，Ａの時点からは，昇進できる人材の絞り込みが厳しく行われます。その結果，昇進競争のあり方は将棋の駒のような型で表されることになります。

昇進のあり方が時期によってそれぞれ異なることは先に確認しましたが，今田・平田［1995］は，そこに着目してこの昇進のあり方を「**重層型昇進構造**」と名づけました（図７−３)。まず，入社後しばらくは同期入社の従業員は全員そろって昇格していきます。この時期の昇進パターンは「一律年功型」と呼ばれています。次に，１つ上の資格に上がる時期に差はつくものの，やはり同期入社のほぼ全員が同じポジションに到達します。この時期の昇進パターンは，１つ上の資格に上がる速さを競っているので「昇進スピード競争型」です。将棋の駒型競争にあてはめると，図７−２のＡの時点までは「一律年功型」と「昇進スピード競争型」になります。そして，それ以降の，わずかな人だけがより上位に昇進していく時期のパターンを「トーナメント競争型」と名づけています。

このように，昇進のあり方をいろいろ変えながら，同期入社の従業員のかなりの人数を一定のポジションまで昇進させていく昇進のあり方は，これまで広く行われてきました。これをここでは従来型の昇進パターンと呼ぶことにしましょう。では，どうして従来型の昇進パターンのような昇進・昇格管理が行われてきたのでしょうか。

3-3　従来型の長所と短所

従来型の昇進パターンには以下のような長所があるといわれています。まず，従業員のモチベーションが維持される点です。入社後10年以上にわたって同期入社のほぼ全員が大きな差もつかずに昇進していくことは，「自分にはまだ昇進の可能性がある」と全員に思わせ，それを源泉に仕事に取り組むようにさせることができます。日本，アメリカ，ドイツにおける「それ以上昇進の見込みのなくなる者が同一年次の中で5割に達する時期」を調べたところ，アメリカは入社後9.1年，ドイツは入社後11.5年であるのに対して，日本は入社後22.3年という調査結果もあります（日本労働研究機構［1998］）。

次に，従業員が学習し続ける点です。これは，従業員のモチベーションが維持されることによる必然的な結果でもあります。先にみたように，昇進の基準は多岐にわたるものの，昇進のためには能力や業績を高めることが重要な要件でした。そのためには従業員は仕事に熱心に取り組み，継続的に学習することになります。そのような従業員からなる組織は，**学習する組織**（learning organization）として競争優位性をもつことになります。

第3に，評価の確実性を高めることです。長期間にわたって昇進競争を継続する過程では，従業員が異動によっていろいろな部署を経験すると同時に複数の上司と接することになります。複数の上司が長期間をかけて従業員を評価していくことで，評価の恣意性を排除することができます。ここには，本当に適した人材を選抜していくという機能とともに，昇進管理がきちんとなされていないという従業員の不満を減少させる機能が認められます。

しかし，従来型の昇進パターンにも負の側面はあります。1つは，「煽りの構造」（竹内［2016］）と呼ばれるものです。従業員が，自分にはまだ昇進の可能性があると信じて努力し続けることは，確かに学習する組織につながる強みがあります。しかし，それは，昇進意欲が高くない従業員まで一律に，がんばれ，がんばれと組織が煽っているという捉え方もできます。

さらに，このことは組織主導のキャリア形成を意味しており，従業員のキャリア意識を弱めることにもなります。組織が主導する昇進競争に邁進してしまった結果，組織が準備したコースに乗って昇進競争に努めて，自分自身の生き方と働き方を確立できない従業員が生まれてしまうことがありました。こう考えると，何らかの理由があって昇進を求めない従業員は，組織からみるとあまり好ましくない従業員になるのかもしれませんが，自分なりのキャリアを確立している人ともいえるかもしれません。

ただし，このような短所は認められるものの，従来型の昇進パターンは終身雇用を前提とした年功型労務管理のもとで広く行われていました。したがって，組織に煽られ，組織主導のキャリア形成を行ってきたとしても，最後の砦ともいえる雇用の確保は暗黙にではあるものの約束されていました。従業員も，雇用の確保と引き換えに組織主導の昇進パターンを受け入れてきたということができます。

けれども，年功序列や終身雇用を暗黙の前提とした年功型労務管理は終焉を迎えたといわれています。そうした中，昇進・昇格管理はどのように変化してきているのかは後ほどみていくことにしましょう。

キーポイント7.3

年功型労務管理を前提とした従来の昇進パターンは将棋の駒型競争とか重層型昇進構造と呼ばれている！

4　職能資格制度と昇進・昇格管理の新たな動向

4-1　職能資格制度とは

本節では，代表的な格づけ制度である職能資格制度についてまずみていくことにしましょう。

職能資格制度の「職能」とは，「職務遂行能力」を表します。そして，職務遂行能力とは，「職務の遂行を通じ，能力が発揮されることを期待し要求するもの」（日経連職務分析センター 編［1989］，12ページ）であり，従業員の立場からすれば，仕事をするにあたって期待され求められている能力と捉えることができます。後述するように，職務遂行能力は従業員がもっている潜在能力であ

図 7-4　A 社の職能資格制度

視　点	資格等級	役職対応
管理ステージ	17	部長
	16	部長
	15	部長，マネージャー
	14	マネージャー
	13	マネージャー，チーフ
	12	チーフ
	11	チーフ，リーダー
	10	チーフ，リーダー
成果ステージ	9	リーダー
	8	リーダー
	7	リーダー
	6	
	5	
	4	
育成ステージ	3	
	2	
	1	

出所）A 社からの聞き取り，資料をもとに一部割愛修正して筆者作成。

り，仕事を通じてその能力が発揮されていることは要件とされておらず，また，個々の職務とは直接的な結びつきはありません。

職能資格制度の枠組みは図 7-4 に示されています。これは，A 社（エネルギー業）において実際に運用されている職能資格制度の基本的枠組みを示したものです。A 社では資格等級は 1 等級から 17 等級に分けられています。それらはさらに，何を求めるかという視点に基づき，育成を重視する「育成ステージ」（1 等級から 3 等級），成果を発揮することが求められる「成果ステージ」（4 等級から 9 等級），部門を管理し業績につながるようまとめていくことが求められる「管理ステージ」（10 等級から 17 等級）に区分されています。なお，資格等級や役職の名称，資格と役職の対応のあり方は各社それぞれであることは，確認しておきましょう。

表7-1　A社職能資格制度13等級の基本的役割

人材像	・組織全体の戦略の要の立場で全体最適を実現し，組織横断的な変革を推進する
仕事の取り組み方	・管理監督者もしくは組織全体の戦略の要の立場で組織全体の戦略の決定と具体的な推進を主導する ・現場・現物・現実をふまえた経営的視点に基づき，実効性の高い変革をリードする ・自ら立案した戦略を実現するため組織の枠を超えて業務を遂行し全体最適を実現する
周囲への関わり方	・互いに立場や意見が大きく異なる場合においても，自らの働きかけによって高い次元での意見統合を行う ・部下，後進のメンバーに対して，一人ひとりの将来像を意識し成長に向けた指導・育成を行う

出所）A社 社内資料より。

職能資格制度とは，その名が示す通り，職務遂行能力によって従業員を格づける制度です。格づけの基準に職務遂行能力を用いるということが，この制度の第1の特徴です。ただし，何をもって職務遂行能力とするかは組織によって異なりますが，たいていの場合，特定の職務に求められる特別なものではなく，組織内のあらゆる部門に共通するような，組織横断的な緩やかなくくりで定義されたものを用いています。例えば，A社の13等級の「基本的役割」は表7-1のように定められています。

第2の特徴は，職務遂行能力は絶対能力として捉えられることです。絶対能力とは，ある人の能力が定められた基準を超えるかどうかで判断されるものであり，他の人たちの能力との関係から判断しようとする相対能力とは異なります。この結果，例えば資格Aに求められる職務遂行能力の基準を超えている人がいれば，すでに資格Aに格づけられている人が何人いようとも新たにその人も資格Aに格づけられることになります。また，職能資格制度のもとでは，獲得した能力は後退することはないと考えられ，降格は基本的に行われません。こうした考え方の背後には，人間は成長するものであるという捉え方があり，人材育成や能力開発を重視する姿勢がうかがえます。また，仕事を通じて発揮される顕在能力ではなく，その人がもっている潜在能力に着目している点も重要です。そこには，組織の都合でたまたま自分のもつ能力を十分に発揮することができない職務に就いている人も，きちんと評価して認めるという組織の考え方が示されています。

第3の特徴は，役職と資格を分離していることです。この点については第1節1-2でも触れましたが，役職と資格を分離することで，従業員を処遇するために役職を設けるようなことを避けることができます。図7-4をみると，リーダーという役職には7等級から11等級という資格が対応していることがわかります。このことが意味しているのは，7等級から11等級の資格に格づけられる職務遂行能力をもつ人ならば，リーダーという役職に就けるだけの能力をもっているということです。そして，7等級から11等級の人たちの中から，ある部署のリーダーになるのにふさわしい人がその役職に就くことになります。リーダーに就けなかった人は残念に感じるかもしれませんが，処遇は資格で決まるので，リーダーに就いていてもいなくても同じ資格等級に格づけられていれば基本給は同じになります。一方，役職に就いた人は，資格に基づく処遇に加えて役職手当が加算されるのが一般的です。

役職と資格の分離は，格づけと役職が異なる論理で決まっていくことを考えると，当然のことともいえます。格づけは，職務遂行能力という従業員個人の属性に着目して決められます。全従業員が能力開発に取り組み，職務遂行能力を高めていけば，みんながより上位の資格に格づけられていくことになります。一方，役職は，するべき仕事に対してどのような組織を設計していくかに基づいて決められていきます。つまり，従業員が職務遂行能力を高めていくことと，するべき仕事が増えるかどうか（それに応じて役職を増やすかどうか）は，直接には関係しない異なることがらなのです。そうである以上，役職と資格を分離しておくことは合理的であるといえます。

4-2　職能資格制度の普及

では，職能資格制度が日本の多くの組織で取り入れられてきたのはいつ頃からだったのでしょうか。

賃金の支払い方と資格制度とは強く結びついています。第8章第5節（☞201ページ）でもみるように，戦後，電産型賃金体系を基盤とする生活給・年功給が広がり，その修正をめざした職務給導入の試みと失敗を経て，職能資格制度とともに職能給が普及していきます。「『職能資格制度』が，日本的人事管理の基軸として，ほぼ大企業を中心に主流となっていったのは昭和四十年代」（鍵山［1989］，103ページ）だといわれています。昭和40年代は1965年から1974年ですから，その時期から1980年代にかけて職能資格制度は広く普及していきました。

まさに生活のための賃金が求められた戦後の復興期から経済成長期に向かう過程では，勤続とともに賃金が上昇していくことは従業員が求めるところであり，使用者もそれに応えることができました。職務給が普及しなかった理由として，日本では職務概念が厳格ではなかったこと（☞第3章67ページ）や，職務給制度では勤続年数に伴う賃金上昇を制度的に保障することが難しかったことがあげられます。

職務に比べると明確さに欠けるとも思われる職務遂行能力という概念とそれを核とする職能資格制度は，従業員の求めるところに応えることが可能な制度でした。さらに，後ほどみるように，従業員が能力開発に取り組むインセンティブも内包しており，使用者にとっても好ましいものでした。職能資格制度が普及し，現在もなお広く運用されているのは，こうした理由と後述するその強みによるものと考えられます。

後掲する表7－2（☞170ページ）にみられるように，2001年には等級制度の約7割を職能資格制度が占めています。その後，職務等級制度や役割等級制度が導入されたりしたことで減少傾向にありましたが，2022年でもまだ5割強の企業で一般社員には職能資格制度が導入されています。

4－3　職能資格制度の強みと弱み

職能資格制度が広く普及し，現在でも取り入れられているのは，やはり，そこに強みが多くあったからでしょう。ここでは，その強みと弱みをみてみましょう。

強みの1つ目は，異動が行いやすく組織の柔軟性を保てる点です。この制度の第1の特徴でみた通り，職務遂行能力は組織横断的にあらゆる職務に対応するような基準で決められています。したがって，例えば，資格Aに格づけられた営業部門に働く従業員を人事部門に異動しても処遇を変える必要はありません。異動のたびに処遇が上がったり下がったりすれば従業員の異動への抵抗は高まりますが，職能資格制度のもとではそういう心配はありません。この点は，第8章でみる職能給や職務給のところでもう一度確認してみてください（☞187ページ）。

第2の強みは，組織の一体感を高められるところです。組織内で異なるさまざまな職務に就いている従業員が共通の尺度で格づけされ処遇されていることは，従業員の間に，自分たちは同じ組織で働く仲間であるという共同体意識や一体感を高めるように機能します。これは職場での相互援助，後輩の育成など組織のメンバーが協力しあう姿勢につながっていきます。また，このことは人的資源管理のもつ組織統合機能が発揮されている一面と捉えることができます。

第3には，能力開発へのインセンティブとして機能する点が強みとして挙げられます。制度の第2の特徴でも触れた通り，職能資格制度のもとでは従業員は絶対能力で評価され，基本的に降格はなされません。ですから，能力開発に努めて職務遂行能力を高めれば高めるほど，より上位の資格に格づけられ，より高い処遇を得ることができるわけです。仕事から得られる報酬は金銭的なものばかりではありませんが，能力を高めればより高い給与が得られるこの仕組みは，従業員が能力開発に取り組むことを制度的に支えることになっています。

こうした強みをもつ職能資格制度ですが，弱みがあることも指摘されています。第1の弱みは，高資格者の増大です。第3の強みでみた通り，職務遂行能力を高めれば資格が上がることは能力開発へのインセンティブとして機能する強みではありますが，同時に弱みも併せもつことになります。高資格者が増えれば増えただけ，彼（彼女）らにそれにふさわしい仕事を提供できれば問題はありませんが，制度の第3の特徴でみた通り，役職と資格は分離されており，高資格者全員に役職を割り当てることはできません。従業員からすると昇格して高い資格でよい処遇を得られることは望ましいことですが，組織からすると昇格者が増えることは労務費が高コスト化することを意味します。つまり，高い給与を得ている人はそれに見合うだけの仕事をして収益に貢献してもらいたいのに，高い給与にふさわしい仕事を与えきれない状態になってしまうのです。

逆に，第2の弱みとして，滞留者の増加という問題もあります。これは第1の弱みに対応しようとして，昇格させても就かせる役職がないために，本当は昇格するだけの職務遂行能力をもっている人を昇格させないことから起こってきます。結果として，ある資格に滞留する人が増えてしまい，これらの人たちのモチベーションの低下を引き起こすことになります。このことは資格の頭打ちとも呼ばれます。

第3の弱みとして，資格基準の曖昧さと結果としての年功的運用が挙げられます。なるほど，組織横断的な資格基準の設定は組織の柔軟性という強みにつながることは先にみた通りですが，緩やかな基準では職務遂行能力を厳しく見極めることは難しいという面も併せもちます。結果として，職務遂行能力の有無に基づく厳しい判断によって昇格が行われるのではなく，年功的な運用で昇格が行われてしまっていることが指摘されています。これは，職務遂行能力に基づいて昇格を行うという職能資格制度のルールを定めておきながら，それを徹底できていないという問題です。そして，年功的な運用を行ってしまうと，高資格者の増大のみならず，ふさわしくない人の昇格が従業員の不満を生み出すという新たな問題をも引き起こす危険があります。

このように正負両面を併せもつ職能資格制度ですが，その普及率は先ほどみた通り，他制度との併用も含めると現在でも５割を超えており，まだまだ等級制度の中心であるといえるでしょう。しかし，職能資格制度に代わる新しい動きも起こってきています。それらについて，次節でみていくことにしましょう。

キーポイント 7.4

職能資格制度は広く普及してはいるが，正負の両面を併せもっている！

5　新しい昇進・昇格管理

本節では新しい昇進・昇格管理を具体的にみていくことにします。まず，職務遂行能力とは異なる資格基準で運用されるという意味で，新しくみられるようになってきた職務等級制度と役割等級制度を取り上げます。さらに，従来のように全員を一律の基準に照らして昇進させるのではなく，ある一定の人たちについては，別ルールを適用するという点での新しさをもつ諸制度を取り上げます。それらは，将来担うべき仕事の違いに基づくファストトラック，差別是正のためのポジティブ・アクションです。

5-1　職務等級制度と役割等級制度

職務等級制度と役割等級制度の内容をみる前に，まず職能資格制度，職務等級制度，役割等級制度の実施状況をみておきましょう。先ほども少し触れましたが，表７-２にその実施状況が示されています。職務等級制度は2004年に調査対象企業全体の約５分の１で実施されていましたが，その後，増えることはなく，2022年は一般社員・管理職いずれにおいても15% 台です。役割等級制

表 7-2　人事等級制度実施状況の推移

（複数回答）

	2001年	2004年	2007年	2010年	2013年	2017年	2022年
職能資格制度（%）	68.5	50.4	46.3	46.6	54.7	54.3	52.6 (40.3)
職務等級制度（%）	9.1	21.2	19.7	19.0	12.6	5.2	15.3 (15.8)
役割等級制度（%）			15.3	25.8	27.6	29.3	26.5 (35.7)
企業数（社）	372	260	229	221	214	116	196

注）1　役割等級制度は2007年から調査。
　　2　非管理職層には職能資格制度，管理職層には職務等級制度あるいは役割等級制度を適用するケースは重複掲載されている。
　　3　2022年は一般社員と管理職に分けられているため，管理職の数値は括弧内に表示。
出所）労務行政研究所「人事労務諸制度実施状況調査」(2017年，2021年は別名称)（各年版）をもとに筆者作成。

度は，2007年以降，逓増傾向にあり，2022年には管理職において3分の1を超える企業で導入されています。一方，先述した通り，依然として職能資格制度の実施割合は高く，2022年でも一般社員では52.6%と過半数の企業で導入されています。こうした状況を念頭に置きながら，職務等級制度と役割等級制度の内容についてみていきましょう。

まず，**職務等級制度**です。職務等級制度は職務評価などによって定められた職務の価値に基づいた等級に，その職務を担当する人を格づけていく制度です。この制度を運用する際には，職務記述書（job description）（☞第8章188ページ）に職務内容などが明確に定められることになります。実際の職務評価にはさまざまな手法がありますが，基本的には職務内容を点数化して，各職務の相対的な価値を決めていく作業が行われます。

職務等級制度と職能資格制度との最大の違いは，前者は仕事を中心に格づけを行うのに対して，職能資格制度はこれまでみてきたように人を中心に格づけを行うところにあります。職務等級制度は主としてアメリカでの取り組みが日本に導入されたものですが，格づけの基準を人から仕事に転換することは，昇進管理における属人的要素の排除を意味しており，このことは属人的要素の最たるものである年功とは切り離した昇進・昇格管理を行うことの表明ともいえます。こう考えると，年功型労務管理の終焉がいわれ始めた頃に，職務等級制

表７－３　職能資格制度と職務等級制度の運用上の傾向

	職能資格制度	職務等級制度
人事異動	人事異動の柔軟性を確保できるのでジョブローテーションが活発になる	人事異動によって処遇が変わるため配置が固定化しやすい
インセンティブの対象	社員は能力開発に意欲	社員はキャリア開発に意欲
職務範囲	あいまいで協働促進	厳格で協働を抑制
昇格者の選抜	年功（経験）重視	実力重視
賃金水準の調整	生活主義で年齢に応じた水準調整も考慮	貢献度を反映・職務の市場価値も考慮した水準調整
等級数の増減	多数化（等級数の増加によるインセンティブ確保）	少数化（ブロードバンディング化）
格づけの決定権	人事部門で集中管理	ライン管理職の裁量が拡大

出所）平野［2006］，46ページより。

度の導入が進んできたことも理解できることと思われます。また，近年関心が高まってきているジョブ型雇用（濱口［2009］［2021］）とも，職務に着目している点において親和的な制度です[1)]。

また，格づけは処遇とつながっていますから，この制度を導入することは，処遇を仕事と強く結びつけようという考え方の表れでもあります。つまり，会社の業績に大きな貢献が期待される仕事を担う人ほど，高い給与で報いようという仕組みです。したがって，こうした格づけ制度は，一般職層にではなく，より責任の重い仕事を担う管理職層にのみ適用している会社も多くあります。

表７－３には職能資格制度と職務等級制度の違いがまとめられていますが，人事異動の容易さや従業員間の協働という職能資格制度の長所を，職務等級制度はもち合わせていないことが確認できます。もちろん，年功的運用に陥ったり，賃金と会社業績への貢献との結びつきが弱かったりという職能資格制度の弱点は，職務等級制度では問題にはなっていないことも表７－３の通りです。したがって，職能資格制度と職務等級制度のどちらが優れているか，といったことは簡単には決められないことには留意する必要があります。

次に，**役割等級制度**です。まず，従業員に求められるさまざまな仕事の大きさや難易度などで役割が決められ，それを序列の基準として等級が定められます。そして，それぞれの役割を担う人をその役割等級に格づける制度が，役割等級制度です。何をもって役割とするかは統一された基準があるわけではなく各社がそれぞれ定めていますが，職務よりは広いくくりで捉えられています。

図7−5　旧パナソニックの仕事・役割等級制度の全体図*

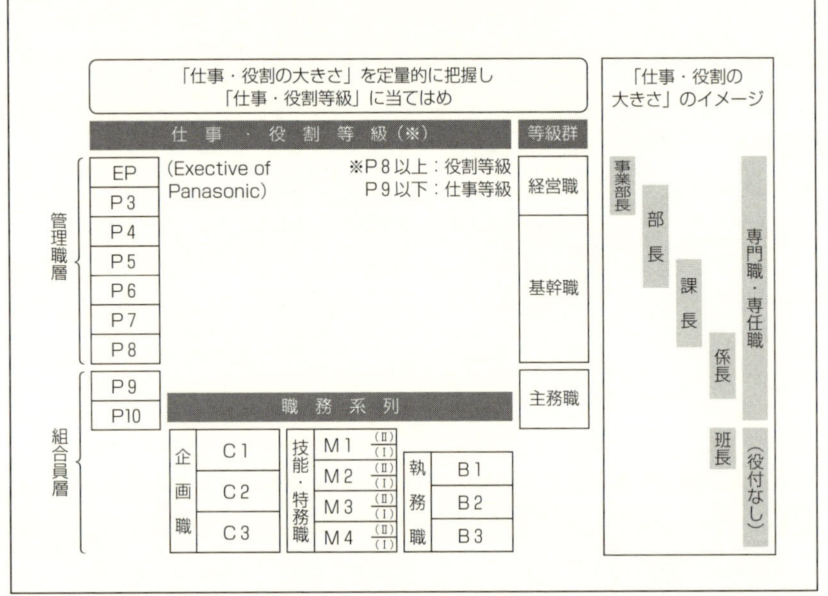

注）＊　事業会社化へ移行した2021年10月以降は，各事業会社で独自の等級制度を構築することも可としている。

出所）労務行政研究所［2016b］，90ページ，図表6をもとに，聞き取りによる制度改定部分を筆者修正。

例えば，帝国ホテルでは，「能力の開発・発揮」「業務の遂行」「仕事の成果」を包括して“役割”としています（古谷［2014］）。

役割等級制度も職務等級制度と同様，役割の大きさを把握して等級に当てはめるために役割評価の作業が必要です。また，格づけられた等級で処遇が決まるので，仕事が変わり下位の等級に格づけられれば処遇（給与）も下がる仕組みです。役割等級制度は理論的に設計されて生まれてきた制度ではなく，職能資格制度と職務等級制度のメリットを取り込み，同時にデメリットを抑えようとして生まれてきた等級制度といわれています（平野［2006］）。

図7−5は，旧パナソニックの「仕事・役割等級制度」の全体像を示したものです。P9以下の組合員層には仕事等級制度が，P8以上の管理職層には役割等級制度が適用されています。

職務等級制度も役割等級制度も，職務や役割という仕事を等級に格づけるという点で，人の能力を等級に格づけてきた職能資格制度と大きく異なります。

特に，能力を高めれば，上へ上へと上がっていけるという，これまで職能資格制度のもとで慣れ親しんできた昇格という考え方はここでは馴染みません。事業戦略と連動する組織変更により異動の必要が生じれば，自分の能力の変化とは関係なく，異なる等級に登用されることになるからです。それゆえ，こうした新しい等級制度の運用のためには，人事部門や管理職はもとより，組織成員1人ひとりが制度の趣旨を理解して，意識を変えることが大切になってきます。

5-2　ファストトラック

ファストトラック（fast track）とは，将来，経営幹部になることを期待されている人材を早期選抜する仕組みのことをいいます。ファストトラックは，特定の人たちを対象に他の人たちとは異なった昇進経路を提供するものです。これまでは日本ではあまりみられず，主に欧米で取り入れられてきました。1990年代の古い調査ですが，わが社には「ファストトラックはない」とする割合は，日本では89.9％だったのに対して，アメリカでは49.5％，ドイツでは51.9％となっており，アメリカとドイツではほぼ半数がファストトラックはあるとしていました（日本労働研究機構［1998］）。最近の調査でも，ファストトラックを「制度として導入・実施している」日本の会社は12.9％，「試験的に導入・実施している」会社は9.3％となっており，広く導入されているとはまだまだいえない状況です（労務行政研究所［2021］）。

そんな中，導入している会社の1つとして，日本たばこ産業株式会社があります。同社では，ファストトラックとは銘打っていませんが，若いトップマネジメントの継続的な輩出を目的とするJT-Next Leaders Program（NLP）を2013年度から運用しています。入社前の内定者から40歳までの応募要件を満たした社員を対象に選考を行い，認定者には，全社的規模で優先的に成長支援を行っています（日本たばこ産業株式会社［2024］，119ページ）。

ファストトラックを導入する背景には，これまでのような長期的な昇進競争を経た選抜のあり方では，今の経営を担う人材を育成できないという危機感があります。その危機感の背景の1つには，経営陣の若返りの必要性があります。従来の昇進パターンでいくと，経営陣の一角に到達する頃には早くても40代後半の年齢になってしまい，多くは50代になってはじめてそこに到達するような状況です。社長の就任年齢ではありませんが，2023年の社長の平均年齢は60.5歳で，上場企業に限っても58.6歳となっています（帝国データバンク

コーヒーブレイク　**ファストトラック：「今だからこそ」，それとも「今取り組んでも」**

本章においてファストトラックについても触れましたが，ファストトラックは，これまでの人事で重視されてきた平等性よりも，選別性を重視した人材育成施策です。そして，ファストトラックに挑み，選ばれるのは，昇進意欲にあふれた人材であることは間違いないでしょう。

さて，今の若者は働くこと，特に昇進意欲についてどのように考えているのでしょうか。『平成31年度「働くことの意識調査」調査報告書』（本調査は，平成31年度をもって終了）から，新入社員の意識をみてみましょう。

「働く目的について，自分の考えに一番近いもの」を尋ねたところ，2000（平成12）年には，「楽しい生活をしたい」が26.1％，「自分の能力をためす生き方をしたい」も26.6％とほぼ同じでした。しかし，2019（平成31）年には，「楽しい生活をしたい」が39.6％まで増えたのに対して，「自分の能力をためす生き方をしたい」は10.0％まで下がってしまいました。

また，「あなたは，人並み以上に働きたいと思いますか」に対して，2000年には，「人並み以上に働きたい」が43.5％，「人並みで十分」が43.1％とほとんど違いはありませんでした。ところが，2019年には「人並み以上に働きたい」が29.0％と低下したのに対して，「人並みで十分」が63.5％に増えています（日本生産性本部［2019］）。

新入社員を対象とした別の調査では，最終的に目標とする役職・地位について尋ねています。2000年度は，「社長」が16.4％，「役員」が12.3％となっており，28.7％の人が「役員以上」を目標としていました。2024年度は，「社長」が6.7％，「役員」が18.8％で，「役員以上」を目標とする人は25.5％となり，2000年度より若干少なくなっています（産業能率大学総合研究所マーケティングセンター［2024］）。

これらの結果をみる限りでは，強い昇進意欲をもつ若者が減ってきているように思われます。そんな中でファストトラックに取り組んでも，と考えるか，そんな中だからこそファストトラックで選りすぐりの人材を鍛えるべき，と考えるか。あなたはどう考えますか。

［2024］）。しかし，世界に目を転じると40代の経営者はたくさん活躍しており，彼（彼女）らと競っていくためにも経営陣の若返りが求められています。

背景のもう１つは，長期の昇進競争の中から自然に経営者が育つことへの疑問です。経営を担う人材は，若いうちからそのための訓練を受けて育てなければならないという考え方へと発想の転換がなされるようになってきました。

効率性という視点からはファストトラックは昇進管理として有効な方法であ

ることは確かでしょう。しかし，これまで昇進をモチベーションの源泉としてきたことを考えると，大多数の社員のモチベーションを下げる一方で，ごく少数の社員のモチベーションを高めることが起こりえる危険性はあります。一方で，VUCA の時代[2)]（☞第５章 114 ページ）といわれるように，ますます環境変化が速く，激しくなる中での競争を強いられる企業にとっては，長期の選抜だけにいつまでも頼っているわけにはいかないこともまた事実です。

5-3　ポジティブ・アクション

次に，**ポジティブ・アクション**についてみてみましょう。ポジティブ・アクション（積極的差別是正措置）とは，性や人種などを理由に差別的な扱いを受けてきた人たちに対して，その状況を是正するために講じられる優遇措置のことです（☞第 12 章 283 ページ）。日本では特に女性の活躍の場を広げるための措置として取り入れられています。

これも昇進管理という視点から捉えると，広い意味で，ファストトラック同様，特定の人たちに他の人たちとは異なる昇進経路を提供するものと捉えることもできます。ただし，長期間にわたって別の昇進経路が存在するのではなく，昇進の節目において，不利な状況を是正するための措置が講じられるというものです。具体的には，昇進に必要な考課が同等の男性と女性がいる場合，女性を積極的に登用するという形で行われたりしています。女性であることで昇進できることは性による差別ではないかと思うかもしれませんが，男女間にある事実上の格差を解消するための「女性のみを対象にした取り組み」や「女性を有利に取り扱う取り組み」は，それにはあたりません（男女雇用機会均等法第８条)。

女性を積極的に登用することの意義や利点は第 12 章で詳しくみますが，これまで女性が置かれてきた状況を改善しようとする新しい取り組みは，昇進管理の場面においても新たな措置を必要としているのです。

5-4　新しい動向に伴う課題

以上のような新たな動向が確認されますが，それに伴う課題もでてきています。従来の昇進パターンが組織主導でも受け入れられたのは，労使双方の雇用保障への相互期待が成り立っていたからであることは先にみた通りです。しかし，現在ではその相互期待は低下する一方です。そうなってくると，自分の将来は自分で決めたいという従業員のキャリア意識に応えられる対応が組織に求められるようになってくるはずです。

さらに，第3節でみた従来型の昇進・昇格管理のように，かなりの人がある程度のところまで昇進・昇格していける状況ではなくなってきています。多くの人には，キャリア・プラトーと呼ばれる昇進・昇格が停滞する時期がどこかでやってくるのであり，キャリア・プラトーへの対応がこれまで以上に重要な課題となってきています。キャリア・プラトーに陥った従業員はモチベーションが低下することも多く，そうした従業員が増えることは組織にとって望ましいことではありません。解決策としては，専門職制度などの複線型人事制度（デュアル・ラダー），早期退職優遇制度，昇進目標の設定などが挙げられます（山本［2014］）。

こうした状況にあるために，能力開発や人材育成の領域において取り組まれているキャリア開発と昇進・昇格の管理とが連携しあう必要性が生まれてきます。また，ファストトラックやポジティブ・アクションを導入すると，その対象からはずれた人たちのモチベーション維持の問題も生じてきます。昇進した人だけが満足すればよい，というわけにはいかないところに人的資源管理の難しさがあり，だからこそその必要性があるわけです。

キーポイント7.5

新しい等級制度として，職務等級制度や役割等級制度が生まれてきている！

注

1）ただし，職務等級制度が導入されていればジョブ型雇用である，といった短絡的な捉え方はしないように気をつけましょう。

2）VUCAとは，Volatility（変動性），Uncertainty（不確実性），Complexity（複雑性），Ambiguity（曖昧性）の頭文字をとった造語です。環境の変化が激しく複雑で，将来どうなるかが不確実で不安定な状況を指すときに用いられます。

本章の演習問題と読書案内はこちらから→

第8章
組織は人にどのような報酬を与えるのか

賃金・福利厚生・退職金

❖この章のねらい

人は仕事をするときに，何らかの対価を得たいと思うはずです。仕事の報酬として，真っ先に思い浮かべるのが賃金でしょう。給料の話をもち出すと，「お金のために働いているのではない！」という人もいるかもしれません。そもそも，給料は多くの人にとって生活の基盤になるものです。また，給料が上がったり下がったりすると一喜一憂すると思いますので，多くの人にとって賃金は仕事へのモチベーションに影響する重要な要因の１つだといえるでしょう。企業にとっては賃金は人件費ですから，コストという観点でコントロールが必要になります。

では，働く人のモチベーションを高め，業績や収益を上げるために，企業はどういった賃金の種類や決定基準を設けているのでしょうか。それらにどのような特徴があるのでしょうか。近年，グローバル化が進展していますが，今後，企業が海外に事業を積極的に展開していくときに，賃金の仕組みはどういう理由でいかに変わっていく必要があるのでしょうか。

本章では賃金の決め方と，それぞれのメリット・デメリット，賃金の仕組みの国際的なトレンドについてみていくことにしましょう。

◆この章で学ぶキーワード

◎報酬　◎賃金形態　◎賃金体系　◎賃金のデジタル払い　◎範囲職務給
◎役割給　◎カフェテリアプラン　◎ポイント退職金制度
◎確定拠出型年金　◎日本版 ESOP　◎分配原理

1　報酬とは

「今の職場で働いていて，一番うれしいことは何ですか？」と聞かれて，どう答えるでしょうか。アルバイトをしている学生なら，時給が高いことを挙げるかもしれません。あるいは，勤務先の会社がつくっている商品を安く購入できることかもしれません。まず，**報酬**には，外側（誰か）から与えられる仕事の対価があります。これを**外的報酬**といいます。給与が外的報酬の典型例です。ただ，外的報酬には，こうした目にみえる物質的なものだけではなく，非物質的なものもあります。売上成績No.1になり，上司から「あなたのお陰で店舗の業績が向上した」と褒められることが一例です。

では，働くことへの報酬は，給与や承認など，何かと引き換えに与えられるものに限定されるのでしょうか。例えば，アルバイト先でリーダーになれば，自分で店を動かしている感覚になり，やっている仕事そのものがおもしろいと感じることがあると思います。仕事をやること自体から得られる達成感や充実感も，仕事の報酬といえるでしょう。これを**内的報酬**といいます。

本章では，外的報酬のうち，金銭的報酬である賃金に着目していきます。ただし，第Ⅲ部でみるように，働く人の年齢，性別，雇用形態，働く場所や時間が多様になると，彼（彼女）らが求める仕事の報酬の種類も，さまざまなものが想定されるようになります。仕事と仕事以外の生活との調和を図るワークライフバランス（☞第15章353ページ）に対する労働者の意識が高まれば，“時間”（例．家族とすごす余暇時間が増えること）が仕事の報酬として最重視されるかもしれません。このように，仕事の報酬にはいろいろなものがあり，働く個人や会社の状況に合わせて報酬を管理することが，今後ますます必要となってくることを記憶にとどめておいてください。

キーポイント8.1
仕事の対価となる報酬には，外的報酬と内的報酬の２種類がある！

2　賃金に影響する要因

2-1 「付加価値」という要因

金銭で支払われる報酬のことを**賃金**と呼び，賃金と似た言葉に給与（料）がありますが，以下ではどちらも同じものとして扱うことにします。

そもそも従業員に配分される賃金は，どこから生み出されるのでしょうか。いうまでもなく，企業の“儲け”です。この儲けのことを「**付加価値**」と呼びます。付加価値は，売上高から原材料や機械の消耗品など，本業のビジネスをやっていくために財やサービスの購入にかかった費用を差し引いたものです。付加価値は，株主への配当金や新規事業への投資，広告宣伝にもあてられ，従業員に給料として支払われる分を**人件費**といいます。

ここで，人件費は限られているという点が重要です。できるだけたくさんの賃金を従業員に分配できればよいのですが，たとえ収益が多かったとしても，全体の総額は決まっています。したがって，従業員の満足を得ながら，限られた人件費を適切に配分する仕組みをつくる必要が出てきます。

ここまでの説明から，企業が生み出した付加価値，平たくいえば企業が儲かっているかどうかが，個人が受け取る賃金に影響するように思えますが，実はそれだけではありません。

2-2 「法律」や「市場」という要因

賃金に関係する法律は数多くあります。労働法のテキストではありませんので詳しくは述べませんが，例えば，最低賃金法では，労働者が健康で文化的な最低限の生活を営めるよう，企業は各都道府県が発表している地域別の最低賃金を支払うことを義務づけています。人件費をカットしたいからといって，給与を究極まで切り詰めていくことはできないのです。

市場からの影響も無視するわけにはいきません。春闘（☞第10章245ページ）という言葉を新聞やテレビで見聞きしたことはないでしょうか。最近，勢いが衰えつつありますが，毎年春（2月頃）になると，まず自動車や鉄鋼など，大手製造業の労働組合が経営側との賃上げ交渉を開始します。その時期になると，「ベア○％アップを要求」という見出しが新聞トップを賑わすでしょう。ベアとは正式にはベースアップのことで，賃金水準の引き上げを意味します。春闘で決定したベアの値が世間一般として妥当な額，すなわち世間相場を形成しますから，他社の動向を考慮に入れない賃金決定の仕組みを導入すれば，企業内の労使関係（☞第10章228ページ）の悪化を招きかねません。

2-3 「戦略」や「人材タイプ・価値観」という要因

他社との競争に勝つための指針を戦略といい，例えばコスト・リーダーシップ戦略と差別化戦略を採っている場合（☞第4章76ページ）とでは，賃金決定の仕組みに違いが出てきます。コスト・リーダーシップ戦略は，低コストを実現することで他社よりも優位に立つことを目標にします。そのため，人件費を柔軟に変化させやすい，仕事の成果や業績に基づいた賃金の仕組みが選好されるでしょう。一方，他社とは一風変わった商品・サービスで競争に打ち勝とうとする差別化戦略のもとでは，従業員が斬新な発想の商品開発に向けて創造的な活動をじっくり行えるようにするために，短期の成果で変動するのではなく，長期的な仕事のプロセスが重視される賃金の仕組みが望ましいといえます。

もう1つ見すごしてはならないのが，「人材タイプ・価値観」という要因です。第Ⅲ部で働く人たちが多様化している近年の実態が紹介されますが，多様な人材のタイプや価値観を考慮に入れた賃金制度を整備しないと，彼（彼女）らの労働意欲は下がってしまうでしょう。例えば，定年まで同じ企業に働き続けようと考えない傾向にある若年労働者は，仕事の結果が即座に報いられる賃金の仕組みが望ましいと認識するはずです。

> **キーポイント 8.2**
> *組織内外の要因を考慮に入れながら，従業員の働く意欲を高め，適正な人件費に保たれるように，賃金の仕組みを設計することが重要である！*

3 賃金を決める基準と組み合わせ

皆さんが働いて手にする賃金には，さまざまな要因が影響を及ぼすことがわかりました。では，最終的に個人が受け取る賃金は，どのような基準と組み合わせで決まってくるのでしょうか。給与明細書（表8-1）をみると，どのような給与項目から構成されているかがよく理解できます。

3-1　賃金形態

まず，表8-1の2段目に「勤怠」という項目があります。ここには，実労働時間，欠勤，遅刻，早退など，1カ月の勤務状況に関する情報が掲載されています。この給与明細書では，"労働時間"をもとに（1カ月を単位に），賃金が支払われていることがうかがえます。このように，従業員に支払う賃金の単位を表したものを，**賃金形態**といいます。言葉は難しく感じますが，賃金形態は大きく，働いた時間（**定額賃金制**）か成果（**出来高賃金制**）かの2種類しかありません。

(1)　定額賃金制

定額賃金制とは，一定時間の労働に対して給与を支払う方式です。ここでの"定額"とはいつも決まった額という意味ではなく，あくまでも賃金を計算する際の「単位」が決まっていることを意味しています。アルバイトをしている人は時給が適用されていることが多いと思いますが，これは1時間という計算単位で賃金を決めていることになります。このほかには，1週を単位とする週給，1カ月を単位とする月給，1年を単位とする年俸があります。

ただし，正確には月給は，完全月給と日給月給に分けられる点に注意してください。完全月給も日給月給も賃金は月単位で決められますが，日給月給は欠勤や遅刻など就業しなかった時間があったときに給与が減額される点に，完全月給との違いがあります。

表8-1は，月支払いに基づいた給与明細書です。表中の「支給」の欄に，「欠勤等控除 △15,000」という表記があり，これは欠勤1日に相当するペナルティが発生していることを意味します。したがって，給与は月単位の支給ですが，日給月給ということになります。読者の中にも，自分の給料は月給だと思っていても，改めて給与明細書を見返してみると，日給月給であることに気づく人も多いはずです。

定額賃金制は，時間に比例して賃金が増える仕組みですので，労働者が生活をしていくのに計画が立てやすく，安定的な賃金形態だといえます。しかし，頑張っても頑張らなくても，時間が経てば約束した賃金が支払われるわけですから，何らかの工夫がないと従業員のモチベーションは下がってしまうでしょ

表 8－1　給与明細書のサンプル

2024 年 4 月分（4 月 1 日～4 月 30 日）

所　属	社員コード	氏　名	等　級	振込額
営業部	12345	有斐閣花子	3	268,614

勤　怠	就業日数	出勤日数	欠勤日数	有休日数	所定労働時間
	22	21	1	0	165

支　給	基　本　給	公的資格手当	管理職手当	家族手当
	職 能 給			
	356,600	0	0	0

控　除	健康保険	厚生年金保険	厚生年金基金	雇用保険	介護保険
	12,505	22,353	9,840	1,598	0

注）　表中の数値は架空のものです。
出所）　筆者作成。

う。その工夫の１つが，次に説明する従業員の頑張りを反映した賃金の支払い単位を用意することです。

⑵　出来高賃金制

出来高賃金制とは，従業員が頑張って達成した生産高に応じて賃金を支払う形態を指します。「歩合給」と呼ばれることもあります。「製品１個当たり○円」とか「契約１件当たり○円」という給与の支払い方式です。出来高賃金制のもとでは，頑張った分給料が増えるわけですから，一生懸命に働くインセンティブを労働者に与えることができるメリットがあります。

ここまで読むと，「新聞やネットでよくいわれる成果主義は，出来高賃金制なのか？」という声が聞こえてきそうです。法律で「使用者は，労働時間に応じ一定額の賃金の保障をしなければならない」（労働基準法第 27 条）と定められ，出来高賃金制のみを賃金形態として選択することは法的に禁じられています。成果主義といっても，賃金の全額を出来高払いにはできないのです。

そうであれば，別のアイデアが必要です。賃金の支払い形態は定額賃金制（例えば，月給）とし，給与項目を複数設け，その１つに出来高（成果）に基づく賃金を設定する方法があるでしょう。要するに，いろいろな基準の賃金を組

遅早時間	残業時間	休日勤務時間
0	0	5

住宅手当	通勤手当	残業手当	休日勤務手当	欠勤等控除	支給額合計
12,000	20,000	0	11,000	△15,000	384,600

所 得 税	住 民 税	社内会費	社 宅 費		控除合計
9,310	33,600	1,780	25,000		115,986

み合わせるという発想です。それが，次に説明する賃金体系という概念です。

3-2 賃金体系

賃金体系とは，賃金の構成要素と基準を意味します。再び，表8-1の「支給」欄をみてください。税金が差し引かれる前の給与合計額「384,600」円は，さまざまな賃金項目から成り立っていることがわかるでしょう。

なお，給与は全額を直接労働者に通貨（現金）で支払わなければならないことが労働基準法第24条に定められています。「給料を現金で手渡されたことはない…」と不思議に思われた方がいるかもしれません。労働基準法施行規則第7条の2で，労働者の同意を得た場合に，銀行その他の金融機関の預貯金口座への振り込み，または一定の要件を満たす証券総合口座への払い込みのみが認められています。第3の手段として，2023年4月1日より，100万円を上限に，従業員の給与をデジタルマネー（電子マネー）で振り込む「**賃金のデジタル払い**」が解禁されました。キャッシュレス決済が増えている中，今後，賃金のデジタル払いは普及が進んでいくことが見込まれます。

図8-1は，一般的な賃金体系を示したものです。賃金体系は，大きく現金

■図8−1　賃金体系

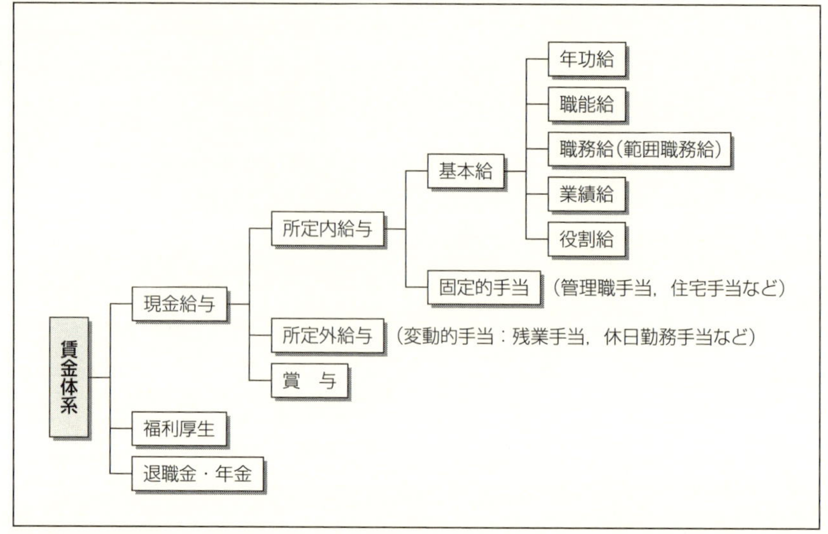

出所）筆者作成。

給与，福利厚生，退職金・年金の組み合わせからなります。

現金給与は，「所定内給与」「所定外給与」「賞与」から構成されます。所定労働時間（☞第14章332ページ）に対する報酬が「所定内給与」，所定労働時間を超過した労働に対して支払われる報酬が「所定外給与」です。例えば，残業手当や休日勤務手当が所定外給与に相当します。所定労働時間内で勤務すれば所定外給与は発生せず，月によってバラツキが出てきます。

所定内給与は，「基本給」と「固定的手当」から構成されます。基本給は給与全体の大部分を占め，給与の中で中心的な項目ですから，人件費に大きく影響します。したがって，基本給の中身をどう設定するかが，報酬管理において特に重要になってくるのです。

固定的手当は，特殊な仕事を担当している人や特別な資格をもっている人に支給される職務関連手当，従業員の管理を効率的に進めるのに必要な人事管理手当，従業員の生活補助を目的に支払う生活関連手当から成り立っています。表8−1では，職務関連手当は公的資格手当と管理職手当，人事管理手当は通勤手当，生活関連手当は家族手当と住宅手当にあたります。所定内給与に含まれる手当は，役職を外れたり，取得した資格の有効期限が切れたり，あるいは家族構成が変わったりしない限り，一定額が手渡されることになります。

賞与には「一時金」や「期末手当」という呼び名がありますが，ボーナスと表現するほうがなじみ深いと思います。賞与は会社の利益を従業員に還元する目的で，通常，夏と冬の年2回支給されるものです。そのため，企業の業績によって支給額は変わってきます。一般的には，基本給の何カ月分という形で個人の賞与額が決まってきます。

なお，賞与は，労働協約や就業規則で企業と労働者で取り決めがある場合を除いて，法的には基本給のように必ず支払わなければならない賃金というわけではありません。では，なぜ多くの企業は賞与を支給するのでしょうか。

第1に，賞与は企業利益の向上に向けて，従業員にインセンティブを与える役割があります。会社の利益が増えれば賞与額は大きくなりますが，業績が思わしくないときには，賞与の金額は減ります。このように，賞与を会社全体の利益とリンクさせることで，従業員に個人の利益だけではなく，企業業績に対して関心をもたせることができます。

第2に，人件費を柔軟に変動させることができるメリットがあります。基本給は従業員にとって生活給的な意味合いが強い賃金ですので，激変させることは難しいですが，報奨金的な側面をもつ賞与は，変動幅を比較的大きく設定することが可能です。また，通常，賞与は退職金の算定基礎にならない点も，人件費を低減する効果があるといえます。

福利厚生や退職金・年金は従業員が安心して勤労生活を送ることや，老後の生活を保障する目的で支払われる賃金項目ですが，詳しくは本章第4節で説明します。

以下では，賃金体系の大部分を占める基本給の種類と特徴についてみていくことにしましょう。

(1) 人基準賃金と仕事基準賃金

基本給の支払い基準には，大きく「**人基準賃金**」と「**仕事基準賃金**」の2種類があります（図8-2）。

人基準賃金は“あなた（の能力）にいくら”，仕事基準賃金は“あなたが座っているイスにいくら”の世界というイメージで捉えることができます。担当職務（ポスト）のことをイスと日常的に呼びますが，このイスの違いによって給与が異なるのが仕事基準賃金です。一方，どのようなイスに座っていようとも，あなたの能力に対して給与が支払われるのが人基準賃金です。人基準賃金には

図8－2　人基準賃金と仕事基準賃金

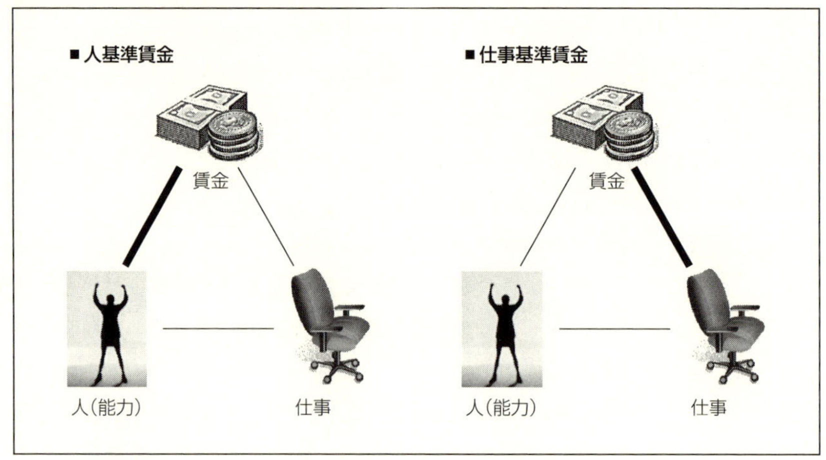

出所）筆者作成。

年功給と職能給が，仕事基準賃金には職務給と業績給があります。

▶人基準賃金

(a)**年功給**　　年齢や勤続年数に比例して賃金が上がっていく仕組みです。形のうえでは，年齢や勤続年数に対して支払われる賃金ですが，経験年数が高まるとともに能力が向上するので，能力の程度に応じて賃金を支払っていることになります。

▶メリット

従業員にとって生活水準と見合った賃金を得られることです。多くの場合，結婚や出産，子どもの養育など年齢を重ねるごとに生計費が上昇するので，年功給のもとでは，個人は安心した勤労生活を送ることができます。このことは，従業員の間で給与に差がつきにくいことを意味するため，会社の都合や人材の適性を見抜くために行われる柔軟な配置転換も従業員が受け入れやすくなることや，従業員間の協働を促しやすくするという会社側の利点もあります。

また，シンプルでわかりやすいというのも，年功給のよい点として挙げられます。年齢や勤続年数という指標は誰がみてもはっきりしており，評価者の主観的判断に影響を受けないからです。

▶デメリット

年齢や経験年数が従業員の生産性の高さに結びつかない可能性があることで

す。長い期間勤続している従業員ほど，高い成果を生み出すことが大前提となっている年功給ですが，その前提は常に当てはまるとは限りません。例えば，斬新な発想が求められるアパレル商品の開発では，若い人のほうがトレンドに敏感で，新商品に関するアイデアも豊富なケースが多いでしょう。年齢が高いことや勤続年数が長いというだけで，高額の給与が支払われることに，従業員から納得が得られにくい問題が出てきます。

また，企業にとっても，年々上昇する賃金体系は，経済環境が悪化したときや従業員の平均年齢が高い場合に，企業経営を圧迫するという問題を抱えています。

(b)**職能給**　従業員が保有している能力に対して支払われる賃金です。ここでの能力とは，職務遂行能力（職能）を指します。職能は特定の職務に限定されない，職種横断的な基準によって定義されている点が特徴的でした（☞第7章163ページ）。

▶メリット

幅広い能力の向上（ジェネラリストになること）に取り組むことに，従業員が意欲的になるといえます。職能給のもとでは，職務遂行能力を高めれば高めるほど，より上位の資格に格づけられ，より高い処遇を得ることができるからです。

また，図8-2の左側で「人（能力)」と「賃金」を結ぶ線が太く描かれているように，さまざまな仕事分野の能力が処遇決定の際に重視されるからこそ，柔軟な人事異動が可能となる強みが職能給にはあります。

▶デメリット

年功的な運用に傾き，人件費が上昇しやすいことです。部門を超えた人の異動を促す目的で，職能基準はあえて抽象的なものにならざるをえない事情があります（☞第7章168ページ）。職能基準が曖昧であるため，年齢や勤続年数に比例して職務遂行能力が向上しているとみなし，結果的に高コストを招いてしまうのです。

また，同一の仕事をしている人の間で賃金額が異なることです。例えば，同じ売場主任という仕事をしていても，資格等級（☞第7章164ページ）が違うと従業員の間で基本給が異なります。職能のレベルが適切に判定されていれば問題ありませんが，年功的な運用に傾くほど，従業員の納得は得られにくくなります。

▶仕事基準賃金

(a)**職務給**　担当している仕事の“大きさ”（ジョブサイズ）に応じて支払われる賃金です。職務給で重要になるのが，個々の仕事の大きさである**職務価値**（job size）です。職務価値を測定する前に，**職務記述書**（job description）（表8－2）が作成されます。職務記述書には，表8－2に示されているように，職務名，所属部署，勤務ロケーションといった職務の基本属性に加え，職務の目的・内容，成果責任，当該ポストへの任用要件（経験，スキル，資格など）が記載されます。

職務記述書に基づき，通常は，コンサルティング会社が開発しているグレーディング手法を用いて，「職務の困難さや複雑さ」「仕事の成果が組織に与えるインパクト」「当該職務に求められる専門性の高さ」などを基軸に，職務価値が設定されます。この作業のことを**職務評価**（job evaluation）と呼びます。同じ価値の仕事であれば，担当する人が異なっても同額の賃金が支払われますので，職務給は「同一（価値）労働同一賃金」の典型とされています。ジョブ型雇用（☞第4章94ページ）への移行に関する盛んな議論，企業内のダイバーシティ（☞第12章290ページ）推進に向けた多様な属性をもつ人材の間での差別的処遇の改善，正規社員と非正規社員の報酬格差の是正（☞第13章321ページ）を背景に，ここ数年，日本において同一労働同一賃金が新聞紙上を賑わしています。

職務給では，誰がその仕事を担当しようとも，給与の額は同じです。例えば，営業職のキャリアが長い営業部長Aさんと，つい最近，営業部長になったBさんがいたとします。職務給の場合，経験の差があっても，AさんもBさんも同じ営業部長という仕事なので給与額は同一です。

▶メリット

図8－2の右側で「仕事」と「賃金」を結ぶ線が太いように，仕事の価値と給与を連動させることが可能なことです。職能給では，能力を保有していること自体が重視され，それぞれの仕事に見合った働きをしているかは問われません。ところが，職務給の場合には，職務価値に一定の成果責任が反映されるため，その仕事に就いている人が生み出す仕事の価値と給与にバランスをとることができます。

また，特定の仕事に固有のキャリア，すなわちスペシャリストを養成することにおいて職務給は有効です。というのは，例えば営業で上位の職務等級（ジ

表8-2　職務記述書：日本電信電話の例

<table>
<tr><td colspan="3">職務名</td><td colspan="4">法人営業部門　部門長</td></tr>
<tr><td colspan="3">所属部署</td><td colspan="4">営業本部</td></tr>
<tr><td colspan="3">勤務ロケーション</td><td colspan="4">大手町ファーストスクエア</td></tr>
<tr><td colspan="3">上司の職務名</td><td colspan="4">営業本部長</td></tr>
<tr><td colspan="3">配下組織・担当の人員数</td><td colspan="4">30名</td></tr>
<tr><td></td><td colspan="2">直属部下の職務名</td><td>第一営業課長</td><td>第二営業課長</td><td></td><td></td></tr>
<tr><td colspan="3">ジョブグレード</td><td colspan="4">ジョブグレード4</td></tr>
<tr><td colspan="3">職務の目的・成果責任</td><td colspan="4">中期的な営業戦略の策定，重要顧客との関係構築を行いつつ，セールス担当の営業活動を直接・間接に支援することで，事業戦略に基づく営業組織としての収益確保を中期的に実現する</td></tr>
<tr><td colspan="3">職務の内容／責任
（作業内容ではなく実現すべき内容）</td><td colspan="4">1）営業戦略の策定
・営業担当を通じて顧客のニーズを収集・把握し，社内に展開する
・顧客関係管理を強化する
・マーケティング機能と連携し，顧客の動向を把握し，中期での顧客セグメントの変化を整理する
・5年間の営業活動を展開し，価格設定，提案するサービス等に関して整理・準備する
2）営業組織としての数値目標の達成
・セールス担当の活動を支援し，契約をより確実にする
・セールス活動，および社内調整上の課題を収集し，解決をリードする
・プリセールス活動を含む，重要顧客への営業活動をリードする
・重要顧客を中心に，顧客別の収益性向上の施策を立案・リードする
3）組織マネジメント
・組織メンバーの専門性・スキルの向上（評価，トレーニング，コーチング，メンタリング）を奨励・実施を通じて，チームワークとモチベーション向上の風土を醸成する
・トップマネジメントの意向を組織メンバーに確実に展開する</td></tr>
<tr><td colspan="3">主要指標</td><td colspan="4">・組織営業の売上目標
・営業組織のP&L</td></tr>
<tr><td colspan="3">職務登用の要件</td><td colspan="2">必須</td><td colspan="2">あれば望ましい</td></tr>
<tr><td rowspan="4"></td><td colspan="2">必要となる実務経験</td><td colspan="2">—</td><td colspan="2">法人営業の経験年数5年以上</td></tr>
<tr><td colspan="2">必要となるスキル／知識</td><td colspan="2">—</td><td colspan="2">—</td></tr>
<tr><td rowspan="2">必要となる資格</td><td>社内</td><td colspan="2">—</td><td colspan="2">—</td></tr>
<tr><td>社外</td><td colspan="2">—</td><td colspan="2">TOEIC スコア 800 以上</td></tr>
</table>

出所）労務行政研究所［2022d］，62ページをもとに筆者一部修正。

ョブ・グレード）（☞第7章153ページ）に格づけられている従業員が人事部に異動となった場合，人事担当者としての専門性は低く，異動前よりもグレードの低い職務に配置される可能性が高くなるため，営業の専門性を向上させることにインセンティブをもつようになるからです。

▶デメリット

従業員のモチベーションを維持し続けることが難しいことです。製薬企業の営業員の例では，営業先の病院の規模によって職務価値を定めると，担当が大規模病院（大学病院）か，中小規模の病院や医院・診療所かによって，給与が異なってきます。しかし，普通，大規模病院は，その企業が位置する地域に1～2病院しか存在しません。その結果，多くの従業員が職務価値の低い仕事を担当することになり，給与アップが見込めず，働く意欲が低下する可能性が出てきます。

また，担当職務の価値が賃金額に影響するという職務給の特徴は，柔軟な人の配置・異動をやりにくくするという問題を生み出します。特に，職務価値が下がる人事異動は，給与が下がってしまいますので，従業員に受け入れられにくいでしょう。

(b)**業績給**　業績給とは，仕事における貢献度に基づいて支払われる賃金です。ここでいう貢献度とは目標の達成度のことであり，目標管理（☞第6章127ページ）を通して測定されます。一般的には，個人業績だけでなく，部門や会社全体の業績も反映されます。

業績給は成果主義と同義に解釈されることがありますが，成果主義にはいわゆる業績だけでなく，能力やスキルなどに応じて何らかの格差をつける賃金体系を含むことがありますので，誤解を避けるために，本章では業績給と表すことにします。

なお，基本給が業績給のみで構成されることはなく，ほかの賃金体系と組み合わせる形で設定され，また賞与に業績を反映させることが通常です。この背景には，先に述べた法律上の義務に加え，基本給は労働者にとって安定的な生計費を賄うものという性格をもち合わせており，短期変動型の賃金一本を基本給にすることは望ましくないと考えられていることがあります。

▶メリット

業績向上に対する従業員の意欲を高められることです。業績給は出来高賃金制の考え方を基礎とし，高い水準の目標を達成すればするほど，従業員は多くの賃金がもらえることになるからです。

また，第6章（☞130ページ）で述べたように，個人の目標は企業全体の目標とリンクしていますので，企業業績に貢献している人に高い賃金を支払えるようになり，人件費の有効活用ができるメリットもあります。

▶デメリット

従業員が短期的な視点で仕事を進めてしまうことです。目標管理は通常半年もしくは1年で運用します（☞第6章127ページ）ので，従業員は半年ないし1年で実現可能な目標を立てることに積極的になるでしょう。業績給には，頑張れば高い賃金を獲得できる反面，成果を発揮できなければ，大幅な給与カットになるリスクがあるからです。したがって，確実に成果が出せる仕事ばかりに従業員の関心が向き，新しい仕事にチャレンジすることを妨げる弱みが業績給にはあるといえます。

(2)　人基準賃金と仕事基準賃金の組み合わせ型の賃金体系

人基準賃金にも仕事基準賃金にも，それぞれメリットとデメリットがあることがわかりました。もしあなたが人事部長なら，メリットを活かしてデメリットを抑制可能な賃金決定基準を採用したいと思うはずです。その発想に基づくのが「範囲職務給」と「役割給」です。

(a)**範囲職務給**　　職務給は「大規模病院営業担当の仕事の年収は○○万円」というように職務ごとに賃金が1つ定まるルールですが，これを「シングルレート職務給」と呼びます。シングルレート職務給では，中小規模の病院や医院・診療所担当の営業員は職務を変更するまでモチベーションを保つことができない問題がありました。この問題を克服するのが**範囲職務給**です。図8-3は，範囲職務給のイメージを図式化したものです。

範囲職務給の特徴は，同じ職務でも賃金の上限値と下限値が設けられている点にあります。範囲職務給は同一職務でも賃金額に幅があるという意味で，「レンジレート職務給」ともいわれます。レンジの上方移動を昇給，下方移動を降給と呼称し，コンピテンシー評価や業績評価（☞第6章126ページ）の結果に基づいて昇降給を決定するケースがほとんどです。なお，図中に各グレードの中央値を結んだ曲線が描かれていますが，これは「ポリシーライン」といって，同業他社の水準が設定されます。同業他社水準を設定できる理由は，多くの企業でアメリカのコンサルティング会社が開発した代表的な手法を用いて職務評価が実施されるケースがほとんどで，共通の尺度で職務のグレードづけが可能であるからです。そのため，例えば製薬企業の大規模病院担当の営業員の年収は概ねいくらといったように，企業横断的に職務間の年収比較ができるようになります。つまり，範囲職務給は世間相場や競合企業の賃金水準をベンチ

■図8－3　範囲職務給のイメージ図

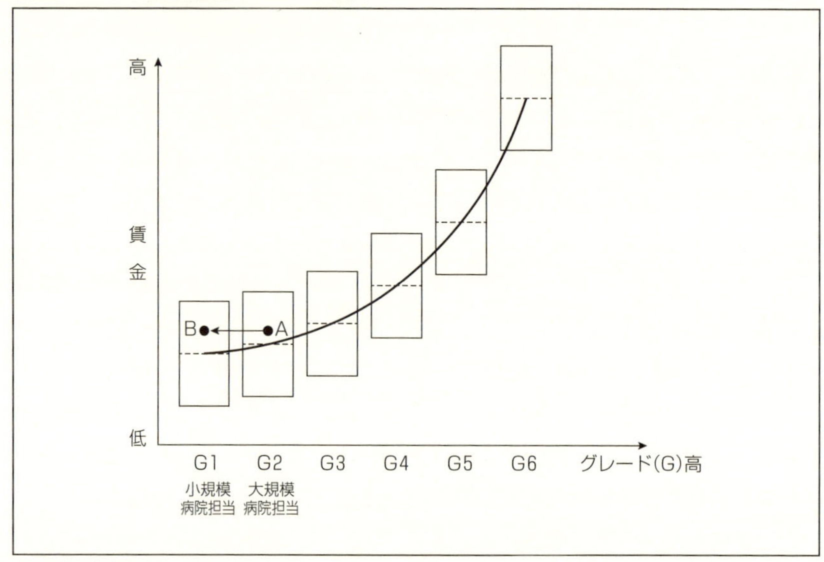

出所）筆者作成。

マークにした賃金体系であり，処遇における市場競争力に優位性があります。

範囲職務給は，既述の通り，各グレードの上昇（下降）幅を決める際に，コンピテンシー評価結果の比重を多くすれば，仕事場面で実際に発揮した知識や能力をベースとした人基準賃金に近い賃金決定ができるようになります。この一定範囲内での昇降給があることで，従業員のインセンティブとして機能します。

また，水平的な人事異動を円滑に進めることも可能です。（シングルレートの）職務給は特にグレードが下がる異動が困難である弱点を有していましたが，組織都合によるジョブサイズが下がる異動（例えば，図8－3のＡからＢの異動）があっても，各グレードに幅があるおかげで異動前後の年収が変わらないか，もしくは大幅に下がらない利点があります。

このように，範囲職務給は仕事基準賃金を基軸としながら，人基準賃金のよさを取り入れた賃金体系であるといえます。

(b)**役割給**　　**役割給**とは，職務における役割の重要度に比例して決定される賃金です。ここで役割と職務にどのような違いがあるか疑問をもたれる方が多いと思います。役割（role）とは「職務（job）について，経営者や管理者，第

図8-4　役割と職務の違い

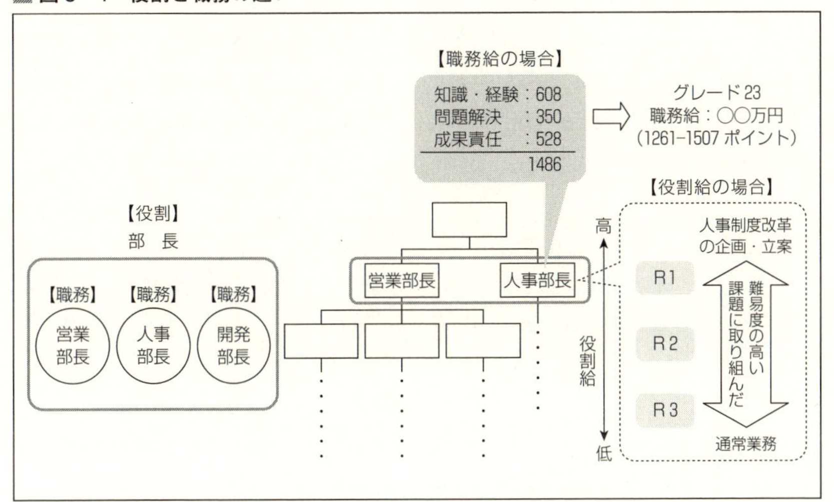

出所）本寺［2016］，124ページ；厨子［2010］，11～12ページをもとに筆者作成。

一線管理者，スタッフなど，担当する仕事のタイプでざっくりとくくり，大きな違いごとに分けたもの」（本寺［2016］，121ページ）を意味します。一例を挙げれば，図8-4の左側に示されているように，営業部長，人事部長，開発部長は「職務」で，部長が「役割」に相当します。役割は職務を大くくりにしたものと捉えることができます。一般的には，職種や職位階層ごとにいくつかのグレードを設け，仕事に求められる役割の高低に準じて賃金が決定されます。この意味で，役割給は仕事基準賃金の特質を有します。

もう1つ特筆されることは，“役割”という言葉には，「〇〇さんの役割」というように，人に対して与えられるニュアンスがあり，仕事の価値は人によって拡大できる余地があることを役割概念は含んでいる点です。職務給の場合，職務評価を通じてグレード（等級）が設定され，自動的に賃金額も決まってきます。範囲職務給でない限り，仕事を変わらなければ賃金額に変化はありません。他方，役割給の場合は，図8-4の右側で示されているように，同じ人事部長という職務（部長という役割）に就いていたとしても，取り組んだ仕事や課題のレベルに従って，賃金に格差を設けようという仕組みです。遂行した仕事や課題のレベルは目標管理の中で評定され，担当職務に本来求められる責任に加え，その人の能力の伸張度や行動特性，目標以外の課題に主体的に取り組み，どの程度成果を生み出したかを勘案して役割給の大きさが決められます。このことは，人が仕事を創出するという考え方を基本としているので，人基準賃金に類似しているともみなせます。

以上のことから，役割給は仕事基準賃金と人基準賃金の性質を併せもった賃金体系であるとみなせるでしょう。

キーポイント8.3

賃金体系には，人基準賃金と仕事基準賃金の大きく2種類の基準があり，両者の特徴を併せもつものが「範囲職務給」と「役割給」である！

4　福利厚生・退職金の特徴・目的と変化

図8-1（☞184ページ）にある通り，企業は現金給与以外に，福利厚生や退職金・年金を従業員に支払っています。なぜ，こうした報酬を企業は用意する必要があるのでしょうか。以下では，福利厚生，退職金・年金の特徴と目的，近年の変化について説明することにしましょう。

4-1　福利厚生

(1)　特徴と目的

福利厚生には，大きく分けて「**法定福利厚生**」と「**法定外福利厚生**」の2種類があります。表8-1（☞182ページ）の給与明細書に「健康保険」（医療費保障），「厚生年金（保険・基金）」（老後の生活保障），「雇用保険」（失業時の給付金保障），「介護保険」（要介護時の保障）がありますが，これらは法律で義務づけられた福利厚生という意味で法定福利厚生といいます。法定福利費の現金給与総額に占める割合は2019年度調査で15.4％となり，年々上昇傾向にあります（日本経済団体連合会［2020］）。表8-1にある通り，福利厚生に関わる項目は「控除」の欄にありますので，法定福利費は労働者にとっては自身の健康や老後に安心した生活を送るための社会保障費を支払っていることになります。ただし，福利厚生関連の費用は，会社と従業員が双方で負担しあっていますので，実質的には会社負担分が個人にとって賃金になります。

表8－3　法定外福利厚生の種類

項　目	施　策
住宅関連	社宅，独身寮，住宅手当，家賃補助など
医療・健康関連	人間ドック，生活習慣病健診，心理カウンセリングなど
ライフサポート関連	社員食堂，育児補助・ベビーシッター補助，託児所・保育施設，介護ヘルパー派遣（費用補助を含む），財産形成援助制度など
慶弔関連	結婚・出産祝い金，弔慰金，災害見舞金，傷病見舞金など
文化・体育・レクリエーション関連	運動施設，保養所，社員旅行・運動会補助，新年会・忘年会補助など
キャリア関連	資格取得支援，社会人大学院進学補助，職場復帰プログラムなど

出所）筆者作成。

一方，法定外福利厚生とは，企業の自由裁量で設ける福利厚生のことです。表8－1では，「社内会費」や「社宅費」がこれにあたります。法定外福利厚生の種類を整理したものが表8－3です。具体的には，①住宅関連（社宅や寮などの居住施設や住居費補助），②医療・健康関連（健康管理やメンタルヘルスといった心身の健康の維持に向けたサポート），③ライフサポート関連（仕事と育児・介護の両立を図るワークライフバランス〔☞第15章355ページ〕の実現，将来に備えて給与や賞与から一定額を控除し，取引先金融機関で資産運用），④慶弔関連（従業員のお祝い事と不幸が起こった際の贈与金），⑤文化・体育・レクリエーション関連（肉体的・精神的なリフレッシュをするための施設や助成），⑥キャリア関連（資格取得に向けた専門学校・通信教育やMBA〔☞第5章106ページ〕といった能力・スキル向上にかかる費用の援助）など，実に幅広いラインアップになっています。

法定福利厚生は，法律上，企業と従業員で負担しなければならないものが大半[1)]である点で，拡充・選択が自由にできるものではありません。そのため，法定外福利厚生をどのくらい充実させるかが，企業全体のコストと従業員にとっての企業の魅力度に影響することから，法定外福利厚生のコントロールが重要になります。

では，福利厚生はどのような目的で活用されるのでしょうか。福利厚生の目的としては，次の4つが挙げられます（西久保［2013］）。第1に，生活における安定です。住宅関連，医療・健康関連の福利厚生が典型的です。若手社員は給料がそれほど多くなく，自分で住居を構えることが難しかったり，転居転勤が多い従業員は持ち家を保有することに躊躇したりするでしょう。また，人間ドックによる定期的な診断を受けていれば重病になるリスクを低減できますが，人間ドックを個人負担で受診するには多額の費用がかかります。給料を住居費や受診料に充てればよいという考え方もできるかもしれませんが，さまざまな事態を予測して，その分をあらかじめ生活費から除いておくというのは難しいでしょう。従業員が安心して健康的な生活を送れるための機能を福利厚生は有しているといえます。

第2に，労働力の確保と定着です。多種多様な福利厚生を整備していることは，"従業員に優しい"という企業イメージの向上につながります。このよいイメージ戦略を採用段階で活用することで，優秀な人材を惹きつけることができます。また，労働者は仕事と生活の2つの場を行き来する存在であり，仕事を充実させるためにも，生活での保障が充実しているほうが，その組織で働き続けたいと思うはずです。

第3に，従業員のモチベーション向上です。人は成長すると仕事に対してやる気を発揮することが通常でしょう。特に，キャリア関連の法定外福利厚生に当てはまりますが，高度な資格や社会人大学院での学位の取得により，昇進・昇格といったキャリアアップを望めますので，従業員のモチベーションを高めることが見込めます。

第4に，組織への帰属意識の醸成です。「飲みニケーション」という表現があるように，社員旅行，新年会や忘年会といった多くの社員が集まるイベントは，従業員間のコミュニケーションを強化することをねらいとします。こうしたイベントに参加することを通じて，従業員同士の交流を深めることができ，組織全体の結束力が強くなります。職場の凝集性（仲間意識）が高くなればなるほど，従業員は組織に対して愛着を感じるようになるでしょう。

⑵　近年の変化

福利厚生の目的に関する説明を読んで，「社員旅行が会社への帰属意識を高める？　わざわざプライベートまで職場の人たちと一緒にいたくない！」と思われた方もいたのではないでしょうか。福利厚生はその特殊性が日本的経営（☞第3章69ページ）の特色の1つとされ，長らく「企業と従業員は家族のような関係」という共同体的な思想をベースに展開されてきました（間［1984］）。

ところが，労働者のライフスタイルや働く価値観が多様になり，画一的な福利厚生施策で対応することが難しくなってきました。図8-5をみてください。

■ 図 8-5　法定外福利厚生費の変化

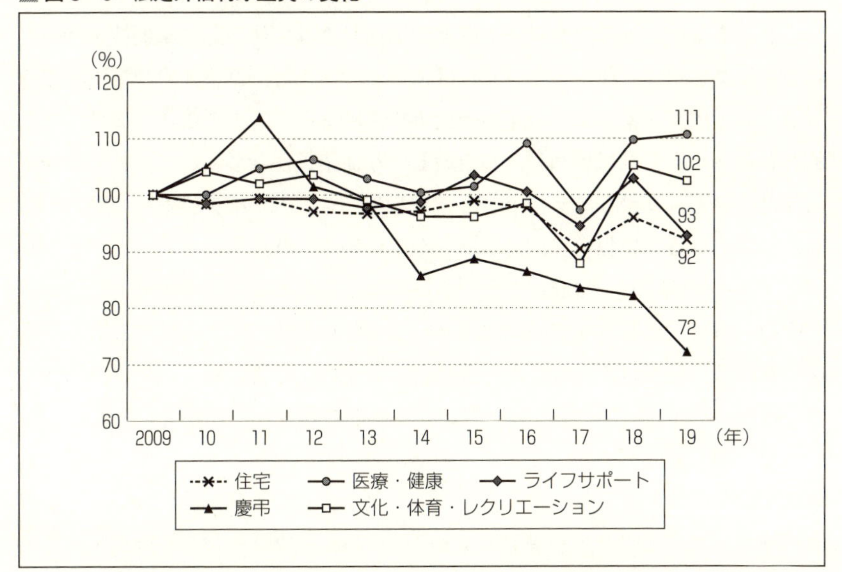

出所）日本経済団体連合会［2020］の時系列データベースをもとに筆者作成。

この図は，「住宅」「医療・健康」「ライフサポート」「慶弔」「文化・体育・レクリエーション」の各法定外福利厚生費について，2009年調査時点を100としたときの推移を表したグラフです[2]。最も費用が下がっているのが「慶弔」です。このバックグラウンドには，職場のメンバーの祝い事や不幸を家族のように一緒に共有するという考え方が薄れてきていることもありますが，特に結婚や出産に関しては独身者が多くなっている昨今，それに関連した福利厚生を利用できる者とできない者で不公平感を感じる場面が増えてきますし，多様な性的指向（LGBTQ）（☞第12章290ページ）をもつ社員が増加しつつある中で，ナーバスな問題になっていることがあるのでしょう。

「住宅」「ライフサポート」「文化・体育・レクリエーション」が減少率の大きさで「慶弔」に続いていますが，所得水準が低かった戦後の経済環境下では安価な保養施設を利用することや独身寮に住むことは労働者にとってメリットがありました。しかし，生活レベルが向上し，インターネットで多種多様な旅行を選択できたり，さまざまな価格帯の中から好条件の物件を確保できたりする今日，「文化・体育・レクリエーション」「住宅」関連の福利厚生は働く人のニーズに合わなくなってきたことが考えられます。

また，わずかに減少しつつあるものの，労働者のワークライフバランスへの関心が高まる中，ライフサポート関連の福利厚生は依然として重要性を持つと考えられますが，一律に拡充させればよいかというと，話は簡単ではなさそうです。例えば，ある企業で企業内託児所を設けようとしたところ，満員電車に子どもを乗せて会社に出勤したくないという従業員が数多くいて，結局，企業内託児所の導入に至りませんでした。むしろ，子どもが病気になった際，一時的にみてくれる病児保育室があるほうがよい，という声もあったようです。やはり，ライフサポートに限っても，ニーズの多様性があります。

その一方で，わずかではありますが，「医療・健康」は上昇傾向にあります。この推移は，従業員の健康管理を戦略的に企業の生産性に結びつけようとする健康経営（☞第9章226ページ）が着目されてきた背景と一致しています。

以上は働く個人側の変化ですが，企業側にも福利厚生の変容を迫る要因があります。それは，法定福利厚生費用の高騰化です。少子高齢化に伴い，社会保険料率の上昇によって，従業員1人当たりの法定福利厚生費は2009年の7万1480円から2019年には8万4392円と1万円以上も上がっています（日本経済団体連合会［2020］）。たった1万円と思うかもしれませんが，これは従業員1人1カ月当たりの金額ですから，従業員数が多い企業ほど負担がのしかかってきます。

このように，労働者の多様なニーズを満たしつつ，他方で法定外福利厚生費の圧迫を回避したい企業の現状を受け，次の2つの福利厚生のあり方が注目されています。1つ目は，「**カフェテリアプラン**」です。カフェテリアとはセルフサービスの食堂のことですが，大学生協の学食を思い浮かべてください。学食では手持ちの予算内で，自分の好きなメニューを自由に選んで食べることができます。これと同じ発想で，法定外福利厚生を全社員共通に適用するのではなく，個人が福利厚生施策のメニューから希望に応じて選択できるようにした仕組みが，カフェテリアプランです。従業員に一律にポイントが付与され，法定外福利厚生施策にも例えば「人間ドック○点」とポイントが設定されます。保有ポイントを超えない範囲で，福利厚生をピックアップして利用することになります。なお，人事評価の結果に応じてポイントを従業員に与え，法定外福利厚生を成果主義的に運用する企業もあります。

もう1つは，「法定外福利厚生のアウトソーシング」です。アウトソーシングとは外部委託を意味しますが，自社内で法定外福利厚生を管理運営するのではなく，専門の会社に外注するという発想です。カフェテリアプランを活用するようになると，従業員にとって複数の種類の選択肢があるほうが魅力的であるはずです。ところが，選択肢を増やせば増やすほど，事務手続きが煩雑になってコストがかかります。そのため，法定外福利厚生の充実化とコスト削減というジレンマを解消する手法として，アウトソーシングが注目されています。

4-2　退職金・年金

(1)　特徴と目的

退職金といえば，雇用関係を終了させたとき（定年時など）に，会社が従業員に支払う報酬のことを思い浮かべると思いますが，退職金は退職給付金の一部を指します。退職給付金は，**退職一時金**と**退職年金**から成り立っており，退職一時金が一般的に退職金と呼ばれるものです。ここで，「年金は老後にもらえるお金で，退職金とどう関係しているのか？」と不思議に思った読者もいるかもしれません。

退職年金とは，「退職後，決まった年数の間，支給されるお金」のことです。一方，退職一時金は「退職時点で支払われるお金」です。もともと退職金は，企業を辞めたときに一括して支払われていました。ところが，企業の規模が拡大し，従業員の数が多くなると，退職金の総額が大きくなって企業の負担が増したのです。そこで，分割して支払っていこうという考え方が出てきたわけです。企業にとって，ローンの返済と同じ考え方です。

ところで，組織に勤めている間に賃金の支払いがなされることに疑問はないと思いますが，辞める人にまで企業が報酬を与える目的は何でしょうか。1つ目は，長期に働いてもらったことへの謝礼という考え方です。簡単にいうと，「長い間お疲れ様でした」という報酬です。退職一時金は，勤続年数が長い人ほど額は大きくなり，自己都合で会社を辞める人ほど小さくなる仕組みとなっている企業が多いことが，その証拠だといえるでしょう。

2つ目は，老後の生活保障という考え方です。これには，退職後に一定レベルの生活を可能にするという目的のほかに，「退職金で老後は○○をしよう」といういい方をよく耳にするように，それを期待して退職までの期間，組織への貢献意欲を高める意味合いもあります。

3つ目が，賃金の後払いという考え方です。かつての日本企業の賃金体系として代表的だった年功給は，若い頃は貢献度より低い賃金を，ある年齢をすぎた後に貢献度を上回る賃金を従業員に期待させることで，長期的な組織への帰属意識を高める点に特徴がありました。若年期における賃金と貢献度の差額を労働者は企業に出資しているという意味で，過少支払い分を「みえざる出資」と呼ぶことがあります。このみえざる出資を，在職中の一定期間後に受け取る生産性を上回る高い賃金と退職給付金で回収するという発想です。

(2)　近年の変化

これまでの日本企業では，終身雇用制のもと，長期勤続者に報いることを念頭に，勤続年数に比例して退職給付金が高くなる仕組みを採用していました。ところが，2013 年 4 月に施行された改正高年齢者雇用安定法（☞第 11 章 255 ページ）により，定年以降も働き続けることを希望する従業員の再雇用が義務づけられ，人件費の圧迫を解消することが急務となっています。2020 年の改正により，70 歳までの就業機会の確保が努力義務となり，今後ますます人件費の問題は顕在化していくと考えられます。また，超低金利の長期化が企業による退職給付金の積み立て不足を招き，社会問題化されるようになりました。こうした事情から，①**ポイント退職金制度**と**確定拠出型年金**[3]の組み合わせ，②**日本版 ESOP** が退職給付金の最近のトレンドとなっています。

まず，①ポイント退職金制度と確定拠出型年金の組み合わせについてですが，前者は退職一時金，後者は退職年金に該当し，両者とも一定額を保証するという従来の退職給付制度から脱却する考え方に則っています。ポイント退職金とは，在職期間中の人事評価（☞第 6 章 126 ページ）結果や格づけ等級（☞第 7 章 153 ページ）に応じてポイントが付与され，退職時のポイント数で退職一時金が支払われる仕組みです。ですので，退職金は組織への貢献の対価であるという枠組みに従業員の認知を変えることになります。確定拠出型年金は企業が年金給付の資金を拠出することが前提ですが，従業員が適切な金融商品を選んで資産運用する方式ですから，運用実績によって受け取り額は変動します。

次に，②日本版 ESOP の ESOP とは，「Employee Stock Ownership Plan」の頭文字をとったものです。“日本版” と冠が付いているように，アメリカの ESOP を模範に設計され，両者で細かな制度上の違いはありますが，企業が自社株を買い戻し，退職金や年金として従業員に分配する仕組みです。ポイント退職金と同様，在職時の業績評価や等級グレードに比例してポイントが加算され，総ポイント数に従って自社株を付与するパターンが一般的です。日本版 ESOP は，在職中は自由に引き出せない代わりに，退職時まで課税されません。

株価が高ければ高いほど，受け取ることができる金額は大きくなる点で，ESOPは従業員に企業業績向上へのインセンティブを意識づけするメリットがあるといえます。

キーポイント 8.4

働く人の価値観が多様になり，福利厚生も退職給付金も全員一律の仕組みから，個人に選択を求めるものや企業への貢献度を反映した仕組みに変わってきている！

5　グローバル時代の賃金

本章第２節で賃金は組織内外のいろいろな要因に影響を受けることを述べましたが，中でも昨今，最も影響力のあるのがグローバル化の波でしょう。日本企業が活動の舞台を国内から海外へ拡大する際に課題になるのが，賃金分配の公平性です。１つの組織に国をまたいでさまざまな文化的背景をもつ人材が集まると，彼（彼女）らがどのような賃金分配に公平感を感じるかは，これまで以上に従業員間で多種多様となり，敏感な問題になるからです。

人が公正だと認知する**分配原理**には，①衡平原理，②必要性原理，③平等原理の３つがあります（Deutsch［1975］）。①衡平原理とは，高い貢献をした人が高い報酬を得るという考え方で，個人の貢献度に比例して報酬を分配する方法です。②必要性原理は，個人の必要度合い（例えば，扶養家族の有無といった主にライフスタイル上の必要性）に従って報酬を分配する原理を指します。これらに対し，③平等原理とは貢献や必要度とは関係なく，全員一律に同額の報酬を分配するルールで，いわゆる均等割りによる配分を意味します。

従来の日本の賃金は，どのような公平性の原理に則っていたのでしょうか。敗戦直後の混乱した経済状態では，一日一日を生きていくのに必要な賃金が従業員側から強調され，労働者の公平感は必要性原理に基づいていました。そこで，導入が進められたのが，「電産型賃金体系」です。電産型賃金は生活保障給が約７割を占め，年齢や家族の人数が算定の基準になっている点が特徴的でした（河西［2001］）。

コーヒーブレイク　**グローバル共通の職務給：オリンパスのケース**

オリンパスは，企業変革プラン（真のグローバル・メドテック〔メディカル・テクノロジー〕カンパニーへの飛躍）をめざして，「Transform Olympus」と呼ばれる企業変革プランを発表し，2023年4月よりグローバル統一の評価・報酬制度を導入しています。本制度の全体像を示したものが，以下の図です。

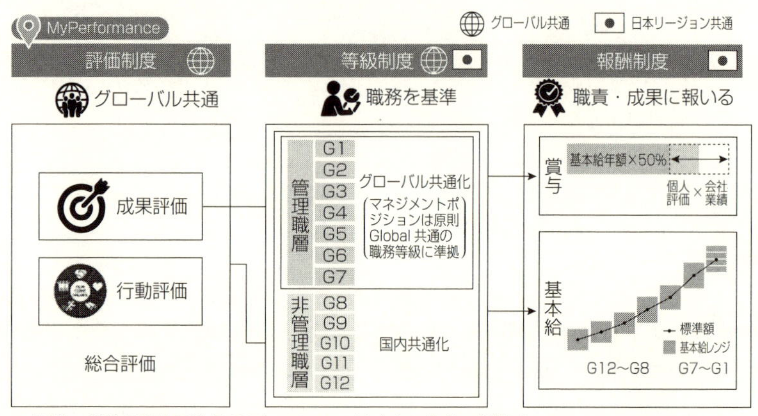

出所）労務行政研究所［2023a］，50ページをもとに筆者一部修正。

評価・報酬の根幹となる等級制度は，管理職には職務等級制度が適用され，グローバル基準に準拠する仕組みとなっています。一方で，非管理職は職務記述書の作成が現実的でないとの理由から，各グレードの責任の範囲は明記されるものの，等級は国内での共通化にとどまっています。

評価制度は，成果評価（目標の達成度），行動評価（経営理念の5つの価値観に沿った行動の発揮度），総合評価（成果評価と行動評価に基づく上司による最終的な評価）の3本柱で構成され，ジョブ型の評価基準が採り入れられています。また，グローバル共通の行動評価のガイドラインが用いられ，レーティングの標語は英語で，レベルも国内外で統一化が図られています。

報酬制度に関しては，職務給が採用されていますが，図の一番右側の下段にある通り，グレードごとに幅を設けたレンジレートの形態になっています。各等級には4つのゾーンが設けられ，総合評価の結果に応じて昇給率が決まります。同一評価でも，下位ゾーンほど昇給率が高くなるようになっています。

同社では，管理職・非管理職ともに国境を越えた人事異動が2023年時点で200人を超えています。グローバルで評価・報酬制度，等級制度をシームレスに連動させることで，グローバル全体での適材適所を実現することを可能にしていると考えられます。ただし，非管理職でも海外赴任者が100人近くいるにもかかわらず，冒頭で述べたように等級制度がグローバル共通ではない点に今後どう対処していくかが課題として認識されています。

（労務行政研究所［2023a］をもとに筆者作成）

その後，仕事とは関係ない要素で決まる賃金では生産性向上に結びつかないという声が経営サイドから立ち上がり，仕事の対価としての賃金が意識されはじめるようになったのです。そこで，1950年代後半から60年代前半にかけて，アメリカにならって職務給の導入が試みられましたが，職務給は日本企業では定着しませんでした。これには，日本において分業関係が緩かったこと（☞第3章67ページ）や，当時，「技術革新のスピードが速く，技能が陳腐化したり，職務がなくなったりする」（山田［2017］，40ページ）ことが多く，職務分析がなじまないなど，日本の職務設計のあり方や経営環境の急変が理由として挙げられます。しかし，当時の日本人の公平感に職務給が相容れなかったことが本質的な原因でした。仕事や組織への貢献ではなく，人柄や人格を含んだ能力を報酬に反映させることが，日本人勤労者の公平観の基盤になっていた（石田［1990］）のです。

こうした事情から，1970年代から職務給に代わって職能給が導入され，長らく日本企業の賃金体系の主流を占めていました。高い能力を保有している人ほど貢献度は高いとして，能力の高さを貢献に読み替え，当時の日本の公平観に適合させる形で報酬分配原理を必要性原理から衡平原理に変化させました。

ところが，1990年代以降，貢献度と賃金をリンクさせる職務給や役割給を多くの企業が採用しはじめました。これには1990年代のバブル経済崩壊以降の人件費カットが背景にあることは確かですが，グローバル化により“衡平”基準に変更を加えざるをえない事情が出てきたのです。特に，昨今の日本におけるジョブ型雇用（☞第4章94ページ）への注目が，流れを加速させています。担当する職務の成果責任が職務記述書に契約として明文化される欧米諸国を中心とする海外人材にとって，日本特有の職能給は期待されていることが曖昧なため，賃金の分配原理として納得感が得られないからです。したがって，年齢や勤続年数，能力といった属人的な要素ではなく，職務価値や仕事で達成した客観的な業績に基づいた賃金分配，すなわち国内外で統一化した仕事基準賃金が今後グローバルスタンダードになっていくことが見込まれます（☞202ページ

「コーヒーブレイク」)。

その結果，トランスナショナルに人材の配置・異動，特に経営幹部候補の戦略的なローテーション（☞第4章89ページ）をかけやすくなるというメリットも享受できます。グローバルにビジネスを展開し，国境を越えて人材を活用するには，従業員の処遇決定に対するマインドセットを仕事基準に変えていくことが求められるのです。

キーポイント 8.5

企業がグローバルにビジネスを展開・拡大するにつれ，職務価値や仕事で創出した成果が報酬分配における公平観の基準になり，海外と日本の事業拠点で統一された仕事基準賃金がスタンダードになる！

注

1）法定福利厚生のうち，業務中や通勤中に起きたケガ，病気，死亡に対して保障を行う「労災保険」と子育て支援に充てられる「子ども・子育て拠出金」は，会社（雇用者）が全額支払う義務になっています。

2）2019年度で調査が終了しているため，2019年以降も同様の変化が見られるかについては留意する必要があります。

3）確定拠出型年金には，企業型と個人型の2種類が存在し，企業型は会社（雇用者）が，個人型は加入者（被雇用者）が全額掛金を支払います。本文中で述べた確定拠出型年金は，企業型に相当します。なお，個人型の確定拠出型年金はiDeCo（イデコ）（individual-type Defined Contribution pension plan）と呼ばれ，従来は自営業者や企業年金のない会社員に限定されていました。しかし，2017年1月から20～59歳の人なら原則誰でも加入することができるようになりました。2022年の改正では，給付金の受給開始時期の選択肢や加入要件が拡充されています。また，2024年12月の法改正により，企業年金・共済の加入者の掛金の上限額が引き上げられ，iDeCoがさらに活用しやすくなりました。掛金と運用益に税金がかからないことや所得控除といった税制面での優遇があることから，老後の資産形成として近年注目されています。

本章の演習問題と読書案内はこちらから→ 

第9章

組織は人の安全と健康をどのように守っているのか

安全・衛生

❖この章のねらい

安全・衛生管理と聞いても何のことかよくわからない，というのが正直な感想ではないでしょうか。それは賃金管理や昇進・昇格管理のように，従業員個人の処遇と直接関係するものではないところが大きいからだと思われます。また，何かをつくり出すという取り組みではなく，事故や病気などを未然に防ぎ問題が起こらない状態を保つ取り組みであるために，何をしているのかがみえにくいことも１つの要因かもしれません。しかし，職場で事故が発生しない，仕事によって健康を害しないという当たり前と思っていることも，安全・衛生管理が行われているからこそ得られるものです。健康は失ってはじめてそのありがたみを知るといわれるように，事故が起きたり健康を害したりしてから対処するだけでは，マネジメントとしては失格です。安全・衛生管理を支える法律や仕組みとともに，人的資源管理として従業員の心身の健康をいかに維持していくのかをみていくことにしましょう。

◆この章で学ぶキーワード

◎就業条件管理　◎リスクマネジメント　◎労働安全衛生法
◎労働者災害補償保険法　◎メンタルヘルス　◎ハラスメント

1　安全・衛生管理とは

1−1　安全配慮義務

人を雇って働いてもらう使用者（事業者）には，労働者（従業員）の心身の健康と安全を守ることが求められます。これは社会的規範にとどまらず，法律でも安全配慮義務として謳われています。労働安全衛生法などの法律については，後ほど2-1，2-2で詳しくみますが，本章の最初に，まず安全配慮義務についてみておくことにしましょう。

労働契約法第５条には次のように定められています。

（労働者の安全への配慮）

第５条　使用者は，労働契約に伴い，労働者がその生命，身体等の安全を確保しつつ労働することができるよう，必要な配慮をするものとする。

また，労働安全衛生法では，第３条で「事業者等の責務」として，「単にこの法律で定める労働災害の防止のための最低基準を守るだけでなく，快適な職場環境の実現と労働条件の改善を通じて職場における労働者の安全と健康を確保するようにしなければならない」ことを定めています。

このように人を雇って働いてもらう際には，使用者には安全配慮義務が課せられているという最も大切なことをまず確認しておきましょう。

1-2　最高のパフォーマンスを発揮するには

第１章で人的資源管理の役割の１つに「人を働かせて能率を上げる」ことがあることを確認しました（☞10ページ）。働く人が最高の能率を発揮するのはどういうときでしょうか。人的資源管理施策がうまく機能したとき，というのが理想的な答えかもしれませんが，その大前提となるのは，働く人が心身ともに健康な状況であることに異論はないでしょう。39度の発熱をおして職場に来ている人や骨折して松葉杖をつきながら仕事をしている人のパフォーマンスは，その人たちが健康なときと比べれば間違いなく劣っているはずです。誰でも，最高のパフォーマンスを発揮するためには肉体的にも精神的にも問題のない状態にあることがまず必要です。

お金をもらって働く以上，心身ともに健康な状況を保つのは個人の責任である，という見方も成り立つかもしれませんし，自己管理が必要なことはいうまでもありません。しかし，職場環境や設備など使用者でなければ改善したり取り替えたりできないことも多くあり，労働者の心身を健康な状況に保つために必要な職場の諸条件を整える義務は，先ほど確認した安全配慮義務の通り，使用者に求められます。従業員が最高のパフォーマンスを発揮できるように，「人を働かせて能率を上げる」ための必要条件として，従業員の心身を健康な状況に保つことが，人的資源管理の一分野としての安全・衛生管理に求められる最も基本となる役割です。

1-3　就業条件管理と安全・衛生管理

人的資源管理概念が普及するまでの労務管理の時代には，安全や衛生の問題は主に作業条件管理や就業条件管理の中で扱われてきました。**就業条件管理**とは，労働時間，生産設備や原材料，職場環境，労働者の生活諸条件などを適正化することで，労働者の過労，疾病や労働災害などを未然に防ぎ，労働者の心身を健全な状態に保つことによって人的資源管理の目的達成に直接・間接に役立てようとする管理諸施策のことです（森 編［1989］）。つまり，本書では独立した1つの章として取り上げている安全・衛生管理（本章）や労働時間の管理（第14章）などが，就業条件管理としてまとめて考えられていたわけです。

就業条件管理の直接機能として，従業員の過労，労働災害，疾病の防止があります。同時に，間接機能として，能率の低下，欠勤，離職，経営への不信感や労使紛争の増大を抑えることが挙げられます。直接機能による防止がうまく働かずに，過労，災害，疾病が発生するようになると，間接機能として抑制すべきことがらが生起してしまいます。具体的な例を挙げてみてみましょう。

例えば，ある工場の職場では騒音が激しく，空調設備も整っておらず，夏は非常に高温になるとしましょう。そうした職場での仕事は能率が低下します。職場環境が劣悪なために仕事がはかどらないのに，使用者はそれらを改善しようとせずに，製造目標を達成するように厳しくいうばかりです。すると，従業員はそうした職場には行きたくなくなってしまったり，実際に健康を損ねてしまったりすることになり，それらが欠勤につながり，さらには離職にまで至る場合もあります。こうしたことが起こると，問題が起こる前に手だてを講じなかった経営に対する不信感が高まり，それらが労使間の交渉事項となれば，最悪の場合，紛争にまで至ったりします。こうなると，単に騒音がひどいという職場の就業環境の問題だけにとどまらなくなってしまいます。こうした事態を招かないように，就業条件管理には，先述した直接・間接の機能が求められています。

ところで，安全・衛生管理の安全と衛生は何を意味するのでしょうか。後ほど詳しくみる労働安全衛生法の中にも安全や衛生についての定義はありません。同法は英語ではIndustrial Safety and Health Actと表記されるので，事故や災害などにつながる物理的な危険を防止することが安全，化学物質やストレスの発生源など健康への悪影響を防止するものが衛生とも読み取れます。あるいは，労働災害が通常の状態で発生する場合と異常な状態で発生する場合があることに着目して，労働災害を防止するために事故などの異常な現象が起きないようにすることが安全であり，労働災害を防止するために通常の作業状態を改善することを衛生と捉える考え方もあります（井上［2010］）。

こうした見方の背後には，安全と対になる概念として危険が想定されており，危険をもたらすもの（従業員の心身に傷病をもたらす要因）を把握し，それらが実際に危険を生じさせないように，あるいは万一生じたとしても，その影響を最小限に抑えられるように対処するという姿勢が認められます。こうした考え方は，経営管理における**リスクマネジメント**につながります。リスクマネジメントも広範な領域を扱い，その概念も多様ですが，一般にリスクとは「事故発生の可能性」を指し，日本語の「危険」とは異なる概念として把握されています（亀井・亀井［2009］）。

危険をもたらす要因のことは**ハザード**（hazard）と呼ばれますが，リスクはハザードとそれが実際に起こりうる確率との積で表されることになります。したがって，論理的にはハザードか起こりうる確率のいずれかを0にできればリスクはなくなります。職場にあてはめてみると，大型のプレス機や化学物質はハザードになります。業務遂行上これらをなくすことはできませんから，こうしたハザードからは一定の距離を保ったり，扱える人を限定するなどしてハザードとの関わり方に関する規則を制定したりします。これによって，起こりうる確率を小さくしていくことでリスクを低下させます。また，後ほどみる喫煙対策として職場の禁煙化に踏み切るなど，ハザードそのものを取り除いて0にすることでリスクをなくす方向でも取り組まれています。

このように，就業条件管理としてではなく，人的資源管理の一分野の安全・衛生管理として従業員の心身の健全な状態を保とうとする見方には，リスクマネジメントの視点が強く意識されていると考えられます。したがって，本書では安全・衛生管理を「業務遂行において従業員の心身の健康に影響を与えるリスクを把握し，それらを減らすための人的資源管理における取り組み」として捉えておきます。

1-4　安全・衛生管理の必要性

安全・衛生管理がなぜ必要なのかは，法的，心理的，倫理的，経済的といったさまざまな点から説明されます（ブラットン・ゴールド 著，上林ほか 監訳［2009］）。法的には，先ほど安全配慮義務でみたとおり，労働安全衛生法などが，事業者の責任として職場の安全衛生を維持することを義務づけています。後ほど2-1，2-2で詳しくみることにします。

心理的な視点からすると，先述した工場の事例にあるように，安全・衛生管理の行き届いた職場は，労使間の信頼関係を高めることにつながります。なぜなら，そうした職場では従業員が，経営者は自分たちが安全に働く権利を認めてきちんと対応してくれていることを感じることができるからです。その結果，従業員のコミットメントも高まり，業務効率も改善されることになります。

倫理的な視点からも労働安全衛生への取り組みは要請されますが，今日では**CSR**（Corporate Social Responsibility：**企業の社会的責任**）の一環としても安全・衛生管理の行き届いた職場の提供が求められています。それは経済的な問題や法的な問題としてではなく，企業の社会的な責任として，安全で事故や疾病のない職場を提供することが従前以上に求められるようになってきているからです。例えば，パナソニックグループの「統合報告書2023」では，人事戦略の項において，「安全・安心・健康に，はたらく。――安全・安心・健康な職場づくり」として，安全・安心な職場づくり，健康経営，コンプライアンスの徹底に向けたハラスメント防止の取り組み（日本地域）の3つが挙げられています（パナソニックホールディングス株式会社［2023］，30ページ）。

経済的な点からみると，安全・衛生管理を怠ると，事故や疾病などによって本来生産される製品やサービスが提供されなくなるという直接的な損失が発生します。また，そうした生産ロスを埋め合わせるための時間外労働手当や追加要員の費用などさまざまなコストもかかってきます。したがって，このような損失を回避するためにも安全・衛生管理に取り組むことが必要となります。また，心理的，倫理的な点からもわかるように，安全・衛生管理に取り組むことは労使間の信頼関係を強化して，結果的に組織業績の向上につながる可能性が高くなり，経済性を高めることにつながります。図9-1は，神鋼エンジニアリング＆メンテナンス社（現在，株式会社コベルコE&M。2022年4月1日に社名変更）において，従業員がいきいきしている職場が収益の増加にどうつながるかを図示したものです。それゆえ，経営者は安全・衛生管理への取り組みをコス

図9-1　神鋼エンジニアリング&メンテナンス社（当時社名）の健康いきいき職場と経営活動

視　点			
財務・組織目標の視点		収益の増加	
顧客の視点	既存顧客の獲得		新規顧客の獲得
社内プロセスの視点	クレームが減る		顧客満足度が高まる
学習と成長の視点	ミスの減少	実稼働時間の増加	工夫や改善
健康いきいき職場	職場の一体感（チームワーク）		従業員のいきいき

出所）労務行政研究所［2017］，42ページより。

トと捉えて，いかに少なく済ませるかを考えるのではなく，長期的な視点に立った将来への投資として考えることが必要です。

そして，リスクマネジメントという点からも安全・衛生管理が必要となるのは先述した通りです。従業員の傷病の発生を防いだり，事故や病気の発生による経済的な損失を防いだりするだけではなく，事故などが発生した場合の社会的な評価というリスクにも対応しなければなりません。死傷者を出す労働災害や**過労死**の裁判で敗訴して社名が報道されることによって，商品の買い控えや就職希望者の減少が起こるなどの連鎖的な影響は避けがたいものになります。職場での安全・衛生管理の不徹底が，単に社内の問題だけにとどまらず，対外的な問題にまで拡大する危険性があるのです。

このようにさまざまな点から，組織には安全・衛生管理の必要性が求められています。

キーポイント 9.1

安全・衛生管理は，法的，心理的，倫理的，経済的な点からその必要性が認められている。さらには，リスクマネジメントという点からも必要とされている！

2　安全・衛生を支える法律と労働災害の現状

法的な視点からの安全・衛生管理の必要性は先ほど指摘したところですが，本節ではその点について詳しくみたうえで，労働災害の現状について確認していくことにしましょう。

2-1　労働安全衛生法

労働安全衛生法（以下，安衛法）は，労働基準法（以下，労基法）「第5章 安全及び衛生」で定めていた安全・衛生管理に関わることがらを分離独立させ1972年に制定されました。高度経済成長期における機械設備の大型化や複雑化，新たな危険・有害原材料の使用などに伴い労働災害が多発した事態に対処する必要があり，労基法の規制を抜本的に充実させるために安衛法は制定されました（菅野・山川［2024］）。

安衛法の目的は同法第1条に次の通り定められています。

> この法律は，労働基準法と相まつて，労働災害の防止のための危害防止基準の確立，責任体制の明確化及び自主的活動の促進の措置を講ずる等その防止に関する総合的計画的な対策を推進することにより職場における労働者の安全と健康を確保するとともに，快適な職場環境の形成を促進することを目的とする。

第3条で，職場の安全・衛生管理は経営者の責務であることが示されているのは先ほどみた通りです。同時に，「労働者は，労働災害を防止するため必要な事項を守るほか，事業者その他の関係者が実施する労働災害の防止に関する措置に協力するように努めなければならない」（第4条）ことも謳われており，職場の安全・衛生体制は，経営者だけではなく労使が協力して築き上げていくべきものであることが理解できます。

なお，この法律では労基法で用いられていた「使用者」（労基法第10条）ではなく，「事業を行うもので，労働者を使用するもの」と定義される「事業者」（安衛法第2条）が用いられます。これは，使用者には事業主や経営者だけではなく管理者なども含まれるので，その範囲が拡大し責任の所在が曖昧になることを避けるために，その事業の経営主体に安全衛生上の責任があることを明確にしたものです。この点は，後述するように，安全・衛生管理に経営トップの関与が必要であることともつながってきます。

「安全衛生管理体制」（安衛法第3章）においては，業種や規模による違いはあるものの，総括安全衛生管理者，安全管理者，衛生管理者の選任を義務づけています（第10～12条）。さらに，業種を問わず，常時50人以上の労働者を使用する事業場ごとに，一定の資格をもった医師の中から労働者の健康管理を担当する**産業医**を選任しなければなりません。一定規模以上の事業場には，安全に関する事項について審議などを行う安全委員会や衛生委員会（または安全衛生委員会）の設置も義務づけられています（第17～19条）。

また，「健康の保持増進のための措置」（安衛法第7章）では，作業環境の測定や労働者の健康管理として，定期的な一般健康診断の実施が定められています。さらに，事業者は，作業環境を快適な状態に維持管理するための措置や作業方法を改善するための措置，労働者の疲労を回復するための施設の設置などを通じて，快適な職場環境の形成に努めなければなりません（第71条の2）。

安衛法は，その条文を読めばすぐに気づくように規則の原則を定めたものであって，具体的な内容については，「労働安全衛生法施行令」「労働安全衛生規則」「クレーン等安全規則」などの政令や省令によって定められています。企業は，こうした法令を熟知したうえで，自社に最適な形で安全・衛生管理の諸施策を実施することが必要なことはいうまでもありません。そこに人的資源管理の一機能として安全・衛生管理に取り組む意義が生まれてくることになります。

2-2　労働者災害補償保険法

安衛法は，労働者の安全と健康の確保，快適な職場形成とともに労働災害の防止を目的に掲げていましたが，現実には労働災害は発生しています。労働災害の発生が防ぎきれないものである以上，それにより負傷・疾病を被ったり死亡したりした労働者に対する補償は社会的にも必要なものとなります。

労基法第8章「災害補償」では，労働災害については使用者に無過失賠償責任を負わせ，療養補償（第75条）などを義務づけています。ただし，この労災補償が成り立つには，使用者が補償額を支払うだけの財力をもっていることが必要です。けれども，すべての使用者がそれだけの資力をもっているとは限らず，労働者が泣き寝入りせざるをえないような場合も起こりうることは容易に想像できます。それでは傷病を被ったり死亡したりした労働者やその家族，遺族はたまったものではありません。そのために，保険制度をもってこの補償を行う制度が整えられており，それを定めているのが1947年に制定された**労働者災害補償保険法**（以下，労災保険法）です。

労災保険は基本的にすべての事業に強制適用され，保険料は事業者のみが納付しますが，労働災害が発生した場合の保険給付は労働者が直接受けることになります。業務災害に関する給付が行われるのは，労働者が業務上，負傷・疾病・障害を被ったりまたは死亡したりした場合です。「業務上」であるか否かの判断は，傷病等と業務との間に因果関係があるかという**業務起因性**と，労働者が事業主の支配下にあるときに傷病を発生させた事故などの災害が起こったかという**業務遂行性**とによって行われます。

ただし，災害による負傷の場合に比べて疾病の場合には，業務上であるか否かの判断（労働災害として認定されるか否か）が非常に難しくなります。そこで「業務上の疾病」の範囲は労基法施行規則別表第1の2に例示されています。また，例示されているもの以外の疾病でも，業務との因果関係が証明されて，同11号「その他業務に起因することの明らかな疾病」に認められれば「業務上の疾病」となります。後ほどみる過労死等の労災認定は，これに基づいてなされています。

労災保険制度は基本的に事故や疾病を未然に防ぐことを直接的な目的とはしていませんが，労災保険が整備されていることで，労働者は万一の場合には保険給付によって金銭的な補償が得られることとなり，不安なく仕事に取り組める効果が期待できます。また，一定規模と継続期間を満たす事業については，労働災害が多いと保険料が高くなり，少ないと低くなる**メリット制**が適用されます。これは，使用者が労働災害を減らすように努めるインセンティブとして機能します。それゆえ，労災保険制度は事後的な補償機能だけではなく，安全・衛生管理に寄与する機能も間接的にもち合わせていることになります。

労災保険は業務災害と通勤災害に関して保険給付を行っていましたが，過労死に対する社会的な関心が高まってきたこともあり，2000年には**二次健康診断等給付**も新たに加わりました。二次健康診断等給付とは，安衛法に基づく一般定期健康診断（一次健康診断）の結果，①血圧，②血中脂質，③血糖，④腹囲またはBMI（肥満度）の4項目いずれについても異常の所見を診断された場合に，保険給付として脳・心臓疾患に係る二次健康診断等を受けることができるものです。先ほど労災保険制度は基本的に事故や疾病を未然に防ぐことを直接的な目的とはしていませんと述べましたが，二次健康診断等給付は例外的に業務に由来する疾病などを未然に防ぐ機能をもっているものとなります。

こうした法律の改正は社会の動きを反映したものであり，これらの動向は当然，安全・衛生管理のあり方にも影響を与えることになります。この点は本章第3節で詳しくみることにしましょう。

2-3　労働災害の状況

従業員が仕事中に負傷したり，仕事が原因で病気になったりすることはないにこしたことはありません。しかし，残念ながら実際には現在でも多くの労働災害が発生しています。ここでは，厚生労働省「労働災害動向調査」の結果をもとに，労働災害の現状についてみていくことにしましょう。本調査では**労働災害**とは，「労働者が業務遂行中に業務に起因して受けた業務上の災害のことで，業務上の負傷，業務上の疾病及び死亡」のこととされています。先にみた通り，労働災害であるかどうかは，労働者の負傷，疾病，死亡が，労働者が仕事に従事していることとの因果関係をもつかどうかによります。

図9-2は，労働災害の推移を度数率と強度率で示したものです。**度数率**とは，「100万延べ実労働時間当たりの労働災害による死傷者数で，災害発生の頻度」を表し，数式で表すと次のようになります。

$$\frac{\text{労働災害による死傷者数}}{\text{延べ実労働時間数}} \times 1{,}000{,}000$$

1人当たり年間実労働時間が2000時間で従業員が1000人の事業所では，年間延べ実労働時間数は200万時間になります。この事業所における年間死傷者が1名の場合の度数率は，2分の1となります。度数率は災害発生の頻度を表しますから，数値が小さいほど労働災害が起こっていないことを示しています。

一方，**強度率**とは，「1000延べ実労働時間当たりの労働損失日数で，災害の

■図9-2　労働災害率（度数率および強度率）の推移

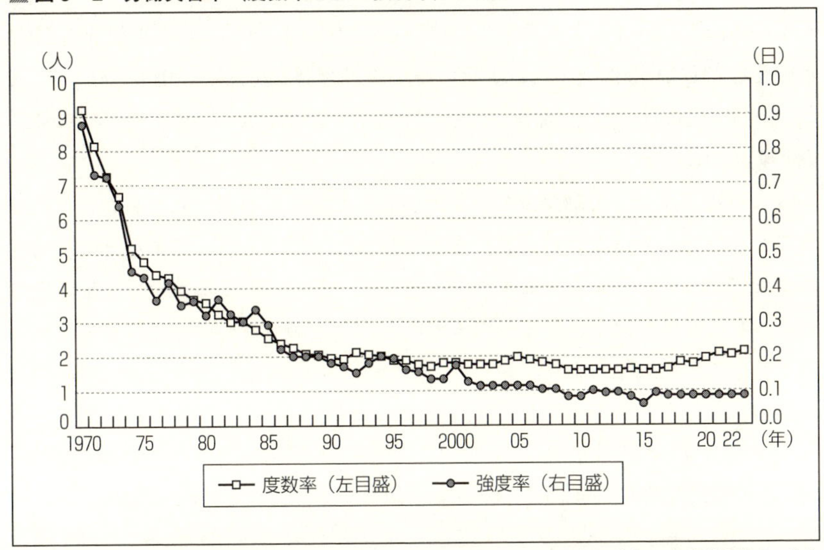

注）2008年から調査対象産業に「医療，福祉」を追加したため，2007年以前との時系列比較は，また2011年から「農業，林業」のうち農業を追加したため，2010年以前との時系列比較は注意を要する。
出所）厚生労働省「労働災害動向調査」各年版をもとに筆者作成。

重さの程度」を表し，数式では次のように表されます。

$$\frac{\text{延べ労働損失日数}}{\text{延べ実労働時間数}} \times 1{,}000$$

延べ労働損失日数とは，労働災害による死傷者の延べ労働損失日数のことをいい，けがの状態に応じて労基法施行規則に規定された身体障害等級表の基準により算出されます。強度率は災害の重さの程度を表すので，数値が大きいほど重大な災害が起きていることを示しています。

高度経済成長期末期にあたる1970年代初期の度数率や強度率は現在の数値と比べると非常に高く，当時はいかに労働災害が多かったのかが確認できます。こうした事情を背景に，安衛法が制定されたことは先にみてきた通りです。同時に，その後の数値の改善度合いから，どれほど労働災害の防止に取り組まれてきたのかが容易に想像できるでしょう。

この点は労働災害による死亡者数の推移からも確認できます。2023年の死亡者数は755人で，前年より19人減って史上最少となりました（新型コロナウイルス感染症へのり患による労働災害を除いたもの）。しかし，約半世紀前の1974年の死亡者数は4330人でした。その後，1994年は2301人，2014年は1057人という減少過程を経て，現在に至っています（厚生労働省労働基準局安全衛生部安全課［2024］）。

読者の皆さんも，労働災害というと事故などによる負傷や死亡を思い浮かべることが多いのではないかと思います。しかし，労働災害には業務上の疾病も含まれているのは先にみた通りです。そして，それに関する安全・衛生管理の必要性がこれまで以上に高まってきています。この点については，節を改めてみていくことにしましょう。

キーポイント9.2

安全・衛生管理と関わりの深い法律は安衛法と労災保険法であり，特に，安衛法は，職場での労働者の安全と健康の確保，快適な職場環境形成の促進を目的としている！

3　安全・衛生管理の新たな課題

3-1　メンタルヘルスと脳・心臓疾患

これまで，安全・衛生管理は，機械装置や有害物質など物理的・化学的要因による労働者の安全・健康への影響の未然防止が中心で，職場におけるストレスなど労働者の心の健康への影響に対する取り組みは相対的に少なかったといえます。しかし，いわゆる成果主義の台頭と頃合いを同じくして，職場におけるストレスが従業員の心身に与える影響が非常に大きくなり，安全・衛生管理としてもこれまで以上にこの問題に取り組まなければならなくなってきました。これは，一般的には**メンタルヘルス**と呼ばれるもので，「心の健康を保つこと」，もっといえば「よりよい健康な心を得ること」です（島［2007］，32ページ）。

近年，労働者の受けるストレスは強く，図9-3に示されているように，「仕事に関して強い不安，悩み，ストレスがある」労働者が，1990年代末から2017年まではずっと約6割程度だったのが，2022年には8割へと急増してい

図9-3　仕事に関して強い不安，悩み，ストレスがある人の割合

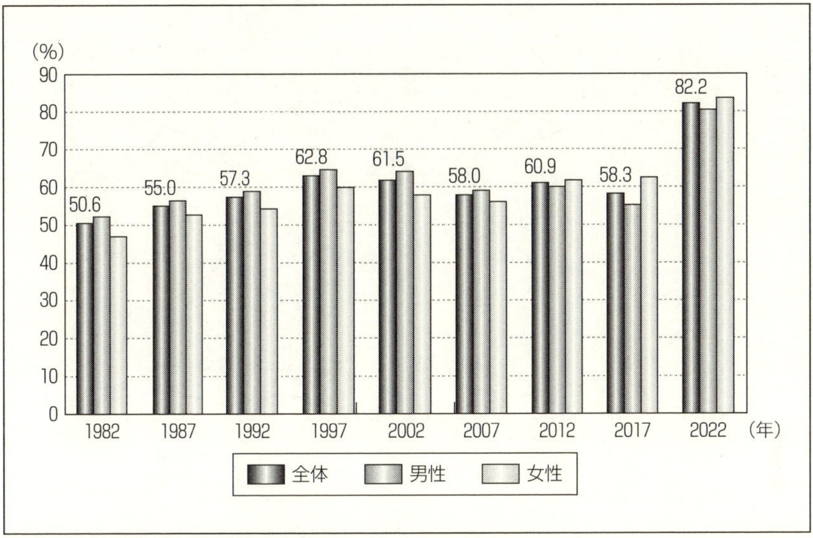

出所）厚生労働省「労働者健康状況調査」各年版より筆者作成。

ます。また，心の病の増減傾向を尋ねた場合も，2006年から21年までは「増加傾向」とする企業は減る傾向に，「横ばい」と「減少傾向」は程度の差こそあれ増える傾向にあったのが，23年には「増加傾向」が急増し，「横ばい」は急減，「減少傾向」も減少していることが，図9-4から確認できます。

さらに，心の病だけでなく，長時間労働などの過重労働が大きな要因と考えられる脳・心臓疾患も増えています。脳・心臓疾患に係る労災請求の推移をみても，請求件数や支給決定件数は長期的には増加傾向にあり，認定率は近年急増しています。このように近年，心の病や脳・心臓疾患を患う人たちが増えてきており，従業員やその家族，組織，さらには社会に与える影響の増大に伴って，それらへの社会的な対応が求められています[1)]。2000年に労災保険制度において脳・心臓疾患に関する二次健康診断等給付が設けられたことを思い出してください。それゆえ，企業にとっては，安全・衛生管理の一環としてメンタルヘルスに取り組むことが喫緊の課題となってきています。また，このことは安全・衛生管理を行うにあたって，労働者の肉体的な問題のみならず，精神的な問題にもこれまで以上に対処を迫られていることを意味しています。

国のメンタルヘルス活動への取り組みとして，厚生労働省（旧労働省）は

図9-4　心の病の増減傾向

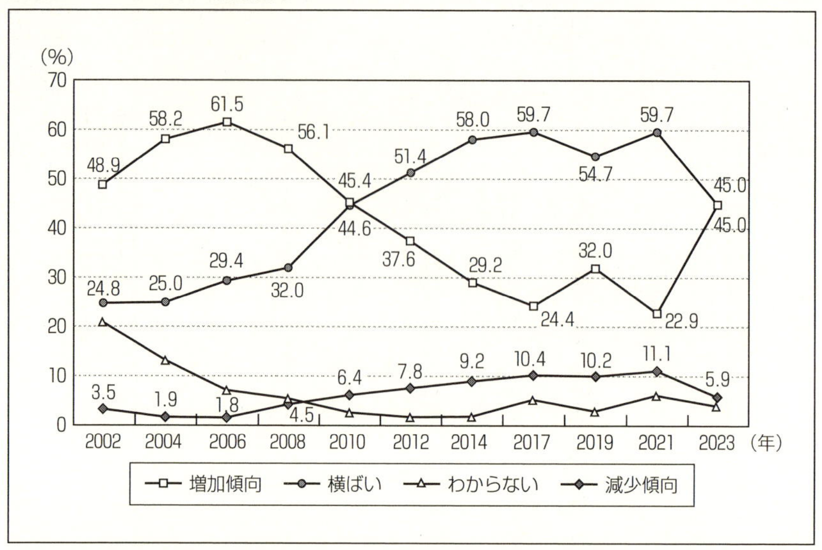

出所）日本生産性本部［2023］，2ページをもとに筆者作成。

2000年に「事業場における労働者の心の健康づくりのための指針」を策定しています。ここでは，メンタルヘルスを推進するために「セルフケア」「ラインによるケア」「事業場内産業保健スタッフ等によるケア」「事業場外資源によるケア」の4つのケアの必要性が掲げられています（図9-5）。また，2006年には，メンタルヘルス対策の適切かつ有効な実施をさらに推進するために「労働者の心の健康の保持増進のための指針」が公示されました。この指針は2000年の指針と比較して，一次予防（病気にならないような対策），二次予防（病気の早期発見と早期の対応），三次予防（病気の再発予防・復職の支援）を含んだ，より包括的な対策を示した点が重要です（島［2007］，123ページ）。

さらに，安衛法が改正され，2015年12月1日から従業員50人以上の事業場を対象にストレスチェック制度が施行されました。この制度は，労働者のストレス状況について定期的な検査を行い，労働者自身のストレス状況についての気づきを促すことで，メンタルヘルス不調のリスク低減とともに，職場環境の改善につなげる取り組みです。

こうした動きを受けて，従業員への情報提供によるメンタルヘルスに関する知識の向上，管理職に対するメンタルヘルス対応に必要な行動の教育，面接な

図9-5　メンタルヘルスケアの具体的な進め方

セルフケア

◎労働者への教育研修および情報提供
- ストレスおよびメンタルヘルスケアに関する基礎知識
- セルフケアの重要性および心の健康問題に対する正しい態度
- ストレスへの気づき方
- ストレスの予防，軽減およびストレスへの対処法
- 自発的な相談の有用性
- 事業場内の相談先および事業場外資源に関する情報
- メンタルヘルスケアに関する事業場の方針

◎セルフケアへの支援等

ラインによるケア

◎ラインによるケアの推進
- 職場環境等の改善
- 労働者に対する相談対応

◎ラインによるケアを推進するための環境整備
- 管理監督者への教育研修および情報提供
- 管理監督者に対する支援等

事業場内産業保健スタッフ等によるケア

◎事業場内産業保健スタッフ等によるケアの推進
- 職場環境等の改善
- 労働者に対する相談対応等
- ネットワークの形成および維持

◎事業場内産業保健スタッフ等の役割
- 産業医等
- 衛生管理者等
- 保健師等
- 心の健康づくり専門スタッフ
- 人事労務管理スタッフ

◎事業場内産業保健スタッフ等によるケアを推進するための環境整備
- 事業場内産業保健スタッフ等への教育研修および情報提供
- 事業場内産業保健スタッフ等への支援等

事業場外資源によるケア

◎事業場外資源の活用

◎事業場外資源とのネットワークの形成
- 大規模・中規模事業等
- 小規模事業等

出所）労働省［2000］をもとに筆者作成。

ど従業員と組織の間のコミュニケーション経路の確保，社内外の専門家による支援体制の確立といったことに取り組む事業場が増えてきています。

安全・衛生管理としてメンタルヘルスに取り組むためには，こうした施策を場当たり的に行うのではなく，体系立てて組織的なシステムとして行うことが重要になってきます。人的資源管理においては人事部門とラインの管理職が協力しあうことが原則ですが，メンタルヘルス対策においても，人事部門が全社的な対策の枠組みをデザインし，管理職が部下とのコミュニケーションを深めて日常行動の変化に気づくことが重要になります。また，産業医などの事業場内産業保健スタッフや社外の専門のカウンセラーらが，従業員の公私双方の悩みや問題点に対してアドバイスを行うサービスとして**EAP**（Employee Assistance Program：従業員支援プログラム）があります。

心の病と組織風土の関係を調べた調査結果では，「人を育てる余裕がなくなってきている」「組織・職場とのつながりを感じにくくなってきている」「仕事の全体像や意味を考える余裕が職場になくなってきている」組織では，そうでない組織に比べて心の病の増加傾向が強くなっていることが確認されています

(図9-4と同じ調査)。このことはメンタルヘルスの問題は単に個人の資質によるものではなく，組織風土という組織が率先しなければ変えていけないものに起因する可能性が高いことを示しています。職場の人間関係が希薄になったり，育成や相互援助を行う余裕がなくなったりしてきたのは，いわゆる年功型労務管理の終焉以降に多くみられる傾向があります。また，新型コロナ禍での在宅勤務など職場での対面機会の減少が直近のメンタルヘルス関連事象の急増を招いているのかもしれません。こうしたことを踏まえると，安全・衛生管理としてのメンタルヘルスへの取り組みは，今後しばらくは集中的に必要であると考えられます。

3-2　ハラスメント

ハラスメントとは一般には，人に対する嫌がらせのことを意味します。職場におけるハラスメントは新しく現れてきた問題であり，人的資源管理の分野に限らず，概念や定義も確立しつつあるような状況です。職場におけるハラスメントには，**セクシュアル・ハラスメント**，**パワー・ハラスメント**，モラル・ハラスメントがありますが，日本の人的資源管理の現状では，セクシュアル・ハラスメントとパワー・ハラスメントが特に対応すべき課題として扱われています。

セクシュアル・ハラスメントとは，「職場において，労働者の意に反する性的な言動が行われ，それを拒否するなどの対応により解雇，降格，減給などの不利益を受けること」または「性的な言動が行われることで職場の環境が不快なものとなったため，労働者の能力の発揮に悪影響が生じること」(厚生労働省「こころの耳」内「用語解説」) です。例えば，上司が部下の女性の意に反して執拗に食事に誘ったものの，その部下から誘いを断られたことを理由に降格処分を下すケースや，職場で同僚の容姿について毎日意見をいう人がいるために，職場のメンバーがその人と一緒に働きたくないと思うようになり，仕事の能率も落ちてしまうようなケースが挙げられます。セクシュアル・ハラスメントは，上司と部下の関係だけではなく，同僚間でも認められます。また，女性に対する言動だけではなく，男性に対する言動もセクシュアル・ハラスメントの対象となります。男女雇用機会均等法は，セクシュアル・ハラスメント対策として必要な措置を講ずることを事業主に義務づけています (第11条)。

パワー・ハラスメントとは，「職権などのパワーを背景にして，本来の業務の範疇を超えて，継続的に人格と尊厳を侵害する言動を行い，就業者の働く関係を悪化させ，あるいは雇用不安を与えること」（厚生労働省「こころの耳」内「用語解説」）をいいます。例えば，考課結果が悪い部下に対して上司が，「お前のようなやつは早く辞めてしまえ」などと人格を否定するような言葉を毎日い い続け，結果としてその部下が職場に行きたくなくなってしまうケースが挙げられます。

厚生労働省「個別労働紛争解決制度の施行状況」によると，民事上の個別労働紛争相談件数に占める「いじめ・嫌がらせ」に関する相談件数は，2012年度に「解雇」を抜いて，5万1670件，17.0％と一番大きな割合を占めました。その後，件数は増える傾向にあり，2021年度には8万6034件，24.4％を占めるに至っています（厚生労働省［2022］）。ここでの「いじめ・嫌がらせ」はパワー・ハラスメントと表記されていないので，必ずしも上司から受けたものだけには限りませんが，ハラスメントと捉えて問題はないでしょう。

その後，都道府県労働局雇用環境・均等部（室）における労働施策総合推進法（パワーハラスメント関係）の相談件数は，パワー・ハラスメントに関するものが，2021年度は1万9537件（全体相談件数の83.6％），22年度は4万6149件（90.8％），23年度は6万53件（95.5％）と急増しています[2)]（厚生労働省「令和5年度の都道府県労働局雇用環境・均等部（室）における雇用均等関係法令の施行状況について」）。

また，セクシュアル・ハラスメントに関して，都道府県労働局雇用均等室への2023年度の相談内容の内訳をみると，セクシュアル・ハラスメントが5075件（全体の26.0％）で一番多くなっています。年度の推移をみても，セクシュアル・ハラスメントが一番多い状況が続いています。

こうした結果からもわかるように，現在，職場にはセクシュアル・ハラスメントやパワー・ハラスメントが広がりつつある状況であり，安全・衛生管理の問題としてもこれらを放置することはできなくなってきています。その理由として4つが挙げられます。

第1に，ハラスメントが従業員の心の健康を害するからです。いじめや嫌がらせを受けた人がイヤな気持ちになるだけにとどまらず，ハラスメントが原因で心の健康を害する人が多数出てきています。それはハラスメントを受けている本人だけにとどまらず，周りでみている人たちの気分も害したり，それを止められない自分を責めてメンタル面の問題を抱え込む人も周囲に出てきたりします。先にみたメンタルヘルスとハラスメントは強く関連しています。

第2に，ハラスメントが起こると本人のやる気や職場のメンバーのやる気が低下してしまいます。ハラスメントを受けて精神的負担を抱えている人はいうに及ばず，それを見聞きしている職場のメンバーのやる気にも負の影響を与えます。例えば，職場の仲間にハラスメントをしている上司の指示を素直に聞こうと思えるでしょうか。ハラスメントが起こるとそれは従業員のモラールダウンにつながります。

第3に，従業員のモラールダウンは生産性の低下につながります。本章の冒頭で，最高のパフォーマンスを発揮するためには心身の健全な状態が必要であることに触れましたが，心の健康を害したり，モラールが低下した従業員に最高のパフォーマンスを期待することはできません。そうした従業員の生産性が低下すれば，職場全体の生産性が低下することにもつながってしまいます。

そして，第4に，人材流出やよい人材が集まらない危険性が挙げられます。2007年10月には，東京地裁でパワー・ハラスメントによる自殺に初の労災認定の判決が出ました。その後，厚生労働省は2009年4月に，「心理的負荷による精神障害等に係る業務上外の判断指針」別表1「職場における心理的負荷評価表」を見直し，職場におけるひどい嫌がらせなどによる心理的負荷を反映したものに改正されました。図9－6に示される通り，精神障害等に係る労災請求の請求件数，支給決定件数とも近年，増加傾向にあります。こうした労災事故が起こる職場だと，それを理由に辞める人が出てきたり，そこで働きたいと思う人が減る可能性が高まります。

ハラスメントの多くは，ハラスメントを行った本人にそのつもりがないなど，社会的に現在求められている行動と本人の意識との間のギャップから起こってきています。ハラスメントに対しては，対策委員会を設置するなど，組織的な体制を整備して職場の雰囲気や意識の改革を行っていくことが，人的資源管理上，必要となってきています。

3-3　喫　　煙

学生の読者の皆さんは，職場で喫煙といってもピンと来ないかもしれませんが，かつては紫煙がくゆる中での会議は普通のことでした。たばこがない職場への変遷を振り返ってみましょう。

1989年の男性喫煙率は55.35％でしたが，2019年には27.1％まで減少しています（厚生労働省国民健康・栄養調査[3]）。ここからもわかるように，喫煙が健康

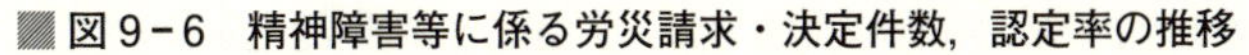

図9-6　精神障害等に係る労災請求・決定件数，認定率の推移

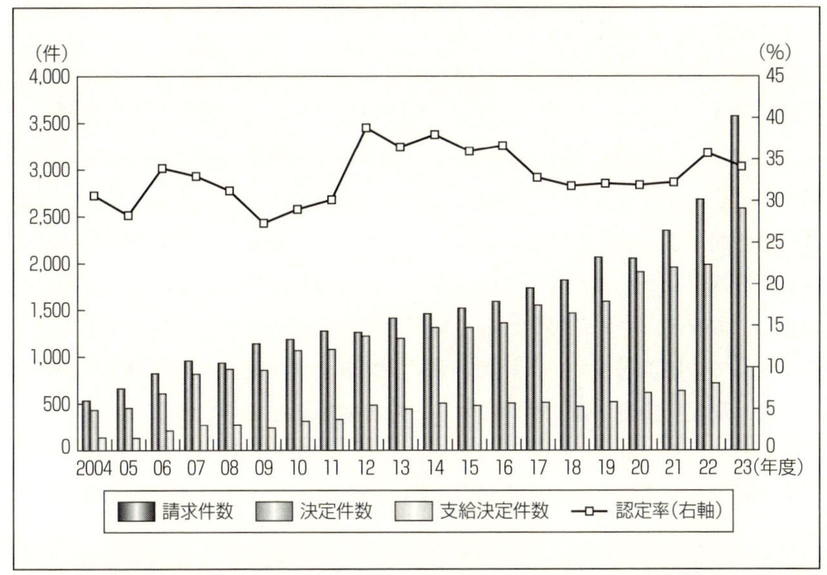

注）1　決定件数は，当該年度に請求されたものに限るものではない。本年度の請求件数と決定件数の差は，次年度以降に決定されることになる。

2　支給決定件数は，決定件数のうち業務上と認定された件数で，認定率は，支給決定件数/決定件数。

出所）厚生労働省「過労死等の労災補償状況」(2013年度までは「脳・心臓疾患及び精神障害等に係る労災補償状況」) 各年度版をもとに筆者作成。

に及ぼす影響の研究が進み，喫煙に対する社会の関心も高まるとともに，喫煙問題は職場においても安全・衛生管理として取り組むべき課題となってきました。

2002年に制定された**健康増進法**は，学校，事務所，飲食店などの「多数の者が利用する施設を管理する者は，これらを利用する者について，**受動喫煙**（室内又はこれに準ずる環境において，他人のたばこの煙を吸わされることをいう。）を防止するために必要な措置を講ずる」ことを努力義務化しています（第25条）。それに伴い，企業でも職場における受動喫煙防止に取り組むことが必要となってきました。

その後，安衛法も改正され，2015年6月から，労働者の健康を保持・増進する観点から，職場の受動喫煙防止対策が事業者の努力義務とされました（第68条の2）。さらに2018年7月に健康増進法が改正され，望まない受動喫煙の防止を図るため，さまざまな施設が原則屋内禁煙となり，20年4月から施行されました。これにより，ほとんどの職場では，設置された喫煙室を除いて屋内での喫煙はできなくなっています。

こうした状況から考えると，就職希望者が，職場環境整備の1つとして受動喫煙対策が十分になされているかどうかを職に就くための重要な判断指標とすることがないとも限りません。すると，職場の受動喫煙対策は既存の従業員に対する安全・衛生管理という問題にとどまらず，優秀な人材確保という人的資源管理戦略に関わる問題となってきます。さらに，職場での受動喫煙によって疾病を発症したとして，対策を講じなかった企業を相手に従業員から損害賠償請求の訴訟を起こされる可能性も否定できません。こうなるとリスクマネジメントとしての喫煙対策という様相を濃くしてきます。喫煙という個人の嗜好の問題も，職場の安全・衛生管理の対象となり組織として対応が必要になると認識するためには，従来の価値観にとらわれず，将来を見据えた新しい職場のあり方や働き方を構築していく姿勢を組織全体が共有することが求められます。

キーポイント9.3

安全・衛生管理の新しい課題として，メンタルヘルスやハラスメントなど労働者の精神的な問題や，喫煙への対応が求められている！

4　全社的な安全・衛生管理システムの構築と健康経営

以上みてきたように，安全・衛生管理には，従来の物理的・化学的要因による事故や災害による負傷・死亡の未然防止に加えて，メンタルヘルスやハラスメント，喫煙といった新たな課題への対策がよりいっそう求められるようになってきています。事故や災害による負傷や死亡は，負傷や死亡に至らしめた事象（原因）が明らかになりやすいとともに，原因となる事象の発生と負傷などの発生が同時に起こる場合がほとんどです。しかし，メンタルヘルスなどへの対応は，疾病の発症と原因となる事象との関係を明らかにすることも容易ではなく，また原因となる事象が起こった時点と疾病の発症との間に時間差が生じる場合も多くあります。

さらに，メンタルヘルスなどの問題は，特定の機械や物質を用いる部門だけ

コーヒーブレイク　**ABC：あたりまえのことを，馬鹿にせず，ちゃんとやる**

作家の糸井重里氏は，過剰な労働をなくすにはどうすればよいかについて語る中，「ちゃんとメシ食って，ちゃんと風呂に入って，ちゃんと寝てる人には，かなわない」といっています。さらに，自社でプロジェクトを始める際には，必ず「健康第一，おもしろ第二」「安全第一，おもしろ第二」というそうです。

本文中でも触れましたが，何かに取り組む際に，自分が一番よいと思える結果が出せるのは心身がどういう状態にあるときかをもう一度考えてみましょう。怪我や病気のときはいうまでもなく，身体が重く感じるとき，眠いとき，イヤなことやつらいことで心が落ち着かないとき，そんなときにはよい結果を生み出せないことは，おそらく誰もが経験的にわかっているはずです。

「あたりまえのことを，馬鹿にせず，ちゃんとやる」。経営の ABC として耳にしたことがある人も多いと思いますが，職場の安全・衛生管理，従業員の健康管理においても ABC は当てはまります*。

もちろん，仕事の都合で無理をしなければならない場合は多々あるでしょうし，個人のキャリアにとっても“修羅場”を経験することは必要でしょう。社会全体にとっても，寝食を忘れて課題に打ち込む人たちがいるからこそ発展があることも間違いありません。法を犯さない範囲で「仕事に没頭する自由」（森田［2013］）は，認められて然るべきでしょう。

しかし，ちゃんとご飯も食べられず，お風呂にも入る間もなく，睡眠もちゃんととれない，そんな状況で無理を利かせられるのは，人間である限り短い期間に限られます。1つのプロジェクトを終えたら仕事を辞めるつもりなら，それもありかもしれません。この課題を達成したら，めでたく会社をたたむつもりなら，そういう働かせ方も受け入れてもらえるかもしれません。けれども，多くの人は40年以上にわたる職業人生を歩もうとしています。ほとんどすべての会社は，永続させたいという思いで経営されているはずです。そういう長期の競争を考えた場合，糸井氏がいうように，食べる，寝るというあたりまえのことを，ちゃんとやっている人には，そしてそういう人たちがいる会社にはかなわないのではないでしょうか。

働きすぎて人が亡くなるという，あたりまえとは思えないことが起こってしまっています。いま一度，原点に返って，あたりまえのことを，馬鹿にせず，ちゃんとやっているかを考えてみる必要があるのではないでしょうか。

＊　小宮［2009］ではABCを「Aあたりまえのことを，Bバカになって，Cちゃんとやる」，としています。

（糸井［2016］をもとに筆者作成）

でなく，組織内のどの部門でも発生する可能性があるものです。そのために，未然防止の対策を講じるにも，先にみてきた通り，組織風土の改革や管理職の行動変革，従業員への情報提供，医療専門家との連携など多岐にわたる方策が従来以上に必要となってきています。

それゆえ，人事部門が中心となりながらも，管理職たちも率先して安全・衛生管理の推進に取り組む，全社的な安全・衛生管理体制を構築することが必要となってきます。そして，そのためには経営トップが関与して，短期的な変動に惑わされることのない長期的視点に立った安全・衛生管理システムを展開していくことが重要です。

そうした中，最近では，健康経営という考え方も広がってきています。その生みの親でもあるNPO法人健康経営研究会は，健康経営とは「『企業が従業員の健康に配慮することによって，経営面においても大きな成果が期待できる』との基盤に立って，健康を経営的視点から考え，戦略的に実践すること」としています[4)]（特定非営利活動法人健康経営研究会ウェブサイト）。アメリカでは1990年代初めには，経営管理と健康管理を統合的に捉えようとするヘルシー・カンパニーという概念が提唱されていました（ローゼン 著，宗像 監訳［1994］）が，日本で健康経営に関心が向けられたのは，2000年代以降であり，まだまだ日は浅いです。

とはいえ，株式市場においては，「健康経営銘柄」も生まれてきています。これは，経済産業省と東京証券取引所が共同で，従業員の健康管理に戦略的に取り組んでいる企業を「健康経営銘柄」として選定し，公表しているものです。これによって，健康経営に取り組む企業が，株式市場などにおいて適切に評価されることがめざされています。また，経済産業省が推進する「健康経営優良法人」の取り組みも進められており，健康経営を実践する企業がステークホルダーから社会的評価を得られる環境が整えられてきています。

これらはいずれも，これまで安全・衛生管理あるいは福利厚生の課題として扱われてきた従業員の健康管理に対して，企業の生産性と結びつく戦略的な課題として取り組んでいこうとするものです。こうなると，従業員の心身の健康保持は，安全・衛生管理の対象として人事部門が主たる責任を担う課題にとどまらず，全社的な安全・衛生管理システムの中で考えていく課題となってきます。その意味で，安全・衛生管理はこれまでにない新しい局面を迎えているといえるでしょう。

キーポイント 9.4

「健康経営」が着目されるようになり，安全・衛生管理は人事部門の課題にとどまらず，全社的な安全・衛生管理体制の中で考えていく課題となってきている！

注

1）例えば，厚生労働省は，平成21年度委託事業として，職場のメンタルヘルス対策（自殺予防対策を含む）および過重労働対策について，事業者，労働者，家族などからの基本的な問いかけに対し，迅速に，かつ，的確に対応できる基盤を整備する目的で，働く人のメンタルヘルス・ポータルサイト「こころの耳」（http://kokoro.mhlw.go.jp/）を開設しています。さらに，2015年1月30日には，長時間労働対策の強化が喫緊の課題となっていることを受けて，企業の自主的な働き方改革を支援するため「働き方・休み方改善ポータルサイト」（http://work-holiday.mhlw.go.jp）を開設しました。

2）2022年4月の改正労働施策総合推進法の全面施行に伴い，同法に規定する職場におけるパワー・ハラスメントに関する相談については同法に基づき対応されるため，「個別労働紛争解決制度の施行状況」における「民事上の個別関係労働紛争（のいじめ・嫌がらせ）」の相談件数には計上されなくなっています。

3）2020年と2021年の厚生労働省国民健康・栄養調査は，新型コロナウイルス感染症の影響により中止されています。そのため2024年8月時点で公表されている調査結果は2019年のものが最新となります（https://www.mhlw.go.jp/bunya/kenkou/kenkou_eiyou_chousa.html）。

4）「健康経営®」は，NPO法人健康経営研究会の登録商標となっています。

本章の演習問題と読書案内はこちらから→

第10章
組織は労働組合とどのように関わるのか

労使関係

❖この章のねらい

人を雇って働いてもらうと，そこには雇う側（使用者）と雇われる側（労働者）という関係が生まれます。それは使用者と労働者の一対一の場合もあれば，1人の使用者と労働組合との場合もあります。あるいは，使用者側を代表した団体と労働者側を代表した団体という全国レベルでの関係もあります。このように，使用者と労働者の関係はさまざまなレベルで存在し，その関係のあり方も多様ですが，本章では，労働者側の活動主体である労働組合の特徴や動向に着目します。労働組合の組織率は低下してきていますが，それはなぜなのか。労働組合の効果はなくなってきているのか。人的資源管理の視座から労使関係管理を扱うことの意義を確認したうえで，こうした点を解明しながら労使関係について理解を深めていきます。

❖この章で学ぶキーワード

◎労使関係／労資関係　◎労働三権（団結権，団体交渉権，団体行動権）
◎企業別組合　◎労使協議制　◎労使関係の個別化

1　労使関係管理とは

1-1　労使関係と労資関係

すでに本章のサブタイトルに「労使関係」と使われているように，ロウシ関係を表記する場合には，「**労使関係**」という表現が用いられるのが今では一般的です。今では，とあえてつけたのは，かつては「**労資関係**」という表現が主に用いられていたこともあったからです。発音すれば同じロウシ関係ですが，労資関係と労使関係ではその意味するところは異なります。なぜ，労資関係から労使関係へと変化していったのか，それぞれの言葉の意味を確認しながらみていきましょう。

まず，労資関係という場合，「労」が意味するのは労働者，「資」が意味するのは資本家です。そして，この場合の労働者は，生産手段を所有する資本家に対して生産手段を所有しない人たちとして捉えられます。労資関係という言葉は，資本主義社会において資本や生産手段をもつものともたないものという階級的な対立を前提として用いられることになります。

一方，労使関係という場合，「労」が意味するのはやはり労働者ですが，「使」が意味するのは使用者です。この場合の労働者は，使用者に対する概念として捉えられますから，指示を受けて働く人ということで，雇われて働く雇用者あるいは従業員を意味することになります。使用者を管理者とするならば，労働者は被管理者となります。

そうすると，労資関係から労使関係への移り変わりは，階級的な対立を前提として資本や生産手段をもつものともたないものとして働く人たちを捉えるよりも，経営を先導していく人たちとその指示を受けて活動する人たちとして働く人たちを捉えるほうが，そして階級的な対立は存在しないとして現実社会をみていくほうが，諸現象をうまく説明できると考え方が変わってきたことを示しています。例えば，パナソニックホールディングス株式会社代表取締役社長執行役員グループCEOの楠見雄規氏（2024年8月現在）は，一社員として当時の松下電器産業に入社し，昇進を重ねて同社の代表取締役社長執行役員に就いた後に現職に就任しています。このように，1人の従業員として入社した人が社長という経営の最高責任者になることができた例はいくらでもあります。労働者と経営者との間に絶対に越えることができない深い溝があると考えるのは不適当でしょう。

こうした「労」から「使」への立場の転換は，最初は一従業員として指示を受けて働くという役割から，昇進していくことによって指示をして管理をする側へと役割を変えていったものとして理解することができます。つまり，経営する側と指揮命令を受けて働く側との間には，どんなに努力しても越えられない階級的な壁があるのではなく，そこにある違いは社会的な役割分担の違いであり，誰もが「労」の側から「使」の側へと役割を変えていくことができるという考え方が根底にあるのです。また，そうした捉え方は，「労」と「使」は

図 10－1　労使関係の多層構造

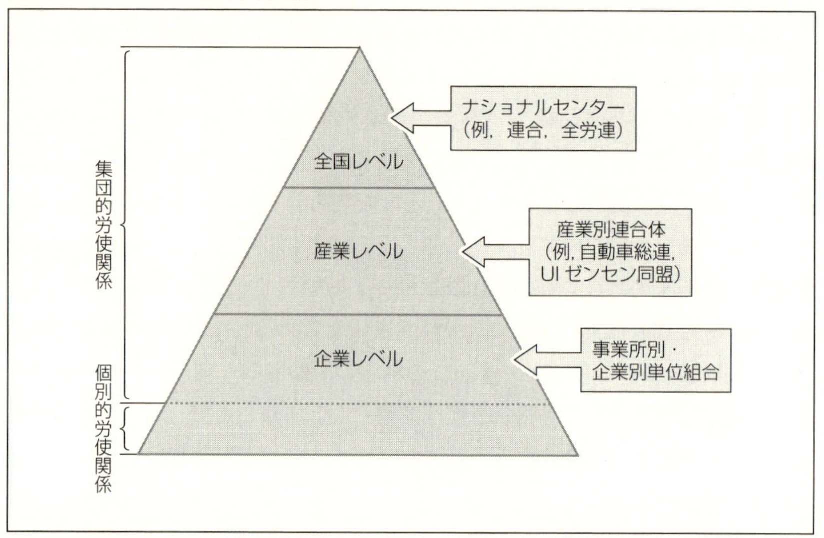

出所）筆者作成。

敵対的な関係ではなく，協調的なパートナー関係にあるという考え方にもつながっていきます。

1－2　労使関係のレベル

さて，労使関係という用語に込められた意味を理解してもらったところで，まず，労使関係（industrial relations）のレベルについてみていくことにしましょう。一般に，労使関係と聞くと各企業の労働者や**労働組合**と経営者との関係を思い浮かべる人が多いかもしれません。しかし，社会的な関係の中で労使関係を捉えると図 10－1 に示されたように，いくつかのレベルをもつ多層的な構造となります。

企業レベルの労使関係は，各企業の労働組合と経営者との間で形成されています。ただし，図 10－1 の企業レベルの破線より下の部分は，個別的労使関係に分類されているところに注意してください。本章第 4 節でみるように，近年，成果主義の広がりと時を同じくして，労働条件（特に賃金）が事実上決定される局面が，労働組合を通じた団体交渉の場から，組織の内部へとこれまで以上に移りつつあります。具体的には，人事部門が制度を策定する場面や上司と部下との評価の場面です。このことを示すために，図では，企業レベルを集団的労使関係と個別的労使関係にあえて分けてあります。

産業別レベルは，産業別の連合体と産業別使用者団体（日本自動車工業会，日本鉄鋼連盟など）との間で形成される労使関係です。さらに，全国レベルの労使関係は，労働組合の全国中央組織である**ナショナルセンター**と使用者団体の全国レベルの団体との間のものとなります。現在の日本のナショナルセンターとして日本労働組合総連合会（連合），全国労働組合総連合（全労連）などがあります。使用者の全国レベルの団体には，日本経済団体連合会（日本経団連）や全国中小企業団体中央会（全国中央会）などがあります。

このように労使関係にはいろいろなレベルがあり，それぞれつながりをもつ多層的な構造となっていますが，人的資源管理で着目する労使関係は企業レベルの労使関係となります。それはいうまでもなく，人的資源管理は，企業が経営目的を達成するために，働く人々（人的資源）を管理するための一連の活動であり，主たる対象は企業内部の活動だからです。

1－3　労使関係と人的資源管理

ここまで読み進めてきた学生の読者の皆さんの中には，大学では「労使関係論」という講義科目もあるのに，どうして人的資源管理のテキストブックの中で労使関係が扱われるのか不思議に思っている人がいるかもしれません。第1章第3節で人的資源管理の役割をみてきましたが，端的にいえば，人という資源を管理するために，労使関係にまで目を配ることが能率を高め，人を組織にとどめ，戦略との適合を図るという人的資源管理に役立ちやすくなるからです。

従業員が職場環境や労働条件に不満をもち，いくら経営者に訴えても，相手が聞く耳をもたないような職場を考えてみてください。こうした職場では従業員と経営者との関係は悪化し，対立的な労使関係となっていくでしょう。そのような職場で仕事の能率は上がるでしょうか。従業員は，そのような職場で働き続けようと思うでしょうか。さらには，会社の戦略目標を達成するための行動をとるでしょうか。答えは，いずれもNoのはずです。つまり，労使関係が悪化した職場では，いくら優れた人事制度を構築し，有能な管理者を雇っていたとしても人的資源管理がめざすべき結果を得ることが難しくなるのです。

その意味では，労使関係管理は，人的資源管理の諸機能が発揮され，諸制度がうまく運用されるための基盤としての役割を果たすものと考えられます。つまり，安定的な労使関係があってはじめて人的資源管理がうまく行われることになるのです。だからこそ，人的資源管理の一機能としても，労使関係管理を取り上げることが必要となるのです。こうした見方をすることは，人的資源管理を束として捉える（☞第1章9ページ）ということにもつながっています。

人的資源管理が労使関係管理をも対象とするもう1つの理由は，労働組合と経営者との関係を調整する必要性にあります。労働者個々人ではなく集団としての労働者との関係に着目して，労働組合との関係に焦点を絞った場合，組合経営関係（union-management relations）という用語が労使関係と互換的に用いられる場合もあります。賃金や労働時間などの労働諸条件の決定には，労働組合が関与できることが法的に認められていますが，企業内部の人事諸制度を決定するためには，労働組合との間でこれらの関連事項を交渉，調整し，合意を形成しておくことが有用です。企業によっては，主に労働組合関連事項を扱う部署を「勤労部」，その他の人事事項を扱う部署を「人事部」などと分けているところもあります。それほど，組合経営関係を円滑に進めておくことが人的資源管理施策を行うための前提条件でもあるのです。それゆえ，労使関係を人的資源管理の対象範囲に含める必要性が出てくるのです。

キーポイント 10.1

人的資源管理の諸制度やマネジメントがうまく機能するためには，その基盤として安定的な労使関係が求められる！

2　労働組合とその機能

第1節で触れたように，企業レベルの労使関係は主として労働組合と使用者との間で形成されます。したがって，本節では労働者側を代表する当事者である労働組合についてみていくことにしましょう。

2-1　労働組合とは

労働組合とは「労働者が主体となつて自主的に労働条件の維持改善その他経済的地位の向上を図ることを主たる目的として組織する団体又はその連合団

体」（労働組合法第2条）のことです。憲法第28条は，「勤労者の団結する権利及び団体交渉その他の団体行動をする権利は，これを保障する」として，**団結権**，**団体交渉権**，**団体行動権**（**争議権**）の**労働三権**を保障しています。労働者は使用者に対して圧倒的に弱い立場にあるので，集団の力でその劣勢を補い，労働条件などについて使用者と正常な交渉ができることが保障されています。

団結権は，労働者が自主的に労働組合を結成し参加する権利です。団体交渉権は，その集団の力を背景に労働者が使用者と実質的に対等な立場で労働条件を交渉する権利です。そして，団体行動権（争議権）は，労働者が要求を実現するためにストライキなどの争議行為に訴える権利です。こうした手続きを経て労使双方が交渉事項に了解すれば，それは拘束力をもつ**労働協約**となります。

職に就いている人（アルバイトでも構いません）は，労働条件に関して使用者に何か意見をすることを考えてみてください。たとえ，話は聞いてもらえたとしても，労働者個人の申し出を受けて何かを変更してもらうことは非常に難しいのではないでしょうか。上でも述べた通り，労働者は使用者に対してとても弱い立場にあり，個人ではなかなか対等な交渉ができません。この圧倒的な弱さを克服するために労働者が団結し，集団の力を利用できるように労働組合の存在が認められているのです。このことを再度確認しておきましょう。

2-2　日本の労働組合の特徴

では，その労働組合にはどのような特徴がみられるのでしょうか。日本の労働組合の第1の特徴は，組織形態別にみた場合，**企業別組合**の割合が非常に高いところにあります。企業別組合とは企業や事業所を一構成単位とする労働組合のことであり，構成員の職種は問題としていません。一方，同じ職種や職業の熟練工などから構成される**職業別組合**は，組合員がどの企業で働いているかは特に問題としていません。

この違いを図示したものが図10-2です。A社～D社と書かれた縦長の円筒が企業別組合を，職種a～職種dと書かれた横長の円筒が職業別組合を表しています。職業別組合が同じ職種や職業に就く人たちで企業横断的に結成されているのに対して，企業別組合はいろいろな職種（図10-2の場合，職種a～職種d）の人を含み一企業の中で結成されています。

このことは，企業別組合の必然的結果でもありますが，ホワイトカラーもブルーカラーも1つの組合に所属しているという第2の特徴につながります。欧

図 10-2　企業別組合と職業別組合

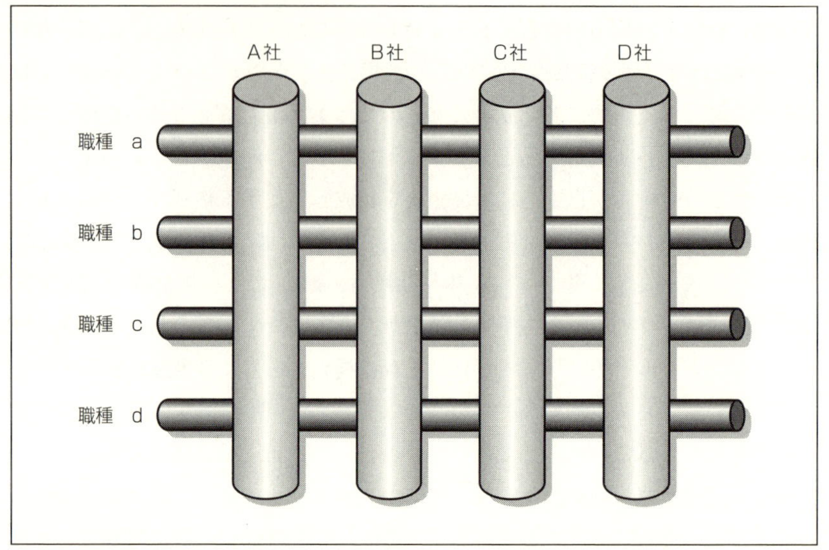

出所）筆者作成。

米では，事務部門を担うホワイトカラーと生産労働者であるブルーカラーが同じ組合員になることはほとんどないので，グローバルな視点からみるとこの点は日本の労働組合がもつ特徴といえます。

その一方で，第3に，企業別組合は正社員だけを組合員とする特徴がありました。同じ企業の従業員であっても，パートタイマーなどの非正規社員は組合員として認めてこなかったのです。このことは第3節でみる，組織率の低下と組合の課題へとつながっていきます。また，企業別組合は，終身雇用，年功賃金とあわせて，日本的経営の**三種の神器**（☞第11章263ページ）とも呼ばれてきましたが，当然のことながら，終身雇用と年功賃金も正規社員だけが享受してきたものでした。

第4の特徴として，日本の労働組合の多くは**労使協議制**（labor-management consultation system）を併せもつ点を挙げておくべきでしょう。これは先にみたような労働組合の組織形態や組織構成としての特徴ではなく，コミュニケーション経路の確保という労働組合の行動における特徴と把握できます。労使協議制は日本の労使関係の特徴として取り上げられることもよくありますが，日本の労働組合の特徴としてここで取り上げたのは，労働組合の有無によって，労使協議機関の設置割合に大きな差がみられるからです。厚生労働省「令和元年労使コミュニケーション調査」によると，労働組合のある組織では83.9%が労使協議機関を設置しているのに対して，労働組合がない組織では16.8%しか設置していません。

労使協議制とは，労使の代表が，経営に関する事項など，労使の利害が共通する事項も含めて協議する制度です。団体交渉が，労働条件など労使の利害が対立することがらを対象に，問題が生じた際に必要に応じて行われ，合意に至らない場合は争議（ストライキ）に至る可能性があるのに対し，労使協議制は，協約などで付議事項や開催時期などがあらかじめ決められた，労使のコミュニケーション確保のための常設機関です。後ほど4-2でみるサントリーグループの事例はこれにあたります。経営に関する情報を労使が共有し，労使で課題解決に取り組むあり方は，協調的な日本の労使関係を支える強みであると同時に日本の企業組織の強みであると考えられます。

2-3　労働組合の効果と必要性

さて，労働組合があることによる効果はどのようなものでしょうか。まず，労働者に対する効果について，みていくことにします。

これまでの研究から，1980年代も90年代も，労働組合のある企業のほうが，よりよい退職金が支給され，年間所定労働時間も短く，有給休暇付与日数も多いことがわかっています。また，労働組合がもつ雇用保障の効果も確認されています（中村・連合総合生活開発研究所 編著［2005］）。これは，組合員を解雇する場合は労働組合との話し合いや雇用調整の手段を尽くす必要があり（☞第11章263ページ），組合員の解雇は簡単にはできないということです。また，労働組合が離職率を下げる効果があるとする研究結果もかなりあります。もちろん，賃金額や所定外労働時間については，労働組合の有無が影響していないことも多くの研究結果が示すところですが，総じていえば，労働組合はよりよい労働条件の確保に貢献していると考えられます。

こうした効果が確認されてはいるものの，労働組合の必要性などを尋ねた1970年代から2000年代初頭までの意識調査結果を分析したところ，労働組合が意見を反映してくれる，労働組合は必要である，労働組合を信頼している，といった労働組合に対する好意的な意識は低下傾向にあることが明らかにされています（間淵［2004］）。

一方，経営者にとって労働組合の効果やその存在の必要性はあるのでしょうか。労働者の権利を守るために結成された労働組合は，経営にとっては敵対する煙たい存在であり，必要性などあるわけがないのでしょうか。結論からいえば，人的資源管理上，労働組合の効果や必要性は経営者にとってもあると考えるほうがよいでしょう。

実務の世界では，労働組合との協議や交渉は時間や手間もかかり大変な作業であることは間違いありません。また，労働者の経済的地位の向上を目的とする労働組合と，コストはできる限り抑えたい経営者との間には利害が対立する部分があることも事実ですし，協議や交渉の過程では経営にとって耳の痛い話が出てくることもあるでしょう。

しかし，企業別組合である日本の労働組合は，組合の構成員が企業の構成員である以上，彼（彼女）らは会社と同じ船に乗った仲間ともいえます。自分たちが他社に移るという選択肢をもたない以上――この会社にとどまる意思があるからこそ，企業別組合を結成しているから――組合員の労働条件を改善し，生活水準を高めていくためには，会社が繁栄することが必要となるからです。したがって，会社の状況を無視して組合員の利益ばかりを追求することはできないのです。そこから考えられるのは，会社の状況をよく知る健全なる批判者としての労働組合です。宅急便の創設者でもあるヤマト運輸の元社長小倉昌男氏（故人）は，健全な経営のためには労働組合が必要であることを強く訴えていました（小倉［1999］）。

組合経営関係を調整するところに，人的資源管理が労使関係管理を扱う意義があることを先に述べましたが，この調整行為の中には，経営に有益な情報を得るということも当然に含まれてくるわけです。また，**苦情処理制度**など労働者の不満や要求などを吸い上げる機能も労働組合はもっていますから，そうした情報を日々のマネジメントに活かすこともできます。

経営と利害対立する側面ばかりを強調して労働組合を捉えると，労働組合は経営にとって不要な存在となってしまいますが，経営に有益な情報を提供してくれる協調的なパートナーとして認めれば，労働組合は経営にとって効果がある必要な存在となります。日本においては，企業別組合という，会社と一体化しやすい組織形態である以上，後者の考え方に基づき労使関係管理をすることの利点が大きいと考えられます。

キーポイント10.2

日本の労働組合は企業別組合という組織形態的特徴をもつ。それゆえ，独自の利益追求だけではなく会社との協調的な関係に基づく両者の繁栄を志向する！

3　組合組織率の低下と新しい課題

労働組合は労使にとって必要であることをみてきましたが，現実には**組織率**は低下傾向にあります。本節では，組織率の低下とそれに伴う課題についてみていくことにしましょう。

3-1　低下する組織率

労働組合の組織率は，1949年に55.8%という史上最高を記録した後，増減しながらも長期的には低下傾向にありましたが，75年以降は一貫して減り続けました（図10-3）。組織率は1983年に30%を，2003年には20%を割り込み，08年には18.1%にまで落ち込みました。2009年にようやく34年ぶりに増加に転じて18.5%となりましたが，その後，前年比増加した年もあったものの，減少傾向のまま2023年には16.3%と過去最低になっています。

では，企業規模別，産業別に組織率の動向をみておきましょう。厚生労働省「令和5年 労使関係総合調査（労働組合基礎調査）」によると，企業規模別の組織率（民営企業）は，1000人以上規模企業39.8%，100～999人規模企業10.2%，99人以下規模企業0.8%という状況で，大規模企業の組織率は高いものの，100人に満たない企業には労働組合はほとんど存在しない様子がうかがえます。

産業別にみると，組織率が高い順に，複合サービス業（雇用者数46万人）が53.1%，電気・ガス・熱供給・水道業（31万人）が49.9%，金融業・保険業（161万人）が44.0%という状況です。雇用者数が多い製造業（1028万人）は25.5%，卸売業・小売業（970万人）は15.9%，医療・福祉業（906万人）は5.1%となっています。このように業種により組織率にはかなりのバラツキがみられます。

ただし，組織率の低下は日本だけに限らず先進諸国では世界的にみられる傾

図 10－3　雇用者数・組合員数・組織率の推移

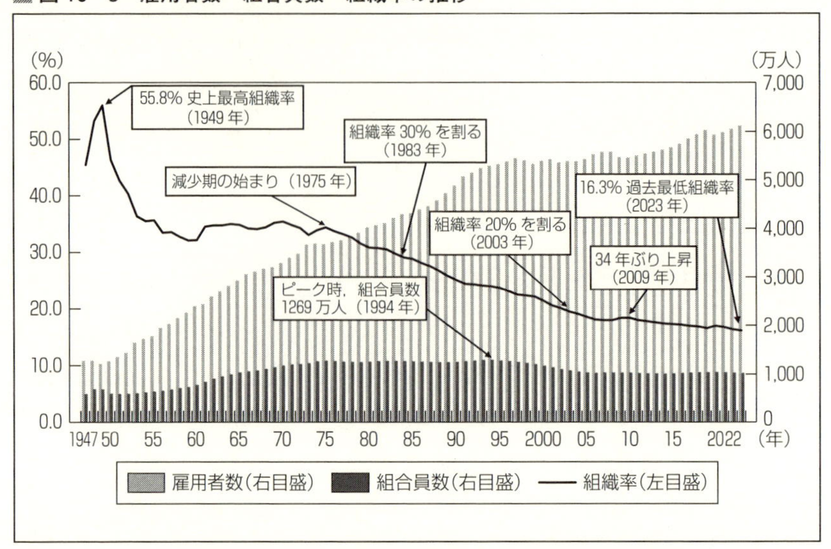

出所） 厚生労働省「労使関係総合調査（労働組合基礎調査）」各年版をもとに筆者作成。

図 10－4　各国の組織率の推移

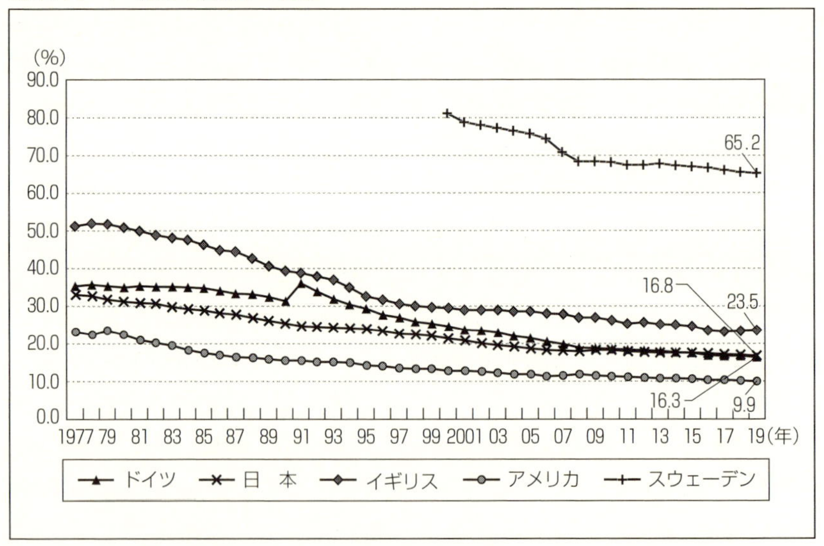

出所） Online OECD Employment database をもとに筆者作成。

向です（図10－4）。2019年の組織率をみると，スウェーデンは65.2％と群を抜いて高い数値を示していますが，イギリス23.5％，ドイツ16.3％，アメリカ9.9％となっており，各国ともに組織率が下がってきていることが読み取れます。

3－2　組織率低下の要因

日本の場合，図10－3でみたように，雇用者数は2010年以降，20年に新型コロナ禍で一時的に減少した時期を除けば増え続けていました。一方，その間の組合員数は1000万人を少し超えたり割ったりという状況で横ばいを続けています。それゆえ，組織率の低下は，雇用者数の増加に組合員数の増加が追いついていなかったために起こっています。新規雇用者が全員組合員になるわけではありませんし，以前から働いている人たちの組合員化が進んでいないことや組合員を辞める人がいることも影響してきます。

では，なぜ，雇用者数の増加に組合員数の増加が追いつかなかったのでしょうか。第1は，主たる産業が第2次産業から第3次産業へと変わった産業構造の変化です。第3次産業はもともと組織率が低いところに加えて，新しい産業が多く，会社に組合そのものがない場合がたくさんあります。先ほどみた医療・福祉業は，2022年に870万人だった雇用者数が23年には906万人と36万人増えているのに，組合員数は両年とも50.3万人でまったく増えていません。結果，組織率は5.8％から5.6％へと減少しています（「令和5年 労働組合基礎調査」）。会社に入ってみたらほとんどみんなが組合員という状況と，周りの人たちは誰も組合に入っていないとか組合そのものが存在しない状況を比べれば，どちらが組織化を進めやすいかはいうまでもないでしょう。

第2に，非正規社員の増加という雇用形態の変化です。これはさらに2つの要因に分けられます。まず，先にみたように，ほとんどの企業別組合は正規社員のみを対象としてパートタイマーなどの非正規社員を組合員の対象とみなしていませんでした。もちろん，近年では非正規社員の組織化に力を入れてはいますが，もともと組合員の対象としていなかった雇用者が増えても，急に組織化が進むわけでもなく組織率がすぐに上がることにはつながっていません。さらに，非正規社員の増加はリストラなどによる正規社員の減少を併せもっている点が挙げられます。特に，もともと組織率の高かった大企業が雇用に手をつけることで既存組合員が少なくなってしまいます。また，そうした企業が正規社員の採用者数を減らすようになると，組合員になりやすい人が少なくなってしまいます。

第3に，意識の変化です。各種意識調査によると労働組合の必要性が認められなくなってきていることは先にもみました。しかし，なぜ意識が変わっていったかをみると，組合活動のあり方を問い直す必要がありそうに思われます。産業別組合である電機連合による「第18回組合員意識調査結果」（2023年9～11月実施）によれば，組合離れの原因（3つ以内選択）は，「組合が何をしているのかわからない」（42.1%），「建前が多く，ホンネの話を避けている」（31.5%），「活動がパターン化し新鮮味に乏しい」（27.9%），「職場の意見が反映されていない」（20.6%），「個人生活を重視する組合員が増えた」（19.6%）となっています（電機連合連合研究企画室［2024］）。ここからは，組合は何ができるのか，何をしているのかを組合員に知らせることが不十分な現状や，個人生活重視へと意識が変わってきている組合員が求める問題を解決することに，労働組合が真剣に対峙できていないという状況がみえてきます。

第4に，**組織化の失敗**を挙げることができます。本章で何度も繰り返してきたように，ほとんどの企業別組合が対象者を正規社員に限定し，非正規社員をその対象から外してきました。企業別組合が正規社員だけを対象としてきたことは，過去には間違いではなかったのでしょうが，状況が変わった現在では，組織化の手法を変更せざるをえない状況にあるといえます。

こうした組織率低下の要因をみると，新たな組織化の必要性が考えられます。ナショナルセンターである連合も，「2016–2017年度運動方針」において「非正規労働者の組織化と処遇改善の促進をめざして，（中略）同じ職場で働くパート・有期契約などの非正規労働者の組織化に積極的に取り組む」ことを掲げ，現在も非正規労働者の組織化に取り組んでいます。図10－5はパート組合員組織率の推移などを示したものです。全体の組織率が右肩下がりであるのに対して，パート組合員数は急激な右肩上がりを示し，パート組織率も数値自体は8.4%（2023年）とまだまだ低いものの上昇傾向にあります。全組合員に占めるパート組合員数の比率も14.3%（2023年）まで高まってきています。

また，パートタイム労働者，有期契約労働者[1]，派遣労働者がいる事業所の労働組合が，これらの労働者に組合加入資格を認めている割合はどれくらいあり，実際に組合員がいる割合はどれほどかを「令和5年 労働組合活動等に関する実態調査」の結果からみてみましょう。パートタイム労働者は，40.7%の組合

■ 図 10－5　パート組合員数，組織率等の推移

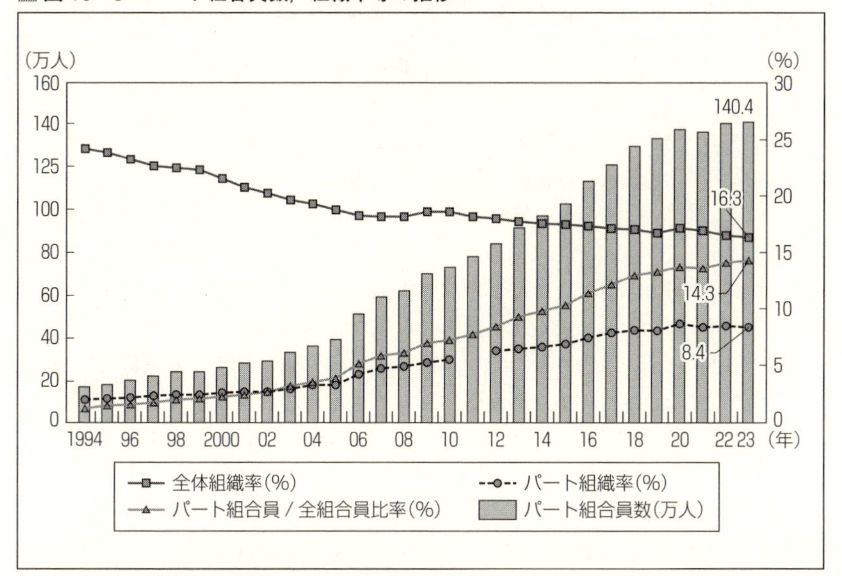

注）パート組合員数は左目盛，その他は右目盛。2011年のパート組織率は，東日本大震災の影響により，労働力調査の実施困難県があった関係上，除かれている。

出所）厚生労働省「労使関係総合調査（労働組合基礎調査）」各年版をもとに筆者作成。

で資格があり，実際に組合員がいる割合は33.0％です。有期契約労働者は，それぞれ42.9％，34.3％となっており，派遣労働者は，それぞれ7.07％，2.6％です。この調査の10年前にあたる平成25年の同調査では，パートタイム労働者に組合加入資格を認めていた組合の割合は32.6％，実際に組合員がいる割合は20.5％だったので，ここからもパートタイム労働者の組織化が進められている様子は確認できます。

こうした取り組みは行われているものの，正規社員中心で展開されてきた企業別労働組合の活動の中に異なる雇用形態の組合員を取り込んでいくことが，容易に進んでいるとはいいがたい状況です。だからこそ，本章の「コーヒーブレイク」でみる広島電鉄労働組合の事例（☞242ページ）が非常に注目されることになるわけです。

3－3　管理職組合などの登場

ここまでパート労働者などの非正規労働者の組織化が必要なことをみてきま

コーヒーブレイク　**再考「会社の将来を考え，正社員の給料を下げる：広島電鉄労働組合」**

以下のコラムは，本書新版（2018年）に掲載されたものです。

労働組合（労組）はまず自分たちの利益になるための行動をする，と誰しも考えるでしょう。となると，組合員の賃下げを申し出ることなど，考えられない行為になります。しかし，そうした行動に出た労組があります。広島電鉄労組（正式名称，私鉄中国地方労働組合広島電鉄支部）は，非正社員の正社員化に取り組む過程で，そのために勤続年数の長い正社員約300人の給料を下げるという選択を行いました。

バス事業が赤字となっていた2001年，正社員の募集が停止され，運転士などの乗務職に契約社員制度が導入されました。契約社員制度は，原則1年更新で入社後3年間を問題なく勤務すれば，「正社員2」になれますが，昇給も退職金もない制度です。広島電鉄労組では，契約社員も入社と同時に組合に入るユニオンショップ制をとっていましたが，契約社員の比率が徐々に高まるにつれて，同じ仕事をする社員の間で雇用形態による格差が顕(あらわ)になってきました。また，昇給のない契約社員は将来の不安を訴えるようになってきました。そこで労組は契約社員の正社員化をめざし，2006年から労使の協議が始まりました。

3年にわたる交渉の末，2009年春に大筋合意にたどり着き，10月には約1000人の正社員，約150人の契約社員，約170人の「正社員2」の賃金制度が一本化されました。賃下げになる正社員の賃金は，10年かけて段階的に減らしていきますが，10年後には月6万円の減収になる人も出てきます。これに伴う人件費の増額は約3億円となり，営業利益約20億円（2009年3月期連結）の広島電鉄にとっては小さな額ではありません。しかし，太田哲哉社長は「全国でもまれにみる改革で社内の一体感は強まった」と満足感を示し，「雇用が安定したことで新卒採用にもいい影響があるだろう」と話しています。

かつて労組が2つあった時代を経験してきた佐古正明委員長は，職場が分裂することの怖さを熟知し，「非正社員が増えれば，正社員を上回って過半数を超えることもある。この意味に労組は気づかないといけない」と語っています。「5年後，10年後はどうなっているか。労組には先を見通して経営をただす役割がある」（佐古委員長）という信念のもと，労使が痛みを分かち合うことで，同じ仕事をする社員間の格差をなくすとともに将来の不安を解消する契約社員の正社員化がなされました。

（『日本経済新聞』2009年12月7日付，『朝日新聞 be on Saturday』2010年1月23日付をもとに筆者作成）

その後，パートタイム・有期雇用労働法などで同一労働同一賃金（☞第13章325

ページ）が謳われるようになりました。しかし，記事から約15年が経過した2024年8月現在，そのために正規社員の賃金を下げる，という広島電鉄に続く事例はなかなか聞くことはありません。正規社員と非正規社員の不合理な格差を解消する方法は正規社員の賃金を下げるだけではありませんが，その格差解消への取り組みの歩みが遅いことは否めません。佐古氏は，この取り組みの10年後に「労組にやる気と覚悟があるのか。問われているのは，そこです」と語っています（『朝日新聞』2019年5月28日付夕刊，中国地方版）。労組のみならず，経営側のやる気と覚悟も問われているでしょう。

したが，新たな組織化の対象にはなりにくいにしても，労働組合という集団の力を必要とする人たちは正規社員の中にも存在しています。それが，管理職に就いている人たちです。ほとんどの組合では，管理職に就くと，後でみる理由により労働組合を脱退することになっているので，経営との交渉事項が生じたときには個人でそれに臨まざるをえないことになります。新たな組織化の対象にはなりにくい，としたのは，管理職はすでに高い労働条件（特に，賃金）を獲得しており，よりよい労働条件の獲得という点において，既存の組合員や非正規社員の人たちとともに行動するには馴染まないからです。

「管理職になったから組合を脱退した」という話を聞いたことがある人もいるかと思います。企業別組合の多くは，社内で管理職と呼ばれる資格や職位に就くと組合を脱退することになっています。この根拠は，第2節でみた労働組合法第2条にあります（☞232ページ）。先に引用した文言に引き続き「但し，左の各号の一に該当するものは，この限りでない」として，人事権をもつ管理監督者である労働者や使用者の利益を代表する労働者が参加する団体を労働組合として認めていません[2)]。それは，使用者の利益を代表する労働者を参加させると，同法第2条にも謳われている労働者の自主性が損なわれてしまい，使用者のいいなりになる御用組合と化してしまう危険があるからです。

労働組合の自主性を保つためには，本当に人事権をもち，使用者の利益を代表している管理職が組合を脱退することは必要なことです。しかし，現状はそれだけの権限は与えられていない人たちが，組織内で管理職の役割を求められる資格や職位に就いただけで組合員の資格をなくしています。このことは，労働組合を脱退した管理職は，経営者との交渉局面において圧倒的な劣勢の立場に戻ったことも意味しています。第1節でみたように，労働者個人と経営者とではパワーバランスがまったく保たれていなかったことから，労働者は団結して労働組合を結成したのです。そして，管理職という組織内では高いポジションに就いていたとしても，1人の労働者であることに違いはないのです。

1990年代のいわゆる成果主義が広がり出した頃に起こってきたことは，多くの管理職がリストラの対象として退職を迫られるという事態でした。このとき，彼（彼女）らがとった行動の1つが，所属組織の企業別組合ではなく，社外の**管理職組合**の組合員になるというものでした。ここまで読んで，「さっき，管理職は労働組合に参加できないといっていたところじゃないか」という疑問をもったかもしれません。しかし，労働組合法第2条がいう「監督的地位にある労働者」や「使用者の利益を代表する者」は，単に組織内の職位や呼称が管理職であるというだけで該当するのではなく，内実が伴う者でなければなりません。だから，組織内で管理職に就いている人たちでも，実質的な権限を伴っていない人たちは労働組合を結成したり，加入したりすることができるのです。現在，組合名称に「管理職」を冠している労働組合として，「東京管理職ユニオン」「管理職ユニオン・関西」「国土交通省管理職ユニオン」などがあります。

労働者が経営者と対等に交渉することの1つに，**エンプロイアビリティ**（☞第5章114ページ）を高めて組織にいてもらいたい人になるという方法があります。しかし，非常に優秀な仕事の成果を出して，それをもとに経営者と対等に交渉することは，多くの人たちにとってはかなり難しいのが現実です。さらに，別の有力な方法となると，なかなかみあたりません。そうすると，集団の力で劣勢を挽回する――労働組合に参加する――方法が，現在でも，労働者にとっては有効な手段であることを管理職組合の存在は示しているといえるでしょう。

また，学生アルバイトの労働問題の広がりを受けて，2014年8月にブラックバイトユニオンが創設されました。労働問題に悩む学生たちが経営者と交渉する術として選んだのも，やはり労働組合でした。組織率が低下し，組合不要論も聞かれますが，労働組合に代わり労働者の権利を守るものはいまだ登場してきていないこともまた事実といえるでしょう。

キーポイント 10.3

組合組織率は長期的に低下傾向にあり，現在は20％を割り込んでいる。非正規社員など，これまで組織化の対象からはずれていた人たちを新たに組織化していくことが課題となってきている！

4　個別化する労使関係

4-1　労使関係の個別化とは

図10-1で企業レベルの労使関係は集団的労使関係と個別的労使関係に分かれていることを確認しました。第3節までは，集団的労使関係において労働側の中心となる労働組合の現状をみることを通じて，集団的労使関係について検討してきました。本節では，もう一方の，個別的労使関係についてみていくことにしましょう。

今日，労使関係が個別化してきたとよくいわれています。**労使関係の個別化**とは，労使間に集団的な枠組みで解決できない問題が多く生じてきている現状を表した概念です。そもそも組織率の低下も個別化が進む一因です。なぜなら，組織化されていない労働者は集団の一員としてではなく個人として経営者と交渉するしかないからです。その背後には，非正規労働者の増加という要因も挙げられます。先にみてきたように，非正規労働者は正規労働者に比べて格段に組織化率が低くなっています。彼（彼女）らに求められる役割は大きくなってきていますから，当然，それに関する労使間の交渉事項も増えてくることになりますが，それを汲み取り，集団として交渉する経路はまだまだ確立されていません。

さらに，成果主義の進展も労使関係の個別化に影響を与えています。従来，賃金は，春の一斉賃金交渉である**春闘**で産業別に相場がつくられ，個別企業はそれに対応して，個別賃金水準の引き上げであるベースアップ（ベア）や定期昇給などから自社の賃上げ率を決めていきました。個別企業の内部では，賃金体系に占める査定対応部分の割合は小さかったので，労使間の交渉において賃上げ率が定まれば，同じような割合で全員の賃金が定まっていきました。つまり，労働組合が頑張ってくれることが自分の賃金上昇につながっており，組合員は労働組合の存在意義を肌で感じることができました。

しかし，成果主義の進展がもたらしたものは，よりメリハリの利いた賃金制度であり，それは人事考課次第で賃金額が大きく変わる可能性を内包したものとなりました。そうすると，労働者個人が手にする賃金の額は，集団的な労使交渉の結果ではなく，自分の仕事の結果とそれに対する管理者の査定の結果に大きく左右されるようになってきたわけです。さらに，そもそも成果主義が導入されたのは低成長期であったがために，春闘においてベアの獲得も難しく，全員一律の賃金上昇など望めないような状況でした。こうした社会情勢も，労使関係の個別化を後押ししたといえるでしょう。

さらに，2000年代初頭から，従業員全員の賃金上昇を前提とした用語であるベアに代わって，基本賃金の原資は引き上げるが，その配分は会社に委ねる——結果として，ある一定の人たちだけの賃金上昇にもなりえる——賃金改善という言葉が用いられたりしているのも，少なくとも賃金に関しては集団的労使関係という見方が成り立ちにくくなってきていることを示しているといえるでしょう。このような動向を総称して，労使関係が個別化してきたといわれるようになってきました。

ところで，グローバルな視点でみれば日本はもともと個別化が進んでいたという見解もあることを紹介しておきましょう（石田・富田・三谷［2009］）。成果主義の広がりとともに，1人ひとりの成果が賃金とより直接的に結びついたことを個別化の進展という見方もできるでしょうが，そもそも日本では生産労働者（建設や製造の現場作業に従事する者）も含めて厳しい人事考課がなされており，賃金決定は以前から個別化していたという捉え方です。欧米では，生産労働者は基本的には職務給で処遇され，通常は査定がないので，国際比較の視点からみると，日本はもともと個別化していたといえるわけです。この点にはこれ以上立ち入って議論をしませんが，どういう視点から，何に着目して分析するかによって，現実の捉え方や認識の仕方が異なってくるということは，人的資源管理を考えるうえでも重要な点であることは銘記しておきましょう。

4-2　個別化の進展と新たな動き

それでは，こうした形で労使関係の個別化が進むことは経営側にはどのような影響を与えるのでしょうか。集団的労使関係において労働組合が果たしてきた役割が少なくなり，結果としての労働組合の脆弱化を喜ぶ経営者もいるかもしれません。面倒な交渉や手間が省けて，賃金などを一方的に決められることが効率的な管理をもたらすと考えるわけです。しかし，現場の意見を吸い上げたり，経営の課題を共有して解決を図ったりという，労働組合がこれまでもち合わせてきたコミュニケーションの経路としての役割や建設的批判者としての役割はないほうが経営にとっては本当に望ましいのでしょうか。

サントリーグループでは，労使一体で課題解決への取り組みを進めており，重要な経営上の課題については，労使間で定期開催されている「経営状況に関する協議会」「決算協議会」などを通じて，労働組合から業務の現況を踏まえた提言を受け，活発な議論を行っています。人事・労務関連の諸制度の運用・改定も，労使での十分な協議のうえで実施されています。「こうした労使関係により，企業運営の客観性や透明性とともに諸施策の実効性を高めています」(サントリーグループ「サステナビリティサイト 2022〈PDF 版〉」，262 ページ)。

もし，労働組合による管理体制のチェック機能がなくなるとすれば，それを会社が担わなければならなくなります。つまり，交渉などのために生じるさまざまなコストは削減できたとしても，同時に失うものを補うための新たなコストが発生してしまう可能性が高いのです。新たに発生するコストを担うのは，経営側であり，現実には個々の管理者ということになるでしょう。成果主義の導入がもたらす労使関係の個別化も同様です。賃金決定の交渉局面が団体交渉から人事考課の場面，最も端的には，目標管理の面接（☞第 6 章 127 ページ）の場面へと実質的に変わることによって，評価者負担が増大したという研究結果もあります。個別化の行き着く先は，当事者間でのものごとへの対応になってしまい，これはものすごくコストがかかる効率の悪い手法になる可能性が高くなります。

こうなってくると，経営側も労使関係の個別化の進展を，労使関係において無条件にイニシアチブをとれると喜んでばかりいるわけにはいかなくなります。第 1 章で，人的資源管理の特徴の第 3 として「管理者の好き放題には使えない」ことをみてきましたが（☞第 1 章 15 ページ），それは経営者が労働組合や労働者に対して敵対的なスタンスで意のままに振る舞うような管理のあり方ではうまくいかなかったことの歴史的な教訓から学んだものです。個別化の進展が，管理のあり方を昔に戻らせるようなことは，経営側にとっても望ましいものではないはずです。

また，労働組合にとっても新たな組織化を進め，集団的労使関係の再構築をめざすことも当然必要ではあるものの，そればかりに傾注してしまっては，新しい行動に踏み出したとはいえません。働き方が多様化する中で，組合員がもつ課題や悩みもさまざまなものに広がってきています。集団の力を利用して会社と協議や交渉をすることで，組合員個々の課題解決に寄与していくことも，労働組合の新たな存在意義を生み出すことにつながっていくはずです。

労働者個人の圧倒的劣勢を挽回するために集団の力を利用する，という根本は変える必要もないでしょう。しかし，働く人が多様化し，組合員も多様化していく現在，労働組合がその交渉力をどこに活かしていくかは熟慮されるべきところです。同時に，経営側も建設的批判者でもありパートナーでもある労働組合の存在を有意なものとして扱っていくことは，人的資源管理上，今後も必要なことと考えられます。

キーポイント 10.4

組織率の低下や成果主義の進展によって，労使関係が個別化してきている。それに伴い，労働者側，使用者側双方に新たな行動が求められてきている！

注

1）同調査では，有期契約労働者とは，「正社員以外の労働者で，例えば3か月や1年などの期間を定めた契約で雇用した労働者をいう。ただし，パートタイム労働者，日々雇われている者，当該事業所を出向先とする出向社員，嘱託労働者及び派遣労働者を除く。」とされています。

2）一号は次の通りです。「役員，雇入解雇昇進又は異動に関して直接の権限を持つ監督的地位にある労働者，使用者の労働関係についての計画と方針とに関する機密の事項に接し，そのためにその職務上の義務と責任とが当該労働組合の組合員としての誠意と責任とに直接にてい触する監督的地位にある労働者その他使用者の利益を代表する者の参加を許すもの」。

本章の演習問題と読書案内はこちらから→

第11章

組織は辞めていく人とどのように関わるのか

退　職

❖この章のねらい

第４章「採用・異動」からみてきた「第Ⅱ部　人的資源管理の仕組み」も本章の退職管理で最後となります。退職管理とは，組織と人とのマッチングをいかに解くかに着目した人的資源管理の一分野です。おそらく最もよく知られている定年という形で組織を離れる場合から，契約満了，自主退職，本人は意図せずとも組織を離れなければならなくなる解雇という場合まで，人が組織を離れるあり方はさまざまです。採用・異動において職務と人のマッチングを図るためにさまざまな工夫が凝らされていたように，退職時にも種々の工夫がなされています。どのような退職のあり方があるのか，そこには人的資源管理上どのような意味があるのかをみていくことにしましょう。

◆この章で学ぶキーワード

◎解雇　◎定年制　◎雇用調整　◎早期退職　◎リテンション・マネジメント

1　退職管理とは

1-1　個人と組織を切り離す

組織で雇用されて働きはじめた人は誰でも，いつか組織を離れるときがやってきます。それが退職です。第４章で採用や異動について検討してきた際に，退職管理も含めて職務と人の最適なマッチングを図ることが雇用管理であることを確認しました（☞75ページ）。組織で人が働くことの始まりが採用であるとするならば，最後は退職です。したがって，退職管理は，最適な形で職務と人を切り離し，その人に組織から去ってもらうようにする役割を担うことになります。労働法の用語を用いれば，労働関係の終了に関することがらの管理となります。

こう書くと，職務と人の最適なマッチングを図る雇用管理にどうして，職務と人を切り離す退職管理まで含まれるのかを疑問に思うかもしれません。それは，その人にはマッチングを図る職務がない状態をつくり出すことが退職管理だからです。退職する人には，何も職務を当てはめない（ない職務とマッチングさせる）ことが最適な組み合わせになるのです。それゆえ，退職管理もやはり雇用管理の範疇に含まれることになります。

職務と人の切り離し方はいろいろありますが，大きくは，(a)事前に合意した約束事や契約に従う場合，(b)組織のほうから申し出る場合，(c)働く人のほうから申し出る場合，の３つに分けられます。

(a)には，まず，アルバイトやパート，派遣などの非正規雇用にみられるような有期契約の満了に伴う退職が含まれます。有期契約は，いつからいつまで働くかを事前に約束したものですから，約束した最後の日がくれば**雇止め**（☞262ページ）となり，再契約がなされない限り，労働者は組織を離れることになります。次に，定年退職が含まれます。定年については後ほど詳しくみますが，あらかじめ就業規則に定められた年齢になれば職場を離れるという約束が事前に定められたものが定年と考えられます。ただし，有期の雇用契約の上限は原則３年，特例でも５年（労働基準法第14条）ですから，「定年まで雇い続ける」契約が存在するわけではない点は注意しておきましょう。

(b)は，**解雇**です。解雇と同義の言葉としてリストラも使われていますが，それはリストラクチャリング（restructuring）の略語で，本来は事業を再構築するという意味をもつ用語です。事業の再構築の過程で人員削減が行われることも確かにありますが，リストラという言葉はその部分だけを強調して用いられるようになったようです。解雇も退職管理上重要な行為ですので，後ほど詳しくみることにしましょう。

(c)として挙げられるのは，一般にいうところの退職，あるいは辞職です。人的資源管理上，特別な用語はありませんが，労働者が主体的に行う行為でもあり，自発的退職と呼ばれることもあります。希望退職や早期退職なども最初は組織から声をかけるわけですが，最終的には労働者のほうから申し出に応じる形となるので，(b)と(c)の両方に含まれる，あるいは中間に位置すると考えるのがよいでしょう。最近，転職が社会的に広まってきていますが，転職とは，ある会社を退職して違う会社に就職することですから，転職の過程においてここでいうところの退職が行われています。

1-2　退職管理の必要性

いずれにしても，雇用者が組織を離れるときは，労使間にさまざまな軋轢（あつれき）が生じやすくなります。こうした摩擦をできる限り起こすことなく円滑に雇用関係を終えられるようにするための人的資源管理が退職管理です。一般に退職管理は雇用管理の一部分として扱われることが多く，特に退職管理という一分野を取り上げて議論されることはそれほど多くはありませんでした。それは，従来の年功型労務管理のもとでは，正規社員の定年までの雇用保障は労使間の暗黙の約束として扱われ，積極的に退職のあり方を考える必要がなかったからです。また，有期契約で働く非正規社員の数が雇用者全体に占める割合も小さく，同時に，非正規社員に求められる役割も大きくはなかったために，契約満了時の対応が比較的容易だったことも挙げられるでしょう。

しかし，現在は状況が大きく変わってきています。雇用の保障に対する労使間の**心理的契約**は破綻しつつあります。組織とすれば，雇用を守りきれないならば雇用関係の終わらせ方を考えなければならなくなります。また，定年時期の働き方――それは高年齢者の働き方ともいえます――は多様化してきています（☞第12章）。さらに，有期契約で働く非正規社員は急増するとともに，彼（彼女）らに求められる役割も幅広くなってきています。加えて，本章第3節でみるように，解雇をめぐる状況が変化してきていますし，上でみたように，転職が増えてきています。このように，組織の出口をいかに管理するかという退職管理の重要性は，人的資源管理を行ううえでますます高まってきています。それゆえ，本章では退職管理という形で取り上げ，検討していくことにしました。

キーポイント11.1

退職管理は，いかに適切に職務と人を切り離し，円滑に雇用関係を終えるかを追求する。人的資源管理上，退職管理の重要性はいっそう高まってきている！

2　定 年 制

本節では，前節1-1の「(a)事前に合意した約束事や契約に従う場合」の1つである定年による退職を中心にみていくことにしましょう。

2-1　定年制とは

定年制とは一定の年齢に達したら自動的に退職することを定めた人的資源管理制度です。日本では海軍火薬製造所が1887（明治20）年4月に施行した「職工規程」の中にみられるものが，退職年齢を定めた最初のものといわれています。海軍組織から官営工場や民営企業に拡がった定年制は，大正時代を経て昭和初期に確立し，戦時中の中断の後に，昭和20年代から30年代前半に復活，定着したとされます（荻原［1984］）。そして，昭和30年代後半から50年代は定年延長の時代であったと歴史的に位置づけられています。

当時の停年年齢は50歳や55歳が一般的でした。その根拠は，50歳をすぎると老い衰えて肉体的にも仕事を続けることが難しいと判断されたことです。したがって，企業組織を辞めることは同時に労働市場からも退出して，これ以上働かないことを意味していました。ところで，この段落では，「定年」ではなく「停年」という漢字が使われていることに気づいていましたか。この章でも最初から断りなく使ってきたように，定年という漢字を使うのが今では普通です。しかし，以前は停年が使われていました。それは，停年という表記には労働市場を去るという意味があり，組織を去ることはこれ以上働かずに労働市場も同時に去ることになっていた当時の状況を適切に表現していたからです。一方，定年は組織を去るという意味で使われます。後ほどみるように，今では1つの組織を定年で辞めることになっても，その後も働き続ける人が増えてきています。定年で組織を去っても，労働市場を退出することがないのが現在の高年齢者の就業状況です。

さて，1986年に高年齢者雇用安定法が制定され，60歳定年を努力義務としたことで60歳定年が社会的にも広く受け入れられるようになり，その後の定年年齢60歳下限化への道筋はつけられました。そして，1994年の法改正で，98年以降，定年を設定する場合は60歳を下回ってはならないこととされ，現

図 11－1　高年齢者の労働力率の国際比較（2022 年）

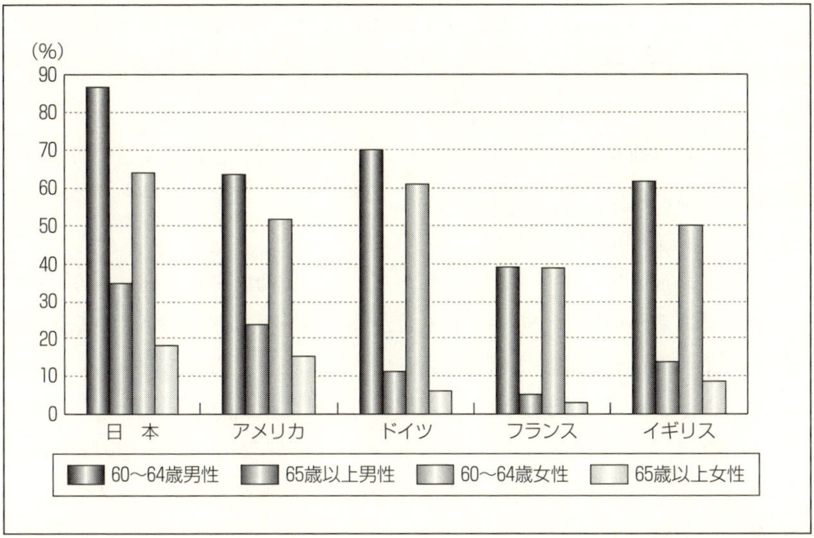

出所）労働政策研究・研修機構 編［2024］，第 2-11-2 表をもとに筆者作成。

在に至っています。

本項の最後に，外国の様子を概観しておきましょう。アメリカやイギリス，ドイツなど雇用における年齢差別を法令により禁止している国がかなりあります。したがって，こうした法令が整備されている国では基本的に定年制は存在しませんが，イギリス，ドイツ，フランスでは 65 歳以上の定年制を例外的に認めています。図 11－1 は，2022 年の各国の高年齢者の労働力率をみたものです。年齢による差別が禁止されて定年制が制定されていないとすれば，高年齢でも働き続ける人が多くなりそうですが，決してそうはなっていません。何歳まで働き続けるのかは，年金などの社会保障制度，仕事と生活のあり方に対する考え方や社会的な慣習など，いろいろな要因が影響しているからです。逆にいえば，そうした要因との関係を考慮せずに組織の制度を設計しても，うまく機能しない危険性は大きいともいえます。

2－2　定年制の機能

企業が定年制を導入しているのは，それが人的資源管理上，組織にとって有効な機能をもっているからです。定年制がもつ機能についてみていくことにしましょう。

第1に，企業内の労働力の新陳代謝機能が挙げられます。一定の年齢に達した従業員が組織を離れることによって，従業員の著しい高齢化を防ぐと同時に，退職した従業員に代わる新しい従業員を採用することができます。こうした人の入れ替わりは組織を活性化させるためにも必要です。通常，企業が新卒採用数を決定する際には，事業を取り巻く環境などとともに定年退職者分の補充数も勘案して必要採用人数を決めています。

第2に，昇進管理に寄与する機能があります。年功型労務管理からの脱却が図られつつあるとはいうものの，年長者がより高いポストに就いている傾向は認められます。役職定年制などを導入して，後進に早く道を譲ることも行われていますが，すべての企業が取り入れているわけではありません。定年退職者がでることは，その人が就いていたポジションに空きが出て，下位の人がそのポジションに就くことにつながります。これは，昇進管理がスムーズに進むことに役立っています。

第3に，紛争なき離職を導く機能を指摘できます。本章1-2でもみましたが，従業員が職を離れるときにはいろいろと問題が生じることがあります。また，後ほど詳しくみるように，離職のあり方が解雇となると労使間に大きな軋轢が生じることになります。しかし，定年退職の場合，非常に円満な形で雇用関係を終えることができます。定年になれば退職せざるをえないことが社会的に認知されていることや年齢という誰にも平等な基準であること，加えて，多くの場合かなり高額な退職金が支給されることも関係しているでしょう。ともあれ，いたずらに紛争を引き起こすことなく雇用関係を終わらせることができるところに定年制の第3の機能が求められます。

最後に，労務費増大の抑止機能が挙げられます。現在では，「挙げられました」と過去形で表現するほうがよいのかもしれません。年功的な賃金制度のもとでは，右肩上がりの賃金カーブの上昇を止める時点が，定年退職の時点でした。右肩上がりの年功的な賃金制度は，ある一定の時点で終わりがくるからこそ賃金コストの予測が可能となり，成り立っていたわけです。

こうした機能をもつ定年制ですが，高齢化の進展や年金支給年齢の引き上げなどもあり，定年年齢やそれを取り巻く人的資源管理諸制度にも変化がみられるようになってきました。これらの点について，項を改めてみていくことにしましょう。

2-3　定年制の現状

定年制の現状をみるにあたって，高年齢者雇用安定法がどのように改正されてきたかを確認しておきましょう。まず，2004年の改正で，65歳までの安定した雇用確保への取り組みが義務づけられました。これまで同様，定年を定めるときには「当該定年は，60歳を下回ることが出来ない」（同法第8条）ことに加えて，65歳未満の定年を定めている事業主は，①65歳までの定年の引き上げ，②継続雇用制度の導入，③定年の廃止，のいずれかの措置（高年齢者雇用確保措置）を講じなければならない（同法第9条1項）ことが定められました（2006年4月1日施行）。この改正では，60歳を超える従業員は必ず継続雇用しなければならないわけではなく，継続雇用制度の対象者については労使協定で定めることができました。

しかし，同法の2012年の改正で，継続雇用制度の対象者については労使協定で定めることができる仕組みが廃止されました（2013年4月1日施行）。これによって継続雇用希望者は全員，継続雇用されることとなりました。この改正が行われた理由の1つは，2013年度から特別支給の老齢厚生年金の報酬比例部分の支給開始年齢が60歳から65歳へと段階的に引き上げられることにより，無年金・無収入となる人が出てくる可能性があったことです。この改正により，企業は働くことを希望する65歳までの人を雇用する義務が生じました。

さらに，2020年の同法の改正で，70歳までの就業機会の確保が努力義務となりました（2021年4月1日施行）。具体的には，①定年引き上げ，②継続雇用制度（再雇用制度・勤務延長制度）の導入，③定年制廃止，④継続的に業務委託契約する制度の導入，⑤社会貢献活動に継続的に従事できる制度の導入，のいずれかの措置を講ずる努力義務です。なお，④，⑤は雇用によらない創業支援等措置なので，「70歳までの就業機会の確保」となっています。

こうした措置の内容について，図11-2を参照しながらみていきましょう。高年齢者雇用確保措置の①～③は，60歳以上の従業員に対する措置なので，図11-2の中程上部にある四角囲みの「定年退職」と中程下部にある「60歳」とを結ぶ破線の右側の話になります。①については，図の中ほどにある「定年制の廃止」と書かれた太い矢印の下にある矢印の上に「定年引き上げ」があることが示すように，これによって定年年齢を70歳まで引き上げることを表しています。

②は，定年年齢は60歳で維持したままでも，その後の継続雇用の措置を講

■図 11－2　高齢期のキャリアと多様な退職

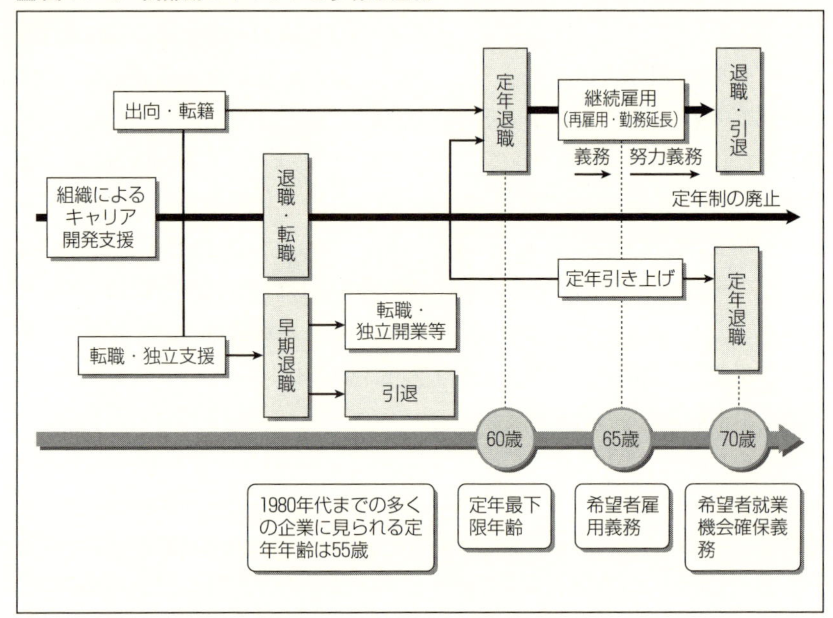

出所）今野・佐藤［2002］，255 ページ，図 13.2 をもとに筆者加筆修正。

じるもので，中ほど上部にある四角囲みの「定年退職」から右へ延びる矢印上にある「継続雇用」がそれを示しています。先ほどみたように，60 歳を超える従業員で継続就業を希望する者は 65 歳までは必ず継続雇用しなければなりませんので，そこまでは「義務」と表記しています。その後，70 歳までの就業確保措置としての「継続雇用」は努力義務なので，65 歳を示す破線より右側には「努力義務」と記しています。

「令和 4 年　就労条件総合調査」の結果から，一律定年制を定めている企業における勤務延長制度，再雇用制度の有無別企業割合をみてみると，「勤務延長制度のみ」が 10.5%，「再雇用制度のみ」が 63.9%，「勤務延長制度（両制度併用を含む）」が 30.3%，「再雇用制度（両制度併用を含む）」が 83.7% となっています。ここで勤務延長制度とは「定年年齢が設定されたまま，その定年年齢に到達した者を退職させることなく引き続き雇用する制度」，再雇用制度とは「定年年齢に到達した者をいったん退職させた後，再び雇用する制度」を意味しています。

2012 年の法改正前は，基準に合致する継続雇用希望者のみを継続雇用すればよかったので，組織が求める基準を設定することで，職務と人との適切なマッチングが図れました。それができない今，60歳を超えても職務に適合する能力を持ち続けている従業員になるようにいかにして管理していくかが，大きな課題となっています。

③は定年制が廃止されるので，図11－2では真ん中の太い矢印が示す通り，「定年退職」そのものが存在しなくなります。定年制を定めていない企業は全体で5.6％ですが，1000人以上規模の企業では0.7％しかないのに対して，30～99人規模の企業では7.0％となっています（厚生労働省「令和4年 就労条件総合調査」）。

従業員からすると，働きたいだけ働けることは理想かもしれませんが，人的資源管理の視点からは高齢者の体力・能力に適合する職務の選定と配置，定年年齢がないのに退職してもらうときの交渉コストなど，定年制がある場合に比べて管理上の労力を要することは間違いありません。しかし，世界でも例をみない高齢社会であり，かつ就労意識の高い日本の場合，年齢に関わりなく働ける人には働いてもらうことが望ましいことも事実です。すると，定年制を廃止している企業は，年齢に関わりなく社内の職務に適合する能力を持ち続けている従業員を雇用している企業であるといえるかもしれません。高年齢者の雇用を確保するために定年制を廃止することが一番望ましいことであるとはいい切れませんが，いずれの措置を講じるにしても，60歳を超えても職務に適合する能力を持ち続けている従業員を雇用しておくことが企業にとっては必要となります。そのためには何が必要なのかは，本章第4節「退職管理の課題」（☞266ページ）でみることにしましょう。

キーポイント11.2

定年制を定める場合，60歳を下回ってはならない。さらに，高年齢者雇用確保措置が求められ，定年年齢を引き上げたり再雇用したりする企業が増えてきている！

3　雇用調整と退職

3-1　雇用調整

景気が悪くなると，新聞紙上などで**雇用調整**という言葉を目にするようになります。雇用調整とは，労働力需要の変化に応じて，労働供給の質量を変えることを意味します。仕事が増えれば人を雇ったり，仕事が減れば残業をなくしたりという対応です。したがって，労働需要が増大した場合に，供給量や質的構成を変えることも含まれますが，一般には，労働需要が減少したときに供給の質量を変化させて対応することを意味しています。1973年に第1次**オイル・ショック**が発生し，74年には経済成長率が戦後初のマイナス成長となりました。長引く不況の中で，75年には雇用調整給付金（81年より**雇用調整助成金**）が制度化されましたが，雇用調整という言葉はこの頃に広がりはじめました（白井［1982］）。

雇用調整そのものは，関連する諸施策すべてが退職と関わっているわけではありません。しかし，その中には早期退職や解雇も含まれています。また，解雇に至るまでにさまざまに手を尽くす過程として雇用調整の諸施策は位置づけられます。その意味でも，退職と直接関わりのない諸施策についても概観していくことにします。

雇用調整は図11-3に示されるように，さまざまな形態で行われます。ここでは，理解しやすいように，量の調整と質の調整とに分けて話を進めていきますが，実際に雇用調整が行われる順序は量の調整を経て質の調整に至るわけではありません。実際の現場ではさまざまな形で雇用調整施策が講じられますが，基本的には，表11-1にあるように，労働時間の調整，労働者数の増加を抑制する調整，労働者配置の調整，休みを伴う労働時間の調整と労働者数を減少させる調整という流れとなります。

それでは，図11-3に従って，順にみていくことにしましょう。

(1)　労働時間の調整

労働時間の調整として，まず，残業時間の規制が行われます。労働時間管理のところで残業（時間外労働）は特別なものであることを学びます（☞第14章334ページ）が，仕事量の減少に対応して残業規制が行われることは，残業が

図11－3　雇用調整の諸形態

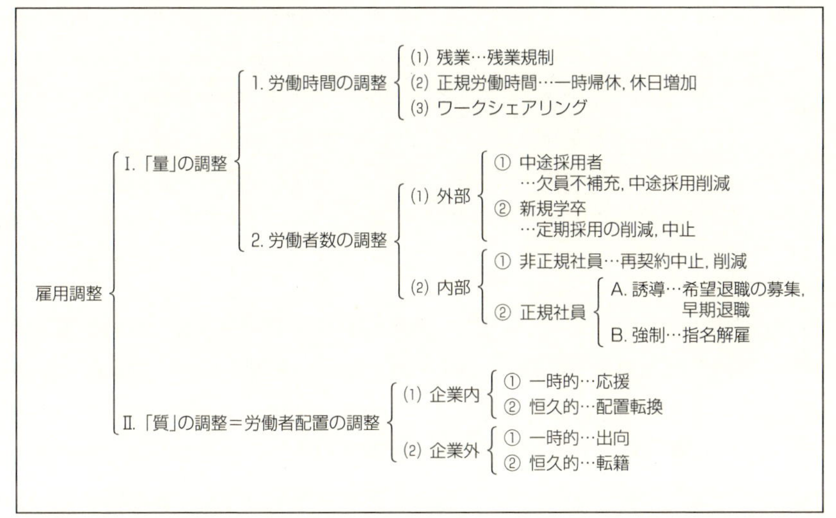

出所）通産省［1981］, 48ページの図をもとに筆者作成。

常態化していることの表れともいえます。仕事量に応じて残業時間を減少させることでの対応は可能ですが，残業時間は本来の労働時間以外の時間ですから，調整できる時間数は限られています。

次に，**一時帰休**が挙げられます。一時帰休とは，就業の一定期間の停止を意味します。かつて，繊維産業などに勤める女性労働者を不況時に親元に帰して休ませたところから，帰休といわれるようになりました。一時帰休は，雇用関係を継続したまま就業を一定期間停止するものです。最近では，一時帰休を指したレイオフという表現もマスコミで使われているようですが，アメリカで行われているレイオフ（lay off）は雇用関係が断絶する点において，一時帰休とは異なります。一時帰休では雇用関係が継続しているからこそ，その期間，休業手当が支払われることになります。これは，労働基準法第26条に基づいており，使用者に責任のある休業期間中は平均賃金の60％以上の手当を支払うことが義務づけられています。

少し古い調査になりますが，2008年秋のリーマン・ショック後の景気低迷期であった2009年に行われた「景気低迷下における一時帰休・休業等の実施状況」（労務行政研究所［2009c］）によると，不況関連対策として行った労働時間関連施策のうち，「一時帰休・休業」を実施した企業（調査総数：273社）は

表 11－1　雇用調整の段階

段　階	内　　容
第1段階	労働時間の調整：残業規制や時間外労働の削減
第2段階	労働者数の調整：有期契約の雇い止め，中途採用や新規採用の削減，停止
第3段階	労働者配置の調整：合理化のための配置転換，出向
第4段階	労働時間と労働者数の調整：一時帰休，希望退職の募集，解雇

出所）『ニュー人事システム』1994年2月号，15ページの表をもとに著者作成。

80.4％（複数回答）にも上っています。また，休業手当の支給を行った企業（66社）でその内訳をみると，法定下限の60％という企業は12.1％にしかすぎず，通常出勤時と同額の100％を保障している企業は31.8％ありました。

法定以上の手当を支払ってでも一時帰休を選択しているところに，解雇はできる限り回避したいことが表れています。それは解雇に伴う紛争を避けるためだけではなく，自社に適した熟練技能（企業特殊技能）（☞第4章93ページ）をもった労働者を維持するためや，景気回復時に新規採用する手間をかけることなく，即座に通常の操業に戻せるようにするためでもあります。当然のことですが，一度手放したものと同じ価値の人的資源を市場から調達する（新しく雇う）ことは容易ではありません。

最後に，**ワークシェアリング**（work-sharing）が挙げられます。1人ひとりの労働時間を短くすることで，全体としての雇用者数の維持・拡大をめざす取り組みで，雇用維持型（緊急避難型），雇用創出型，中高年対策型，多様就業促進型などさまざまなものがあります（脇坂［2002］）。雇用調整の過程で行われるのは，雇用維持型（緊急避難型）ですが，日本ではワークシェアリングはあまり普及していないのが現状です。ワークシェアリングを行うためには，仕事を分かち合うために1つひとつの職務が明確になっていることが必要ですが，そもそも日本では職務の概念が曖昧です（☞第3章67ページ）。また，1人当たりの労働時間の減少は当然，賃金の減少も伴うわけですが，それもワークシェアリングが積極的に受け入れられない理由の1つでもあるようです。いずれにせよ，日本ではヨーロッパに比べて，雇用調整施策としてのワークシェアリングに限らず，ワークシェアリング自体が普及しているとはいいがたい状況にあります。

(2) 労働者数の調整

次に労働者数の調整をみていきましょう。労働需要の減少に労働者数を減らすことで対応する際，短期間での対応が必要でないのなら，定年退職者や自己都合退職者の欠員分を補充しなかったり，新規採用を抑制したりという方法が最もコストのかからない方法です。組織というものは，新たな採用をしなければ，自然に人は減っていくものです。

また，有期契約している非正規労働者の契約を更新しない（雇止め）ことによっても，人員は削減されます。さらに，希望退職者や早期退職制度への応募者を募る方法もあります。そして，組織のほうから一方的に労働関係の終了を申し渡す形になる解雇という方法もあります。これら3つの方法は，退職に関わることがらですので，項を改めて後ほど詳しくみていくことにします。

(3) 労働者配置の調整

組織全体の労働者数には変化がなくても，労働需要がない部門から，労働需要がある部門へと部門間での人員異動を行うことで組織全体の需給を一致させることが行われます。これが配置転換です。工場閉鎖などを行う際には，閉鎖される工場に勤める従業員を対象に，希望者を自社の別工場へ配置転換することが行われたりします。

こうした異動をグループ企業内で行う場合もあります。これが出向や転籍です（☞第4章91ページ）。出向とは，所属する企業（出向元）の従業員としての身分を残したまま，他の企業（出向先）で指揮命令を受けて仕事に就くことです。従業員としての身分を残したままということは，出向元との雇用関係は残されたままということです。この雇用関係がなくなると，転籍となります。転籍すると，これまで勤めていた会社との関係は雇用関係も含めてすべてなくなってしまいます。出向や転籍は，企業の冷たい仕打ちのように思っている人がいるかもしれません。しかし，本来，自社での仕事がなくなったら解雇になってもおかしくないのに，企業が責任をもって別の組織（通常は，関連企業）での仕事を提供してくれるわけですから，従業員に優しい施策という見方もできるかもしれません。

3-2 雇止めと早期退職

先ほど，退職に関わることなので後ほど詳しくみることにしておいた，非正規労働者に対して契約の更新を行わない場合と，希望退職や早期退職を募る場合についてみていきましょう。

(1) 雇止め

パートタイマーやアルバイト，派遣労働者などの非正規労働者は，基本的に有期の雇用契約を結んで仕事に就いています。こうした契約期間が満了した際に使用者が再契約を行わず退職に至ることを雇止め（更新拒絶）と呼んでいます。人的資源管理上は，有期契約の非正規労働者を雇うことは，第1章（☞13ページ）でもみたように，環境変化（労働需要の変動）に対応する手段の1つです。したがって，雇用調整の過程で雇止めを行うことは人的資源管理上の施策とすれば当然のことになります。

ただし，問題は有期契約を何度も繰り返してきた場合などでも，組織側の都合で一方的に雇止めをすることが認められるかどうかです。法的には，この後すぐにみる解雇権濫用の法理（☞265ページ）をあてはめて考えます（類推適用）が，どのような場合に類推適用されるかは確定されていません。したがって，「更新の回数や手続，雇用期間の長さ，仕事の内容・性質，企業内での位置付け，採用時の事情などの諸要素を総合的に考慮して，ケース・バイ・ケースで決定せざるをえない」（中窪・野田［2017］，80ページ）ことになり，雇止めが認められるかどうかは一概には決められません[1]。

同時に，私たち一般市民の意識も企業の管理施策に影響を与えています。2008年秋のリーマン・ショックに始まる世界的な不況の影響で派遣労働者の多くが職を失うことになり，「派遣切り」という言葉が当時マスコミを賑わせました。「派遣切り」という言葉は，雇止めの場合にも契約期間中に契約を打ち切り解雇された場合にも使われていたようですが，論調は概して企業に対して批判的でした。キヤノンは，子会社の大分キヤノンでの請負会社社員の削減が批判を招いた反省もあり，2009年2月以降に契約満了を迎える期間社員（契約社員）に対して，仕事はないが雇用を継続して休業補償を支払う対応をとりました。同社の労務担当役員は，雇止めについても「単に法律に則っていても社会から理解されない。経済合理性だけの追求は今，社会から期待されていない」と述べています（『朝日新聞』2009年1月21日付朝刊，7面）。

企業の雇用責任がどこまで求められるべきなのかは簡単に答えが出せる問題ではありませんが，景気変動へのバッファー（衝撃緩和）機能として非正規労働者を雇うことに対する社会的な批判が高まってきています。もちろん，人的資源管理が担う環境適応機能として非正規労働者を雇用することは必要だと考えられますが，企業にとっての合理性だけからそれを行うことは難しくなるかもしれません。そうなると，景気変動に対応するための人的資源管理のあり方を新たに創出する必要に迫られることになります。

(2) 早期退職

雇用調整の過程で正規社員を削減しなければならなくなった場合，「希望退職」や「早期退職優遇制度」など，組織からの申し出に応じる自発的な退職者を募ることになります。これらの制度に応募すると，退職金の割増など，通常の退職よりも優遇された条件で退職することができます。図11－3で「②正規社員，A．誘導」と書かれているのは，最終的には従業員が自らの意思で退職を選択することになるものの，会社として人を減らしたいときにこの制度を実施する以上，従業員が退職を決断するように会社が先導しているからです。

人的資源管理の視点からは，**早期退職**優遇制度を実施する際には，退職希望者数が募集人員にどれだけ近いかという量的な面だけではなく，誰が希望するかという質的な面もコントロールする必要があります。募集人員を大きく上回る希望者が出ても，逆に大幅に下回る希望者しか出なくても，量的な面で，制度の実施は失敗したと評価せざるをえません。ただし，募集人員と応募人数が一致したとしても，その中に残ってほしい人が多く含まれているならば，これも制度がうまく運用されたと評価するわけにはいきません。この点は，本章の4－2「リテンション・マネジメント」で詳しくみますが，質量ともに望ましい退職希望者を集めることはなかなか容易ではありません。

3－3 解　　雇

解雇は最後まで回避すべき雇用調整の手段である，というのが日本での暗黙の合意です。かつて，**終身雇用**は**年功賃金**，**企業別組合**（☞第10章233ページ）とならんで日本的経営の**三種の神器**と称されていました。しかし，それは明文化された規定ではなく，あくまでも社会的な規範であって，法律上も解雇の自由は認められています。とはいうものの，1950年代を中心に，人員整理をめぐる数々の労働争議[2)]を経験してきた日本の労使は，雇用保障を最重要視することを核に協調的な労使関係を築き，自社の発展に力を合わせてきました。そうした中で，できる限りの手を尽くして解雇は避けるという社会的な合意が完成してきました。なお，ここでいう解雇は**整理解雇**のことで，罪を犯しての逮捕や著しく企業の名誉を失墜させることなどに対する制裁罰である**懲戒解雇**とは異なる点は確認しておきましょう。

組織ができる限り解雇を回避しようとするのは，それがさまざまなコストを伴うからでもあります。第1に，技能流出のコストがあります。第5章でみてきたように，企業は時間とお金をかけて従業員に教育訓練を施し，従業員は能力開発の機会を得ながら仕事を経験して，**企業特殊技能**を身につけていきます。こうした熟練技能を身につけた従業員を退職させてしまうと，これまでの教育訓練投資がすべて無駄になってしまいます。また，再度同じ能力をもつ人材が必要になったときに労働市場からすぐに調達することは容易ではありません。そもそも，必要なときに必要な人材を労働市場からすぐに調達することが難しいからこそ，組織をつくっているわけでもあります。

第2に，モラール維持コストがあります。例えば，隣の席に座っていた同僚が解雇されたのに，平気で仕事を続けられる人はどれほどいるでしょうか。恐らく，多くの人は経営者に不信感を抱き，「次は自分が解雇されるかも」と不安になり，仕事に没頭できなくなったりするのではないでしょうか。解雇されずに組織に残った人のこうした心理的・肉体的状態は**サバイバー・シンドローム**と呼ばれています（ヘクシャー 著，飯田 訳 [1995]）。解雇を行うと，残った人は残った人で精神的な苦悩からモラールが下がってしまい，従前通りのパフォーマンスを発揮できなくなる危険があります。

第3に，紛争コストが挙げられます。過去の解雇に関する争議については先述しましたが，解雇反対の動きが労働争議にまで発展すると，操業停止や社会的な評価などさまざまな面で経営に実害が生じてきます。図11－4は労働争議の総数に占める解雇反対争議比率の推移をみたものです。労働争議総数そのものが，過去に比べると著しく減少している中で，解雇関連の争議が占める比率は2011年まで急増してきました。このことは，争議件数そのものは減少している中，他の事項に関しては労働争議にまで至らなくても，解雇に関する事項は現在でも労働争議にまで発展する可能性が高いことを示しています。

このように解雇には多大なコストが生じることや，誰も失業することを望まないことを考えると，企業はできる限り解雇は避けるように行動することになります。しかし，企業が存続していくためには，従業員を解雇せざるをえない状況に直面することがあることもまた事実です。解雇者を出したくないがために，**労務倒産**するようなことがあれば本末転倒です。とはいうものの，企業の思うままに従業員の解雇を行えるのかというと，決してそうではありません。

図 11－4　労働争議に解雇関連事項が占める比率の推移

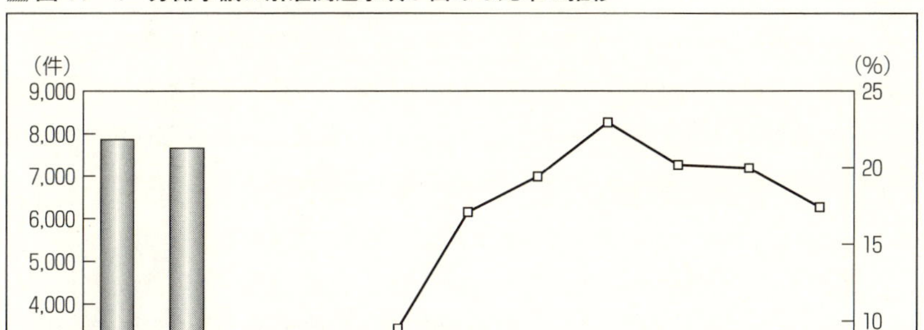

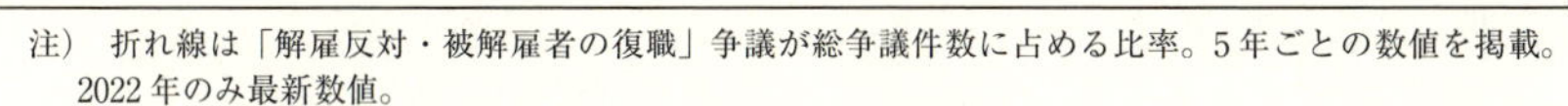

注）折れ線は「解雇反対・被解雇者の復職」争議が総争議件数に占める比率。5 年ごとの数値を掲載。2022 年のみ最新数値。
出所）厚生労働省「労働争議統計調査」各年版をもとに筆者作成。

1975 年に最高裁判決において「使用者の解雇権の行使も，それが客観的に合理的な理由を欠き社会通念上相当として是認することができない場合には，権利の濫用として無効になる」ことが示され，**解雇権濫用の法理**が生まれてきました。その 4 要件は，①人員削減の必要性が経営上，本当にあるのか，②解雇回避措置（☞雇用調整の段階，258 ページ）を尽くしたか，③対象者の選定が合理的になされているか，④労組や労働者と誠実な協議を行ったか，です。これらを総合的に考慮して，解雇が有効か解雇権の濫用かが判断されます。2003 年の労働基準法改正で，この法理が明文化（第 18 条の 2）されましたが，その後 07 年の労働契約法の制定によって，解雇権濫用に関する規定は労働契約法（第 16 条）[3] に移されました。

このように，解雇権の濫用とならなければ解雇は可能ですが，人的資源管理のあり方として，濫用さえ気をつければ解雇はいつでもできるというスタンスで臨むか，最後まで解雇という手段を選択しないスタンスで臨むかは，大きな違いです。前者の場合，流動的な労働市場を前提として，必要なときに必要な人材を市場から調達できるし，職を失った人たちも労働市場を通じてまた新たな職に就くことができると想定してマネジメントが行われています。後者の場合，人的資源は簡単に代替の利くものではなく，従業員は単なる労働力ではなく，職場を離れれば自分の生活を営んでいる労働力の持ち主であるという考え方に則って人的資源管理を行っています。どちらが正しいといえるものではありませんが，最近の動向としては，前者が増える傾向にあるようです。

キーポイント11.3

解雇は最後まで回避すべき雇用調整の手段であるという労使の共通認識が存在するが，解雇に対する考え方は，人的資源管理の基本的な考え方と結びついている！

4　退職管理の課題

4-1　キャリア開発支援

退職パターンが多様化してきていますが，そのことが働く人たちに意味しているのは，1つの会社に勤めてもそこで働き続けるだけで自分の仕事人生を終えるわけではない可能性が高まっていることです。それは，労使が終身雇用を相互に期待して，会社に入り会社が敷いたレールに乗って働いていれば雇用が保障されていた時代とは異なる働き方が求められているということでもあります。働く人1人ひとりが，自分の人生の中で仕事をどのように位置づけていくかを真剣に考えて，長期的視点に立った**キャリア・デザイン**を行うことがますます必要になってきています。また，**キャリア自律**（☞第5章114ページ）の必要性もいわれるようになってきています。

ただし，キャリア・デザインもキャリア自律も個人だけでできるものではありません。なぜなら，自分がこういう仕事を経験したいと思っても，会社の都合で違う職務に就かなければならないこともあれば，自分の能力や可能性について，自分自身が完全に把握しているとは限らないからです。そこで，組織は従業員の**キャリア開発**の支援を行うことになります。

組織が従業員に教育訓練を行い能力開発に取り組むのは，その投資に見合うだけの仕事の成果を長期間にわたって発揮してもらうためです。したがって，組織は正規社員については基本的に長期雇用を念頭に置いており，途中で辞めた場合への対応準備は怠らないにしても，途中で辞めさせるために諸施策を行っているはずはありません。となると，キャリア開発支援と退職管理との結びつきも，若年者よりは中高年者の退職において強くなります。

図 11－2（☞256 ページ）でみたように多様化する退職パターンの中から，高年齢者が自分の働き方にあった退職を選択できるようにするためには，退職の直前になってから，どのような形で組織を去るか，あるいは労働市場を退出するかを決めていては遅すぎます。高年齢者になったときに使える能力を持ち合わせていないことを批判する会社に対して，それは会社の教育訓練が不十分だったことを自ら指摘しているにすぎないという見方があります（藤村 [1997]）が，これまでと同じような能力開発を行っていては，高年齢者になったときに"困る"高年齢者を再生産し続けることになってしまう危険があります。したがって，若い頃から高齢期の自分がどのような生き方や働き方を選ぶのかを考えられるようにして，60 歳を超えても職務に適合する能力を持ち続けている従業員を育てることが重要です。だからこそ組織はキャリア開発支援を行う必要があるのです。

退職管理は，円滑に雇用関係を終えるために必要であることを本章第 1 節で確認しましたが，そのための 1 つの方法は，従業員に「自分に適した職務はこの組織にはない」ことや「自分の能力はこの組織の職務を満たすに十分ではない」ことを自覚し納得してもらうことです（高木 [2008]）。キャリア開発支援は，60 歳を超えても職務に適合する能力を持ち続けている従業員を育てる機能と同時に，職務に適合する能力をもたない従業員にそれを自覚し，納得してもらう機能も併せもっています。そのためにも，日頃から人事考課や評価のフィードバックを通じて，部下が希望するキャリアを達成するには何が足りなくて，何が必要かなどをアドバイスすることが上司には求められます。

また，組織は，キャリア開発支援のための面談などを通じて，自分のやりたいことと今の自分の能力や適性を従業員がきちんと把握できるようにしなければなりません。退職管理というと，雇用関係の出口の時点でどう対処するかということだけのように考えがちですが，実際にはそこに至る過程での日々のマネジメントと密接に関連しています。人的資源管理は個々の制度や施策だけで機能しているのではなく，全体が束となって機能していること（☞第 1 章 9 ページ）を，ここからも理解してもらえるでしょう。

このように，円滑な退職に導きやすくするためにキャリア開発支援を行うことが必要であることは確認されましたが，有能な従業員が，「自分にマッチングする職務はこの組織にはない」と思うようなことがあっては組織にとっては大変なことです。つまり，組織にとっては円滑な退職が進むことは望ましいことですが，組織にとどまってほしい人まで退職するようなことは避けなければなりません。その点について，次項でみていくことにしましょう。

4-2　リテンション・マネジメント

組織にいてほしい人を組織にとどめることは，一般に**リテンション**（retention）と呼ばれています。さらに，**リテンション・マネジメント**は「高業績を挙げる（または挙げることが予想される）従業員が，長期間組織にとどまってその能力を発揮することができるようにするための，人的資源管理施策全体」（山本［2009］，14ページ）と定義されています。これまで，退職管理とは円滑に雇用関係を終了させるためのマネジメントとしてみてきました。それは，排出のマネジメントであり，誰を組織から切り離すか，それをいかに問題なくスムーズに行うかという課題に対処するものという姿勢で臨んでいました。しかし，誰を組織から切り離すかを考えることは，同時に，誰は組織から切り離してはいけないかという問題にも直面します。すると，当然，組織から切り離してはいけない人をいかに組織にとどめるかという問題に行き着きます。退職管理の範疇でリテンションを扱う理由はここにあります。

リテンション・マネジメントとして行われる施策は，定義に「人的資源管理施策全体」とあるように，何か１つこれだけ行えば間違いないという有効な施策があるわけではありませんが，リテンション・マネジメントは人を組織にとどまらせる組織統合機能（☞第１章11ページ）として働きます。したがって，さまざまな形で組織の魅力度を高めて，この組織にとどまりたいと従業員に思わせることが必要になります。従業員は，**エンプロイアビリティ**（employability）（☞第５章114ページ）を高めないと組織に残れないと叱咤されますが，組織も，従業員を組織に引きとどめる力であり，組織の魅力度でもある**エンプロイメンタビリティ**（employmentability）を高めなければ，従業員に見限られてしまう危険があるわけです。

従業員のニーズを満たすための誘因をより多く提供することができれば組織の魅力度は高まります。しかし，従業員の組織に対する貢献とのバランスを考

コーヒーブレイク　転職支援制度の危うさ

当時の雇用，転職，早期退職優遇制度などについて知ってもらうために，あえて30年ほど前の1996年の新聞記事を転載しておきます（漢数字は算用数字に改めていますが，社名などは当時のままです）。何事でもそうですが，過去からの積み重ねを経て今があります。この記事を読んで，隔世の感を覚えるか，今も変わらないところもあると感じるか，どうでしょうか。そして，1996年に18歳だった人は2025年時点では47歳，22歳だった人は51歳で，組織の要職に就いているであろう年齢の人たちです。この世代の人たちは，こういう時代を生きて，こういう経験をしてきたということも知っておくとよいかと思います。

＊　＊　＊

松下電器産業は4月から50歳以上の社員を対象にした転職支援制度をスタートさせる。転職支援制度など早期退職優遇制度は経営側から言えば穏やかに人員の余剰感を解消させる便利なツール。しかし，運用しだいでは社内士気の低下を招く。

西友の1574人はどこに行ったのか――。

同社が昨年6月に導入した転職支援制度は，わずか1カ月で35歳以上の社員の4人に1人が退社というショッキングな結果となった。全従業員の15％にあたる。「第二の人生を支援するのが狙いで社員が自発的に手を挙げた」と当時の人事部長で現在は労務担当の浅田直熙取締役はいう。若手の抜てきが可能になり，時間がたつほど大量退社のマイナスがプラスに転じているとも付け加える。

それでも辞めた社員の補充に3200人のパート，アルバイトを採用。年間90億円の人件費が節約されるとの会社の説明は，転職支援ならぬ人員削減政策そのもの。しかも直前に能力主義の新賃金・人事制度をスタートさせている。つまり低い評価の中高年社員に的を絞って転職をすすめた印象が強い。

外食産業に再就職したAさん（46歳）はいう。

「評価が最低のCランクの人は何回も上司に呼ばれ説得された。残っても昇給，昇格はないとね」。転職支援には残った社員のためにも成功例が欠かせないが，会社も組合も追跡調査はしていない。辞めた人の個人的な問題という姿勢だ。

非公式だが人事部が社員の口コミなどで集めた大ざっぱな数字がある。グループのコンビニや炉端焼きなどのフランチャイジーになったのが50人前後，ダスキンや赤帽などグループ外で独立したのが200人。同業のスーパーや問屋などが500人。そのほかは家業を継いだりしており，3割前後がいまだに決まっていないと推測する。

転職は自己責任が原則だが3割近い社員が再就職が出来ないでいるとなると残った社員の士気が上がるとも思えない。転職支援制度が機能するのは割増退職金の額と準備期間や研修などの運用が決め手だ。

三菱商事の転職支援制度は産業界のトップクラス。50 歳の部長職で辞めた場合，加算金を含め約 1 億円。これに加え 1 年間の再就職準備休職（給与の 75% 保証）とか 40 歳からのライフデザインセミナーなど万全の制度運用だ。

86 年から始まったが現在は年間に 60〜80 人の利用者があり定年退職者（60 歳）数を上回っている。40 歳代で割増金を含めて約 2000 万円，募集期間も 1 カ月という西友とは同じ転職支援制度とは思えない。

金額という点からは松下の場合 50 歳の部長級で支給総額が 5 千数百万円と，三菱商事に比べて評価が分かれる。給与水準は同クラスだけに，これでは利用者が二の足を踏むとの声もでる。

三菱商事の給与が高すぎるとの批判はあたらない。早期退職制度はいわば契約ではないものの終身雇用制度を修正する「和解金」の意味あいが大きい。

日本は労働市場が流動化しておらず，企業を移っても年金を持って行けるポータブル制など社会的な制度が整っていない。ぎりぎりまで雇用を守る。出来なければ最大限の金額と準備期間を用意するのが経営者の社会的責任だ。

（「経営の視点」『日本経済新聞』1996 年 3 月 3 日付朝刊，5 面より）

慮したり，社内の限られた資源をどこに配分するかという問題もあるので，従業員が求めるものを何でも提供できるわけではありません。リテンションの視点からは，全従業員に一律にというよりは残ってもらいたい従業員への誘因提供を重視することも必要になってきます。これは，誘因によって彼（彼女）らを囲い込む手法といえます。具体的には，**自己申告制度**や**社内公募制度**（☞第 4 章 96，97 ページ）を通じて，希望する仕事に就く機会を与えることなどが挙げられます。

こうした施策を支える基盤は，組織が従業員を貴重な人的資源とみなして日頃から誠意をもって対応し，労使間の信頼関係を築いていることです。誠意をもって，とはやや抽象的な表現ですが，宅急便の生みの親である小倉昌男氏がリストラに言及している次の言葉は，それを表しているでしょう。

「リストラは，収益に貢献していない部署を縮小し，反面，営業部門を手厚くし，社内の活性化を目的とすべきである。したがって，人員を縮小する場合には，まず老齢の役員や管理職，しかも閑職にある人にお引き取り願い，さらにというときには扶養家族のいない独身者に社外転身を図ってもらうというように，思いやりのある策を提示する必要がある。さもないと結果として戦力の中心である優秀な社員が退社してしまい，戦力にならない人だけが残るという，本末転倒のことが起きることになる」（小倉［1999］，292ページ）。

組織メンバーの退職の仕方（させられ方）をみて，自分がその組織に残るかどうかを判断することは，多くの人が自然に行う行為です。組織と人の切り離し方は，残された組織メンバーが組織に残るかどうかの判断をするためのメッセージとなるわけです。そう考えると，退職管理とリテンション・マネジメントは相互に関連しながら進められるべきことが理解できるでしょう。

キーポイント 11.4

退職管理が有効に行われるために，今後はますますキャリア開発支援とリテンション・マネジメントが必要となる！

注

1）なお，労働契約法18条に無期転換ルールが定められています。同一の使用者との間で，有期労働契約が5年を超えて更新された場合には，労働者からの申込みによって，期間の定めのない労働契約（無期労働契約）に転換されます。また，労働者から使用者への無期転換の申込みがなされた場合，使用者はこれを断ることができません。

2）東芝争議（1949年）や日立争議（1950年）など，現在，大企業と呼ばれる企業も過去には解雇をめぐる大きな争議を経験してきています。トヨタ自動車でも，1950年に労働争議を終結させるにあたって当時の社長が退任するということが起こっています。また，総資本対総労働と称された三井争議（1959～60年）も，6000人の希望退職を募ったところに端を発していました。

3）労働契約法第16条の条文は次の通りです。「解雇は，客観的に合理的な理由を欠き，社会通念上相当であると認められない場合は，その権利を濫用したものとして，無効とする」。

本章の演習問題と読書案内はこちらから→

現代的トピックス

人的資源管理の多様化

〔第Ⅰ部〕人的資源管理の位置づけ

第１章　人の管理とはどんなことか（人的資源管理入門）

第２章　組織は人をどのように捉えるのか（人間モデル・組織行動）

第３章　人の働く組織をどのようにつくるのか（組織設計）

〔第Ⅱ部〕人的資源管理の仕組み

第４章　組織は人をどのように雇い入れるのか（採用・異動）

第５章　組織は人をどのように育てるのか（キャリア開発・人材育成・教育訓練）

第６章　組織は仕事の結果をどのように評価するのか（評価・考課）

第７章　組織は人をどのように処遇するのか（昇進・昇格）

第８章　組織は人にどのような報酬を与えるのか（賃金・福利厚生・退職金）

第９章　組織は人の安全と健康をどのように守っているのか（安全・衛生）

第10章　組織は労働組合とどのように関わるのか（労使関係）

第11章　組織は辞めていく人とどのように関わるのか（退職）

〔第Ⅲ部〕現代的トピックス：人的資源管理の多様化

第12章　多様化する働く人たちを組織はどう管理するのか（ダイバーシティ・マネジメント）

第13章　多様化する雇用形態を組織はどう管理するのか（非正規雇用）

第14章　多様化する労働時間と場所を組織はどう管理するのか（裁量労働・在宅勤務）

第15章　多様化する働く意味づけを組織はどう管理するのか（ワークライフバランス・働き方改革）

第12章

多様化する働く人たちを組織はどう管理するのか

ダイバーシティ・マネジメント

❖この章のねらい

第Ⅱ部の各章では，人的資源管理の基本的な仕組みや制度の概要について学習してきました。人的資源管理の諸制度が組織における人間行動を規定するメカニズムについて理解できたと思います。第Ⅲ部では，第Ⅱ部で学習した内容の応用編として，現代的トピックスをいくつか検討することにします。そのキーワードは「多様化」（ダイバーシティ）です。これまでは概ね一様で一括型だった日本企業の人的資源管理が，今日さまざまな局面で多様化している実態について学習をします。

まず，本章では人的資源管理の対象である「働く人たち」自身が，従来よりも多様化しつつある実態について学びます。ここでいう「働く人たち」の多様化とは，具体的には性別や年齢の多様化です。性別の多様化とは，端的には，男性だけではなく女性も多く労働市場に進出し，働くようになってきたことを指します。加えて，昨今では，男女の性を超え，より幅広く性を捉える考え方も広がっており，企業社会もその対応を迫られています。年齢面での多様化とは，従来よりも多様な年齢層の勤労者が労働市場に進出するようになったことを指します。より具体的には，日本社会の人口に占める高年齢者の割合がかつてなく高くなり，働く高年齢者が多くなってきた過程について学習することになります。性別にせよ年齢にせよ，共通するのは自分自身の意志や努力ではどうにもならない個人属性であるという点です。

では，具体的に女性労働および高年齢者雇用において，どのような点が何ゆえに問題となっており，その問題を解決するためにどのような方策がこれまで採られてきたのでしょうか。その方策を採用することで本当に問題は解決されてきているのでしょうか。本章では，これらの点について検討してみることにしましょう。

◆この章で学ぶキーワード
◎女性労働　◎男女雇用機会均等法　◎ポジティブ・アクション
◎M字型労働曲線　◎高齢社会　◎高年齢者雇用　◎継続雇用制度
◎技能継承　◎ダイバーシティ・マネジメント

1　多様化する働く人たち：分析の視点

日本の高度経済成長を支えた，いわゆる日本的経営において暗黙に念頭に置かれていた勤労者像は，端的には「長期間働き続け，企業忠誠心をもった男性の正社員」というものでした（☞第1章23ページ）。日本的経営の組織力の高さはまさにこの勤労者像を念頭に置いて生み出され，国際市場における日本企業の競争優位の源泉とされてきたのでした。

ところが昨今では，定年まで同一企業で働き続けるという勤労スタイルを選択する人は徐々に減少し，自分のライフスタイルに応じて勤務形態を選択しようとする人が増えてきました（☞第13章316ページ，第14章349ページ）。いわゆる**多様な働き方**の進展と呼ばれる現象です。

また，図12－1にみられるように，元気で意欲的な高年齢者が増加し，たとえ定年を迎えても，これまで働いてきた企業にとどまるか否かは別として，何らかの形でまだ働き続けることで「社会的に現役でいたい」とか「キャリアやスキルを活かしたい」という欲求をもつ人も増えてきています。そこから，後にみるように，高年齢者を積極的に雇用しようとする企業も増えてきています。**定年制**は年齢による差別であると考え，定年制を廃止しようとする動きも出てきています（☞本章コーヒーブレイク（3）299ページ）。

また，男性正社員だけではなく，いまや女性も社会進出し，働くことが当たり前の時代になりました。以前では日本社会でよくみられた「男は仕事，女は家庭」という考え方は影を潜めています（こういう「男は仕事，女は家庭」という考え方は，男女間で社会的な役割を分けようとする発想ですから，このような考え方のことを**性別役割分業の意識**と呼びます）。図12－2はこの性別役割分業の意識が世代間でどの程度異なっているかを示したグラフです。年配者世代では半数近くがこの考え方を肯定的に捉えているのに対し，若い世代になるほど否定的に捉

図12−1　中高年の就労意識（2021年）

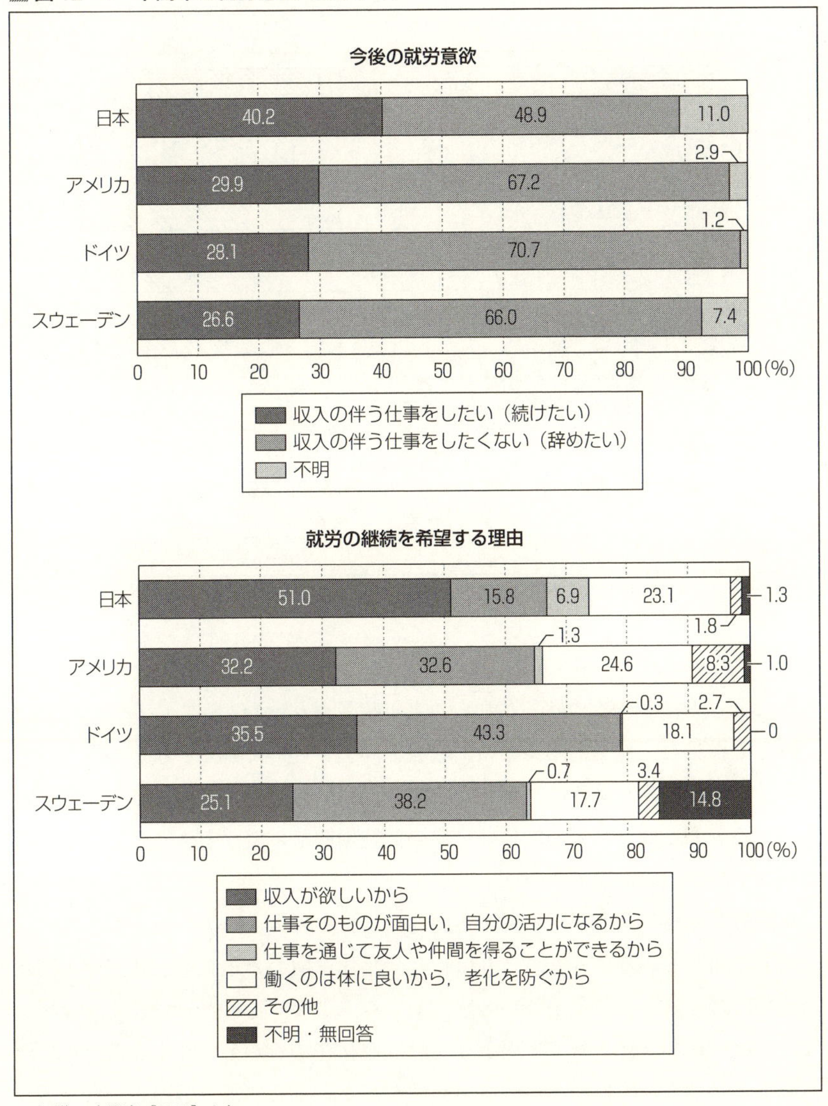

出所）内閣府［2021］より。

えるようになってきている実態がうかがえるでしょう。

このように，年齢や性別の側面で多種多様な勤労者が労働市場に出ていくようになりつつある趨勢を前提とすると，個別の企業を経営している経営者たち

図 12－2　性別役割分業の意識（2022 年）

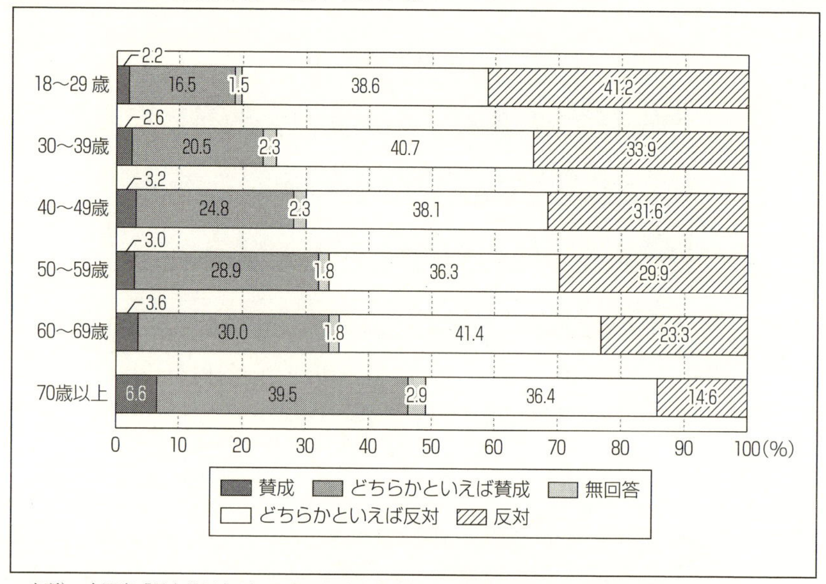

出所）内閣府「男女共同参画に関する世論調査（令和 4 年 11 月調査）」をもとに筆者作成。

の頭に真っ先によぎるのは，これらの高年齢者や女性たちが，いかにその企業に対して貢献し，作業効率や業績，収益を向上させてくれるのかという点でしょう。第 1 章でみたように，個々の企業で人的資源管理上最優先される価値観は，人的資源を使って最終的には企業の業績や収益に資するように管理することにほかならないからです。

女性労働や高年齢者雇用に関する問題は，日々のニュースや新聞などでは，一企業の問題というよりも，より広く社会全体に関わる福祉的な観点から問題提起され議論されることが多いと感じる方も，少なくないと思います。以下では，これら社会全体としてどのような論点が存在するかという視点は前提に置きながらも，それに付加する形で，女性や高年齢者を個別企業がいかにマネジメントし，業績・収益の向上に結びつけようとしているかという企業経営の基本視点に立ち返って検討してみることにしましょう。

キーポイント 12.1

今日の日本企業では，女性や高年齢者も多く働くようになってきていて，企業としてこれらの人たちをいかにうまく使って業績や収益の向上につなげるかが問われている！

2　女性労働問題と解決へのアプローチ

2-1　女性労働問題とは

皆さんの中には，そもそも**女性労働**というように性別を冠に付したような用語や問題をあえて掲げることそれ自体に違和感を覚える方も多いと思います。いわゆる**ジェンダー問題**が社会的に広く認知されるにつれ，男性・女性というように性別で分けて職場における諸問題を捉えること自体が，最近では少なくなってきているからです（ジェンダーとは，生物学的な男女の性別ではなく，社会的価値観によって規定された社会的な性差のことを指します）。

しかし，少なくともこれまでの日本企業では，女性労働に関する問題は，大きな社会問題の1つとして取り扱われてきました。その最も根源にある「問題」は，端的にいえば，仕事の能力水準が同じであれば人的資源管理上も本来同等に扱われるべき男性と女性との間に格差があり，女性が不当に差別を受けているのではないかという点です。より具体的には，人員の採用にあたって，女性が同等の能力を有していても採用されなかったり，昇進にあたって男性社員と同じ成果を上げていたとしても昇進ができなかったり，ないしは男性社員より遅れたり，といった問題です。

誰を採用し，社員の中の誰を昇進させるかについて決定の権限を有しているのは企業ですから，たとえ結果的に女性が採用されなかったり昇進が遅れたりしたとしても，それが女性であるという事実（性差）を根拠にした判断でない限り，それは正当な決定であるはずです。この点を客観的に明確に判断することが難しいことが，この問題をよりいっそう複雑にしています。

では，そもそもなぜ，こうした「女性差別」をしている企業は，そのようないわば反社会的ともいえるような行為をわざわざ行ってきたのでしょうか。その理由を一言で表現すれば，これまでは女性の多くが職場で働きはじめしばらくすると，結婚して仕事を辞めてしまうことが多く，あるいは，結婚後も仕事を続けていたとしても，その後妊娠・出産を経験し，少なくとも出産前後のしばらくの期間は，仕事から離れざるをえないという状況があったからです。企業としては，結婚を契機に仕事を辞めてしまったり，妊娠・出産で仕事を継続できなくなったりした場合には，これまでその人に投入してきた教育訓練投資が無駄になってしまうと考えます。コストを削減し業績や収益を向上させようとする企業の論理からして，すぐに辞めてしまうかもしれない，あるいは継続的に勤務することができない女性を採用することは，収益向上を至上目的とする企業にとっては大きなリスクを伴うと認識されてきたのです。

2-2　法制の整備：男女雇用機会均等法

しかし，上記のように女性が男性と同等の能力を有しているにもかかわらず，男性と比して雇用条件が不利であるという事態が生じているとすれば，そのような事態は男女平等の観点からして不公正な状態なわけですから，社会的に是正されなければなりません。そこで法律を整備することを通じ，こうした実態を改めようとして成立したのが，いわゆる**男女雇用機会均等法**です。

この男女雇用機会均等法は1985年に制定され，翌86年から施行されましたが，この法律が成立するまでにはさまざまな紆余曲折がありました（成立当初の正式名称は「雇用の分野における男女の均等な機会及び待遇の確保等女子労働者の福祉の増進に関する法律」でした。以下では，文脈に応じ簡略化して「均等法」と略記します）。

女性労働に関わる法律は，均等法以外にも，労働基準法や育児・介護休業法，男女共同参画社会基本法，次世代育成支援対策推進法など多様な法制が制定・施行されていますが，以下では企業の雇用現場と最も直接的に関係する均等法を取り上げ，その史的変遷をみてみることにしましょう。

(1)　成立前史

従来の日本では，既述の性別役割分業の意識が強く，女性が一般に結婚する年齢も20歳代前半であることが多かったため，女性の一般的なキャリアは，高校や短大を卒業して企業に入社し，5年間程度働いて退職，専業主婦になる，というものでした。今では考えられないような状況ですが，1960年代，70年代初頭頃までは，こうした状況がごく当たり前で，そこに疑いを挟もうとするような空気はほとんどありませんでした。

このような状況のため，企業は「女性に重要な仕事を任せても，結婚・出産で辞められてしまう」とか「結婚して育児をする女性社員は家庭中心になり，欠勤が増えがちになる」というように認識していました。そこで多くの企業は，女性社員に対しては短期雇用を前提に補助的な仕事のみに従事させ，結婚したら退職させる「結婚退職制」や，定年を25歳や30歳に設定する「若年定年制」を制度化していたのです。

1960年，住友セメント（現・住友大阪セメント）という企業に入社した一女性社員が「結婚または満35歳に達したときは退職する」旨の念書を提出させられ，それに従わなかったことを理由に解雇されました。いわゆる「住友セメント事件」です。これを不当と考えた彼女は訴訟を起こし，その結果，1966年に早期結婚退職制を違法とする原告勝訴の判決が出たのですが，その判決文の中で，当時の女性社員の仕事分担の実例が述べられています。

その判決文によると，当時の一般的な女性社員の仕事内容は，タイプライターによる印書や電話交換業務のほか，比較的軽度の経験技能で処理が可能で高度な判断力が不要な補助的業務，例えば文書の受発信，コピーの作成，事務用品の配布，使い走り，来客の取り次ぎ，掃除，お茶くみ，その他男性社員の指示による計算，文書の清書整理，電話連絡などであり，業務計画立案や調査・研究報告は含まれていなかった，とされています。

こうして，男性社員が長期勤続を前提に責任ある基幹的業務を担う総合職であるのに対し，女性社員は短期就労を前提とした補助的業務しか担わない一般職として位置づける構図がどこの企業においてもできあがっていたのでした。雇用以外にも昇進・昇格，昇給，教育訓練，福利厚生といった人的資源管理のほぼすべての領域で，女性社員は男性社員に比してその管理の対象から外され，実質的な差別的扱いを受けていたのです。

しかし，その後，日本の女性も次第に高学歴化が進み，短期就労から男性と同様に長期にわたって働きたいという女性の欲求も高まってくるようになりました。経済のサービス化・ソフト化に対応し，サービス業界や商社・金融業界で働く女性も増えてきました。こうした状況のもと，企業で働く女性社員に対して人的資源管理を改革する必要性が，日本においても徐々に認識されるようになってきました。そのような中，成立したのが男女雇用機会均等法なのです。

(2)　男女雇用機会均等法の成立

女子差別撤廃条約という，政治・経済・社会・文化やその他のあらゆる分野における男女平等を達成するための必要な措置を定め女子差別の撤廃を謳った多国間条約が1979年に国連の総会で採択され，81年に発効しました。同条約は日本では85年に批准され，同年これを受ける形で男女雇用機会均等法が制定され，86年から施行されるに至りました。前述の住友セメント事件の判決から20年が経過してようやく雇用の現場で男女差別をなくすための法律が制定，施行されるようになったのです。

均等法が扱う中心的な事項は，募集・採用，配置・昇進，教育訓練，福利厚生，定年，退職，解雇といった人的資源管理で，このそれぞれの事項について，男女差別をなくすために企業が講じなければならない措置が定められていました。ただし，1986年の施行当初の時点では，その規定の仕方に，次のような異なる2種類が掲げられていました。

① 「……に努めなければならない」という**努力義務規定**：募集・採用，配置・昇進について。

② 「……してはならない」という**禁止規定**：教育訓練（OJTを除く），福利厚生，定年，退職，解雇について。違反しても罰則の適用はなし。

努力義務規定のほうは，結果はどうあれ「努力」の姿勢さえ示していればそれで済むわけで，法制としてはきわめて緩い規定です。禁止規定のほうも，当初は違反した企業名の公表や罰則の適用もなく，制定されても企業活動に実質的に大きな影響を与えるものではありませんでした。このように，努力義務規定と禁止規定の2つが設けられた背後には，当時，この法律の制定自体に強い反対姿勢を示していた経営者側に対し，政府として何らかの配慮が必要だったという事情がありました。経営者側は，雇用現場の急激な変化が企業の勢いを削ぎ，経営を圧迫する要因となることを危惧したのです。いわばその妥協策として，こうした2種類の規定ができたのでした。

(3) 改正：1997年，2006年，2017年，2020年

その後，さらに男女平等に関する社会的意識変革が進み，1997年の改正（99年より施行）により，努力義務であった募集・採用，配置・昇進やOJTを含む教育訓練における差別的扱いのすべてが禁止規定へと改正されました。さらに，それまでは問題とされなかった「女性のみ」という募集形態も禁止されることになりました。それまでは違反しても罰則規定は何もなかったのですが，是正勧告に従わない企業名は公表できることになり，そうした企業は，もし企業名が公表された場合には社会的に大きなダメージを受けるので，勧告に従わ

表12－1　女性への間接差別にあたる例

1）事務系職員の募集・採用にあたり，仕事に関係なく身長の高さを要件とし，女性を排除しているような場合。
2）総合職の募集にあたり，全国転勤の事例がこれまでほとんどないのに，全国転勤を要件にし，女性が著しく少ない場合。
3）理系の知識が不要な職種の募集にあたり，女性が少ない工学部や理学部出身者であることを採用要件とし，女性の門戸を狭めている場合。
4）転勤事例がほとんどないのに転勤を昇進の要件にし，女性が著しく少ない場合。
5）福利厚生制度で全社員分の社宅があるにもかかわらず，利用できる条件を女性が少ない世帯主に限定し，女性を間接的に差別している場合。
6）パートよりも正社員を優遇することにより，男女間で処遇の差が大きくなる場合。
7）福利厚生の適用や各種手当の支給でパートを排除することにより，これらの適用や支給を受けられる女性が男性より少なくなる場合。

出所）厚生労働省労働政策審議会雇用均等分科会第53回資料および『日本経済新聞』（2004年6月23日付朝刊）などをもとに筆者作成。

ざるをえないような状況になったのです。

また，**ポジティブ・アクション**（積極的差別是正措置）といって，女性が職場環境で不利な現状を是正するため女性を男性よりも優遇する措置（例えば，女性管理職の人数を増やすため，その比率を一定以上とするルールを設けるなどの措置）を企業がとることも認められるようになりました[1)]。さらに，1997年改正では，**セクシュアル・ハラスメント**（☞第9章220ページ）に対する事業主の配慮義務を規定したことも改正点の1つです。

続いて，2006年の改正によって，性別による差別禁止の拡大とセクシュアル・ハラスメント対策の強化などが進められました。性差別禁止の範囲が拡大されたことにより，女性に限らず男性への差別も禁止されることになったのです。

しかし，2006年の改正において，最も注目すべきポイントは，いわゆる**間接差別**の禁止規定が設けられたことです。例えば，募集採用にあたって身長や体重をその要件とすることは，一見すると性に中立で公正な要件のようにみえます。しかし，通常，体格が大きいのは男性ですから，（実際に職務上，体格の大きさが必要となるような仕事である場合を除き）これらを採用の条件とすることは女性を間接的に差別することになるわけです。このように，一見したところ性に中立なようにみえて，実は一方の性に対して結果的に（合理的な根拠なく）

不利益を与えているような制度や慣行が間接差別にあたるのです。表12－1はこの間接差別にあたる事例を示したものです。

さらに2017年や2020年の改正においては，事業主だけではなく職場の上司や同僚からの妊娠・出産・育児休業・介護休業などを理由としたハラスメント（マタニティ・ハラスメントなど）の防止措置を講じることも事業主に義務づけられるなど，女性が職業生活において活躍できるよう段階的に法改正が行われてきています。

2－3　働く女性の現状

では，2－2でみたような均等法の制定・施行，その後の改正に伴って，日本で働く女性の立場は男性と同等の水準にまで高まってきているのでしょうか。

⑴　女性の労働力率

まず図12－3のグラフをみてください。これは，女性の労働力率の分布が年次を追うごとにどのように変化しつつあるかを表現したものです。労働力率とは，労働力人口（日本では15歳以上）に対する，年齢階級別の人口の割合のことです。簡単にいうと，労働力率は労働可能な人口のうちで実際に働いている人たちの比率を年齢ごとに示したものということになります。この図は，女性に限った労働力率のデータを示しています。

この図をみると次の2つの点がわかります。まず1点目は，年齢階級ごとの大まかな趨勢についてです。ひとまずは調査年次を無視してグラフを眺めてください。全般的に，25～40歳頃までの間，どの年次においても労働力率が低くなっていることがうかがえます。これは，いうまでもなく，女性がこの間，結婚し，出産そして育児に手がかかるため，一時的に労働市場から退出している状況を示しています。このように年齢階級ごとに図をみると，中央部がへこんでいてアルファベットのMの字によく似ていますから，こうした女性の労働力率のことを**M字型労働曲線**とか**M字型労働力率**とか呼ぶこともあります。

この図から読み取れる2点目は，調査年次ごとの推移です。年次を追うごとに次第にM字のへこみ部分が小さくなり，底上げされつつあって，グラフの形状がだんだんと台形に近づいていることがうかがえます。30歳代前半に着目してみると，1981年には48.9％しかなかった労働力率が，20年後の2001年には58.8％，そのまた20年後の2021年には79.4％へと着実に増大してきています。一般に労働力率は景気変動など経済情勢によっても規定されますか

図 12－3　女性の年齢階級別労働力率の推移

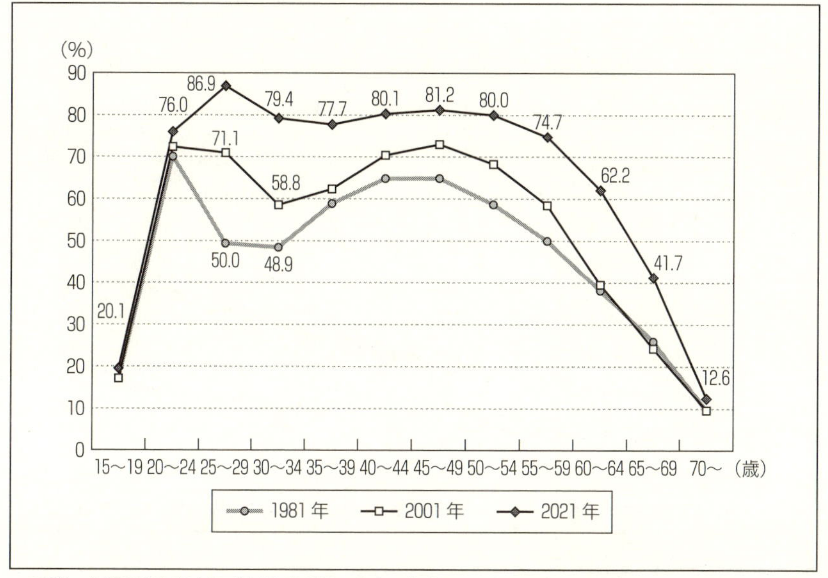

出所）内閣府男女共同参画局「女性活躍に関する基礎データ」2022 年より抜粋。

ら一概にはいえませんが，このM字型労働曲線のへこみ部分の底上げには，均等法をはじめとする諸法制の整備や社会的な意識の変化（☞本章 276 ページ）が背後にあるとみていいでしょう。

(2)　女性の管理職比率

労働力率は，仕事に就いているか就いていないかの全般的趨勢を示すデータですが，実際に女性が仕事に就いた場合に，どの程度の職位に就けているかを示すデータの１つに，**女性の管理職比率**があります。

図 12－4 は，日本の民間企業で係長・課長・部長の各役職に就いている女性の割合を示したものです。ここ数年間のうちに，各役職とも女性の比率が少し高まっていることはうかがえますが，その伸びは緩慢であるといわざるをえません。比較的伸びている係長職でも，2022 年時点で 24.1% の女性しか（すなわち，残りの 75.9% は男性）就いていません。課長職では 13.9%，部長職に至ってはいまだわずか 8.2% の女性しか従事していないということがわかります。つまり，日本の民間企業で高位の役職は大部分がいまだ男性によって占有されているのです。こうした低迷状況を打破するため，政府は 2025 年には係長職

■ 図 12－4　民間企業の役職別管理職比率に占める女性の割合

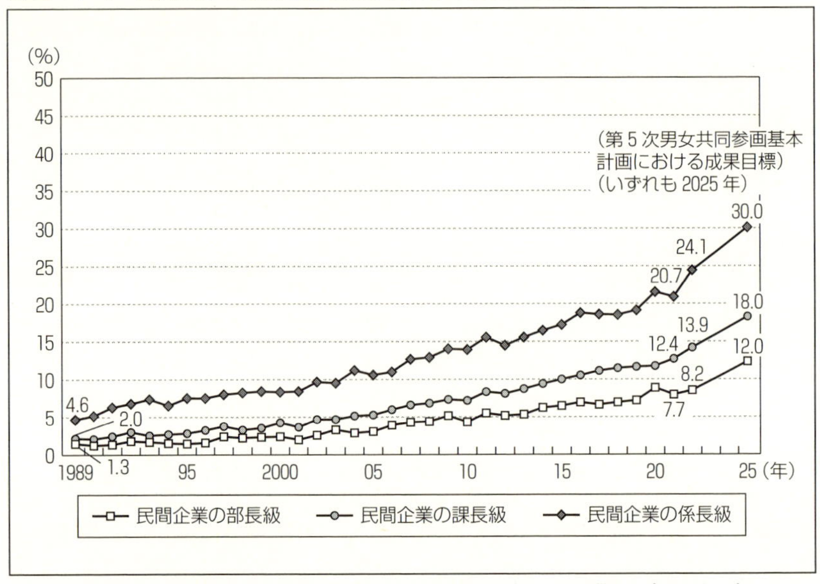

注）100人以上の常用労働者を雇用する企業に属する労働者のうち，雇用期間の定めがない者について集計。
出所）内閣府男女共同参画局［2023］，136ページより。

30%，課長職18%，部長職12% を達成することをめざしています。

同様に，図12－5は，就業人口全体に占める女性の割合と管理職の比率を国際比較したものです。この図からうかがえるように，日本では女性労働者は労働者の4割を超えていますが，管理職に占める女性の割合は1割ほどにとどまっています。諸外国と比べても日本の女性管理職の少なさは際だっていることがうかがえるでしょう。

企業の雇用現場だけでなく，社会全体において女性が活躍している程度を示す尺度としていくつかの指標が開発されていますが，このうち代表的な指数であるジェンダーギャップ指数（GGI: Gender Gap Index）を見たのが図12－6です。ジェンダーギャップ指数は，世界経済フォーラムが毎年公表している，経済活動や政治への参画度，教育水準，出生率や健康寿命などから算出される，男女格差を示す指標です。この指標は，男性に対する女性の割合を示していますので，0が完全不平等，1が完全平等を示していることになります。この図からも，日本が諸外国に比べて女性の活躍の程度が相対的に低位にとどまって

■図12－5　女性就業者の割合と女性の管理職比率に関する国際比較（2021年）

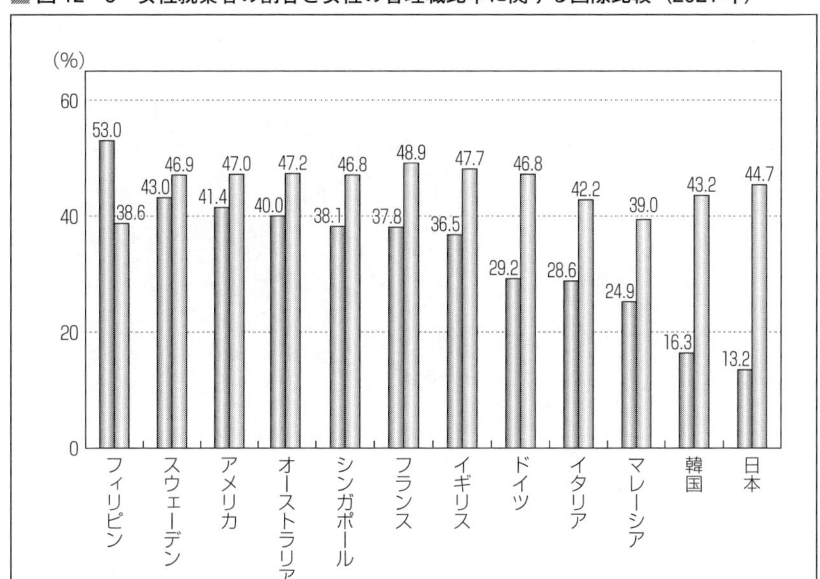

注）フィリピン，オーストラリア，マレーシアは2020年の数値。
出所）労働政策研究・研修機構 編［2023］，88ページをもとに筆者作成。

いることがうかがえるでしょう。日本は全体順位で146カ国中125位ですが，「教育」と「健康」の値が世界トップクラスであるのに比して，「政治」と「経済」の値が低いのが日本の顕著な特徴です。日本政府は，国を挙げて男女共同参画社会の実現をめざすべくさまざまな努力を続けていますが，まだ途半ばなのが実情です。

このように，社会的に法制が整備され施行されたとしても，その社会の人間の意識や実際の行動はそう急速には変わっていないことが，これらの各種データからはうかがえます。日本社会で女性の進出や活躍の進度が緩慢な原因には諸説ありますが，儒教などの思想的・文化的な価値意識が何らかの形で関与しているためとする説が有力です。

では，こういった女性労働問題の現状を所与とした場合，企業はどのような方向でマネジメントしようとしているのでしょうか。

図 12-6　ジェンダーギャップ指数（2023 年）

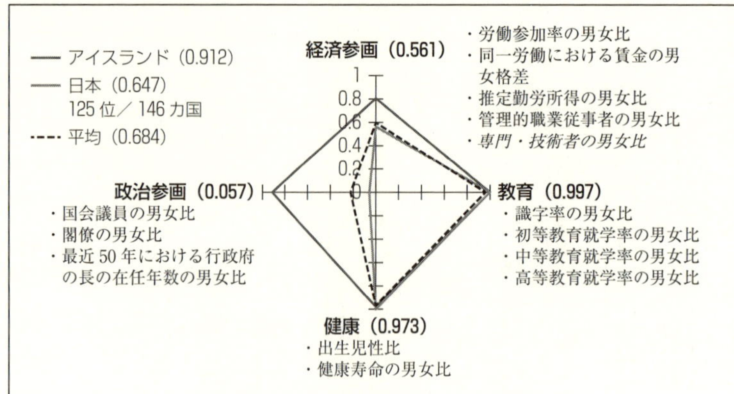

順位	国名	GGI 値
1	アイスランド	0.912
2	ノルウェー	0.879
3	フィンランド	0.863
4	ニュージーランド	0.856
5	スウェーデン	0.815
6	ドイツ	0.815
15	英国	0.792
30	カナダ	0.770
40	フランス	0.756
43	アメリカ	0.748
79	イタリア	0.705
102	マレーシア	0.682
105	韓国	0.680
107	中国	0.678
124	モルディブ	0.649
125	日　本	0.647
126	ヨルダン	0.646
127	インド	0.643

注）1　世界経済フォーラム「グローバル・ジェンダー・ギャップ報告書（2023）」より作成。
　　2　日本の数値がカウントされていない項目はイタリックで記載。
　　3　分野別の順位：経済（123 位），教育（47 位），健康（59 位），政治（138 位）。
出所）内閣府男女共同参画局［2023］をもとに筆者作成。

2-4　企業による女性マネジメント

市場経済体制のもとにおける企業の行動原理は業績向上・収益向上です。したがって，政府が男女共同参画社会の実現へ向け各種法制を整備したり社会的気運を高めていったりしたとしても，個別企業の行動の大原則としては，こうした社会的状況を所与としながら，いかに女性労働問題にうまく対処して業績や収益の向上へと結びつけ，競争優位を得るかが課題となってきます。

女性労働問題への対応として，日本企業全体としてはいまだ大きな動きとなりえていないものの，一部の日本企業では，着実に女性の戦力化を進め，活躍を推進させようとする方向性が出てきています。

まず第1に，昨今，日本企業の多くは雇用の形態を多様化させ，女性にとっても働きやすい制度を導入しつつあります。従来からのフルタイムで働く正規社員（雇用期間の定めのない社員）に加え，短時間でも正規社員として雇用する短時間正社員制度を設けている企業も増えてきましたし，パートタイマー，アルバイト，契約社員，派遣社員など，働こうとする側からみると，多くの選択肢の中から自分に合った働き方を選択できるようになってきています（☞第13章318ページ）。第1節でみたように，「多様な働き方」が社会に浸透しつつあるのです。特に，フルタイムではなく短時間勤務でなら働きたいと考えている女性が多いことに鑑みれば，これら多様な雇用形態は，潜在的能力をもったより多くの女性を労働市場へと引っ張り出すことにつながります。

これまで，企業は男性の採用が主流で，女性の採用は補助的にしか活用できていなかったとすれば，そして女性社員が発揮する能力はあまり活用できてこなかったとすれば，人員採用の裾野が女性にも拡がることは，世の中の人間の半数は女性ですから，有能な人員を雇用できるチャンスが単純計算でも倍増することを意味します。企業にとって，女性の採用それ自体が競争優位の源泉ともなりうることを意味しています。

第2に，一部では，女性が企業へ入社してからも，男性同様に多様な社内キャリアを歩ませるようになってきている日本企業も増加しつつあることが挙げられます。かつての日本企業では，基幹業務に従事し転勤のある「総合職」と補助業務にしか従事せず転勤がない「一般職」というコースに分けて雇用管理を行う**コース別雇用管理**のもと，大半の女性が一般職への従事を余儀なくされているという実態が問題視されていましたが，昨今ではその区分も曖昧になり，一般職でも課長に昇進させたり，あるいは総合職と一般職という区分それ自体をなくしてしまったりする企業も増えてきました。

中には，早くから女性活躍推進に積極的に取り組んできた帝人のように，女性管理職を，いきなり当該企業外から登用した企業もあります。

これ以外にも，社内に「ダイバーシティ推進室」などの部署を設立して社員のワークライフバランス（☞第15章）を推進しようとしている企業（例えばパナソニック，東京電力，三菱UFJ銀行），いわゆるジェンダーフリー推進から男女共同参画へと取り組みをステップアップさせた企業（例えば資生堂）など，昨今では女性活用を推進し，女性にとって働きやすい職場づくりを進める日本企業が増えてきています。ダイバーシティ（diversity：多様性）という用語に，公平性を意味するイクイティ（equity）や包摂を意味するインクルージョン（inclusion）を加え，DE&Iという用語もよく用いられています。この用語には，多様化した各属性の人たちが少数派で孤立してしまわないよう組織内に受け容れ，優しく包み込むというニュアンスが込められています（☞コーヒーブレイク(1)）。

さらに，最近では性的少数者（LGBTQ）を差別しない観点から，男性・女性という性を超えて社内規程を設ける日本企業も出始めています（☞コーヒーブレイク（2））。

いずれにしても，女性の登用に関しこれまでは動きの鈍かった日本企業も，社会情勢や世論の変化に応じ，着実に女性の活躍を推進しようとする動きがみられるようになってきているということです。

キーポイント 12.2

従来までの日本企業では女性があまり活躍できていなかったが，均等法などの法整備や社会的気運の高まりを受け，積極的に女性を登用して活躍を推進し，収益向上につなげようとする企業が増えてきている！

3　高年齢者雇用に関する問題と解決へのアプローチ

では次に，性別の側面での多様化に加え，年齢面での多様化について検討してみることにしましょう。年齢の多様化に関し，日本の企業で働く従業員の年

 **コーヒーブレイク(1)　日本企業でのダイバーシティの積極的推進例：新聞報道から**

◆　**帝人やADEKA，女性が働きやすい職場へ　悩みに配慮**

素材・化学メーカーで女性が働きやすい環境整備が進んでいる。帝人は本社や全国の事業所に生理用品を無料で配り始めたほか，中堅化学のADEKAは妊婦向けの作業着をレンタルできる仕組みを整える。製造業は女性管理職が相対的に少ないのが課題で，投資家ら外部の目も厳しくなっている。中長期で会社を成長させるにも，多様な人材が活躍できる組織づくりの重要性が増している。

帝人は女性トイレに専用の箱を設置した。ナプキンの補充は社員から担当者を決めたり，清掃員に協力してもらったりする。現在はグループ5社の全国13カ所に設置している。対象となる女性従業員は約1400人だ。設置にかかる費用は年10万円程度を想定する。

ナプキンは主に急な生理で必要になった場合に使う。これまでは個人で常備し，急に必要になった場合は近くのコンビニで購入したり，社員同士で融通したりしていた。ただ会議中だと買いにいくのが難しく，ポーチを持ち歩くのにも抵抗がある，といった声が上がっていた。特に女性が少ない事業所では，近くのコンビニで売っていない場合も多く，自力での解決が難しかった。（中略）女性特有の課題に目配りすることで，会社全体で理解を深めて働きやすい職場づくりにつなげる。帝人の人事戦略部グローバルダイバーシティ＆インクルージョン推進室の加瀬乃笛室長は「（事業所での状況などヒアリングして）悲惨な現状を反省した。会社としてケアしたいという姿勢を示したい」と話す。

こうした取り組みは女性の採用や定着につなげる狙いもある。帝人は2000年に「女性活躍推進室」を立ち上げるなど，業界に先駆けて女性活躍を打ち出した。ただ22年度末のグループ主要4社の女性管理職比率は6.4%にとどまる。グループ4社の国内女性管理職は31年4月までに現在から7割増の300人以上に増やす目標を掲げる。「達成へのハードルは高い。従業員の声を聞いて改善を続ける必要がある」（加瀬室長）

帝国データバンクが22年7月に実施した調査によると，製造業の女性管理職比率は平均7.4%。小売り（17.3%）や不動産（14.8%）に比べて低い。素材・化学などの製造業は工場や研究所の従業員が男性に偏りやすい傾向もある。分野によっては，研究者全体に占める女性が少なく，新卒採用時点から女性の採用が難しい面もある。女性社員の獲得やつなぎ留めに向け，会社として女性特有の問題への解決に取り組む企業が増えている。

ADEKAはマタニティー用の作業着をレンタルできる仕組みを一部の研究所で導入した。社員へのヒアリングで，妊娠中は通常の作業着の着用に苦労していたことがわかった。作業着は安全性の観点から変更のハードルが高かったという。22

年に発足した「D&Iプロジェクトチーム」がけん引役となり，改革が進んでいる。
（『日経速報ニュースアーカイブ』2023年7月31日付より抜粋）

コーヒーブレイク(2)　事実婚・同性婚を対象とする人事制度：企業のプレスリリースから

◆　**電通，事実婚・同性婚パートナーを配偶者とする人事制度を拡大**

株式会社電通は，2024年1月1日付で事実婚・同性婚パートナーを配偶者とする人事制度を拡大します。これにより，各種手当・赴任・保険・慶弔金について，事実婚・同性婚パートナーをもつ従業員には，配偶者と同等の制度が適用されます。

当社は，全ての従業員が平等に働ける環境づくりを目指して，2019年に事実婚・同性婚パートナーを配偶者とする人事施策を導入し，結婚休暇や服喪休暇などの休暇施策，育児・介護休業，勤務時間に関する制度を改定しました。今回は，災害補償，配偶者の転勤・転職に伴う退職および再雇用，海外勤務，国内赴任，社宅，総合福祉団体定期保険，慶弔金に対象を拡大しました。

電通グループは「『人起点の変革』の最前線に立ち，社会にポジティブな動力を生み出す。」というビジョンを掲げ，グループ全体で「Business for Marriage Equality」への賛同表明，「東京レインボープライド」への協賛・出展，work with Pride実行委員会への参画など，DEI（Diversity, Equity and Inclusion）の取り組みを推進しています。また，dentsu Japan各社では，法律婚，事実婚・同性婚パートナーを区別する人事制度の撤廃を進めています。

当社は今後も，差別なく個性が尊重される職場環境の整備，LGBTQ＋に関する従業員の意識改革などに取り組んでまいります。
（『日経速報ニュースアーカイブ』2023年12月26日付より抜粋）

齢構成上，昨今最も大きな変化を与える要因が高年齢者の増大ですから，以下では高年齢者雇用に関する問題を中心にみてみることにします。

3-1　高年齢者雇用に関する問題

日本は，世界的にみても高年齢者の全人口に占める割合が高く，また高齢化が最も急速に進んだ国です。ここで高年齢者とは，年齢が65歳以上の人を指します。そして，国連の定義によると，65歳以上人口が総人口の7%を超えた国（社会）のことを**高齢化社会**（aging society），14%を超えた国のことを**高齢社会**（aged society）と呼びます。最近では，さらに高年齢者人口が増え，

21% を超えた国のことを超高齢社会（super-aged society）と呼ぶ場合もあります。

ある国が高齢化社会から高齢社会へ，そして超高齢社会へと移行するのにかかった年数はその国の高齢化の進展の速さを示しますから，この移行にかかった年数を国ごとに比較すると，どの国の高齢化のスピードが速いのかがわかります。日本は1970年に高齢化社会に，94年に高齢社会になり，2007年に超高齢社会となりました。高齢化社会から高齢社会へと移行するのに24年かかったわけですが，これは，ドイツの40年，イギリスの47年に比べると非常にハイペースです。スウェーデンでは85年，フランスに至ってはそれに114年を要しており，日本における高齢化のスピードが他国よりも圧倒的に速いことがわかります。図12-7は高年齢者比率を世界の主要先進諸国間で比較したグラフですが，日本は他の諸国よりも圧倒的に速いスピードで高齢化が進展しつつあることが，そして今後も進展していくであろうことが，この図よりうかがえます。

高年齢者の急速な増加は，一国全体からみれば，企業で中心的に仕事に従事するとされる15〜64歳層の人口（生産年齢人口といいます）が減少するため国全体のトータルな生産性が長期的に落ちていってしまうこと，また公的年金に必要となる財政支出が急増することなどから，さまざまな経済上の諸問題をもたらします。

個別の企業レベルでみても，相対的に高齢の従業員が増加していくことは多くの問題をもたらします。第8章で学習したように，年功パラダイムのもと，労働者の加齢とともに賃金総額が上昇していく年功賃金の仕組み（☞186ページ）をとる企業では，従業員に支払わなければならない賃金総額が上昇し，人件費の高騰をもたらすこととなります。また，そのような企業では，管理職に就こうとする年齢層を多く企業内に抱え込むことになりますから，管理職の役職ポストが足りなくなります。いわゆる「ポスト不足現象」と呼ばれる状況です。そこから，希望したとしても昇進できない従業員が増え，一生懸命仕事に精を出して頑張っても昇進できないし給料も上がらない，いわゆるキャリア・プラトー状態（☞第7章176ページ）が発生することとなり，モチベーションを下げてしまう従業員が出てくることも危惧されます。

さらに，人間は一般的に，30〜40代の働き盛りをすぎ，50〜60代にもなると，精神的・肉体的諸能力が徐々に減退していくことが多いため，仕事をする

図 12-7　高齢化率の推移に関する国際比較

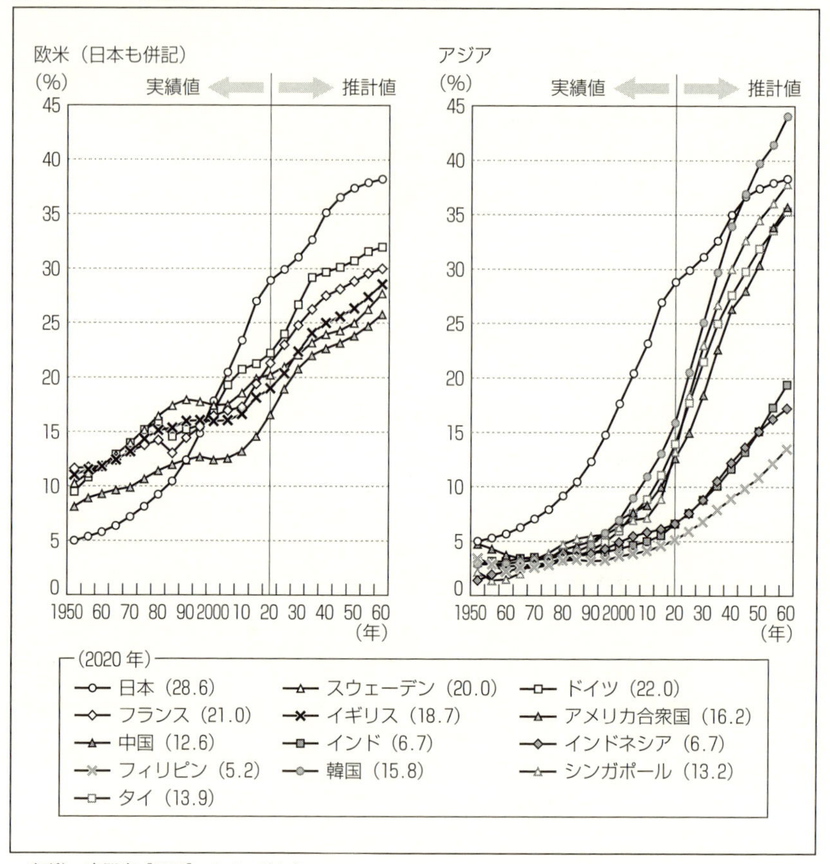

出所）内閣府［2023］，7 ページより。

うえでさまざまな障害が出てくることも危惧されます。本章の第 1 節でみたように（☞276 ページ），高年齢者になっても働き続けたいという意欲はたとえ高かったとしても，いわば体力のほうがついてこなくなるのです。若い従業員と一緒の時間，同一の条件で働かせたとしても，仕事における成果の期待が高年齢者では相対的に低くなってしまうのです。

第 1 章で学習したように，企業の本質は従業員を効率的に働かせ収益を上げようとすることにありますから（☞10 ページ），企業としては，なるべくかかる人件費コストを下げ，従業員にできる限り高い能力の状態で仕事に就いてもらわなければなりません。換言すると，高年齢者の増大とともに社会的に要請される高年齢者活用という課題に，個別企業がいかに効率的に対応し，持続的競争優位を獲得していくかが，経営学的には大きな課題となるわけです。この点が，経営学からみた高年齢者雇用に関する論点となります。

3−2　法制の整備：高年齢者雇用安定法

日本の国民が次第に高齢化していくことは，出生率や死亡率などの人口動態統計をもとに早くから予測がたてられていましたので，**高年齢者雇用**に関する法制の整備は政府によって比較的早期から行われてきました。高年齢者の安定した雇用の確保や再就職の促進，特に年齢による募集・採用の差別を排し雇用機会の平等化を促す目的で，いわゆる**高年齢者雇用安定法**が初めて制定されたのは 1971 年のことです[2]。

その後，同法はたびたび改正が繰り返され今日に至っています。まず 1986 年の改正では，事業主が定年を定める場合に 60 歳以上とすることを努力義務とすることなど，高年齢者の安定した雇用の確保の促進を図るための措置が講じられました。続く 98 年の改正では，定年制をとる企業における 60 歳定年制が義務化されることとなりました。さらに 2000 年の改正では，企業が 60 歳定年後においても 65 歳までの安定した勤務を可能とするよう，何らかの措置を講ずることが努力義務とされました。最新の 2021 年改正では，その年齢がさらに 70 歳にまで引き上げられています。このように，これまでいくつかの修正が行われましたが，最も大きく改正されたのが 2004 年の改正です。

第 11 章でも学習したように（☞255 ページ），この 2004 年改正に伴って定年年齢を 65 歳未満に設定している企業は，06 年 4 月 1 日以降，高年齢者に対し雇用の機会を安定的に供給するために，①定年年齢の引き上げ，②継続雇用制度の導入，③定年の定めの廃止，の 3 つのうちからいずれかを選んで実施しなければならない，と義務づけられることになったのです。これに加え，2007 年には，労働者の募集・採用における年齢制限の禁止についても義務化されることとなりましたし，さらに 13 年には，それまで継続雇用制度の対象者は労使協定で限定できる仕組みになっていたのを廃止し，働く労働者側が希望すれば必ず企業側は継続雇用をしなければならないよう改正されました。

いずれにしても，高齢社会の本格到来を迎え，日本の企業は，年齢の高い労働者をこれまでよりもうまく活用していかなくてはならない状況になったのです。

▒ 図 12－8　高年齢者雇用安定法に伴う企業の対応

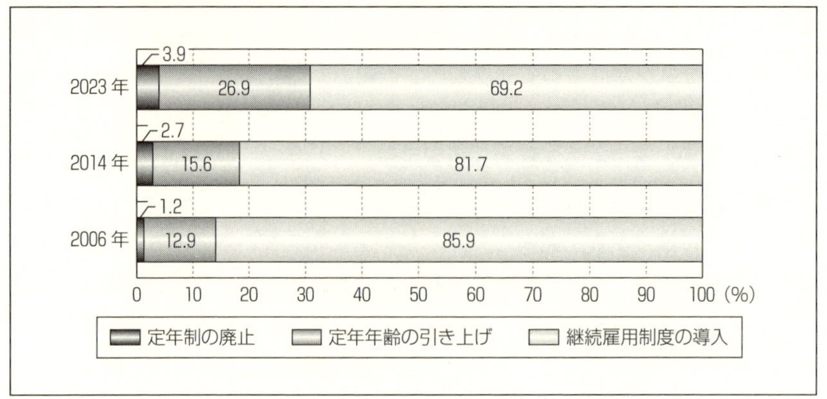

出所）　厚生労働省「令和５年 高年齢者雇用状況等報告」2023 年をもとに筆者作成。

3－3　高年齢者雇用の現状

では，高年齢者雇用安定法の 2004 年改正に伴い義務づけられた上記３つの選択肢のうち，現状では企業はいずれの方策をとっているのでしょうか。そのことを示したのが，図 12－8 です。この図によると，2023 年では約 70% の企業が「継続雇用制度の導入」を選択し，「定年の定めの廃止」や「定年年齢の引き上げ」を行っている企業も，いまださほど多くはありませんが，徐々に増えつつあることがうかがえます。299 ページの「コーヒーブレイク（3）」でみるように，多くの日本企業が定年の定めを廃止したり，定年年齢を引き上げたりして，高年齢者の雇用を推進しつつあることがうかがえるでしょう。

では，企業において目下，最も多く採用されている継続雇用制度とはどのような仕組みなのでしょうか。**継続雇用制度**とは，定年に設定されている年齢をすぎた後も，定年前と同一の企業で勤務し続けられるようにするための制度で，具体的には再雇用制度と勤務延長制度の２つの制度に分けられます。

再雇用制度とは，企業の雇用している労働者が定年に達した後，それまでの雇用契約を終了させて新たな雇用契約を締結し直す制度のことです。この再雇用制度の最大のポイントは，新たに結び直す雇用契約において，賃金をはじめとする各種の労働条件を定年前とは異なる内容で締結することが可能になるという点です。したがって，労働者の合意が得られさえすれば，新たな雇用契約において，企業が賃金を下げるケースがあったとしても問題は発生しないことになります。企業の実情に合わせ，これまで正規雇用だった労働者と，短時間労働者（パートタイマー）という形で新たな雇用契約を締結し直すことも可能です。こうして企業は，再雇用制度の導入によって，人件費を従来に比して低く抑えることができることになります。

また**勤務延長制度**とは，労働者が定年年齢に達しても，雇用契約を終了させることなく引き続きまったく同一の条件で雇用を続ける制度です。それなら①の「定年年齢の引き上げ」（定年延長）と変わらないのではないかと疑問に感じるかもしれません。しかし，勤務延長制度は定年延長と大きく異なる点があります。定年延長の場合には，その延長された新たな定年年齢は全労働者に対し一律に適用されなければなりませんが，勤務延長制度の場合には，働き続けたいという希望をもつ労働者のみに適用されることになるのです。賃金その他の労働条件は延長前と同一であったとしても，その対象となる労働者数が減少するという点において，企業にとっては再雇用制度と同様，賃金抑制の効果があるといえます（☞第11章256ページ）。

3-4　企業による高年齢者マネジメント

これまでの説明によって，高年齢者雇用安定法の施行により，企業は労働者が希望すれば少なくとも65歳になるまでは雇用し続けなければならず，そのため概ね継続雇用制度，特に再雇用制度を導入しながら対応しようとしている姿が理解できたと思います。こうした法規制のもと，個別の企業は人的資源管理としてどのような工夫をしようとしているのでしょうか。

1つ目の対応は，**早期退職優遇制度**を導入することです。この制度は，第11章でもみたように（☞263ページ），労働者が定年に至るよりももっと早めの段階で希望退職者を募り，それに応じた労働者に対して通常の退職金よりも割り増しした額の退職金を支払って，退職後の人生を経済面で支援しようとする仕組みです。企業としては，退職金を割り増しする分のコストがかかりますが，その労働者が定年まで働き続けた場合に支払う必要がある人件費分は浮くことになり，後者のほうがはるかに高額であるため，人件費を節約できることになります。

この制度は，労働者が高齢になるよりも前の段階で，いわば企業を辞めさせようとする制度であるため，皆さんの中には，後ろ向きでネガティブな仕組みとして受け取る方もいるかもしれません。しかし，この早期退職優遇制度は，労働者が精神的・肉体的に衰えがくる前の比較的若い段階で，次にくる第2の人生を設計しその準備をすることができるという意味において，労働者の自律支援を促進することができる仕組みであるため，労働者個人にとっては否定的なニュアンスだけでは受け取られていません。

高年齢者雇用に対する企業の対応の2つ目は，企業に勤務させながら作業効率を上げていく方向性です。高年齢者は加齢により肉体的な機能が低下していますから，そうした機能低下を補完する意味で，とりわけ作業現場における高年齢ブルーカラー労働者に対する施策として，物理的な作業環境の改善を試み，高年齢者でも働きやすい職場にしようと工夫する場合があります。具体的には，作業場の床の段差を解消してバリアフリー化したり，肉体的負荷を軽減する機器や危険を予防できる装置を導入したり，といったような各種の工夫です。

これらの工夫は，企業によっては職場の安全・衛生管理（☞第9章205ページ）の一環として導入され，高年齢者に限らず他の従業員にとっても恩恵がある場合もありますが，高年齢者が多く作業する工場や作業場を抱えている企業では，高年齢者をターゲットとした職務再設計（☞第3章64ページ）を積極的に行っている企業もあります。例えば，工場で高年齢者向けの専用ラインを設けるなどの工夫もその一例です。高年齢者に限らず，性別や人種，障害の有無などに関わりなく，多くの人々が利用しやすいように製品やサービス，環境などをデザインする考え方は**ユニバーサル・デザイン**と呼ばれることもあります。

3つ目の対応は，高年齢者の有している能力を積極的に活用していこうとする方向性です。若年労働者にはなく，高年齢者のほうが相対的に高いことが期待される能力は，長年の経験からくる仕事上の勘やコツ，判断力，それらを基礎にした技能やノウハウです。これらの技能やノウハウは，往々にして，高年齢の労働者個々人がバラバラに有していることが多く，組織的な蓄積は行われていない状況であることがほとんどです。したがって，こうした高年齢者のもつ能力を組織的に蓄積し，それらを若手の労働者に伝えていくことで，企業は組織固有の知識や技能，ノウハウを伝承していくことが可能になります。高年齢者から若年労働者への知識・技能・ノウハウの伝承は一般に**技能継承**と呼ばれます。とりわけ2007年以降，いわゆる団塊世代（1947〜49年に生まれた人々）が一斉に定年を迎え退職していくことから，技能継承に関わる諸問題は「2007年問題」とも呼ばれたこともありました。

ただ，技能継承が高年齢者の能力活用の一方策であるとしても，企業が漫然

コーヒーブレイク(3)　定年制をめぐる事例：新聞報道から

日本経済新聞社は2023年10～11月に郵送で世論調査をした。働き方・社会保障に関する質問で何歳まで働くつもりか尋ねたところ，70歳以上の回答が39%で，18年の調査開始以来最も高かった。将来不安に感じることは7割が「生活資金など経済面」をあげた。

何歳まで働くかを聞くと「70～74歳」が21%，「75歳以上」が18%。「75歳以上」に限っても18年調査よりも5ポイント高く，調査を始めてから最高を記録した。

企業は定年の廃止や定年の年齢引き上げを進める。ノジマは21年に雇用の年齢上限をなくした。70歳以上はおよそ40人が働く。YKKグループも同年に，それまで65歳に設定していた定年を国内の事業会社で廃止した。

住友化学は24年4月から，定年を60歳から段階的に引き上げ最終的に65歳に変更する。村田製作所も60歳以上の賃金体系を見直し，64歳までのあいだで自由に定年を設定できる「選択定年制」を導入する。

政府は高齢者雇用を後押しする。70歳までの就業機会の確保を企業の努力義務とする改正高年齢者雇用安定法を21年に施行した。

厚生労働省の23年調査によると，定年制を廃止したり定年を65歳以上に設定したりする企業の比率は30.8%を占めた。22年の調査に比べて1.4ポイント伸びた。シニアの就労状況はいっそう改善する見込みだ。

経済協力開発機構（OECD）は1月に日本企業の定年制廃止を提言した。日本の出生率が足元の水準に近い1.3のままでは就業者数が2100年に現状から半減するとの推計を示した。

年に1度の郵送世論調査は今回で6回目。23年10～11月に日経リサーチが全国の18歳以上の男女を無作為に抽出して実施した。1,607件の回答を得て，有効回答率は53.6%だった。

（『日本経済新聞』2024年2月19日付 朝刊）

と高年齢者に技能を若手に伝えるようにと指導しているだけでは当然うまくいきません。技能継承の具体策を考えなければいけないのです。実際，企業で実践されている技能継承のための手法としては，OJTで上司が部下に教え込むというやり方に加え，Off-JTの形式で勉強会を積極的に開いたり，継承すべき技能やノウハウのマニュアル化・イラスト化を促進して伝えやすくしたり，若手に指導する指導員やマイスターを認定したり，技能マップを作成して誰がどういった具体的技能を有しているかを明示的に示したり，といったアプローチがとられています。

しかし，技能継承はようやく最近になってその問題の重要性が認識されるようになってきたばかりで，多くの企業では，具体的な継承の手法や継承のための時間の確保についてはいまだ検討の途上です。そもそも，何が継承すべき技能・ノウハウであるかがわかっていない企業も少なくありません。技能を継承する高年齢者と継承される若手の間に，微妙な心理的ギャップがあり，効率的な継承が阻害されている企業もみられます。工場の作業現場で高い技能を有している高年齢者は職人気質の作業員であることも多く，伝達のための表現がうまくできなかったり，あるいは技能を継承される若年労働者のほうの学習能力が欠如していたり，といった問題があるともいわれています。高年齢者を技能継承の側面でうまく活用し企業の競争優位につなげていくためには，これらの技能継承に関するさまざまな問題点を粘り強く1つずつ解決していく姿勢が重要になります。

キーポイント 12.3

本格的な高齢社会を迎え，法制で高年齢者雇用が企業に義務づけられる中，各企業では積極的に高年齢者を活用し，収益向上につなげるための仕組みが模索されている！

4　ダイバーシティ・マネジメント

本章の第2節と第3節で，女性労働と高年齢者雇用に関わる諸問題とその社会的な解決策，企業のマネジメントとしての対応などについて，その概要を学習してきました。女性労働にしても高年齢者雇用にしても，両者に共通するポイントは，女性であるとか高年齢者であるとかいう点が，個人の意志や努力ではどうすることもできない個人属性であるという点です。

個人のこうした属性が労働者個々人の意志や努力によっていかんともしがたい点であることに鑑みれば，しかも女性の社会進出や高齢社会化が日本で急速に進みつつあるという実態が社会的に存在するとすれば，そうした状況の変化に対しては，何らかの社会的な対応策が必要となってくるはずです。女性や高年齢者に対する社会的な差別や不利益が生じてはいけないからです。こうした社会的変化に対処すべく，政府は均等法や高年齢者雇用安定法など法制の整備に努め，人々の意識も徐々にではありますが，変わりつつあります。

かたや，企業はこれらの社会的変化は所与として，企業組織内部の効率を上げ，業績を向上させて収益を上げることが必要です。女性にせよ高年齢者にせよ，彼（彼女）らを企業内福祉という観点からだけではなく，経済性や収益性を満たすようにマネジメントしていかなくてはならないのです。いわば，法的規制や社会的な制約条件といった一定の枠内で，長期的に企業がうまく回っていくように女性や高年齢者を管理していく必要があるということになります。

本章の冒頭でも述べた通り，女性労働者や高年齢者といった多様な人たちが労働市場に多く出てくるようになったということは，企業にとっては人的資源管理の対象が多様化しつつあるということを意味しています。従来の日本的経営が，男性労働者を念頭に置いたマネジメントの仕組みをとっており，そこに女性労働者という新たなマネジメントの対象が加わってきたわけですし，相対的に高年齢の労働者を雇用する必要性に迫られてきたわけです。性別や年齢といった労働者の個人属性が従来よりも多様化しつつあるのです。

本章では女性労働者と高年齢労働者のみを取り上げましたが，こうした個人属性はまだほかにも多々あります。人種や民族もこうした属性の1つです。日本では，人種や民族の問題があまり大きく議論されることはありませんでしたが，昨今では**外国人労働者**も増えてきており，各社ともその対応に追われています。

あるいは，先天的または後天的な理由で身体機能の一部に障害をもっている**障害者**（身体障害者，知的障害者，精神障害者）も，個人の意志や努力ではどうすることもできないという意味で，こうした個人属性に含めて議論できるかもしれません。障害者雇用についても法制（障害者雇用促進法）が整備され，障害者の雇用を促進するためのさまざまな社会的取り組みが目下，試行されつつあるところです。法定雇用率といって，企業に障害者の雇用義務を一定程度課すルールも定められています[3)]。

企業は，従来の高度経済成長期であれば，一生涯働き続け，企業忠誠心の高い男性正規社員を念頭に置き，彼らを一括してマネジメントするシステムを構築すれば，それで事足りていました。いわば，一括型の人的資源管理システムです。しかし，本章でみたように，多種多様な人材が労働市場に現れるようになり，企業がそうした人たちを雇用するにあたって，人的資源管理のシステムも，人材の多様性に対処できるようなシステムに構築し直さなければなりません。これには，企業内で採用の仕組みを考えたりマネジメント上の諸規則を決めたりするなど，企業にとっては一定のコストがかかってくることになります。長年慣れ親しんできた人のマネジメントの仕組みを変えようとすれば，組織内に不満や軋轢が生じる危惧もあります。第1章で学習したように，組織効率を上げるためには，仕組みを変更するのにかかるコストは極力低めに抑えることが必要です。

また，多様な人材をバラバラに，個別にマネジメントするだけでは，組織全体としての統一性の確保が困難になってくる場合もあります。個々の属性をもつ人材がうまく管理できたとしても，その人材と他の人材との関係性や，組織全体の中での連携がまずいようであれば，組織全体としては収益を上げることはできません。それゆえ，多様化した働く人たちの管理を，一方で新たなシステムを構築するなど，個別に合わせることを考慮しながらも，いかにうまく組織全体としてマネジメントをしていくか，その両者のバランスをとることが非常に重要になってきます。

このように，企業組織における各種の多様性を踏まえつつも，いかに組織全体をうまく束ねて業績を上げ，収益を確保していくかについての管理は**ダイバーシティ・マネジメント**と呼ばれます（☞第1章23ページ，本章290ページ）。また，とりわけ近年では，多様な属性をもつ人たちが組織内で孤立してしまわないように配慮すべきとの考えから，包摂を意味するインクルージョン（inclusion）という語を用いて，**ダイバーシティ＆インクルージョン**（D&I）の重要性を前面に出そうとする企業も増えてきています。

いずれにしても，グローバル化が進展し，ますます多元化・複雑化しつつある現代世界・現代社会の情勢を反映し，ダイバーシティ・マネジメントは，洋の東西を問わず，昨今の企業経営上，最も重要な経営課題の1つであると認識されています。

キーポイント 12.4

多様な人材の管理にあたり，個々の多様性に留意しながらも，かかるコストを抑え，組織全体としての人的資源管理システムをいかに統合的にうまく構築するかが鍵となる！

注

1）ポジティブ・アクションのうち，一定の数値枠を設定するものを「クォータ制」と呼びます。クォータ（quota）とは「割り当て」を意味する英語です。例えば北欧諸国では，公的機関や公的委員会での任用にあたり，一方の性に偏ることのないよう比率を割り当てる「40％ ルール」を採用する例が多くなっています。選挙の候補者や党役員について一定枠の女性比率を確保するのもクォータ制の一例です。

2）1971年に制定された当初の正式名称は「中高年齢者等の雇用の促進に関する特別措置法」で，その後1986年の「中高年齢者等の雇用の促進に関する特別措置法の一部を改正する法律」に基づき，名称が「高年齢者等の雇用の安定等に関する法律」と改称されました。本書では，一括して通称の「高年齢者雇用安定法」を用いています。なお，この法律に謳われている高年齢者等とは，先述の国連による定義とは異なり，45歳以上の求職者および55歳以上の高年齢者を指すとされています。

3）近年，悪い結果や影響を及ぼすという意味を含む「害」の字が入っているのは好ましくないとして，「障碍（がい）」や「障がい」と表記する動きが広がりつつあります。なお，法改正により，障害者の法定雇用率は2024年4月からは2.5％ に引き上げられ，さらに2026（令和8）年4月には2.7％ へと引き上げられます。

本章の演習問題と読書案内はこちらから→

第13章

多様化する雇用形態を組織はどう管理するのか

非正規雇用

❖この章のねらい

新店舗オープンにつき，コンビニ・スタッフ大募集！！
■内容　品出し・レジ・商品の陳列など
■資格　不問（深夜は18歳以上）未経験者大歓迎♪
■勤務　① 6:00〜9:00，② 13:00〜17:00，③ 22:00〜6:00
　　　　週2日，1日3時間からでOK。
■時給　①時給1,250円〜，②時給1,163円〜，③時給1,454円〜
■応募　電話もしくはWebでお問い合わせください。

上記のような求人広告を目にしたことがあると思います。非正規雇用といえば，おそらくこのようなタイプの仕事を思い浮かべるでしょう。では，「非正規社員とはどのような働き方か？」と質問されたときに，どう答えるでしょうか。次に「正規社員は？」と問われたら，どうでしょうか。正規社員はフルタイム，非正規社員はパートタイムと，勤務時間の長短で区別する人がいると思います。

実は最近，非正規社員のように労働時間が限定されたパートタイムの正規社員という，これまでのイメージとは異なる正規社員が出現しています。正規社員と非正規社員の働き方の多様化がどんどん進んでいるのです。

本章では，まず，正規社員と非正規社員の特徴を整理することから始めることにします。次に，非正規社員を活用する理由が変化した結果，近年，正規社員と非正規社員の中間的な“限定正社員”という新しい雇用のあり方が注目されるようになりましたが，限定正社員について従来の正規社員や非正規社員と比較して説明します。最後に，限定正社員制度を導入するうえで企業はどのような課題に直面し，どんな取り組みが新たに必要になるのかを考えていくことにしましょう。

◆この章で学ぶキーワード
◎雇用形態　◎量的基幹化　◎質的基幹化　◎均等待遇／均衡処遇
◎限定正社員　◎人材ポートフォリオ

1　雇用形態とは

通常，皆さんが会社で働く際には，会社との間で雇用に関する契約を結ぶことになります。雇用契約の結び方にはいくつかの種類がありますが，それらを総称して**雇用形態**と呼びます。簡単にいえば，働き方の違いを区分したものです。

雇用形態として，正規社員と非正規社員[1)]という表現を使うことが多いですが，実は正規社員と非正規社員の法律上の定義は存在しません。研究者によっても，そして官公庁・公共機関が行う統計調査でも定義が異なっているため，しばしば混乱してしまうことがあります。

本書では比較的多くの学術研究や社会調査の定義に含まれている，①雇用契約を結ぶ相手（直接雇用か間接雇用か），②雇用契約の期間（無期雇用か有期雇用か），③勤務形態（フルタイムかパートタイムか）の3点から，それぞれの雇用形態の違いを理解することにします（図13-1）。

まず，①雇用形態を結ぶ相手についてです。あなたがある会社（A社）で働く場合を思い浮かべてください。A社と直接雇用契約を結ぶのが，「**正規社員**」「**契約社員**」「**嘱託社員**」「**パート・アルバイト**」です。つまりA社で試験や面接を受け，採用が決まれば就業にまつわる取り決めに合意して，A社で勤めるタイプの従業員になります（直接雇用）。

これに対して，雇用関係は派遣会社や請負会社と結びますが，実際に働くのは別の会社（A社）というのが，「**派遣労働者**」と「**請負労働者**」です。言い換えると，労働者を就業させる使用者と労働者の間に第三者が介在する雇用形態のことを指します（間接雇用）。派遣労働者や請負労働者は，A社からみれば会社の外からくる労働者であることから，「**外部労働者**」と呼ぶこともあります。派遣労働者や請負労働者は勤務先の会社（A社）との間に契約関係がなく，派遣会社や請負会社を通じた間接雇用の形態になりますので，労働保険や社会保

■図 13-1　雇用形態の種類

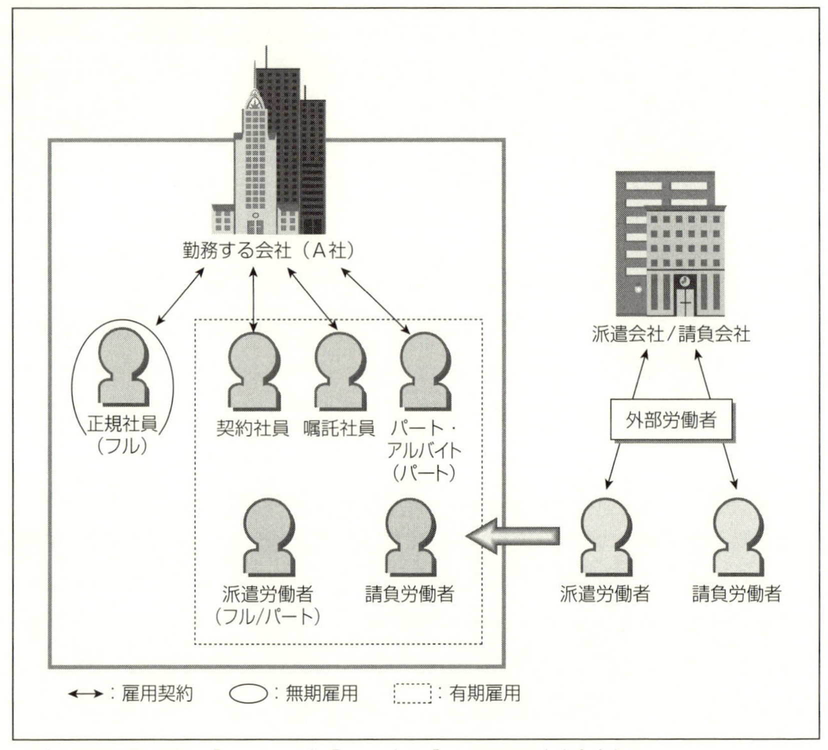

注）図中の「フル」は「フルタイム」，「パート」は「パートタイム」を意味する。
出所）筆者作成。

険など労働条件に関する責任はA社にはなく，派遣会社や請負会社に発生することになります。

次に，②雇用契約の期間です。正規社員は一度入社すれば転職や解雇など，個人や会社の都合で会社から離れるような特別な事情を除いて，労働契約に期限の定めがありません（無期雇用）。一方，正規社員以外の労働者（契約社員，嘱託社員，パート・アルバイト，派遣労働者，請負労働者）は，「いつからいつまで」という働ける期間が限定されていますので，契約が満了すれば，雇用を継続するか解消するかの選択が行われることになります（有期雇用）。

最後に，③勤務形態に関してです。会社が定めた所定労働時間（通常，1日8時間以内，週40時間以内）（☞第14章332ページ）働く従業員はフルタイム，所定労働時間の一部に勤務する従業員をパートタイム（短時間勤務）と区分します。

一般的には，正規社員，契約社員，嘱託社員はフルタイム，パート・アルバイトがパートタイム，派遣労働者はフルタイムとパートタイムの両方が存在します。請負労働はプログラミングや広告制作など自社業務の一部を社外にアウトソーシングする際に活用され，成果物（仕事の完成）と引き換えに請負報酬を受け取る契約形態となります。したがって，請負労働者は働く時間の拘束が少ない傾向にあり，フルタイム・パートタイムといった，労働時間にまつわる概念を当てはめるのは適切でないことが多いといえます。

以上を踏まえると，「直接雇用・無期雇用・フルタイム」の3つの要素がすべて備わった従業員が正規社員，3つの組み合わせが1つでも変わると**非正規社員**とひとまずは定義することができます。いま“ひとまずは”と前置きをしたのは，近年，新しいタイプの正規社員が出てきたからで，詳しくは第3節で説明します。

では，バリエーションが多い非正規社員の雇用形態について，詳しくみていくことにしましょう。

1-1　契約社員

例えば，アパレルの小売企業が，最新のファッション・トレンドを反映した衣服を開発したいとします。社内に斬新な発想ができる人材がいなければ，外から有能なデザイナーを期間限定で雇う必要が出てきます。このような有期契約の専門的な知識を有する従業員が契約社員です。このタイプの契約社員を専門職型の契約社員といいます。専門職型の契約社員は，多くの場合，プログラマーや研究開発技術者など，公的資格や学術的な専門性の高い知識が求められる仕事に従事することになります。一方，契約社員の中に正規社員の補助業務（例えば，営業時間の延長で欠員が生じた店舗の応援）を行う者がいます。このタイプの契約社員を一般職型の契約社員といいます。

契約社員は専門職型にせよ一般職型にせよ，契約期間は6カ月から1年が多く，賞与や退職金に関しては支給する企業と未支給の企業がありますが，フルタイム勤務が基本ですので，同じ職場で働いていても正規社員との違いははっきりしません。しかし，労働基準法第14条の規程にあるように，契約社員の雇用契約の期間は原則上限3年と定められている点が正規社員と異なります。ただし，厚生労働大臣が定める「高度な専門的知識・技術・経験を有する者」（例えば，公認会計士やシステムエンジニアとしての実務経験5年以上を有するシステムコンサルタントで年収が1075万円以上の者など）と「満60歳以上の者」を契約社員として雇い入れる場合は，契約期間の上限は5年です。なお，3年（もしくは5年）をすぎたら働けないというわけではありません。1回当たりの契約期間が3年（5年）というだけであって，繰り返し契約更新することは可能です。

この雇用契約期間について，少しややこしいのですが，契約社員のほかに，以下で説明する嘱託社員，あるいは会社によっては臨時社員や準社員と呼ばれる直接雇用をされた有期契約の労働者であれば，前記の年数制限が適用されることに注意してください。

民法第628条で定められているように，期間の定めのある契約は，やむをえない事情（例えば，会社が天災により事業の継続ができなくなったときや労働者が病気で就労が困難となったなど）があるとき，契約を解消することが認められています。したがって，企業側が労働者を不当に拘束して不利益を与えないようになっています。その一方で，「当事者の一方の過失によって生じたものであるときは，相手方に対して損害賠償の責任を負う」との規定もあります。つまり，契約社員が強引に退職して会社が不利益を被った場合，会社は損害賠償を請求することもできます。「契約社員だから嫌になったら仕事を辞めればよい」という安易な考え方はできないのです。

1-2　嘱託社員

“嘱託”とは「仕事を頼んで任せる」というのが語源ですから，嘱託社員は自らの能力を活かせる特定の仕事を依頼された従業員になります。特に，定年年齢に達した後，いったん退職させて再び雇い入れることを目的に，引き続きこれまで勤務していた会社と一定期間を定めて労働契約を結ぶ社員を嘱託社員という場合が多くあります。このことから，嘱託社員は契約社員の一種といえます。通常の契約社員と同様フルタイムが多いですが，健康上の問題や老後のライフスタイルの希望に応じて短時間勤務のケースもあります。また，一般的に，定年前とは異なる職務に配置され，給与も大幅に下がるケースがよく見受けられます。賞与や退職金についても，支給されない企業がほとんどです。

2013年4月に施行された改正高年齢者雇用安定法で，希望者全員65歳までの雇用確保への取り組みが企業に義務づけられたことを背景に（☞第11章255ページ），近年，嘱託社員の活用が増加しています。2020年に同法の改正で，

70歳までの就業継続の確保が努力義務となりましたので，その動きを後押しすることが見込まれます。個人にとっては，厚生年金（民間企業に勤務する労働者が加入する公的年金）（☞第8章194ページ）の定額部分の支給が65歳まで引き上げられ，嘱託社員として継続雇用されることで，65歳までの収入源を確保できるメリットがあります。他方，企業にとっては，若手社員に対する技能継承（☞第12章298ページ）を進めるうえでメリットがあります。

1-3　パート・アルバイト

パートタイム労働法では，パートは「一週間の所定労働時間が同一の事業主に雇用される通常の労働者（中略）の一週間の所定労働時間に比し短い労働者」（第2条）と定義されています。通常の労働者とは，普通は正規社員を指しますから，正規社員と比べて週当たりの労働時間が短い労働者，すなわち図13-1の勤務形態がパートタイムの労働者は，すべてパートタイム労働法が適用されます。

パートによく似た雇用形態にアルバイトがありますが，どう違うか疑問に思ったことはないでしょうか。どちらも，パート（アルバイト）先に「時給○円」という条件で直接雇われ，授業や家事の空いた時間に部分的に勤務する雇用形態です。実は，法的にはパートもアルバイトも区別がありません。アルバイトは学生に，パートは主婦（夫）に付けられる名称だと思うかもしれませんが，これは社会的な慣例にすぎないのです。ただし，パートとアルバイトの基本給は時間給であり，退職金は支給されないケースが一般的ですが，本章第3節で述べる正規社員並みの高度な仕事に就いているパートには，賞与が支払われることがあります。

パートやアルバイトだからといって，やはり会社は思い通りに活用できるわけではありません。最低賃金法で地域別・産業別の最低賃金を下回ることは禁止されています（☞第8章179ページ）。また，入社後6カ月間継続的に勤務し，全労働日数の8割以上出勤していれば10日間の有給休暇の付与（労働基準法第39条），週の所定労働時間が20時間以上で，31日以上引き続き雇用される見込みがある場合には，雇用保険への加入（雇用保険法第6条）が正規社員同様，義務化されています。なお，2024年の同法改正により，2028年10月から週の所定労働時間が「20時間以上」から「10時間以上」に変更となり，雇用保険加入対象者が広がることが見込まれています。

さらに，パート・アルバイトに対する社会保険の適用範囲が拡大しています。2024年10月より，従業員数51人以上の企業で働いていて，①週の所定労働時間が20時間以上，②所定内賃金が月額8.8万円以上，③2カ月を超える雇用の見込みがある，④学生でない，これら4つすべての要件を満たすパート・アルバイトが健康保険や厚生年金保険など社会保険への加入対象となっています。

②の要件に含まれる月額8.8万円は，年収に換算すると約106万円になります。これを「**年収の壁**」と呼び，年収が106万円以上になると社会保険料を支払わなければならなくなり，手取り収入が減るため，パート・アルバイトの働く足かせになっています。こうした背景から，パート・アルバイトは，あえて年収を調整する働き方を選択せざるをえないことが社会問題化されていました。2023年10月20日から，政府は106万円を超えて社会保険に加入したパートタイム労働者に対する手当の支給や，労働時間の延長を行った企業へのキャリアアップ助成金の支給を始めました。

パート・アルバイトといえば臨時的な雇用で柔軟な入れ替えが容易とのイメージがありますが，正当な理由がない限り，解雇は容易にできません（労働契約法第17条）。加えて，繰り返し契約更新をしているケースでは，無期雇用と変わりがないとみなされ，正規社員と同じように解雇権濫用の法理（☞第11章265ページ）が適用されるため，雇止め（☞第11章262ページ）に関しては注意が必要です。

1-4　派遣労働者

派遣は後でみる請負とよく混乱しますので，まずは図13-2を使って両者の違いを確認しておきましょう。

最も着目すべきは，指揮命令関係がどこに存在するかという点です。派遣の場合は派遣先の会社が，請負の場合は請負会社（請負元）が，業務に関して指揮命令を行います。したがって，請負先の企業が請負労働者に指示をすれば違法になります。

ところで，図13-2に似た図をどこかでみた覚えはありませんか。そうです，出向と転籍の違いを説明した図です（☞第4章91ページ，図4-6）。特に出向と派遣の図が類似していますが，決定的に異なるのは雇用関係を誰と結ぶかです。出向は出向元と出向先の両方との間に雇用関係がありますが，派遣は派遣会社

■図13-2　派遣と請負の違い

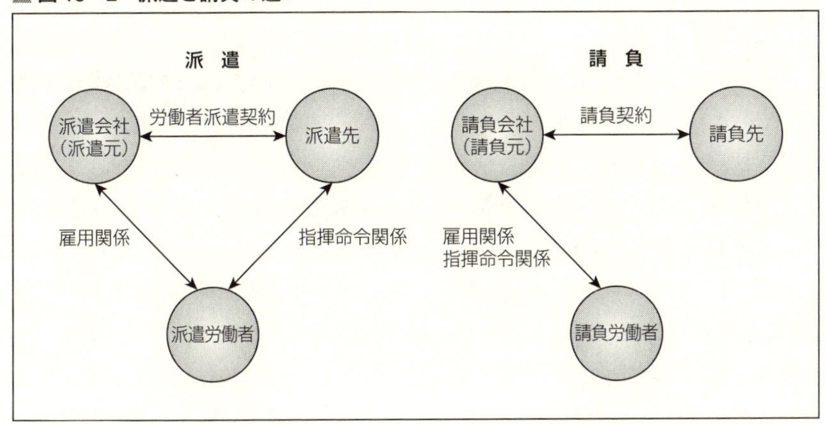

出所）筆者作成。

としか生じません。そのため，先に述べたように，派遣の場合，有給休暇や雇用保険など就業条件に関わる義務は，派遣会社にかかってくるのです。これらのコスト負担が軽減される点に，派遣先企業のメリットがあるといえます。

派遣には，登録型と常用型の2種類があります。登録型は労働者が派遣会社に登録をして，派遣会社から要請があった時点で派遣先の企業に送り込まれるものです。旅行業で営業事務の経験者が派遣会社に登録し，派遣先の銀行で財務データ入力や照合などの一般事務の仕事を短期雇用で担当するようなケースです。こうした登録型の派遣は，事務職や生産現場の仕事に多くみられます。

一方，常用型は派遣会社と期間の定めのない労働契約を結び，派遣先に仕事がみつからないときには，派遣会社（派遣元）で仕事を継続するものです。したがって，登録型は派遣先がみつからない限り，雇用は安定しませんが，常用型は雇用が保障される点に特徴があります。常用型の派遣は，IT系の技術職や広告デザインなど，高度な専門的知識や経験が求められる仕事に多くみられます。なお，登録型であれ常用型であれ，派遣先の都合に応じてフルタイムとパートタイムの両方の働き方が存在します。

注意が必要なことは，どのような業務にでも派遣が認められているわけではないことです。業務の特殊性，安全面や責任面の観点から派遣が禁止されている業務があります。具体的には，港湾運送業務，建設業務，警備業務，医療関係の業務，弁護士や社会保険労務士などいわゆる「士」業務，人事労務管理関係のうち，派遣先で団体交渉および労使協議の際に経営側の直接当事者として行う業務があります。

また，派遣労働者の使い勝手のよさから，派遣会社や派遣先の企業が派遣労働者をむやみやたらに活用することや，不安定な派遣労働者としての身分の固定化を回避する目的で，非常に細かな法律上の条件が設定されています。2015年9月に施行された改正労働者派遣法では，派遣会社と派遣先の企業に対して，以下の規則が定められました。

派遣会社（派遣元）に課せられるルールには，「労働者派遣事業の許可制」と「派遣労働者の雇用の安定とキャリア・アップに向けた措置」の2つが挙げられます。まず，派遣会社が労働者を派遣する事業を営むには，厚生労働大臣の許可が必要となったことです。従来は，常用型の派遣を意味した特定労働者派遣業は届出制でした。極端にいえば，派遣会社は書類さえ揃えば派遣業が実施可能でしたから，悪用して派遣労働者を短期で繰り返し派遣するような状況が生じてきました。こうした問題を是正するために，保有する資産額や事業所の規模など厳しい基準をクリアすることが派遣会社に求められています。

次に，派遣会社は派遣労働者の雇用の安定を図り，キャリア支援を行う必要があります。厚生労働省の2019年「就業形態の多様化に関する総合実態調査」で，今後の働き方に対する希望として「正規社員に変わりたい」と回答した派遣労働者の割合が42.4%と半数近くを占めており，派遣労働者の雇用の安定化が社会的に問題となっていました。そうした状況下で，改正労働者派遣法第30条では，派遣会社は派遣労働者が継続的に就業することを希望した際には，①派遣先への直接雇用の依頼，②新たな派遣先の提供，③派遣元（派遣会社）での無期雇用，④その他雇用の安定を図るために必要な措置（例えば，新たな就業の機会を提供するまでの間に行われる有給の教育訓練）のいずれか1つの対応が求められるようになりました（派遣期間が3年に達する派遣労働者に対しては措置義務，1年以上3年未満は努力義務）。また，派遣会社は派遣労働者に段階的かつ継続的な教育訓練を提供することや，派遣労働者の希望に応じてキャリアコンサルティングを実施することが必要とされています。

一方，派遣先企業に課せられるルールには，「派遣先での業務内容にかかわらずすべての業務において派遣期間は3年」が挙げられます。従来，政令で定める専門26業務（例えば，ソフトウェア開発や事務用機器操作など専門的知識や技術を必要とするもの）には制限がなく，その他の業務は原則1年，最長3年と決

図 13－3　派遣労働者の期間制限

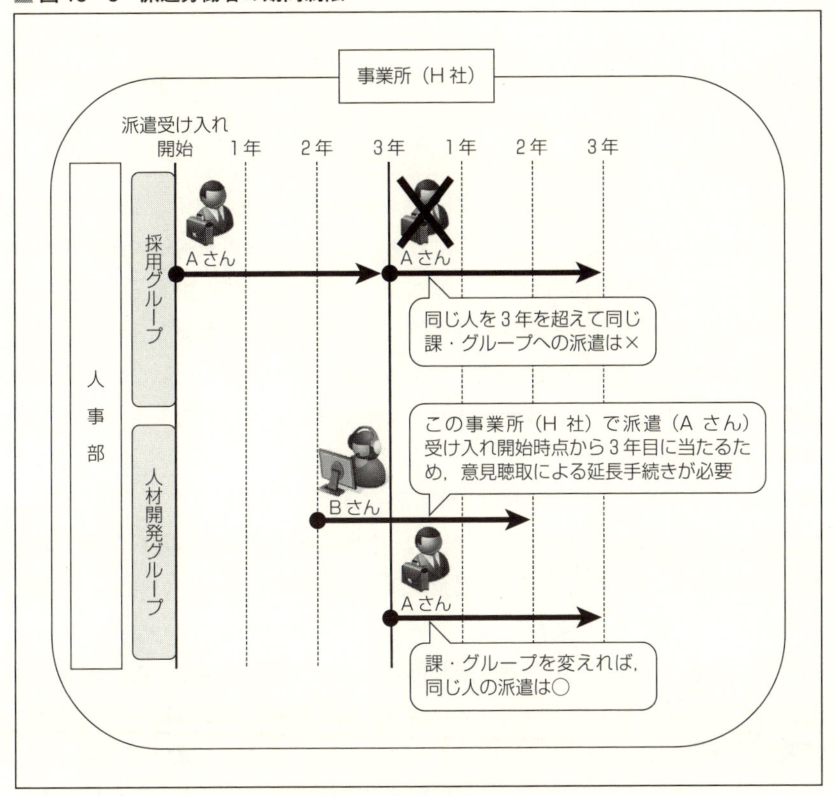

出所）厚生労働省・都道府県労働局［2015］をもとに筆者作成。

まっていました。ところが，専門 26 業務の専門性の根拠が曖昧であったこと，専門 26 業務とそれ以外の業務の制限期間の管理が煩雑であったことから，上限 3 年に統一されました。さらに重要なことは，この 3 年ルールは個人単位と事業所単位の 2 つの制約がかかります。わかりづらいので，図 13－3 をみながら説明してみましょう。

H 社の人事部採用グループに派遣された A さんは，3 年間採用グループで働けます。3 年目以降は，同じグループや課（採用グループ）では働くことはできませんが，グループや課を異動すれば（人材開発グループ），同じ人（A さん）の派遣を H 社は受け入れることが可能です。このように，派遣労働者個人ごとに 3 年の制限が設けられています。

次に，B さんが人材開発グループに派遣された時点は，H 社が派遣労働者の受け入れを開始した（Aさんを受け入れた）ときから2年目に当たりますが，事業所（H社）単位でも3年ルールが適用されるので，何もしなければBさんは1年しか人材開発グループで勤務することができません。Bさんが残り2年働くためには，事業所は過半数の労働組合（労働組合がない事業所は過半数代表者）への意見聴取が必要です。

最後に，派遣会社と派遣先企業の両者に課せられるルールに，「派遣労働者の均衡待遇の推進に関する責務」が挙げられます。労働者派遣法の改正前においても，派遣元である派遣会社は，派遣先で同種の業務に従事する労働者との均衡を考慮した賃金決定，教育訓練や福利厚生を提供する配慮義務が課せられていましたが，これらの内容に関する説明義務が加わりました。また，派遣先は派遣会社が派遣労働者の賃金を適切に決定できるように賃金水準の情報提供，派遣元事業主から求めがあったときに教育訓練の実施，福利厚生施設（給食施設，休憩室，更衣室）の利用に配慮する義務が課されました。

その後，2020年の法改正で，派遣労働者と正規社員との間の不合理な待遇格差の解消に向け，派遣労働者の賃金は，派遣労働者と派遣先の通常の労働者との間に①職務内容，②職務内容・配置の変更範囲に相違がない場合に，派遣先企業に勤務する通常の労働者と同じ待遇とする「派遣先均等・均衡方式」か，派遣会社が自社の過半数労働組合または過半数代表者と労使協定を結び，それに基づいて派遣労働者の待遇を決定する「労使協定方式」の選択制になりました。また，翌2021年には，派遣元（派遣会社）は派遣労働者の雇入れ時に教育訓練や希望者に対するキャリアコンサルティングの内容を説明することなどが義務化されました。派遣労働者の適切な処遇や人材育成を図ることが目的とされています。

1-5　請負労働者

請負（業務委託とも呼ばれます）は，図13-2のように請負労働者が請負会社と雇用契約を結んで請負先で労働を提供するケースと，個人が仕事を発注する注文主（企業）と直接契約を締結するケースがあります。

請負で注意すべきことは，請負先の社員が請負労働者に指揮命令してしまうことです。請負先の従業員が請負労働者に指示を出すことや，請負労働者を指導することは違法行為になります。

また，個人請負の場合，業務を行う人は個人事業主，いわゆる自営業者にな

コーヒーブレイク　**ギグワーカーを労働者として保護する方向へ：新聞報道から**

厚生労働省はギグワーカーの待遇を改善する。新たに指針をつくって従業員と同じように最低賃金を適用し，有給休暇の取得ができるギグワーカーを認める。法律の運用面から多様な働き方に対応する。人手不足に直面する企業にとっても，組織に所属しないギグワーカーと契約しやすい環境を整える。

デジタル技術が進展し，相手と会わずにネットで仕事を受けるギグワーカーが増えた。米アマゾン・ドット・コムのネット通販や米ウーバーテクノロジーズの料理宅配などの配達員のほか，IT（情報技術）エンジニアやウェブデザイナーもいる。データ入力のような事務処理を請け負っている人も多い。

NIRA 総合研究開発機構と慶応大の大久保敏弘教授の共同調査では副業でギグワーカーの経験がある人は約 275 万人と推定する。

厚労省が最低賃金の適用や有給休暇を付与される労働基準法上の労働者の要件を見直すのは，法律の想定と現実にズレが生じていることがある。要件を示した 1985 年当時は企業に所属する正社員やパートやアルバイトといった非正規社員が念頭にあった。

ギグワーカーは個人事業主とみなされ，労基法の対象から外れている。特定の会社から業務を委託している場合は，実質的に仕事が指示され，ギグワーカーの裁量が少ないケースもある。

厚労省は 2024 年度中にも労働者としてみなすための指針を公表する。最低賃金や休日の基準を明確にして，待遇面でのトラブルを少なくする狙いがある。企業の負担は増えるが，日本全体の賃金が上がる効果も期待できる。

人口が減少する日本は多くの企業が人手不足に悩む。ギグワーカーへの仕事の発注が増えることが見込まれ，双方が契約を進めやすくする環境を整える。ギグワーカーとして副業で働く人が増えれば人手不足を緩和する一助にもなる。

厚労省が示す指針では指揮監督を受けて働く度合いを例示する。人工知能（AI）やアルゴリズムが配達ルートなどの業務指示を出した場合でも，発注者である企業による指揮監督とみなす。

逆に仕事の依頼や指示に対する諾否の自由があれば個人事業主となる。安全や健康管理を目的とした注意喚起は指揮監督にあてはめない方針だ。

ただ，労働の自由などを理由に雇用関係にある労働者として扱われることに反対するギグワーカーもいる。

欧米ではギグワーカーを使ったサービスが浸透している。労働力として欠かせない存在になっており，法的な対応は日本より進む。

欧州連合（EU）の欧州委員会は 24 年に入り，ギグワーカーを労働者として保護する指令案を採択し，一定条件で企業に労働者と同等の待遇を義務づけた。スペインも近年，ギグワーカーに労働者の権利を認める政令を制定した。
（『日経速報ニュースアーカイブ』2024 年 8 月 13 日付より抜粋）

り，「労働者」という用語を用いることは適切ではありません。仕事をする場所と時間を注文主から指定されていたり，仕事の仕方を細かく指示されていたりする場合，また請負事業主に雇用される場合は，「労働者」と判断される可能性が高まります（厚生労働省労働基準局監督課［2017］）が，指揮命令を受けない事業主と扱われれば，基本的には労働者としての保護は適用されないことに注意が必要です。新型コロナ禍以降，急増した Uber Eats が代表的ですが，インターネットを通じて単発の仕事を請け負う「**ギグワーカー**」（Gig Worker）は，まさにこれに当たります。ギグワーカーは個人事業主でありながら，実際には仕事の指示を受けることがあり，労働者として保護する指針づくりが現在進められています（☞ 315 ページ「コーヒーブレイク」）。

キーポイント 13.1

非正規社員の雇用形態は多様であり，非正規社員を活用する企業も非正規社員として働く個人も，法律上のさまざまな決まりを見落とさないことが重要である！

2　非正規社員を雇用する理由

厚生労働省が毎年実施している「労働力調査」の 2023 年の結果によれば，日本において非正規従業員の割合（「正規の職員・従業員」と「非正規の職員・従業員」の合計に占める割合）は 37.0% と約 4 割を占めています。数でみると，非正規の職員・従業員数は前年に比べ 23 万人増加し，2 年連続の上昇を記録しています。

どうして，非正規社員が増えているのでしょうか。企業が非正規社員を雇用する理由を示したものが，図 13－4 です。2019 年調査では，「正社員を確保できないため」（38.1%），「1 日，週の中の仕事の繁閑に対応するため」（31.7%），

図13－4　正規社員以外の労働者を活用する理由（複数回答）

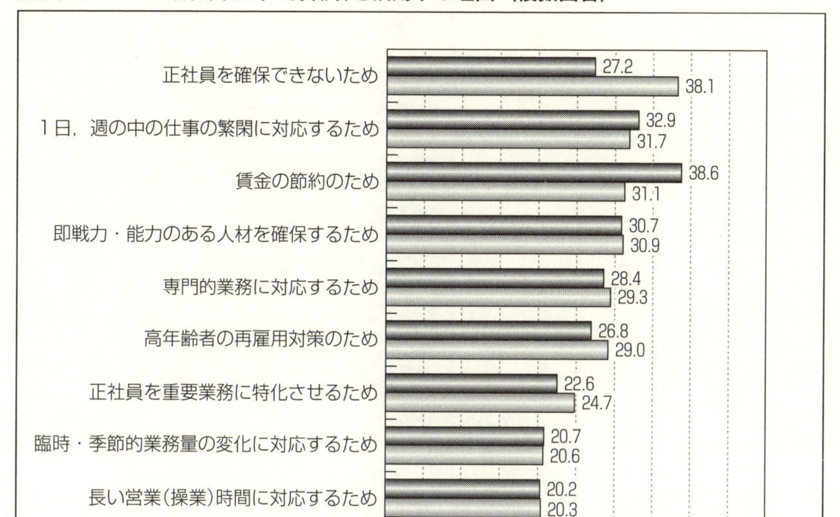

出所）厚生労働省「令和元年就業形態の多様化に関する総合実態調査の概況」をもとに筆者作成。

「賃金の節約のため」（31.1%）が，上位3項目に挙がっています。2014年調査では比較的低位にあった「正社員を確保できないため」という理由が，2019年調査で最上位に挙がっている点が特徴的です。これは，日本社会における急速な少子高齢化の進行による労働人口の減少や正規社員として働くことの価値観の多様化など就労構造の変化が要因であると考えられます。

また，企業は正規社員の社会保険料や教育訓練費を負担する必要がありますが，先に述べたように，非正規社員の場合は，一部を除いてその義務はありません。人件費を抑えられることが，非正規社員増加の大きな理由なわけです。逆に，例えば小売業では，年末商戦のような忙しい時期になれば，急な増員が

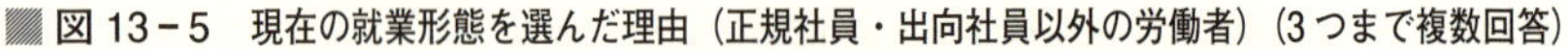

図13－5　現在の就業形態を選んだ理由（正規社員・出向社員以外の労働者）（3つまで複数回答）

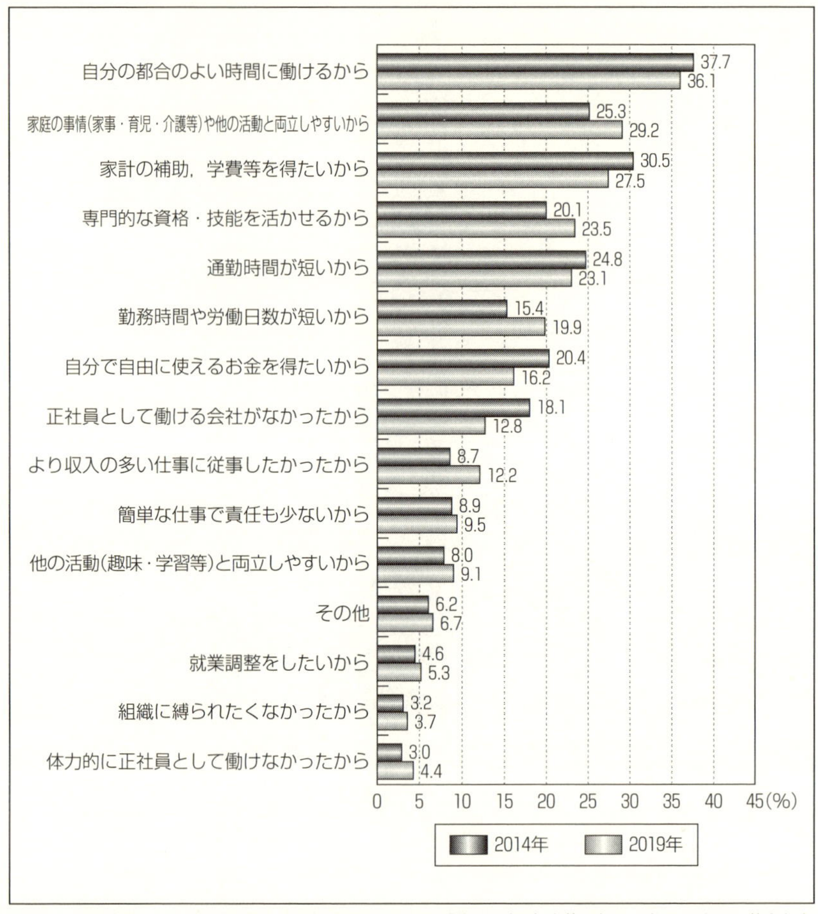

注）「就業調整」とは，所得税の非課税限度額及び雇用保険，厚生年金等の加入要件に関する調整を行うことをいう。
出所）図13－4に同じ。

求められますし，飲食店やコンビニエンスストアの24時間営業を継続させるには，学生アルバイトのような深夜勤務が可能な人材を増強しておく必要があります。このように，非正規社員を雇用することで，経済環境や業務量の変動に応じてフレキシブルな人員調整を図りやすくなります。要するに，非正規社員は雇用面でのリスク回避の機能をもっているといえます。

一方，個人の側の事情はどうでしょうか。図13－5は，正規社員と出向社員以外の従業員が，非正規社員という就業形態を選んだ理由を示しています。

2019年調査では，非正規社員として働く理由として，「自分の都合のよい時間に働けるから」（36.1%）に続いて，「家庭の事情（家事・育児・介護等）や他の活動と両立しやすいから」（29.2%），「家計の補助，学費等を得たいから」（27.5%）が，上位に挙がっています。特に，「家庭の事情や他の活動と両立しやすいから」という事情で非正規社員を選択する労働者が2014年調査時点に比べて増えています。2014年の1つ前に調査が行われたのが2010年ですが，2014年と2010年を比較しても，この項目は割合が増加していました。仕事中心の生活から仕事とそれ以外の生活の調和（ワークライフバランス）（☞第15章355ページ）を大切にする勤労者が年々増えていることが背景にあると考えられます。短時間勤務を基本とする非正規社員という働き方は，仕事だけに偏らないキャリアを重視する勤労者の価値観とフィットするようになったのです。

キーポイント13.2

非正規社員が増えているのは，雇用面でのリスク回避を図りたい企業とワークライフバランスを重要視する働き方を望む個人が多くなっているからである！

3　多様化する正規社員と非正規社員

3-1　非正規社員の基幹化

図13-4をもう一度みてください。2014年と19年を比較して，「専門的業務に対応するため」の割合が上昇していることがわかります。これは，非正規社員の基幹化と呼ばれる現象と重なる推移といえます。

従来，業務量の変化に対して柔軟な人員調整や人件費の抑制を理由に，正規社員が行っていた定型業務を非正規社員に代替することが活発に進められてきました。このような全従業員に占める非正規社員の数や割合が増えることを「**量的基幹化**」と呼びます。ここで，“拡大”ではなくて，あえて“基幹化”という言葉を用いるのは，従来，正規社員が行っていた定型的な仕事を非正規社員が担当し，非正規社員がいなければ企業経営が成り立たず，非正規社員の数量的なレベルでの影響力が大きくなるという意味を含んでいるからです。

この量的基幹化を進める中で，これまで，正規社員が担当してきた，高度な判断が求められる仕事を非正規社員に任せる企業が増えてきました。例えば，商品の発注や返品処理，部下の監督や教育など，難易度の高い業務を非正規社員が行う小売業が見受けられるようになりました。このように，非正規社員が正規社員と同等の判断業務や管理・指導業務に携わるようになり，仕事が高度化する現象を「**質的基幹化**」といいます。

質的基幹化が進んだ背景には，不況が続き正規社員を増員できない状況下で，いかに優秀な非正規社員を会社の戦力とするかが重要な経営課題になってきたことが挙げられます。また，質的基幹化は垂直方向に仕事を豊かにする，つまり職務充実（☞第3章64ページ）を実現する取り組みでもあり，非正規社員の仕事のやりがいが向上し，組織との一体感を高める効果も期待できます。

当初，パートが多い小売業において，非正規社員を質的に基幹化することが始められ，近年では業種を問わず広く実施されるようになっています。その証拠に，図13-5で非正規社員の仕事を選んだ理由として「簡単な仕事で責任も少ないから」を挙げる人の割合は10％を下回っており，全体的に非正規社員の担当する仕事の難易度が上がっていることがうかがえます。

3-2　非正規社員の質的基幹化の課題

こうした非正規社員の基幹化における“量”から“質”への変化は，「正規社員は基幹業務，非正規社員は補助業務」といった，これまでの役割分担を曖昧にしました。このとき起こったのが，同じ仕事をしているにもかかわらず，正規社員と非正規社員との間で処遇に格差が生じたことです。実際，厚生労働省「令和5年賃金構造基本統計調査」によれば，6月分の所定内給与額の平均は，正社員・正職員が33万6300円，正社員・正職員以外が22万6600円となっており，年々その差は小さくなりつつありますが，正規社員と非正規社員の間で待遇差が生じています。

非正規社員が従事する仕事の難易度は上がったものの，処遇の仕組みが改善されず，給与水準は正規社員に比べて低くなりがちです。そのため，正規社員並みに働く非正規社員は処遇の不公平さに不満を感じ，同一の仕事を担当する正規社員と非正規社員の待遇を同じにする，いわゆる均等・均衡待遇の問題が社会的に注目されるようになったのです。

こうした現実を受け，短時間労働者の雇用管理改善に向けた取り組みの強化を目的に2014年4月にパートタイム労働法が改正され，さらに不合理な待遇差解消に向け，20年4月から「パートタイム・有期雇用労働法」が施行されました。本法律のポイントは「**均等待遇**」と「**均衡処遇**」の2種類の規定です。

用語が似ていて，理解しづらいため，言葉の意味から理解していくことにしましょう。“均等”とは「平等で差がないこと」，“均衡”とは「つり合いが取れている」（理にかなった差は妥当である）ことを意味します。したがって，均等待遇とは，①職務内容（業務の内容＋責任の程度），②職務内容・配置の変更範囲が同じ場合，非正規社員の待遇を正規社員と同等の取り扱いにすることです。例えば，同じ仕事をしているにもかかわらず，正規社員には賞与が支給され，非正規社員には支払われないことは均等待遇に反します。

他方，均衡処遇は，上記の①と②に加え，③その他の事情（職務の成果や能力・経験，合理的な労使慣行・労使交渉の経緯など）が正規社員と非正規社員との間で同一であれば不合理な待遇差を禁止し，違いがあれば差異に応じた処遇を行うことを規定するものです。同等の職務を遂行する正規社員と非正規社員の仕事のパフォーマンスに変わりがないにもかかわらず，賞与に格差があることは差別的取り扱いとみなされます。

3-3　新たな正規社員と非正規社員の雇用区分

こうした正規社員と非正規社員の均等・均衡待遇を図る手段の1つに，有能な非正規社員を無期雇用の正規社員にすることが考えられます。改正労働契約法において，有期雇用契約が反復・更新されて，同じ職場で5年を超えて勤務している非正規社員が申し出をすれば，期限の定めのない雇用契約（無期雇用契約）に切り替えることが，2013年4月より義務づけられました。さらに，2024年4月からは，労働契約の締結時と更新時に，①就業場所・業務の変更の範囲，②更新上限の有無と内容，有期契約が5年を超えるときは③無期転換の申し込みができること，④無期転換後の労働条件をそれぞれ明示することが求められるようになりました。

厚生労働省はパート，契約社員，派遣労働者の処遇改善に取り組む企業の事例を紹介するサイト（「多様な働き方の実現応援サイト」）を公開しており，非正規社員の正規社員への転換事例が多数紹介されています。

正規社員登用制度は，非正規社員の有期雇用に対する不安を低減する意味において有意義な仕組みです。しかし，全員を正規社員にすることは，ビジネス

■図 13-6　人材ポートフォリオ

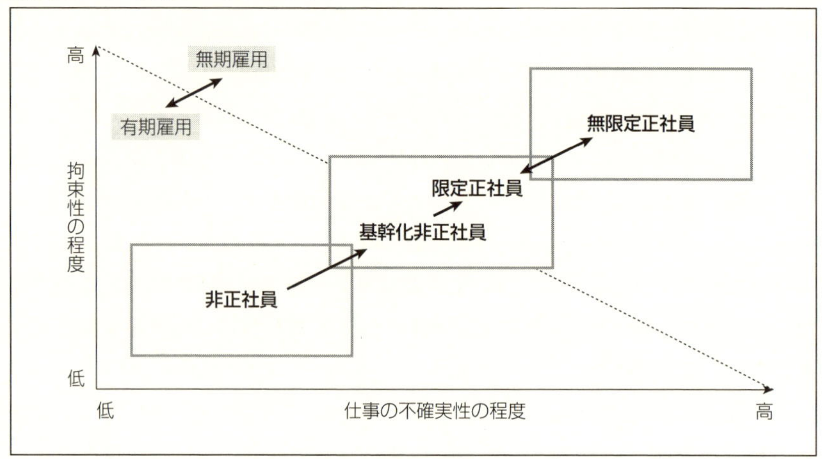

出所）平野［2014］，93 ページを一部改変して筆者作成。

環境に応じて柔軟に人材を活用できる余地を残しておきたい企業にとって，人件費の面から好ましくありません。働く個人にとっては，フルタイム勤務の仕組みは図 13-5 でみた非正規社員のワークライフバランスの考え方やディーセント・ワーク（働きがいのある人間らしい仕事）（☞第 15 章 359 ページ）の動向に照らし合わせても，必ずしも望ましい制度とはいいがたいです。

このような中，新しく出てきたのが**限定正社員**と呼ばれる雇用形態です。図 13-6 は**人材ポートフォリオ**といって，何らかの基準で多様な雇用形態を分類する枠組みのことを意味します。この基準は研究者によってさまざまなものが提唱されていますが，図 13-6 では「拘束性の程度」と「仕事の不確実性の程度」の 2 軸から定義づけされる大きくみて 3 層構造の雇用形態が想定されています。3 タイプとも，直接雇用を前提としています。

縦軸の拘束性の程度は，勤務地変更，幅広い範囲の職務，残業など組織の都合を受け入れる必要性の度合いのことを指します。例えば，海外・全国転勤を否応なく受諾することが求められる場合は，拘束性の程度は高くなります。

横軸の仕事の不確実性の程度とは，担当している職務が定型化されておらず，状況に応じた対応が求められる度合いのことを意味します。マニュアル通りの仕事であれば仕事の不確実性の程度は低くなります。逆に，売場主任として部下育成に携わっている場合は，育成に有効な手法は個々人によって多種多様でありマニュアル化が難しいので，仕事の不確実性の程度は高くなります。

拘束性の程度が高く，仕事の不確実性の程度が高い雇用形態が「無限定正社員」です。無限定正社員とは，無期雇用かつフルタイム勤務の働き方で，職種・職務，勤務地，労働時間（残業の有無）が定められておらず，多くの読者が思い浮かべる，いわゆる正規社員のことです。働き方の条件に際限がない[2)]という意味で，後で述べる限定正社員と区別するために“無限定”という冠を付けています。極端ないい方をすれば，辞令1枚で「どこでも行って」「いつでも働いて」「何でもやる」点が他の雇用形態にない大きな特徴になります。こうした厳しい制約があったからこそ，終身雇用制による雇用保障，年功賃金制度に基づく右肩上がりの賃金と多額の退職金が正規社員にとってプレミアムとして機能していました。

これと正反対に位置づけられるのが「非正社員」です。拘束性の程度が低く，仕事の不確実性の程度も低い雇用形態です。大学生の皆さんのアルバイトが典型的ですが，ファストフード店の接客のようなマニュアルに即した業務内容が多く，シフト制の勤務形態で労働時間の融通が利きやすく，転居を伴う転勤は皆無に等しいでしょう。非正社員は定型業務に従事することが多いという点に加え，柔軟な働き方が可能である点で，組織からの拘束は無限定正社員に比べて相当程度低いため，無限定正社員との間の処遇格差が正当化されていたといえます。

拘束性の程度と仕事の不確実性の程度が中程度で，無限定正社員と非正社員の中間に位置するのが「基幹化非正社員」と「限定正社員」です。両者の違いは，①基幹化非正社員が有期雇用なのに対し，限定正社員は無期雇用であること，②限定正社員は正規社員に類似していることから，基幹化非正社員よりも上方にプロットされていることが挙げられます。

3-2で言及した通り，質的基幹化した非正規社員が増加する中で，正規社員と非正規社員の処遇体系を一本化し，両者の間の不公平感を解消する取り組みが進められてきました。有期雇用を維持し，転居を伴う転勤もありませんが，職位が上がるにつれフルタイムとなるケースもあり，その意味で拘束性の程度は非正規社員より高まります。また，昇進・昇格（☞第7章154ページ）に制限があることが一般的で，無限定正社員が就ける上位のポジションまでキャリアを上昇させることができないことから，仕事の不確実性の程度は無限定正社員と比べて限定的となります。

労働契約法改正前までは，多くの企業が基幹化非正社員の処遇改善を積極的に推進してきました。ところが，先ほど述べた通り，改正後は同一の職場で5年を超えて働く有期雇用の基幹化非正社員は，無期雇用契約に変更しなければならなくなり，基幹化非正社員登用の仕組みだけでは限界が出てきました。また，無限定正社員の処遇の仕組みと統合化が図られたといっても，先ほど述べたようにキャリアを拡大する機会は無限定正社員に比べて制約があり，有能な非正社員のモチベーションの維持が困難であるといえます。

こうした背景から，近年，非正社員の限定正社員への転換が注目されています。限定正社員は，無期雇用契約である点は無限定正社員と共通していますが，①職種・職務，②労働時間，③勤務地のいずれかもしくは複数が限定されていることから，“限定” 正社員と呼ばれるわけです。自宅から通勤1時間以内の勤務場所で週30時間，商品企画業務を担う就労形態が限定正社員の一例です。

限定正社員によく似た仕組みに，コース別雇用管理制度（☞第12章289ページ）があります。コース別雇用管理制度では，「総合職」と「一般職」の2つの雇用区分を設け，一般職は転居を伴う転勤がないエリア限定の勤務形態で，地域限定正社員に類似しています。しかし，一般職は定型業務を担い，昇進・昇格の範囲がきわめて限定的である一方，限定正社員制度においては無限定正社員と限定正社員の社員格づけ制度（☞第7章153ページ）を統合し，雇用区分の違いによって担当職務のレベルや処遇に大きな差をつけないところに違いがあります。

いま，格差をまったくなくすという表現ではなく，“大きな差をつけない” という書き方をしたのは，一般的に限定正社員は無限定正社員の年収の9割程度に設定されるケースが多いからです。この理由に挙げられるのが，無限定正社員が抱える転居を伴う転勤のリスクに報いるためというものです。転居を伴う転勤は，居住地を移したり，単身赴任で家計が二重になったりする生計費上昇というコスト面での負担だけでなく，慣れない土地に移り住んだり，家族と離れたりといった精神的負荷を伴うことが年収格差を設ける論理です。また，次世代リーダーのような優れた人材を育成するには，幅広く職務を経験することが必要（☞第4章89ページ）になるため，どうしても転居が発生する人事異動を行わざるをえない事情から，限定社員の上位層への昇進に制約がかかるわけです。

とはいえ，限定正社員制度は，企業側にとっては，全員を無限定正社員にするより，相対的に人件費を抑えることができます。限定正社員となった個人にとっては，人事制度を無限定正社員と一本化することで働く意欲が向上することや，育児・介護と仕事の両立といったライフスタイルに合わせた働き方ができるメリットがあります。これらのメリットは，先述した正規社員登用制度の問題点を克服できるといえるでしょう。

ここまでは，非正規社員の無期雇用化の手段という視点から，限定正社員の有効性について述べてきましたが，無限定正社員が結婚・出産，介護などのライフイベントに直面したとき，いったん限定正社員に転換し，終了すれば再び無限定正社員に戻れる相互転換（図13－6の無限定正社員と限定正社員の間に描かれた双方向の矢印）の工夫を同時に考慮に入れることは，女性活躍を推進（☞第12章289ページ）するうえでも有効である点に着目することも重要です。

キーポイント 13.3

近年，有能な非正規社員の働く意欲を高める働き方として，限定正社員が注目されている！

4　限定正社員制度の課題

限定正社員制度は，働き方のフレキシビリティを拡大するという意味において，ワークライフバランスが強調される今日，今後ますます広がっていくといえます。ただし，限定正社員制度には，以下のような乗り越える必要のある課題が2つあります。

1つ目は，同一（価値）労働同一賃金の原則と多様な能力・スキル養成のジレンマをいかに克服するかです。同一労働同一賃金の原則とは，同じ仕事をしていれば同額の賃金という考え方です。つまり，同一労働同一賃金は，職務給（☞第8章188ページ）といい換えることができます。本章第3節で述べたように，限定正社員制度の導入背景には，たとえ勤務地・職務・労働時間が限定されていたとしても，正規社員と同等の職務を担当している非正規社員との処遇を均等・均衡すべきであるとの見解が広まったことにあります。そこで，限定正社員制度を推し進めていくうえで，従来の日本企業の主流であった人基準の処遇制度から，欧米流の仕事基準の処遇制度へ移行（☞第8章203ページ）することは避けられません。とりわけ，今後グローバル化がますます進展し，多国籍の人材が日本企業で働くようになったとき，流動的な労働市場が形成されているアジアやアメリカ・欧州諸国の人材は組織に束縛される日本固有の無限定正社員という雇用形態を受け入れがたいはずですから，限定正社員が雇用形態の主流になることが見込まれます。

しかし他方で，限定正社員には無限定正社員と同じく，解雇権濫用の法理（☞第11章265ページ）が適用され，何らかの事情で事業所や職務の廃止を余儀なくされたとき，直ちに人員削減ができるわけではなく，当該の限定正社員を別の仕事に配置転換することが要請されます。そのため，限定正社員には，できる限り幅広く職務を担当できる能力・スキルを身につけておくことが不可欠になります。ところが，第8章（☞188ページ）で述べたように，職務給は職務価値と報酬が連動しますから，柔軟な人事異動がしづらく，従業員は特定の職務に特化したキャリア（スペシャリスト）にインセンティブが働くという特性がありました。このことから，同一労働同一賃金を採用すれば，従業員に幅広い能力・スキルの伸長を促せないというジレンマに直面してしまいます。

この問題を解決する方法の1つは，人基準と仕事基準のハイブリッドな特徴を有する役割等級制度（役割給）（☞第7章171ページ，第8章192ページ）を処遇の基軸とすることです。役割等級制度は担当職務の責任だけでなく，能力も基準に評価・報酬を決める緩やかな仕事基準の処遇制度なため，同一労働同一賃金の原則を崩すことなく，限定正社員に能力やスキルを伸ばすことを動機づけることが可能になります。

もう1つは，若年期は無限定正社員で，キャリア中期から限定正社員に転換する方法です（鶴［2016］)。日本は欧米諸国と異なり，学校教育において職業教育が充実しておらず，入社前に仕事を限定した採用が難しく，仕事経験を経ながら適性を発見していくことが不可欠ゆえに，キャリア初期に同一労働同一賃金を適用することは困難であるといえます。無限定正社員と限定正社員の転換を柔軟に行うことにより，同一労働同一賃金の処遇原則と幅広い能力・スキルの習得のバランスを図る仕組みづくりが重要となります。

2つ目は，限定正社員の報酬分配に対する公正感をいかに高めるかです。限定正社員は，無限定正社員と同様，大きくは「正規社員」という雇用区分に含まれることから，限定正社員は自身の報酬の分配結果が公平（☞第8章201ページ）か否かを無限定正社員との比較によって判断することになるはずです。そうであれば，既述のように，限定正社員は無限定正社員より低い賃金が設定されるケースが多いことは問題を生じさせます。限定正社員と無限定正社員との間の報酬格差は，無限定正社員は転居を伴う転勤があるから，その分のリスク（精神的・肉体的負荷）を補填する意味で合理的であるというものでした。

仮に，転居を伴う転勤をその仕事を担当することによる心理的負荷と捉え，職務価値の一部とみなせば，無限定正社員と限定正社員の処遇の格差は，衡平原理に基づく説明が成り立ちます。他方，転居を伴う転勤を単身赴任による生活費が上昇するイベントだと解釈すれば，必要性原理から賃金格差の論拠づけも可能になります。この場合は，基本給ではなく，手当で精算する形が望ましいでしょう。いずれにせよ，限定正社員が支払われた報酬に納得感を覚えるには，無限定正社員と限定正社員との間で差が付く合理性の根拠を事前に明確化する細やかなマネジメントが今後いっそう必要になってくると考えられます。

キーポイント 13.4

限定正社員制度を推し進めるには，同一（価値）労働同一賃金の原則と多様な能力・スキル養成のジレンマの克服，限定正社員の報酬分配に対する公平性を高めることが求められる！

注

1）「社員」は会社法において「出資者（株主）」を指しますが，本書では人的資源管理に関する各種調査・研究で慣例的に用いられている社員という表現を採用しています。ただし，社員という用語は，雇用契約を結んでいる組織において用いることが適切ですので，派遣（請負）先で派遣（請負）社員と呼称するのは正確であるとはいえません。そこで，本書では，派遣と請負に関しては，派遣（請負）先において派遣（請負）という形で労働を提供しているという意味で，派遣（請負）労働者と表記しています。

2）もちろん，際限がないといっても，労働時間に関する法的規制があります（☞第14章332ページ）。しかし，36協定（☞第14章336ページ）で残業が認められているため，ほぼ際限ないといっても過言ではないとの指摘（濱口［2013］）があります。

本章の演習問題と読書案内はこちらから→

第 14 章

多様化する労働時間と場所を組織はどう管理するのか

裁量労働・在宅勤務

❖この章のねらい

仕事のイメージは人によってさまざまでしょうが，「始業時間には全員がそろい，終業時間までみんなが一緒に働く」というイメージをもっている人は多いのではないでしょうか。このことが意味しているのは，働く時間と場所は使用者が組織の都合で決めていて，働く人はそれに従うことが普通だという私たちの感覚です。しかし，同じ時間に同じ場所でみんなが働くということが変わりつつあり，しかも労働者が自律的にそれらを決める働き方も生まれてきています。そもそも労働時間の管理とは何なのかを確認するとともに，時間や場所について柔軟に対応する働き方について，特に裁量労働と在宅勤務に着目してみていくことにしましょう。

◈この章で学ぶキーワード

◎法定労働時間　◎所定労働時間　◎フレックスタイム制　◎裁量労働制
◎ICT（情報通信技術）　◎テレワーク　◎在宅勤務

1　時間と場所の管理とは

1-1　人的資源管理における時間と場所

やや遠回りになるかもしれませんが，人的資源管理において時間や場所はどのような意味をもっているのかをまず考えていくことにしましょう。私たちは，第 2 章でハーズバーグの二要因理論を学んできましたが，もう一度図 2-6 を見直してみてください（☞第 2 章 44 ページ）。この中に時間や場所という言葉は出てきませんが，時間や場所に関する事柄は，図中にある「作業条件」の中に含まれます。「何時に仕事が始まり，何時に終わる」という労働時間の問題，「私が仕事をしているのは，A 市にある B 事業所の C オフィスである」という場所の問題は，**作業条件管理**（就業条件管理）（☞第 9 章 207 ページ）として人的資源管理の中の一分野として扱われます。

ハーズバーグが作業条件を衛生要因として取り上げていたように，作業条件が悪いと労働者の不満が高まることは以前から知られていました。ハーズバーグは動機づけ要因として作業条件を取り上げませんでしたが，このことは作業条件の管理を軽んじていることを示しているわけではありません。本章第 2 節で詳しくみるように，労働時間の管理は人的資源管理の重要な一分野となっています。また，工場やオフィスをどこに設けるかという大きな問題から，敷地内の建物の配置，オフィス内のレイアウトといった問題まで，広い意味で場所のあり方をどうするかという問題も作業条件管理として重要です。さらに，作業条件の改善は安全・衛生の観点（☞第 9 章）からも取り組まれてきたことは先にみてきた通りです。しかし，労働時間や働く場所の問題を検討する際に前提とされてきたことは，みんなが同じ時間に同じ場所に集まって仕事をするということです。

その理由は，人が集まり**分業による協業**をするために企業組織がつくられたのは主に製造業であり，経営学や人事労務管理（☞第 1 章 17 ページ）が工場での仕事をいかに効率的に進めるかという問題に対応するために生まれてきたことに関係があると考えられます。第 2 章でみてきた科学的管理法やホーソン実験は，いずれも工場で働く人たちを対象としていたことを思い出してください（☞27～40 ページ）。つまり，工場での労働は，多くの人が分業による協業を行うことで製品をつくり上げていくものですから，みんなが同じ時間に同じ場所に集まらなければ生産のための協働が成り立たなかったからです。それゆえ，私たちは，仕事をするというときに，決められた時間に決められた場所に行って働くということを前提として受け入れざるをえなかったのです。そうして，組織で働くとは，決められた場所で決められた時間，仕事に取り組むものであるという暗黙の了解が，使用者にも働く人たちにも広がっていきました。

その際，時間や場所を決めるのはもちろん使用者ですし，働く人たちは時間や場所に関して変更してほしいとはなかなかいうことができませんでした。そして，それに従えない人たちは職場に居続けることが難しくなっていきました。出産・育児期の女性が労働市場を退出し，結果として労働力率が M 字を描くことは第12章で学びましたが（☞284ページ），この現象にも，労働者には時間と場所の自由が利きにくいことが関係しています。

このような工場労働を前提とした時間と場所の捉え方に基づき，人的資源管理においては使用者の視点から望ましい時間管理や場所の管理が考えられていたのです。

1-2　労働者にとっての時間と場所

労働者にとっての労働時間とは，後述するように，使用者の指揮命令を受けて他律的に動かざるをえない時間です。そして，労働者はそれを納得したうえで，自分が自由に処分できる24時間の中に，仕事に費やす時間を組み入れているとみることができます。学生の皆さんは仕事をしている家族を，仕事をしている人はご自身のことを思い出してください。仕事のない日には，自分が好きなように24時間をすごしているでしょう。それは，人は1日24時間を自分で自由に処分する権利を本来はもっているからです。

しかし，組織で働くという“特別な”状況にある間は，その時間を処分する権利を使用者に委ねているわけです。その結果，家族とすごしたり，社会的な活動に充てたりしたい時間でも自分が思う通りにすごすことができないという状況が生じてきます。

場所についても，同様です。職場が決められており，“出社”しなければならない以上，ほとんどの人は家から職場まで通勤して働いています。朝，家を出てから，夜，帰宅するまでの間は，当然のことながら，家事や育児など生活に関わることから物理的にも切り離されることになります。とはいえ，新型コロナ禍におけるテレワークの経験から，私たちは出社しなくても仕事ができることを知ることとなりました（「できる」程度に関して意見は分かれるでしょうが）。この点については，4-2で後ほど詳しく見ることにします。

このように，仕事に携わることによって時間と場所の決定権が労働者から使用者へと移転することは，現代の社会において人が協働する組織で働く以上，本質的に避けられない問題です。こうした当然視された問題に言及すると，「仕事とはそういうものだ」「当たり前じゃないか」という声が聞こえてきそうです。けれども，こうした状況下にある私たちの多くは，仕事を生活にあわせているのではなく，生活を仕事にあわせざるをえない状況にあるということは確認しておく必要があります（キウーラ 著，金井 監訳［2003］）。そして，労働時間や場所が多様化してきている背景には，生活を仕事にあわせることの“きしみ”が現れだしていることも1つの要因としてあると考えられます。

政府は2016年9月に「働き方改革実現会議」を立ち上げ，これまでの働き方を変えていくことに着手しました。その中でも「労使が先頭に立って，働き方の根本にある長時間労働の文化を変えることが強く期待される」（働き方改革実現会議［2017］，11ページ）として，労働時間のあり方が重要視されました。結果として，時間外労働の上限規制や年次有給休暇の取得義務化等を謳った，8本の労働法を改正する法律，いわゆる働き方改革関連法案が成立し，2019年4月から施行されています。

組織で働くにあたって，時間と場所を決定する自由を使用者にどこまで委ねるべきなのか，使用者の側からすれば，その点に関してどこまで労働者の自律を認めていくのか。こうした本質的な問題に目を向けながら，本章を進めていくことにしましょう。

キーポイント 14.1

仕事をするには，働く人たちは時間と空間を共有することが前提と考えられてきたが，近年，時間と空間の壁を越えた働き方が求められ，生まれてきている！

2　労働時間と労働時間管理

2-1　労働時間とは

最初に，「労働時間」とは何かをみていくことにしましょう。ひとくちに労働時間といっても，単なる労働時間だけではなく，法定労働時間，所定労働時間があります。労働基準法（以下，労基法）には労働時間の定義はありませんが，一般に，「労働者が使用者の指揮命令の下にある時間」が労働時間とされます。指揮命令の下にあるとは，労働するために使用者による指示を受けて行動している状態であり，実際に働いている時間はもちろんですが，手待ち時間も含まれます。手待ち時間とは，トラックの運転手が荷下ろしの順番がくるのを待っている時間や，終着駅に着いた電車の運転士が折り返し運転するため出

図 14－1　勤務間インターバル

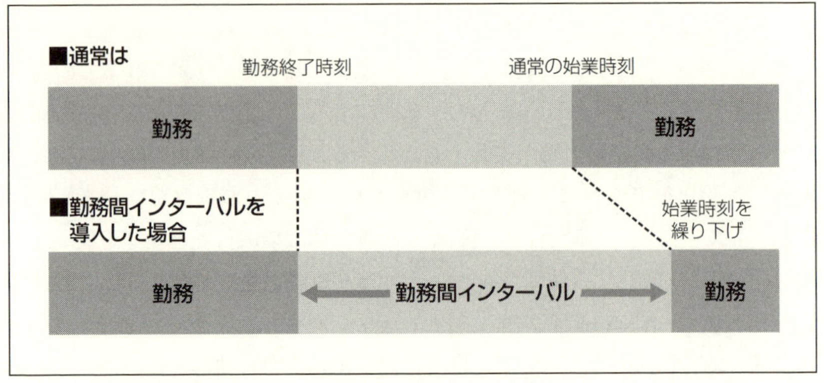

出所）厚生労働省「勤務間インターバル制度をご活用ください」（https://jsite.mhlw.go.jp/tokyo-roudou-kyoku/hourei_seido_tetsuzuki/interval01.html）より。

発時間を待っているような，必要があれば業務にすぐに取りかかれるように準備を整え待っている時間です。

まず，**法定労働時間**とは，労基法により規制された労働時間のことです。使用者は，労働者に，休憩時間を除き1週間については40時間を超えて，また1週間の各日については労働者に，休憩時間を除き1日について8時間を超えて，労働させてはならない，と定められています（労基法第32条[1)]）。次に，**所定労働時間**とは，**就業規則**に定められた始業から終業の時間から休憩時間を除いたものです。所定労働時間は事業所ごとに異なりますが，法定労働時間を超える場合には，その超過部分は無効となります。

1日の労働時間が6時間を超え8時間以内のときは45分以上，8時間を超えるときは1時間以上の休憩時間を，労働時間の途中に与えなければならないことになっています（第34条1項）。休憩は，使用者の指揮命令のもとから離れて自由に利用できる時間です。したがって，休憩時間は労働時間に含まれませんから，9時から17時まで8時間職場にいても，12時から13時まで1時間の休憩時間を与えられている場合，労働時間は7時間となります。

このように労働時間や休憩については定められていますが，労基法には，勤務の終了時刻から翌日の勤務開始時刻までを指す休息時間に関する規制がありません[2)]。しかし，働き方改革関連法案の1つである「労働時間等設定改善法」（労働時間等の設定の改善に関する特別措置法）が改正され，2019年4月1日より

■図14－2　労働時間の推移

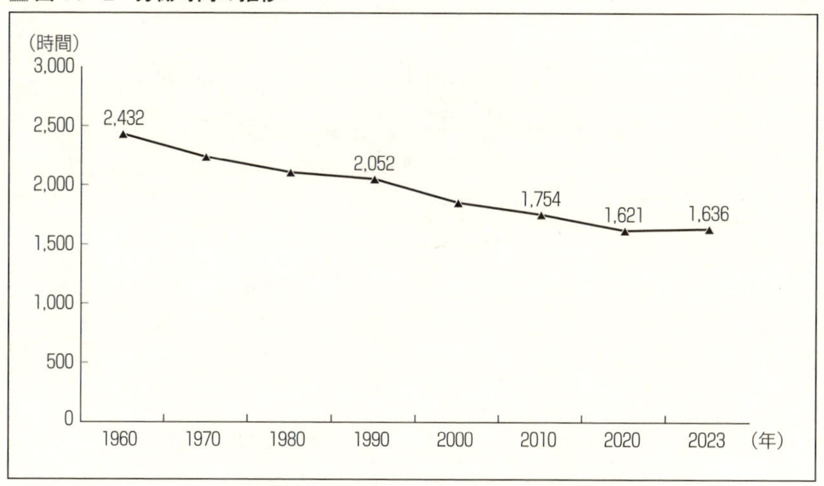

注）1960年から10年ごとの数値をグラフ化しているが，2023年のみ最新数値を記載。
出所）厚生労働省「毎月勤労統計調査」をもとに筆者作成。

勤務間インターバル制度の導入が事業主の努力義務となりました。図14－1は，勤務間インターバル制度を導入すると，このような働き方が考えられますと示された一例です。休息時間が導入されると，翌日の仕事を始業時間に開始しようと思えば，夜遅くまで仕事をすることができなくなるので，長時間労働の抑制やワークライフバランス（☞第15章）の確立にも寄与する可能性が高いです。

2－2　労働時間の現状

それでは次に，日本の労働時間の現状についてみていきましょう。図14－2は総実労働時間の推移を表したものです。高度経済成長期の1960年には年間2400時間を超えていた労働時間も，2010年には1700時間台，2020年には1600時間台にまで減少してきています。

60年で約800時間以上も労働時間が減少していますが，それにはさまざまな要因が影響しています。1980年代には，日本の経済的成功は不公正な競争の結果だ，という批判を諸外国から浴びたことがありました。何が不公正かというと，労働時間が長すぎる，ということです。また，同じ頃に，**過労死**（☞第9章210ページ）も社会的な問題となりはじめました。こうした外国からの圧力や社会的な要請もあり，1980年代後半には時短への取り組みがさかんにな

図 14－3　一般労働者と常用労働者（全体）の労働時間の差

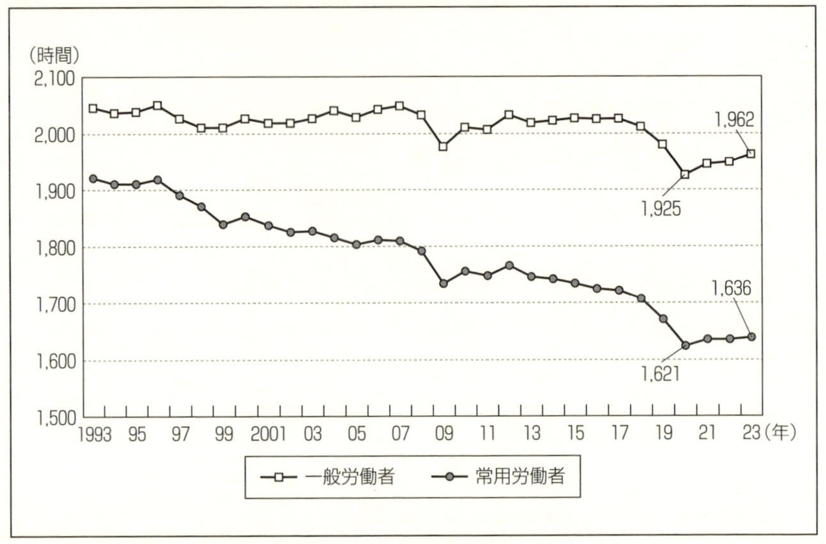

出所）厚生労働省「毎月勤労統計調査」をもとに筆者作成。

りました。87年に労基法が改正され，1週間の労働時間が48時間を超えてはならない，というものから，現行の週40時間制へと段階的に移行されました。さらに，1988年には，政府は年間労働時間1800時間を目標として定めました。

また，非正規労働者が増加したことも，統計に表れる総労働時間の減少に寄与しています。図14－3は，図14－2のバブル崩壊後の時期にあたる1993年以降の部分について，一般労働者のグラフを抜き出して書き加えたものです。ここで一般労働者とは常用労働者[3)]の中からパート労働者を除いたものなので，おおよそ正規労働者を指しています。一般労働者のグラフに着目すると，全体の実労働時間数の減少に比べて減少割合が小さく，リーマン・ショックの翌年の2009年を除いて，2018年まで2000時間を超えていたことがわかります。つまり，統計に表れる全労働者の総実労働時間は減少していますが，正規労働者に限ってみると，決してそれと同じ減少傾向にないことがわかります。正規労働者の労働時間についてはまだまだ長時間労働が是正されていないことがうかがえます。

2-3　労働時間管理

では，人的資源管理において労働時間管理はどのようなものと位置づけられるのかをみていくことにしましょう。労働時間管理は，作業条件管理の一分野として位置づけられており，労働時間の長さと配置を適正化することで，長期的に人的資源の効率的な活用につなげる一連の施策のことです。ここで，「配置を適正化する」という中には，単に始業・終業時間をどう設定するかという問題だけではなく，休憩や休日，休暇をどこでとれるようにするかという問題も含まれることに気をつけておきましょう。労働時間は，たとえ同じ会社であっても，就業規則によって事業所ごとに定められていることがほとんどです。それは労働時間制度のあり方が従業員のやる気や仕事の能率に大きく影響するため，その決定にあたっては，事業所がある地域の特性や慣習，仕事の内容や働く人たちの特徴などを無視して一方的に決めることは望ましくないからです。また，始業・終業時間は仕事と仕事以外の生活との境目となることからもわかるように，近年では，ワークライフバランスの観点からも労働時間管理の重要性は高まってきています。

労働時間管理の原則として，①能率によい結果をもたらす時間，②労働災害，過度の疲労をもたらさない時間，③労働者の満足が得られる時間（森 編［1989］）を設定することが求められます。①と②については，深夜勤務など時間配置に関連する場合もありますが，一般には長さの問題として検討されます。一方，③については，単に長さだけではなく時間配置の問題，その中でも配置を決定する裁量の問題にも関連してくる問題です。①と②は，これまでの経験から仕事ごとに適切な時間管理のあり方が確立されているのに対して，③労働者の満足が得られる時間をいかに提供するかは，雇用形態の多様化や意識の多様化などから，これまで以上に難しい課題となってきています。以下でみるような柔軟な労働時間管理のあり方は，仕事の能率や組織効率を落とすことなく，労働者が満足するような労働時間を提供するために生まれてきたものともいえるでしょう。

すでに1週40時間，1日8時間という労働時間や休憩の必要性をみてきたように，労働時間管理も法的な規制を受けています。それは，まず，労基法第1条に謳われる「**人たるに値する生活**」を営むための労働条件だからです。私たちには24時間が平等に与えられていますが，それが長期にわたって仕事ばかりに費やされてしまっては，人間らしい生き方を送れなくなってしまいます。

次に，労働力の持ち主である人間には肉体的・精神的な限界があるからです。同じ作業を何時間も繰り返したり，本来，眠るべき時間である深夜に作業をしたりすることが肉体や精神に過度の負担をもたらすことは，皆さんも経験したことがあるのではないでしょうか。さらに，社会的費用の発生防止という点からも法的規制は求められます。就業条件管理の機能（☞第9章207ページ）でみたように，肉体的・精神的限界を超える労働時間は過労，労働災害，疾病，そして最悪の場合それらに起因する死亡につながることがあります。それは，みんなが健康ですごす社会に比べると，医療費などの社会的費用を高めることになってしまいます。

それでは，労基法における労働時間に関する規制をみていきましょう。まず，使用者は少なくとも週に1回または4週間に4日以上の休日（第35条）を与えることが必要です。また，時間外および休日労働への規制（第36条）もあります。時間外労働（残業）を行うのは当たり前のように思っている人も多いかと思いますが，あくまでも1週40時間，1日8時間を超えて労働させてはならない，が原則です。ですから，私たちの日常感覚からずれてしまうかもしれませんが，時間外労働は本来あるべきものではなく，特別なものなのです。特別なことをするために，「使用者は，当該事業場に，労働者の過半数で組織する労働組合がある場合においてはその労働組合，労働者の過半数で組織する労働組合がない場合においては労働者の過半数を代表する者との書面による協定をし，（中略）これを行政官庁に届け出た場合に」（第36条）はじめて時間外労働や休日労働をさせることができるのです。この協定は第36条に基づくものなので，一般には，36協定（**サブロク協定**または**サンロク協定**）と呼ばれています。

また，1週40時間または1日8時間を超えたり，法定休日や午後10時から午前5時までの深夜に労働させたりした場合は，超過労働分の対価として通常の賃金に加えて割増賃金を支払わなければなりません（第37条）。一般にいうところの，残業代です。割増賃金率は，時間外労働が2割5分以上，休日労働（法定休日における労働）が3割5分以上，深夜労働が2割5分以上です。時間外労働と休日労働は労働時間の長さの問題，深夜労働は労働時間の配置の問題と把握されるので，長さの問題同士の休日労働でかつ時間外労働の場合は割増率が合算されることなく3割5分以上の割増率となります。一方，長さの問題と配置の問題が合わさる，休日労働でかつ深夜労働の場合は6割以上，時間外労働でかつ深夜労働の場合は5割以上と割増率が合算されます。ここからも，労働時間管理が長さの問題と配置の問題であることがわかるでしょう。

なお，労基法の改正で1カ月60時間を超える時間外労働の割増率が，これまでの2割5分以上から5割以上に改正され，2010年4月1日から施行されました。中小企業については当分の間，適用が猶予されていましたが，2023年4月からは，大企業，中小企業ともに5割以上となりました。改正の目的は，使用者への経済的負担を増すことによって，長時間の時間外労働を抑制することです。

私たちは，こうした規制を受けて時間管理されることになりますが，労働時間，休憩および休日に関する規定の適用を除外される人たちがいます。その1つが，労基法第41条2号に示される管理監督者です。したがって，労働時間管理の概要は図14-4のように，時間管理を適用される一般労働者と適用を除外される管理者に，まず大別し，時間管理が必要な一般労働者に対してどのような時間管理制度を適用していくか，というものになります。なお，管理職が組合員になれるかどうかは組織内で就いている資格や職位の名称ではなく実態によるところは第10章（☞243ページ）でみてきたところですが，時間管理の適用除外の対象となるかどうかも同様です。かつて，未払い残業代に関する訴訟を載せた新聞記事などで「名ばかり管理職」という言葉をみかけましたが，これは組織内での呼称は管理職であっても，実体が伴っていない人たちを表現したものです。当然，こういう人たちは適用除外の対象ではなく，時間外割増賃金は支払われることになります。

また，労働時間等に関する規定の適用除外の新しい動きとして「高度プロフェッショナル制度」の創設があります。この制度も働き方改革関連法案の1つとして労基法が改正され，第41条の2として制定されました。それは，「高度の専門的知識等を有し，職務の範囲が明確で一定の年収要件を満たす労働者を対象として，労使委員会の決議及び労働者本人の同意を前提として，年間104日以上の休日確保措置や健康管理時間の状況に応じた健康・福祉確保措置等を講ずることにより，労働基準法に定められた労働時間，休憩，休日及び深夜の割増賃金に関する規定を適用しない制度です」（厚生労働省「高度プロフェッショナル制度の概要」（https://www.mhlw.go.jp/stf/seisakunitsuite/bunya/koyou_roudou/roudoukijun/roudouzikan/202311.html)。この制度では，管理監督者に現在は支払われている深夜割増賃金もなくされており，時間と賃金の関係は完全に切断されているといえます。

■図 14－4　労働時間管理の態様

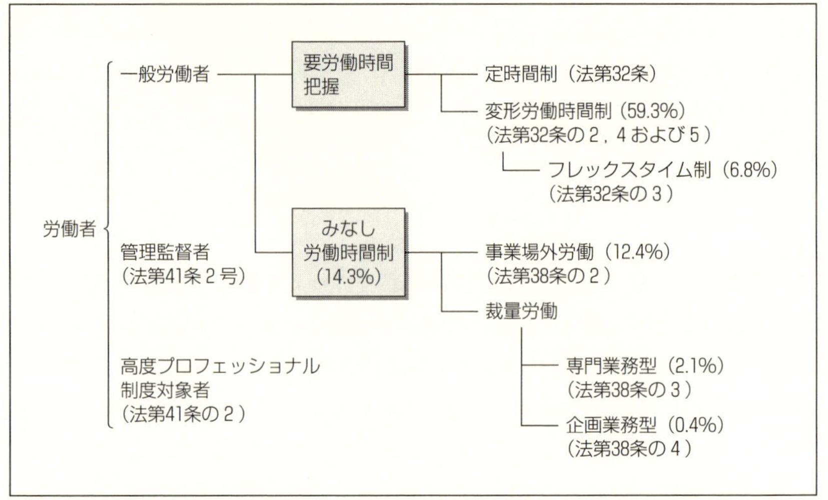

注）1　図中の法とは，労働基準法。
　　2　括弧内の数値は，厚生労働省「令和5年度 就労条件総合調査」による，採用企業数割合。
　　3「変形労働時間制」は，「1週間単位の非定型的」「1カ月単位」「1年単位」の変形労働時間制およびフレックスタイム制のいずれかを導入している企業数割合。
　　4　みなし労働時間制採用企業割合は，複数回答のため事業場外労働，専門業務型裁量労働，企画業務型裁量労働の合計と一致しない。

出所）木下［2003］，5ページ，資料1をもとに筆者が加筆修正して作成。

厚生労働省「高度プロフェッショナル制度に関する報告の状況（令和6年3月末時点）」によると，29社の30事業場で，コンサルタントの業務に従事する労働者等1340人が対象となっています。このように，同制度の対象者はまだまだ増えていません。

以上のような新しい動きはありますが，現状では，一般労働者への時間管理は，実労働時間を算定する「要労働時間把握」と，実労働時間を算定せず協定によってどれだけ働いたとみなすかを前もって決めておく「**みなし労働時間制**」とに分けられます。さらに，「要労働時間把握」は，大半の労働者があてはまる週40時間，1日8時間を基本とする定時間制と，柔軟な時間管理制度として後ほどみる変形労働時間制，フレックスタイム制に分けられます。これらの内容については，節を改めてみていくことにしましょう。

キーポイント 14.2

労働時間管理では，能率によい結果をもたらし，労働災害や過度の疲労をもたらさず，労働者の満足が得られる時間を提供することが原則である！

3　柔軟な時間管理

3-1　求められる柔軟性

第Ⅲ部に収められた第12章から第15章はすべて「多様化する」という言葉がタイトルにつけられています。それは，働く人たちの意識，雇用のあり方，さらには働く時間や場所がさまざまになり，1つのものとして捉えて管理できなくなってきたことを意味しています。本来，何事においても，管理をしやすくするためには管理の対象となるものを同じものに揃えてしまうことが一番容易な方法です。例えば，全員が正規社員という組織で彼（彼女）らを同じ制度のもとで管理することと，第13章でみたさまざまな非正規社員と正規社員がともに働く組織での管理についてもう一度考えてみてください。労働時間でも同じことがいえます。全員が9時に出社して18時に退社する場合と，出社時間もまちまちで退社時間もみんなそれぞれ異なる場合，どちらを管理するのが難しいでしょうか。

しかし，会社（労働需要側）の求めるところも働く人たち（労働供給側）が求めるものも多様になってきており，それに対応して労働時間管理も多様かつ柔軟にならざるをえなくなってきています。

まず，労働需要側の要因として，企業が柔軟な働き方を必要としていることが挙げられます。企業は労働力需要の変動に弾力的に対応することを求めているからです。ほとんどの職場においては忙しさに波がありますが，それは非常に忙しいときに必要な労働力ととても暇なときに必要な労働力に差があることを意味しています。その繁閑の差を，年末年始や行楽シーズンがものすごく忙しいホテルや旅館業のように1年という期間でみることもあれば，夕方の食品売り場が混み合うデパートやスーパーのように1日という期間でみることもできます。企業とすれば必要なときに必要なだけ労働力を投入したいと考えますが，その都度人を雇うことだけでそれに対応すれば，採用や教育訓練のコストがかかってしまいますし，暇になったからといってすぐに簡単に辞めてもらうわけにもいきません。そこで忙しい時期や時間に集中して働いてもらえるように，働く時間を柔軟にすることによる対応がなされています。なお，変形労働時間制として後述するように，制度としては1週間単位での繁閑への対応が最短となります。

一方，労働供給側である労働者のほうにも柔軟な働き方を求める動きがあります。始業・終業時間は企業の専決事項であることは先にみてきましたが，そのことは，従業員は自分の生活のあり方を仕事によって規定されてしまうということにもなります。つまり，本来自分が自由に処分できる24時間の中に，まず仕事の時間が決められ，残りの時間を生活（仕事以外）のために使うことになってしまうからです。こうした働き方に疑問が呈されてきていることは，ワークライフバランスの問題として第15章で詳しくみていきますが，近年，仕事と生活のあり方に対する意識や自分の生活における仕事の位置づけが多様になってきています。自分の24時間の中で，自分が主体的に仕事の時間を決定したいために，労働時間の柔軟化を求める人が増えてきています。

さらに，男女共同参画社会の実現や長時間労働からの解放といった社会的な要請，働き方改革という国を挙げての取り組みも労働時間の柔軟化を推し進める要因として挙げられます。男女がともに仕事に携わったり，家事や育児を担っていったりするためには，先にみたような，自分の24時間の中に仕事時間を主体的に位置づけることが必要となってくるからです。また，長時間労働を避けるために，自分にとって最も能率が上がる時間に仕事をできるようにすることは有効であると考えられるようになってきています。

ここで，労働時間管理の原則に「労働者の満足が得られる時間」があったことを思い出してください。労働者が柔軟な働き方を求めはじめている以上，その働き方に対応できる柔軟な労働時間制度を企業が提供して労働者の満足度を高めることは，人的資源管理のうえでも必要となります。

3-2　柔軟な労働時間管理制度

柔軟な労働時間管理制度として，**変形労働時間制**，**フレックスタイム制**，**裁量労働制**の3つを挙げることができます。それらの違いは表14-1にまとめてありますが，本項では，法定労働時間の柔軟な配分を可能にするものである，変

表14－1　柔軟な労働時間制度の比較

	変形労働時間制	フレックスタイム制	裁量労働制
制度の主旨	法定労働時間枠の修正	法定労働時間枠の修正	特別な時間計算方法
条　文	労基法第32条の2，4，5	労基法第32条の3	労基法第38条の3，4
時間算定の必要性	あり	あり	なし。協定によるみなし時間
時間外労働	あり。週，日の法定労働時間を超えた所定労働時間が定められた場合，それを超えた時間。それ以外の場合，法定通り。単位期間の法定労働時間の総枠を超えた時間	あり。清算期間（上限3カ月）における法定労働時間の総枠を超えた時間	みなし時間が法定労働時間を超える場合
時間決定の主体	使用者	労働者	労働者

出所）筆者作成。

形労働時間制とフレックスタイム制をみることとし，裁量労働制は3－3で確認することにします。

(1)　**変形労働時間制**

まず，変形労働時間制です。変形労働時間制は，一定の定められた単位期間の中に法定労働時間の総枠が設けられ，その中で各週・各日について法定労働時間を超える所定労働時間を認めることにより，法定労働時間の柔軟な配分を認める制度です。変形労働時間制には1カ月単位の変形労働時間制（第32条の2），1年単位の変形労働時間制（第32条の4），1週間単位の非定型的変形労働時間制（第32条の5）の3種類があります（1カ月，1年はそれぞれ最長で，という意味です）。

1カ月単位の変形労働時間制は交替勤務が行われている職場や，月末などの繁忙期と閑散期が1カ月の中ではっきりしている職場などでよく運用されています。1年単位の変形労働時間制のもとでは，繁忙期に所定労働時間を長く設定し，逆に閑散期には短い所定労働時間とすることで，変動する業務量に対応することが可能になります。アイスクリームなどの季節商品の製造や，海や雪山の旅館業などでよくみられます。1週間単位の非定型的変形労働時間制は，常時30人未満の労働者を使用する小売業，旅館，料理店，飲食店に認められており，1週間の枠内，上限10時間の範囲内で労働時間の設定が可能です。

日々の所定労働時間を特定しておく必要がないために，「非定型」と称されています。変形労働時間制は，業務の変動（労働需要）に応じて労働力を柔軟に供給できるようにするための制度ですが，労働時間決定の主体はこれまで同様，使用者です。

(2) フレックスタイム制

次に，フレックスタイム制をみてみましょう。フレックスタイム制は，上限を3カ月とする一定期間（**清算期間**）における総労働時間を定めたうえで，日々の始業・終業時刻（労働時間）を労働者の決定に委ねる制度です。日々の労働時間の算定は行われますが，法定労働時間を超える時間外労働の計算は清算期間を通じて行われるので，期間内の1日，1日において時間外労働は生じてきません。これは，1日8時間という法定労働時間が清算期間内で柔軟に配分されているからです。導入状況は，図14−5にみられる通り，全体では6.8%，1000人以上規模企業においては30.7%となっています。長期的な変化をみても，特に顕著な増加傾向にはないことが読み取れます。

フレックスタイム制は，労働者の生活に対応した働き方を可能にすることで仕事の能率を高めることをめざして，1960年代にドイツで考案されたのが始まりといわれています。フレックスタイム制は，ドイツ語ではdie Gleitende Arbeitszeitと表現されます。ここでわざわざドイツ語を出したのは，それがフレックスタイム制の仕組みをよく表しているからです。Gleitenというドイツ語は「滑る」という意味です。Arbeitszeitは労働時間ですから，原語の意味は「滑る労働時間」ということになります。ここで，図14−6をみてみましょう。フレックスタイム制のもとでは，労働者は始業・終業時間を自由に定めることで1日の就業時間も自分の都合で設定することができます。つまり，図14−6で「就業時間」と書かれた部分が日によって変わるわけですから，まさに労働時間が右に，左に伸び縮みしながら滑っていることになります。

フレックスタイム制は，変形労働時間制とは異なり，労働時間決定の主体は労働者です。人的資源管理の枠組みで捉えると，経営の専決事項であった労働時間の決定権を労働者に委譲したものということができます。なぜ，経営権の一部をあえて手放すようなことをするのでしょうか。

フレックスタイム制が労働者にもたらす効果として，労働時間を自分で決めることで，仕事と生活との調和を図ったり，心身のリズムに適合した働き方を実践できたりすることが挙げられます。また，「定時の出社・退社」という時

図 14－5　フレックスタイム制導入企業数割合推移

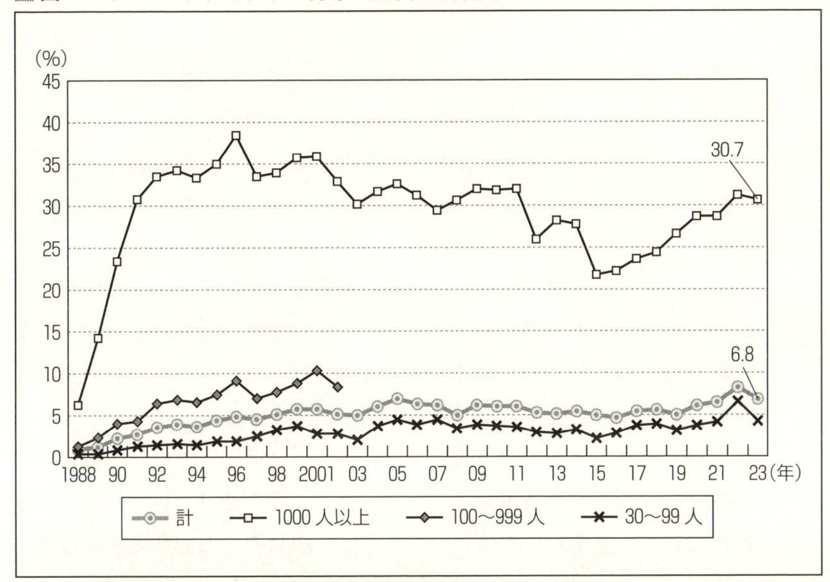

注）1　2000年度より，調査対象期日を12月末日現在から翌1月1日現在に変更し，名称を「就労条件総合調査」と変更しているため2000年数値が図中にない。
2　企業規模分類が変わったため100〜999人の数値は2002年までとなっている。
出所）厚生労働省「賃金労働制度等総合調査」「就労条件総合調査」各年版をもとに筆者作成。

図 14－6　フレックスタイム制の一例

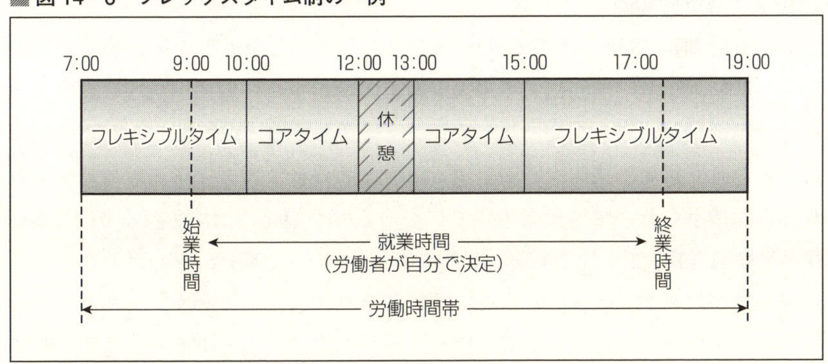

注）労働時間帯，コアタイムの有無などは各社によってそれぞれ異なる。
出所）筆者作成。

間的な束縛から解放された心のゆとりを得ることもできます。さらに，ラッシュ時を避けて通勤できることによる，肉体的疲労の軽減効果もいわれています。こうした労働者へのプラス効果は，職場での仕事に還元されることで，組織にとっての正の効果にもなります。職場においても，労働者が自分で仕事の時間を決めるためには，仕事への自主的・計画的な取り組みが必要となります。先をみて意欲的に仕事に取り組むことや個人のリズムにあった仕事時間を設定することで仕事の効率が上がるといわれています。このようにフレックスタイム制は組織にとっても有益に機能すると考えられるからこそ，経営権の一部を手放す――始業・終業時間の決定を労働者に委ねる――ことを組織は認めているのです。

もちろん，フレックスタイム制にも問題はあります。担当者がまだ出勤していないことによる顧客の不満や緊急事態への対応ができないことが挙げられます。さらに，職場の一体感の欠如です。これらを補うために，必ず全員が顔を揃える時間としてのコアタイムを設けている組織もあります。また，フレックスタイム制には対象者の基準が法的に設けられていないので，自分で自分の仕事を律しきれない若手にも適用できてしまいます。その結果，自律的に仕事を行うことができない人を対象者にしてしまうと，組織のことを考えずに自分勝手な働き方に使ってしまうという弊害も確認されています（森田［2004］)。フレックスタイム制を有効な制度として機能させるためには，こうした負の側面を減らしていくことが必要です。

3-3　裁量労働制

裁量労働制は1987年の労基法改正で導入されました。その後の法改正を通じて，対象労働者の範囲拡大や導入手続きの変更がなされて，現在は2種類の裁量労働制が運用されています。1つは，当初より導入されていた，新商品・新技術の研究開発の業務や情報処理システムの分析・設計の業務など，使用者が具体的指示を行わず労働者の裁量に委ねるべき業務に適用される**専門業務型裁量労働制**（労基法第38条の3）です。もう1つは，1998年の法改正で導入された，業務の適切な遂行のために，使用者が具体的指示をせず，労働者の裁量に委ねるべきである企画，立案，調査，分析の業務を担う労働者に適用される**企画業務型裁量労働制**（同第38条の4）です。企画業務型裁量労働制には，「3年ないし5年程度の職務経験」（指針[4]）をもち「対象業務を適切に遂行するための知識，経験等を有する労働者」（同第38条の4第1項2号）が就くことになっています。

裁量労働制の導入状況は図14-7に示されているように，専門業務型裁量労

図14－7　裁量労働制導入企業割合の推移

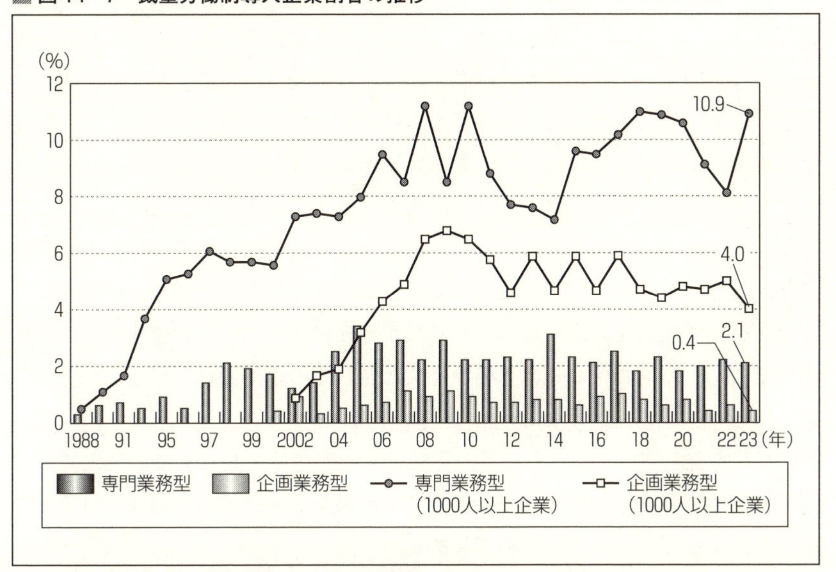

注）2000年度より，調査対象期日を12月末日現在から翌1月1日現在に変更し，名称を「就労条件総合調査」と変更しているため2000年数値が図中にない。
出所）厚生労働省「賃金労働制度等総合調査」「就労条件総合調査」各年版をもとに筆者作成。

働制の導入率（全企業）が2.1%，1000人以上企業に限っても10.9%です。企画業務型裁量労働制に至っては，導入率（全企業）は1%にも満たず，裁量労働制が広く普及しているとはいいがたい状況ではあります。企画業務型が普及しない1つの理由として，事業場の労使委員会の決議と届出という手続き要件が煩雑であるともいわれています。2003年の法改正で決議要件が全員一致から5分の4に緩和はされましたが，専門業務型が労使協定の労働基準監督署長への届出ですむことと比べると，労働者保護の点から慎重を期す必要性はあるものの，実務レベルでの煩雑感は免れないものと思われます。

しかし，裁量労働制は，人的資源管理上は特別な時間管理制度として把握しておく必要があります。なぜなら，仕事の実態からみて労働時間管理になじまない働き方をする専門性の高い労働者が近年たくさん生まれてきていることに対応して，「一定の専門的労働者については主体的（裁量的）業務遂行のゆえに労働時間の法規制を大幅に緩和し，かつ労働の量ではなく質ないし成果による報酬を支払うことを可能にした」（菅野［2017］，519ページ）制度だからです。

フレックスタイム制も始業・終業時間を労働者自身で決定することができま

したが，裁量労働制の場合，仕事の進め方も含めて労働者の自己裁量が認められており，より自律的な働き方となっています。労働時間も「みなし時間」で算定されるので，実際にどれだけ働くかは本人に任されることになります。ただし，裁量労働制の対象者であっても，使用者には，労働時間の把握などの安全配慮義務があることは確認しておく必要があります[5)]。

実労働時間を算定しないことは人的資源管理上，次のような意味をもつことになります。まず，当然のことながら，賃金算定の基礎に実労働時間を用いることができなくなります。したがって，労働時間と賃金との関係が切断され，時間に対して報酬を得ているという意識が労使双方において希薄化していきます。そこで，時間の代わりに報酬の対象とされたのが，先に引用した「労働の質ないし成果」でした。裁量労働制（と事業場外のみなし労働時間制〔第38条の2〕）の人的資源管理に与えた一番の影響は，一般労働者において時間と賃金の関係の切断を制度的に保障し，労働の質や成果を評価ならびに報酬の対象とすることにつなげたところに求められます。

ただし，裁量労働制は，「労働者を際限ない長時間労働においやり，かつ残業代を払わないことを合法化するシステム」（川人［2014］，217ページ）という否定的な見解があります。また，適用の手続きや適用業務の妥当性を，あるいはみなし時間と実労働時間の乖離や長時間労働を助長する傾向があることを問題視する見解もあり，裁量労働制を批判的に捉える論者も多くいます（今野［2018］，塩見［2022］）。

これらの批判はあるものの，フレックスタイム制とともに始業・終業時間を自ら決定できる裁量労働制は，仕事と生活との境界を労働者自身がデザインできることを制度的に保障しており，こうした働き方はワークライフバランスの確立に結びつく可能性が高いといえます。労働時間管理のあり方を多様化していくことは，労働者の時間に使用者が仕事の時間を位置づけるという従来のあり方から，労働者の時間に労働者自らが仕事の時間を位置づけられるようにしていくという方向への変化と強く結びついています。

キーポイント 14.3

労働者が主体的に労働時間を決定できる制度として，フレックスタイム制や裁量労働制がある！

コーヒーブレイク　**裁量労働制と自己規制した管理**

本文でも触れた通り，裁量労働制が制定されてから約35年以上が経過しています。近年新たに裁量労働制を導入した企業もあれば，制定当初に導入し，今も運用を続けている企業もあります。ここでは，後者にあたるX社（電子部品等製造業）の事例をみてみましょう。

X社では1987年から裁量労働制導入の検討が始まり，90年10月に研究開発部門を主な対象部門として導入されました。その後，制度の改定や一時的な休止期間などを経て，現在では，企画業務型裁量労働制と専門業務型裁量労働制の双方が導入され，その対象者数は全社員の約5%を占めています。X社において裁量労働制がどのように運用されているかをみてみましょう。

まず，対象業務の範囲です。労働時間が延びる大きな要因の1つは，顧客や取引業者とのやりとりなど自分でコントロールできないことがら（外部要因）です。それゆえ，外部要因により労働時間の変動が大きい業務は対象業務から外しています。こうした業務は，業務遂行の方法を労働者の裁量に委ねきれない業務であり，「適職」ではないと考えられます。これにより対象業務の範囲は狭められることになりますが，制度の趣旨に反する業務は対象から確実に外すようにしています。

次に，対象者の選定です。対象者には，直近3カ月の時間外勤務にあたる時間の平均が規定時間内であることと，協働に支障をきたさない自律的な労働時間管理能力をもつことなどが求められています。このように「適者」の基準も，制度の趣旨に沿うように定められています。

最後に，日々の管理のあり方をみると，まず，上司には，対象者が自律的な労働時間管理が行えているかの確認責任があります。また，人事部門が，入退館時刻に基づく健康管理時間を超える対象者に健康診断受診義務を課しています。さらに，労使双方が，定期的に開催される労使委員会において，制度の運用状況について確認，協議を行っています。

裁量労働制を運用するために，こうした基準を設けている組織は多くみられますが，X社の運用上の特徴は，適用除外のルールを徹底しているところにあります。自己管理ができていないと上司が判断した場合や健康管理時間が一定時間を超えた場合には，その人は裁量労働制対象者から外されます。また，上述した通り，対象業務も徒に広がらないように，「歯止め」ともいえる基準を設けています。

X社の裁量労働制運用における，「適者適職」を堅持する管理体制は，「自己規制した管理」と呼べるでしょう。裁量労働制は，強みとともに，運用を間違えると健康被害をもたらすような長時間労働につながる危険性ももち合わせた制度です。X社が30年以上も裁量労働制を運用し続けてこられた要因の1つが「自己規制した管理」であることは，間違いないことでしょう。

（X社への聞き取り調査に基づき筆者作成）

4　働く場所の多様化

4−1　空間の壁を越える

それでは最後に，働く場所の多様化についてみていくことにしましょう。本章第１節でもみてきたように，工場型の労働は，時間と場所を共有することなしには成り立ちませんでした。それは，全員が同じ時間に同じ場所にいないと生産のための協働が成り立たないからでした。その１つの理由は，生産物が前工程から後工程へとつながっていく過程でつくり上げられていくために，全員が時空を共有して分業による協業を行わないと成り立たないという仕事の成果物（アウトプット）そのものがもつ特性です。もう１つは，生産に必要な設備や道具が生産現場に行かないと使えないという，仕事に必要な設備や道具の特性です。大きな生産設備や道具をいちいちどこかへ持ち運んで仕事をすることができなかったために，工場という１つの場所に，全員が集まってこなくてはならなかったということです。つまり，仕事の成果物の特性と仕事に必要な設備・道具の特性に規定されて，時間と空間を共有せざるをえなかったといえます。

ひるがえって，ホワイトカラーの仕事を考えてみましょう。もちろん，ホワイトカラーの仕事といっても多岐にわたりますが，一般的なオフィスワークを想定しておきましょう。まず，仕事の成果物の特性ですが，ホワイトカラーの仕事では工場での生産業務とは異なり，最終のアウトプットが物理的に形のあるものではない場合がほとんどです。前のプロセスを担当する人がやり終えた部分を次のプロセスの担当者が引き継ぐにしても，工場での生産業務のように手から手へと仕掛品（完成に至る途中の製品）を引き継ぐ必要はありません。また，仕事のための設備や道具も，デスクとパソコンがあればかなりのことは事足りるのであり，それらはオフィスに行かなければ利用できないものでもありません。

となると，各人の仕事の成果物を次のプロセス担当者につなぐことができれば，場所を共有する必要性も薄らいできます。それを可能にして，空間の壁を越えさせたのは **ICT**（Information and Communication Technology）または **IT** と略称される**情報通信技術**です。そして，2020 年初頭からの新型コロナウイルス感染症（COVID-19）流行下での在宅勤務の増大で，私たちはこのことを身をもって知ることとなりました。

新型コロナ禍での在宅勤務にのみ着目するのではなく，もう少し広く，ICTを利用することで，仕事においてどのようなことが起こってきたかを次項で詳しくみることにしましょう。

4-2　テレワークと在宅勤務

ICTを利用して職場以外の場所で仕事をする働き方は以前より**テレワーク**（telework）と呼ばれています。英語ではtelecommuteが使われる場合もありますが，テレワークは日本語として使われるようになってきています。テレワークとは「ICT（情報通信技術）を利用し，時間や場所を有効に活用できる柔軟な働き方」（総務省ウェブサイト「テレワークの推進」）を意味しており，表14－2にまとめられているように分類することができます。

分類の視点は，まず，テレワークという働き方をする人が雇われて働く雇用者かそうでないかという点です。雇用者でない人たちはSOHO（Small Office Home Office）と呼ばれる個人事業者や小規模事業者となりますが，人的資源管理は組織内の雇用者を対象としているので，彼（彼女）らは本章での検討からははずしておきます。次に，雇用者の働き方も，仕事をする場所を基準として，自宅で行う「在宅型」，訪問先や移動中に行う「モバイル型」，サテライトオフィスなど社外の執務施設で行う「施設利用型」にさらに分けられます。

「モバイル型」は営業職など外回りの仕事が多く，制度上は，**事業場外のみなし労働時間制**（☞338ページ，図14－4）を適用されている場合が多くあります。この働き方をすることで，以前だと，訪問先からオフィスに戻って日報などを書かなければならなかったものが，移動中に日報を仕上げ，ICTを利用してオフィスに送ることで，そのまま自宅に直帰できるようになったりしています。「施設利用型」の場合，オフィスに出社するよりは通勤時間が少なくて済んだり，ICT利用環境が整備されているので，自宅で仕事を行うよりも社内データの利用範囲が広がったりという利点が挙げられます。自社施設もありますが，民間のサテライトオフィスやさまざまな利用者が設備を共同利用するコワーキングスペースなどもあり，これらは新型コロナ禍に急増しました。

「在宅型」の働き方は，一般には，**在宅勤務**と呼ばれています。在宅勤務とこれまでの働き方の最大の違いは，働く場所が自宅であるため，通勤という空

表14－2　テレワークの主な形態

分類		概要	主な実施者・職種
雇用型	在宅型	従業員の自宅で仕事を行う働き方	・通常雇用者 ・通勤困難者（身体障害者，育児・介護を担う者等）など
	モバイル型	顧客先，移動中の車内などで仕事を行う働き方	・営業職，サービス・メンテナンス職，SE 職など，顧客訪問が多い職種が中心
	施設利用型	サテライトオフィスなどの施設を利用して仕事を行う働き方	・通常雇用者 ・自宅に適切な執務環境がない者
自営型		個人事業者や小規模事業者などが IT を活用して行う働き方	・SOHO 事業者（Small Office Home Office）

出所）テレワーク推進に関する関係省庁連絡会議［2007］より一部抜粋。

間的な移動を伴う必要がないことです。それによって，従業員は通勤の時間や肉体的負担をなくすことができ，それがもたらす精神的・時間的な余裕が従業員の仕事の能率を高めたり，ワークライフバランスの確保に役立ったりします。在宅勤務というと，社会的には新型コロナ禍に一気に知られるようになりましたが，それ以前から在宅勤務は行われていました。

総務省「通信利用動向調査」によると，2015 年末時点で，「テレワークを導入している」企業の割合は 16.2% であり，「導入していないが，具体的に導入予定がある」と回答した企業 3.4% と合わせても 19.6% でした。それが，新型コロナ禍前年の 2019 年 9 月末では，それぞれ 20.2% と 9.4% で，合わせると 29.6% と 10 ポイント増加していました。また，テレワークの導入形態（複数回答）をみてみると，2019 年はモバイルワークが 63.2% と一番多いものの，在宅勤務は 17 年が 29.9%，18 年が 37.6%，19 年が 50.4% と増加傾向にありました。

これらの数値は，新型コロナ禍後の 2023 年調査では，やはり大きく増加しています。「テレワークを導入している」企業の割合が 49.9%，「導入していないが，具体的に導入予定がある」と回答した企業が 3.0% となっており，合わせて 52.9% と大きく増えています。導入形態（複数回答）も，在宅勤務が 90.0%，モバイルワークが 32.0% とコロナ禍前と逆転しています。同じ調査から，テレワークの効果をみてみると，「非常に効果があった」が 19.2%，「ある程度効果があった」が 64.6% となっており，テレワーク導入企業の 8 割以上がその効果を認めています。

効果について，テレワークの意義や効果をまとめたものが図14－8です。ここでは特に「少子化・高齢化問題等への対応」と「家族のふれ合い，ワーク・ライフ・バランスの充実」に着目しておきましょう。この2点は，テレワークの中でも特に「在宅型」との関連が強い項目です。働く場所が生活の基盤である自宅となることで，職場に通い自宅から離れる働き方では満たせなかった，育児や介護，家族とすごす時間の確保などがしやすくなっています。

先ほどの調査では，導入企業が何をもって効果があるとするかは示されていませんが，テレワーク，特に在宅勤務を経験した社員にとっては，ゆとりや家庭生活との両立に関する効果があり，それが仕事の生産性向上につながった可能性が考えられます。通常勤務と在宅勤務のどちらが生産性を高めるかについては，まだまだ検証が必要ですが，通勤して職場で働くことだけが生産性をあげる働き方というわけではないことは間違いなさそうです。

人的資源管理の点からは，在宅勤務の場合，いかに仕事のプロセスを管理し，評価するかが問題となります。時間と場所を共有していませんから，管理者は従業員がどのように働いているかを直接みることができず，仕事のプロセスを評価することが難しくなります。その必然的な結果として，評価において仕事の成果物が占める割合が高くなっていきます。とはいうものの，進捗管理も必要ですから，ICTを通じて日々の進捗状況を確認するなど，そのあり方も工夫していく必要があります。

また，社員間のコミュニケーション確保という課題もあります。在宅勤務者をメンバーに抱えても，メンバー間がコミュニケーションを保ち，周りのみんなが何をしているのかがわかっている職場をいかに築いていくのかは今後まだまだ検討し続けるべき課題です。同時に，メンバーが孤立感を抱かないようにして，職場のコミュニケーション不足がストレスやメンタルヘルスに影響を与えないようにすることも重要です（☞第9章219ページ）。

在宅勤務やモバイルワーク，さらにはワーケーション[6)]のように労働者に好ましい仕事の場所を選択できるようにしていくことは，ワークライフバランスの点からも，これからますます必要になっていくはずです。しかし，こうした働き方を定着させるためには，これが業務効率を高めたり，生産性の向上に寄与したりすることが示される必要があります。同時に，働く人にとっては自分の働き方を主体的に考え決めていく力が求められます。この点はキャリア・デザインやキャリア自律が求められている最近の動向と関連してきます（☞第11章

図 14-8　テレワークの意義・効果

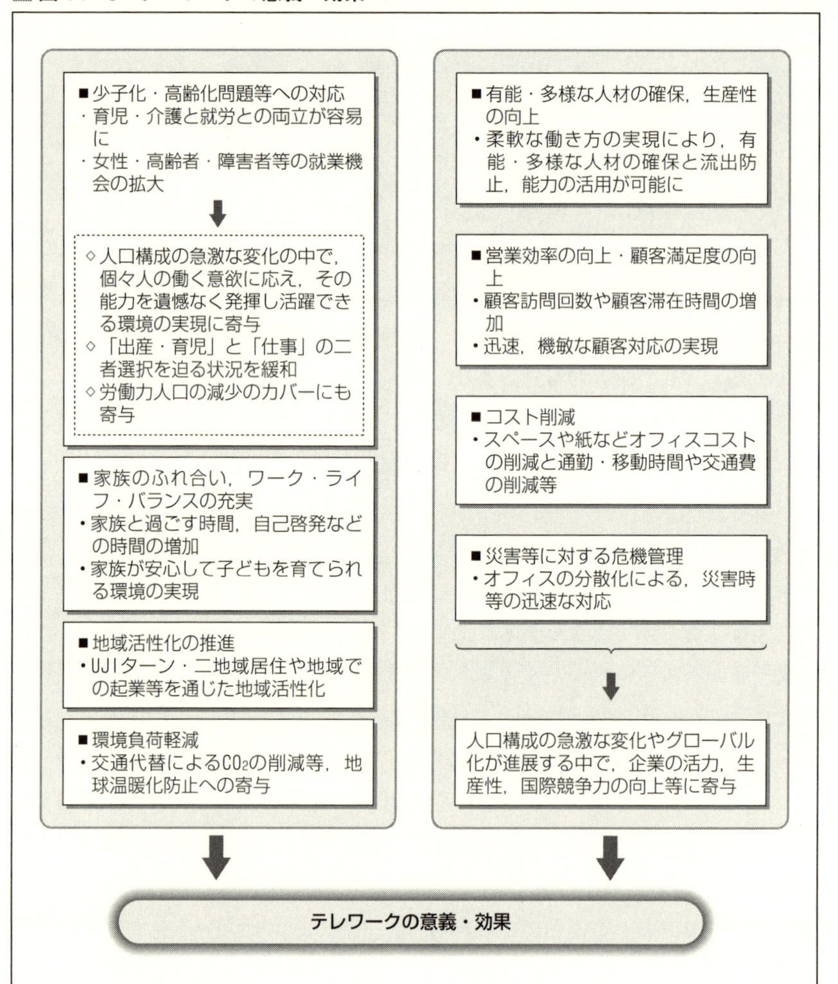

出所）表 14-2 に同じ。

266 ページ)。職場かテレワークか，ではなく，職場でもテレワークでもという形で働く場所の多様化を進めていくには，労使が協力してこれらの点を解決して，結果を残していかなければなりません。

キーポイント 14.4

ICT を利用したテレワークや在宅勤務など，働く場所も多様化してきている！

注

1)　以下，本章では特に法律名を明記しない限り，条文番号はすべて労基法のものです。なお，本章では労働時間管理に関する法的な規制や手続きについては必要最小限触れるだけにとどめますので，例えば，菅野・山川［2024］，浜村・唐津・青野・奥田［2023］など労働法の文献にも目を通しておくことが大切です。

2)　労基法には休息時間は規定されていませんが，憲法には次のような条文があります。
第 27 条　すべて国民は，勤労の権利を有し，義務を負ふ。
　2　賃金，就業時間，休息その他の勤労条件に関する基準は，法律でこれを定める。
なお，EU（欧州連合）は以前から 11 時間の休息時間を法文化しています。

3)　「毎月勤労統計調査」における常用労働者とは，「事業所に使用され給与を支払われる労働者（船員法の船員を除く）のうち，①期間を定めずに雇われている者，②1 カ月以上の期間を定めて雇われている者のいずれかに該当する者のこと」です。

4)　指針とは，法令に基づく具体的な計画策定や対策の実施のより所となる事項を定めたもののことです。この場合，「対象業務を適切に遂行するための知識，経験等」として，具体的に「3 年ないし 5 年程度の職務経験」を指針が示しています。

5)　例えば，システムコンサルタント事件（東京地裁，平成 12 年 10 月 13 日判決）。

6)　ワーケーションは，Work（仕事）と Vacation（休暇）を組み合わせた造語で，テレワーク等を活用し，普段の職場や自宅とは異なる場所で仕事をしつつ，自分の時間も過ごすことです（観光庁「『新たな旅のスタイル』ワーケーション＆ブレジャー」〔https://www.mlit.go.jp/kankocho/workation-bleisure/〕)。

本章の演習問題と読書案内はこちらから→

第 15 章

多様化する働く意味づけを組織はどう管理するのか

ワークライフバランス・働き方改革

❖この章のねらい

第Ⅲ部ではこれまで，労働市場で働く勤労者自身が多様化していること（第 12 章），彼（彼女）らの雇用形態も，あらかじめ雇用期間が一定に定められているなど多様化していること（第 13 章），勤労者の勤労スタイルについても，在宅で働けるようになるなど多様化していること（第 14 章）について学習してきました。これらの変化を受けて，勤労者の家庭生活や社会生活も含めた生活全体において「働くこと」の位置づけや意味づけも変わりつつあることについて，この第 15 章で学習します。

働くことの位置づけや意味づけの変化は，最近「ワークライフバランス」という文脈で議論されることが多くなっています。ワークライフバランスは直訳すると「仕事と生活の均衡状態」ですが，通常「仕事と生活の調和」と訳されることが多く，勤労者が働きすぎて“仕事中毒”になることなく，自分の仕事（ワーク）と生活（ライフ）との関係に文字通りバランス（均衡状態）がとれている状態のことを指します。こうした用語が使われるようになってきた背景には，人間が自身の生活において，単に企業にいわれるままに労働に従事するのではなく，働くことの意義を自身できっちりと考え，主体的に行動できるようになるべきだ，という考え方があります。

では，一般に「ワークライフバランス」を実現するために，どういった具体的施策がとられているでしょうか。企業が収益を向上させようとすることと，勤労者の生活全般を考え勤労生活を充実させることは，一見すると矛盾するようにみえます。ではなぜ，企業は勤労者のワークライフバランスの改善に取り組もうとするのでしょうか。その両者は論理的にどのようにつなげられるのでしょうか。

本章ではこうしたワークライフバランスに関わる諸問題について考えてみることにしましょう。

◆この章で学ぶキーワード
◎ワークライフバランス　◎労働の人間化　◎ファミリー・フレンドリー
◎働き方改革　◎ワークライフインテグレーション　◎自律性

1　ワークライフバランスとは

1-1　2つのレベル：狭義と広義

「この章のねらい」でも述べましたが，**ワークライフバランス**（work-life balance）とは，働く個々人が仕事偏重になることなく，仕事生活と仕事以外の生活（例えば，家庭生活や地域社会生活など）との間の関係が，うまく調和のとれた状態のことを指します。こうして，仕事生活と仕事外生活との調和・均衡が議論されるようになってきた背景には，「働きすぎ」の問題が世界的にクローズアップされてきたことがあります。つまり，働く人のモチベーションを上げ，一生懸命働いてもらうのはいいのですが，それが行きすぎると，逆に心身に異常をきたした状況に陥ってしまいかねないため，そういう状況になるのを未然に防ぐことの必要性が社会的に認識されてきたのです[1]。

ワークライフバランスの問題は，特に日本では，第12章で学習した女性労働問題，とりわけ女性の出産・育児に関わる論点（☞第12章279ページ）と絡めて，女性に限定して議論されているケースもよく見受けられます。例えば，企業のワークライフバランス施策として導入されている制度としては，法定の最低限度を超える産前産後休業（いわゆる産休）や育児休業，女性の働きやすさに関連する施策が中心です。これには，後述するように，当初，政府が男女共同参画や少子化対策の文脈でこのワークライフバランスという用語を使い始めたことに由来しています。このような用語の使い方は，女性労働という局限された文脈でワークライフバランスを捉えているため，狭義のワークライフバランスと呼ぶことにしましょう。

しかし，本来ワークライフバランスは，働く個人として仕事と生活のバランスをとることですから，勤労者の性別や年齢のいかんにかかわらず，すべての勤労者に関して当てはまるはずの概念です。女性労働に関わるトピックスは本書では第12章で学習しましたから，本章ではワークライフバランス概念をより広義に捉え，男性・女性に関わりなく，働く個々人が，仕事の場でも仕事を離れた生活の場でも，調和のとれた多様な生き方を選択・設計できる状態のことを指すこととします。

1-2　働くことの意味づけ

働く個々人がワークライフバランスのとれた働き方ができるか否かは，彼（彼女）らがもっている「働くこと」に対する意識（**勤労観**といいます）や「仕事と生活の関係」の捉え方に大きく依存しています。図 15-1 は，日本生産性本部ほかが日本企業の新入社員を対象に毎年行ってきた調査の結果を部分的に抜粋して示したものです。

この図によると，「あなたは仕事と（仕事外の）生活について，どちらを中心に考えますか」という問いに対して「仕事中心」と回答した率は，今から 53 年前の 1971 年度時点で 15% でした。以後，継続的に減少していき，1991 年度には 5% まで減少しました。直近の 2018 年度でも 6% にとどまっています。他方，「仕事と生活の両立」志向であると回答した率は，1971 年度には 70%，91 年度には 72%，18 年度には 77% と，（グラフでは省略していますが）調査期間を通じ，ほぼ一貫して微増が続いています。

図 15-1 の下部に示されている勤労意識ランキングでも，「どこでも通用する専門技術を身につけたい」（90.4%）とか，「仕事を生きがいとしたい」（70.3%）といった仕事関連の項目が上位にランキングされる一方で，「職場の上司，同僚が残業していても，自分の仕事が終わったら帰る」（49.4%）とか，「職場の同僚，上司，部下などとは勤務時間以外はつきあいたくない」（30.1%）という回答もみられ，自分自身の生活を勤務や仕事とは離れたところで大切にしようとする志向も，上位 16 項目中に含まれていることがうかがえます。何より，91.8% もの新入社員が「ワークライフバランスに積極的に取り組む職場で働きたい」と感じており，しかもこの数値は年々上昇しつつある点も注目すべき事実です。

これらの結果からわかることは，働くことの意味づけは年々変化してきているという事実です。大雑把にまとめると，会社忠誠心が高く仕事が生活の中心であると考える傾向が強かった日本企業の勤労者の間でも，徐々に仕事中心の志向は減少しつつあり，自分自身のライフスタイルを重視したいと考える人が増えつつあるということです。国民全体の意識として，ワークライフバランス

図 15－1　新入社員の「仕事と生活」に対する考え方

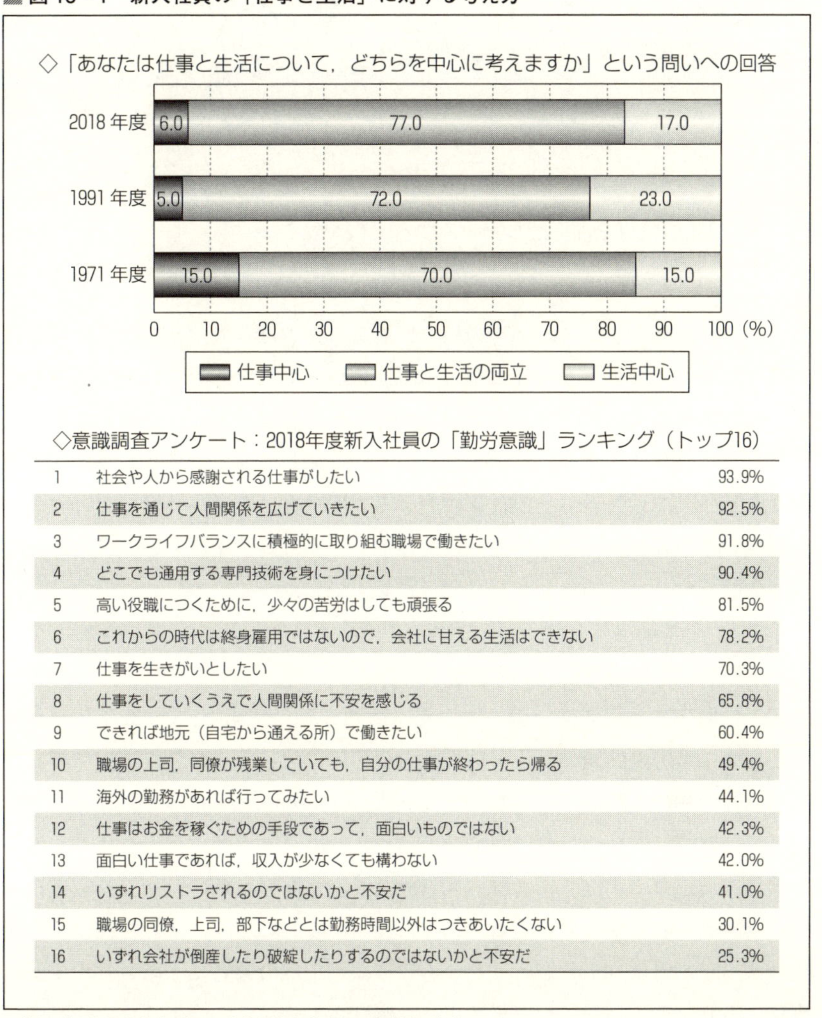

順位	項目	割合
1	社会や人から感謝される仕事がしたい	93.9%
2	仕事を通じて人間関係を広げていきたい	92.5%
3	ワークライフバランスに積極的に取り組む職場で働きたい	91.8%
4	どこでも通用する専門技術を身につけたい	90.4%
5	高い役職につくために，少々の苦労はしても頑張る	81.5%
6	これからの時代は終身雇用ではないので，会社に甘える生活はできない	78.2%
7	仕事を生きがいとしたい	70.3%
8	仕事をしていくうえで人間関係に不安を感じる	65.8%
9	できれば地元（自宅から通える所）で働きたい	60.4%
10	職場の上司，同僚が残業していても，自分の仕事が終わったら帰る	49.4%
11	海外の勤務があれば行ってみたい	44.1%
12	仕事はお金を稼ぐための手段であって，面白いものではない	42.3%
13	面白い仕事であれば，収入が少なくても構わない	42.0%
14	いずれリストラされるのではないかと不安だ	41.0%
15	職場の同僚，上司，部下などとは勤務時間以外はつきあいたくない	30.1%
16	いずれ会社が倒産したり破綻したりするのではないかと不安だ	25.3%

注）「そう思う」と「ややそう思う」を合わせた割合（%）。
出所）日本生産性本部［2019］をもとに筆者作成。

の向上へ向けた機運が高まってきているということもできるでしょう。こうした機運のもと，第 4 節でみるように，政府も本格的にワークライフバランスの実現へ向けた社会政策をとるようになってきており，企業や働く従業員にも徐々にその意識が浸透しつつあるところです。

キーポイント 15.1

日本でも国民の勤労観が変化し，仕事と生活の調和を考えていかなければならない！

2　人間的な労働とワークライフバランス

ワークライフバランスの議論の根本にある考え方は，人が仕事に一生懸命に精出すあまり，働きすぎや仕事中毒の状態になってしまうのは社会生活を営む人間として望ましいことではないので，仕事以外の生活とのバランスをとって，人間らしく暮らせるようになるべきだ，という発想です。こうした発想法の根源にある「人間らしさ」とか仕事における人間性というテーマは，最近になって急に議論されるようになったわけではなく，実は経営学においては古くから中心的テーマとして議論され続けてきた論点でした。

2-1 「労働の人間化」の考え方

仕事において人間らしく働くことを求める運動は，すでに1970年代頃から主として単調労働問題の解決の観点から世界的に注目されていたテーマであり，それは「**労働の人間化**」とか**QWL**（労働生活の質向上：Quality of Working Life）とか呼ばれていました。第3章で学習したように，人間的な労働をめざすべく，単調な作業をなくすために各種の職務設計手法が開発され，職務転換や職務拡大，職務充実などが有効とされたのでした（☞第3章64ページ）。組織構造を変化させ，組織フラット化を行うことも，権限が下位労働者に委譲されますから，職務はより高度で複雑になります（☞第3章60ページ）。このように，仕事内容を充実したものに変化させることは，勤労者個々人の仕事の中身を変えることになりますから，よりミクロ（微小，細部）の視点という意味で「**ミクロ的労働の人間化**」と呼ばれることもあります。

これに対し，個々人の職務の変革にとどまらず，人間に適した労働生活全般を射程に入れて，社会全体のレベルにおいて，より広くマクロ（巨大，全体）の視点から「労働の人間化」をめざすこともあり，これを「**マクロ的労働の人間化**」と呼ぶ場合があります。このマクロ的労働の人間化は，ILO（国際労働機関）などの国際的研究機関や各国政府により使用されている概念で，より具体的には，安全・衛生などの物理的作業環境の改善，労働者の病気・失業からの保護のほか，社会生活における労働者の人格の保護・拡大，有意義で満足な労働や参加への欲求充足などが重要な論点として含まれています（奥林［1991］）。これらより，「マクロ的労働の人間化」は「ミクロ的労働の人間化」のように個々の企業における勤労者の仕事内容に注目するというよりも，より広く社会全般の視点から，彼（彼女）らが社会生活を営んでいくうえでの基本的人権の保障や，経済的・社会的地位の向上を達成することがその具体的内容となっていることがうかがえるでしょう。

ワークライフバランスの原義は，既述のように，働く個々人が各自のワーク（仕事）とライフ（仕事外生活）とのバランスを保つことで人間らしい社会生活を営めるように改善していくことですから，ここでいうマクロ的労働の人間化と関わりをもつ概念として捉えることが可能です。ワークライフバランスを改善していくことで人間らしい社会生活をすごせるようにするわけですから，ワークライフバランスはマクロ的労働の人間化の一方途とも捉えることができるでしょう。

2-2　ディーセント・ワーク

労働の人間化は，主として1970年代から80年代にかけて人間らしい労働をめざす運動として定着した概念ですが，最近，表だってこの用語が使われることは少なくなりました。実務界でも学界でも主として議論されたのは1980年代頃までです。では，最近聞かなくなったのは，労働が人間的なものに改善され，すでに目的が達成されたからなのでしょうか。実は，言葉や形を変えて，この人間的な労働をめざすというテーマは今でも生きています。

皆さんの中には，**ディーセント・ワーク**という言葉を耳にしたことがある方もいるでしょう。ディーセント・ワークの“ディーセント”（decent）とは，「穏当な」とか「きちんとした」という意味を表す英語で，ディーセント・ワークとは働きがいのある人間らしい仕事，という意味内容です。ディーセント・ワークの概念は，ILOが1999年に打ち出した新しい政策目標で，21世紀になり急速に全世界にその考え方が普及してきました。その発想の基底には，労働を働きがいのある人間らしいものへと変えることで，社会全体を人間にとって住みやすいものへと変えていこうとする社会変革の考え方があります。

日本においても，厚生労働省が中心となり，働きがいのある人間らしい仕事の実現へ向けて取り組みが進められつつあります。その具体的目標として掲げられているのは，

⑴　働く機会があり，持続可能な生計に足る収入が得られること
⑵　働くうえでの権利が確保され，職場で発言が行いやすく，それが認められること
⑶　家庭生活と職業生活が両立でき，安全な職場環境や雇用保険，医療・年金制度などのセーフティーネットが確保され，自己の鍛錬もできること
⑷　公正な扱い，男女平等な扱いを受けること

という点です。働く機会の確保から男女平等まで，多様な目標が掲げられていますが，その重要な柱の1つとして，⑶にあるような「家庭生活と職業生活の両立」が志向されていることがうかがえるでしょう。この両立とは，本章の言葉で表現するとワークライフバランスの向上（ないしその一側面）ということです。

つまり，労働を人間に適したものに改善していくという「労働の人間化」は，その用語こそ変化していますが，その発想法それ自体は21世紀に入った現代社会でも底流に流れており，国の主要な政策課題の1つにも掲げられているということです。昨今では，人権の尊重を1つの大きな柱とする **SDGs**（Sustainable Development Goals：持続可能な開発目標）の考え方が浸透してきたこともあり，人間らしい労働環境の実現は今日さらに重要性を増してきているといえます。

裏返していえば，古くから掲げられてきている人間らしい労働という目標は，今日でもいまだ達成されていないということになります。ワークライフバランスが世界的に注目を集め，議論されているのはこうした文脈においてなのです。

キーポイント 15.2

ワークライフバランスの基礎には，労働を人間らしいものに改めることで社会を変革していこうとする発想法がある！

3　ワークライフバランスの取り組みの世界的動向

「労働の人間化」やQWLの概念に注目が集まって以後，1980年代後半から世界的に注目され，議論されだすようになったのがワークライフバランスという概念です。仕事を実際に行うのは生身の人間ですから，いかに人間らしい仕事生活を送れるかどうかの議論は，仕事生活のみに注視するだけでは不十分であり，仕事に従事する各個々人の仕事外生活との関係において捉えなければならない，というように考えられるようになってきたためです。

ワークライフバランスへの取り組みは，各国それぞれの状況に応じて多様ですが，政府，労働者，企業の三者（一般に政労使と略称されます）の関係に着眼して大きく分類すると，国の政府や地方自治体などの行政が中心にワークライフバランスの社会的政策を導入し，企業に浸透させていくように主導するヨーロッパ型のスタイルと，行政はほとんど関与せず個別企業が主体的に導入しようとするアメリカ型スタイルの2分類が可能です。前者をヨーロッパ方式，後者をアメリカ方式と呼ぶことにしましょう。

3-1　ヨーロッパ方式

(1)　北欧諸国

ヨーロッパの中でも手厚い福祉で知られるスウェーデンやデンマーク，フィンランド，ノルウェーなどの北欧諸国では，国や地方自治体が中心となって，充実した家族生活が送れるようにとの観点から各種のワークライフバランス施策が展開されています。例えば，保育サービスや休暇制度，各種手当などです。とりわけ北欧諸国では，男女双方を対象に仕事と生活の両立支援策が展開されているところが大きな特徴です。

例えば，保育サービスをみてみましょう。スウェーデンでは，両親を対象とした**親保険制度**（一定の雇用期間を満たした従業員に対し，妊娠手当や出産手当，育児手当などの現金給付をする制度）がすでに1974年から導入されていますし，ノルウェーでも明確に男女を対象とした出産・育児休業制度が77年という早い段階から導入されています。育児休業の取得は，たとえ男女を対象にしていても女性に偏りがちなのですが，ノルウェーではこうした状況を変えるため，93

年に**パパ・クォータ制**と呼ばれる制度を国全体で導入することで，男性も積極的に育児に参画できるように制度改革を行ったのです（☞「クォータ」の意味については，第12章303ページ，注1も参照）。このノルウェーでのパパ・クォータ制とは，42週ある育児休業に際し，給料は100％給付しながら，そのうちの最低4週分を父親に義務づける制度です。父親が育児休業をとらなければこの育児休業期間自体が男性取得義務の4週分少なくされるルールになっており，その結果，ノルウェーでは男性の育児休業取得率は飛躍的に上昇しました。

休暇制度についても，スウェーデンでは，勤続2年以上の勤労者であれば手当（賃金の68％）を支給されながら最長で1年間の休暇を取得でき，家庭での育児やその他もろもろの活動に充当できる**サバティカル休暇制度**があります（サバティカルとは，もともと「安息」の意味で，リフレッシュのための長期休暇のことです）。またフィンランドでも，フルタイム従業員は90〜359日間の範囲で長期休暇を取得できる**ジョブ・ローテーション制度**[2)]が1996年より実施されており，休暇期間中も社会保障から手当金として賃金の70％が休暇日数分支給されます。サバティカル休暇制度にせよジョブ・ローテーション制度にせよ，国の失業者対策と連動しており，休暇をとる従業員の穴埋めに，代替要員として失業者が企業に雇い入れられる必要がありますが，こうした長期休暇制度は使途に制限がなく，育児や各個人の趣味，自己啓発などにも自由に使用できるのが大きな特徴です。

こうした休暇制度以外にも，労働時間の短縮という観点からもさまざまな取り組みが行われています。例えばデンマークでは，フルタイム従業員の労働時間が週37時間とされ，残業する場合には企業は1.5倍もの賃金を労働者に支払わなければならないと法律で定められています。企業はできる限り賃金を低く抑えたいわけですから，デンマークの企業には残業という概念はまずないのです。就業時間がすぎれば従業員はみんな一斉に帰途につきます。

(2) オランダ

デンマークのようにフルタイム従業員の労働時間を短縮するというアプローチをとる国以外にも，例えばオランダのように，国の政策としてパートタイム労働者を増やすことでワークライフバランスを向上させようとしている国もあります（ここでパートタイム労働者とは，週の労働時間が30時間未満の労働者を指します）。オランダといえば，勤労者同士で仕事を分け合い，労働時間を短くする**ワークシェアリング**で有名です（☞第11章260ページ）。ワークシェアリングとは，簡単にいうと，文字通りワーク（仕事）をシェア（共有）することで，より多くの勤労者が仕事をできるようにする制度のことです。オランダでは，1980年代前半にオランダ病とも呼ばれた大不況の影響があり，失業者が増えたため，雇用を創出することが国の重要な政策課題でした。そこで国の政策として，仕事をより多くの勤労者で分かち合って雇用を創出する仕組みを編み出したのです。従来は1人でやっていた仕事を複数で分かち合うことで1人当たりの労働量は減りますから，労働時間も短くなるという仕組みです。

オランダでは，1996年の労働法改正で，フルタイム労働者とパートタイム労働者との間で時給や社会保険制度加入，雇用期間，昇進などの労働条件に格差をつけることが禁じられましたので，フルタイム労働者とパートタイム労働者との差は，実質，労働時間のみということになりました。さらに労働時間調整法が2000年に制定され，労働者が自発的にフルタイムからパートタイムへ移行する権利（あるいはその逆もあり）や，労働者が週当たりの労働時間を自主的に決められる権利が保障されることになりました。この結果，オランダでは，パートタイム労働者の総労働者に占める比率がヨーロッパ諸国の中でも非常に高くなり（1983年の18.5%から2001年には33.0%，17年現在では50%弱），同時に国全体の失業率も1983年の14%から2001年の2.4%まで大幅に下げることに成功したのです（2016年現在では6.7%に上昇していますが，今なお世界的にみて低水準です）。

これらの大陸ヨーロッパ諸国がとったワークライフバランスの諸施策は，休暇制度にせよ労働時間短縮にせよ，ワークの時間を短縮し，ライフに充てる自由な時間を相対的に増やすことで，働く人々のワークライフバランスを向上させていこうとするものであり，しかもそれらの施策の導入・推進が国や地方公共団体という行政の手によって主導されているという点に特徴があるといえるでしょう。

(3) イギリス

大陸ヨーロッパ諸国とは多少趣を異にするのがイギリスです。イギリスでも行政が主導するという点においては他の大陸ヨーロッパ諸国と大きな変わりはないのですが，大きく異なる点は，法律という形で制度や規制を設けるのではなく，政府が企業に対して直接働きかけを行うことを通じて働き方の改革をめざしている点です。イギリスでは，衰弱した経済力の立て直しが最優先課題であったため，企業の自由な行動を縛ることにつながりかねない法規制は極力回避しようとする傾向にあり，イギリスも一員として加盟していた欧州連合（EU）諸国の指令（1993年）により労働時間規制が決定した後も，イギリス政府は例外規定を設けるなどの形で，法規制にできる限り抵抗をしてきたという経緯があります。

もともとイギリスでは，ヨーロッパ諸国の中では長時間労働の伝統があり，他のヨーロッパ諸国に比してワークライフバランスに対する公的な支援も遅れていました。しかし21世紀に入り，当時のブレア政権が福祉国家からの脱却をめざしていたという事情もあって，ワークライフバランス向上に積極的に取り組むようになってきています。そして，イギリスにおけるワークライフバランス施策の大きな特徴は，その発想法として，ワークライフバランスを推進することが企業で働く勤労者の生活の質を高めるという勤労者福祉の視点にとどまらず，企業にとっても競争力が高まり業績や収益の向上につながるというように考えられているという点です。

イギリス政府が2000年3月より実施したワークライフバランス向上キャンペーンの中核になったのは「チャレンジ基金（The Challenge Fund）プログラム」です。このプログラムは，ワークライフバランス施策の導入を検討する経営者に対し無料コンサルティングの機会を付与する制度で，個別企業は専門のコンサルタントの指導のもとで当該企業の実情に合った最適なワークライフバランス施策を導入できるようにしたのでした。このチャレンジ基金には，2000～03年にかけて1150万ポンド（約18億円）もの公的資金が投入され，その結果448企業が支援を受け，120万人の従業員が影響を受けることとなりました。政府はこのチャレンジ基金プログラムを活用した企業から情報収集を行い，企業業績にもよい影響を与える形で成功裏に施策が導入できた企業事例や成功要因の情報をインターネット上で公開したのです。いわば，ワークライフバランス施策が勤労者福祉を増大させるばかりではなく企業経営にとっても有益であることを政府が積極的に広報し，民間レベルでの労働時間短縮へ向けた企業の主体的な取り組みを促進しようとしたのがイギリスの特徴です（内閣府［2006］）。

3-2　アメリカ方式

(1)　ファミリー・フレンドリー施策

ヨーロッパ諸国では行政主導でワークライフバランスが浸透してきたのに対

し，行政の介入がほとんどなく企業が主体的に，企業経営における生産性向上や業績・収益向上の観点からワークライフバランス施策を導入しようとしているのがアメリカです。アメリカでは，家庭や家族は伝統的に個々人の自由な領域であり，政府がいろいろとお節介を焼くのは望ましくないと考える傾向があります。したがって，行政としてこうした個人の領域を取り仕切ろうとする動きは非常に鈍いのが実情です。

しかし，1980年代以降，家族の形態として夫婦世帯や単身世帯が増え，また小さい子どもをもつ働く女性が急速に増えつつあったアメリカでは，保育制度や出産・育児休暇などを法制化することが喫緊の社会的課題となっていました。アメリカでようやくその法的基盤が整ったのは，1993年8月の「家族と医療休業法」（Family and Medical Leave Act）の施行によってです。この休業法は，50人以上の従業員を雇用する企業を適用対象として，従業員本人の出産時や家族が病気の際に，雇用者が年間12週間の無給休業を提供することを規定した法律ですが，無給であるという点1つをとってみても，公的支援としては先述の北欧諸国での支援に比して，個人にとって劣ったものであったことがうかがえます（藤本［1998］）。

このようにアメリカでは，休業の法制化に伴う支援効果は限定的なものにとどまっており，働く人々の家族の現状からすれば不完全な制度といわざるをえませんでした。つまり，アメリカでは，国家の手厚い支援策が充実しているヨーロッパ諸国とは違い，十分な公的支援のインフラが整備されなかったのです。そのような背景のもとで，社会的には，行政に期待するのではなく，企業独自の従業員支援に対する期待が次第に高まっていくことになりました。そして，企業が従業員を支援する際の基本視点となったのが，いかに優秀な人材を確保し，生産性の向上につなげるかという点だったのです。

アメリカの各企業は，「家族に優しい」という意味の**ファミリー・フレンドリー**という用語を使いながら，仕事と育児・介護とが両立できるような制度のことをファミリー・フレンドリー施策と呼んだり，「わが社はファミリー・フレンドリー企業である」などと称し，両立支援策を対社会へ向けて喧伝したりするようになりました。多くのアメリカ企業は，女性の社会進出が進む中，結婚や出産・育児のために優秀な人材が辞めてしまうことは企業にとってマイナスになると考え，個別の企業がそれぞれファミリー・フレンドリー施策をいかに充実させているかを競い，優秀な人材を引きとどめ，また獲得しようと努めるようになっていったのです。

(2)　ワークライフバランスへ

1990年代の半ばから後半に入ると，子どもや家族をもつ従業員を対象とするファミリー・フレンドリー施策では不十分で，単身の従業員をも含めたすべての従業員を対象とした優秀な人材確保が必要なのではないかと考えられるようになっていきました。育児支援を中心としたファミリー・フレンドリー施策から，全従業員のプライベートな生活全般をも射程に入れたワークライフバランス施策へと，企業の施策自体が拡がっていったのです。

例えば，アメリカの『フォーチュン』誌は「働きがいのある会社ベスト100」を毎年発表していますが，その「ワークライフバランス部門」で毎年上位に入り，2009年度にはトップにランキングされた統計ソフトウェアの開発・販売会社のSAS社（SAS Institute Ltd.）でどのような施策が実施されているかみてみましょう。SAS社では，本社の敷地内に医療センターやデイケアセンター，6万6000平方フィート（約5940平方メートル）ものレクリエーション・フィットネスセンターを備えていて，さらに従業員の健康管理に対する表彰制度も設けられています。年間離職率が平均で22％というソフトウェア業界において，SAS社の離職率はわずか4％と傑出した数字を示しており，そのワークライフバランス施策が離職率の低さにつながっていることが『フォーチュン』誌での評価理由となっています。つまり，単なるファミリー・フレンドリー施策を超え，全従業員を対象にした施策が評価のポイントとされているのです。

あるいは，企業による両立支援策や育児サポートに焦点を当てて企業を評価しようとする試みを行っている『ワーキング・マザー（*Working Mother*）』誌では，1985年以降，働く母親にとっての優良企業を毎年発表しています。具体的な企業名は同誌のウェブサイトで閲覧することができますが，そこでの施策は，事業所内での託児施設に代表される各種育児サポートはもちろんのこと，フレックスタイム制やジョブシェアリング，在宅勤務といった柔軟な勤務制度，従業員の健康・安全や生活設計セミナーの実施など，まさに全従業員の生活に関する多岐にわたる諸側面がワークライフバランス施策として含まれていることがうかがえるでしょう。

もちろん，すべてのアメリカ企業がこうした従業員のワークライフバランス向上へ向けた取り組みに積極的であるというわけではありません。しかし，多種多様な人種や年齢層の人々が，性別に関係なく，個々人のもつ能力や適性に応じて，各自の仕事と生活を調和させることができれば，企業はより有能な人材を確保でき，そのことを通じて生産性や業績，社員のモチベーションの向上，顧客満足度の向上につなげていくことができるという考え方は，多くのアメリカ企業に確実に普及してきています。

既述のSAS社の人事担当副社長であるジェン・マン（Jenn Mann）氏は，「SASでは，創造性と革新性を引き出す環境の構築と，従業員のワークライフバランスを両立させています。良好な職場環境を作り出すことは，従業員の満足度を向上させ，ひいては世界トップクラスの製品を提供し，お客様との緊密な関係を築くために大切なことなのです」と述べています。こうしたアメリカ企業のトップの姿勢からも，ワークライフバランスが企業の主体的な戦略活動の一環として位置づけられていることがうかがえます。

つまり，現在では，ワークライフバランスへ向けたアメリカ企業での取り組みは，従業員のためという単なる福利厚生施策を超え，重要な経営戦略の一部となっているといえるでしょう。アメリカ企業におけるワークライフバランス施策のこうした位置づけの変化は「**福利厚生としてのワークライフバランス**」から「**経営戦略としてのワークライフバランス**」へ，といった表現でまとめられる場合もあります。いずれにしても，ここでは，戦略的に競争優位につながりうる施策としてワークライフバランス概念が注目されているという点を押さえておくようにしてください。

キーポイント 15.3

ワークライフバランスへの取り組みは，行政主導のヨーロッパ型と個別企業主導のアメリカ型に大別される！

4　日本におけるワークライフバランスの展開

前節での説明によって，ワークライフバランス向上へ向けた国際的動向の概略が理解できたと思います。では日本では，どのような経緯でワークライフバランスが議論されだすようになり，その実現へ向けた現下の取り組み状況はどのようになっているのでしょうか。

4-1　行政の動き：ワークライフバランス憲章の策定

ワークライフバランスに対する関心が世界的に高まる中，日本政府としても，時代の移り変わりとともに変化しつつある日本人の勤労観やライフスタイルに対応すべく，仕事生活と仕事外生活（家事・育児・介護など）との両立を志向した施策の導入を迫られていました。政府内にワークライフバランスに関する専門委員会が設けられ，そこで議論が積み重ねられました。

専門委員会では，女性の活躍の場を拡大する男女共同参画に関する議論（☞第12章287ページ）のほか，現在働いている人（勤労者）に加え，今後働きたいという意志をもつ人々（専業主婦，若年者，高年齢者など）の就業率の向上に関する議論，さらに，目下大きな社会問題となっている少子化への対策に関する議論などについて，多様な観点から総合的に検討が重ねられていました。

これらの検討の結果，2007年12月，関係閣僚および経済界・労働界・地方公共団体の合意によって「仕事と生活の調和（ワークライフバランス）憲章」（以下，**ワークライフバランス憲章**ないし憲章と略称します）および「仕事と生活の調和推進のための行動指針」が策定されました。この憲章は，先述のように，議論の過程で多様な観点からの総合的な検討が加えられましたし，また政労使間の立場の差異を超えてまとめられたものですので，玉虫色で不鮮明な箇所も含まれていますが，ひとまずはこの憲章の策定により，日本においても，官民あげてワークライフバランス向上へ向けた積極的な取り組みを今後行っていくことが，内外へ向けて明確に示されることとなったのです。

このワークライフバランス憲章では，仕事と生活の調和が実現した社会の姿を，「国民一人ひとりがやりがい感や充実感を感じながら働き，仕事上の責任を果たすとともに，家庭や地域生活などにおいても，子育て期，中高年期といった人生の各段階に応じて多様な生き方が選択・実現できる社会」であると定義しています。「仕事上の責任」と各個人それぞれの仕事外（家庭，地域）生活との両立という意味が込められた定義づけになっていることがうかがえます。そして，この憲章では，そうした両立へ向けてめざすべき社会の姿として，より具体的には，①就労による経済的自立が可能な社会，②健康で豊かな生活のための時間が確保できる社会，③多様な働き方・生き方が選択できる社会，の三本柱が掲げられています。

また憲章では，ワークライフバランス社会の実現へ向けて企業や勤労者，行政，国民が一体となって取り組みを推進していくための目標として，上記の三本柱のそれぞれにいくつかの項目が設けられ，さまざまな数値目標が掲げられています。

憲章によると，こうした数値目標は「社会全体として達成することを目指す指標」であって，個々の企業や個人に対して課されるものではないとされていますが，行政が主導して日本社会へ浸透させようとしている点においては，前節でみたヨーロッパ方式と近似したスタイルとして捉えられるでしょう。憲章の精神としては，社会環境の整備に加えて，各個人が自らの暮らし全般にわたるさまざまな局面を主体的に設計し，改善を加えていくことで，日本社会でのワークライフバランスが向上していくと想定されていることがうかがえます。

憲章は，政労使が合意した行動指針が示されているにすぎず，したがって以上で示した数値目標や指標は何ら法的拘束力を有するものではありませんし，こうした目標が本当に実現されるかどうかもはなはだ疑問です。しかし，企業の立場を代表する経営者団体をも含む形で，ひとまずは合意がなされた憲章が定められたということの一定の歴史的意義は，認められるといってもいいでしょう。

4-2　働き方改革

2019年に働き方改革関連法が施行されて以降，日本政府のワークライフバランスへの取り組みは**働き方改革**と呼ばれる旗印のもとで実現がめざされるようになっています。厚生労働省によると，働き方改革とは，働く人々が，個々の事情に応じた多様で柔軟な働き方を自分で選択できるようにするために，仕事への従事の仕方を改革することです。

日本の生産年齢人口は，2065年には4500万人ほどにまで減少することが予測されており，働き手を増やすことが必要ですし，現況の日本企業では，高い生産性を維持するために多くの従業員が長時間労働を余儀なくされている現実があります。加えて，働く個々人の生活環境の変化や労働の多様化にも対処する必要があります。こうした現状を踏まえると，働く人々の働き方それ自体を変えていく手助けを，国を挙げて行っていかなければならないという考え方が出てきたのです。

労働力不足の解消のためには，労働市場にいまだ参画していない女性や高年齢者にも仕事に就いてもらったり，出生率を上げて将来の働き手を増やしたり，働く個々人の労働生産性を上げたりすることが必要です。長時間労働を是正するための施策や，非正規社員と正規社員との格差の解消も必要になってきます。女性が働きやすくするために，女性のみならず男性も育児休業をとりやすくしたり，働く意欲の高い高年齢者が長く働き続けられるように，雇用延長の仕組みも整備したりする必要が出てきます（☞第12章）。

では，こうした働き方改革が進められるもとで，企業はどういったワークライフバランス向上へ向けた行動および施策を展開しているか，みてみることにしましょう。

4-3　日本企業の取り組み

(1)　企業の施策

日本企業におけるワークライフバランス施策として目下取り入れられている制度やメニューをまとめたものが表15-1に示されています。

表15-1によると，休業・休暇に関わる制度（育児休業，産前産後休業，介護休業など），働き方の見直し（短時間勤務制度，**フレックスタイム制**☞第14章342ページなど），代替要員の確保のための制度（ドミノ人事制度やシフト人事制度など），各種の手当・補助などの経済的支援，働く人々の意識改革のための制度など，多様な制度やメニューが導入されていることがうかがえるでしょう。

この表の「休業・休暇」に関わる制度のうち，上の4つ（育児休業，産前産後休業，介護休業，子の看護休暇）は法律で定められた制度です。産前産後休業については労働基準法で，他の3つについては育児・介護休業法で，それぞれ規定されています。この4つの休業・休暇制度に関しては，各企業は最低限，それぞれこの表の右欄に書かれている基準は満たさなければなりません。もちろん，この法定の基準を超えて設定するのは各企業の自由です。

また表からは，日本企業で実施されている制度・メニューとして，休業・休暇に関わる制度・メニューが相対的に多く，8つもの項目が挙げられていることがわかるでしょう。「働き方の見直し」に関する制度としても，短時間勤務やフレックスタイム，長時間労働の削減など，全体として「休暇」や「時間」といったような，いわば量的な側面に関わる点の制度・メニューを中心に，整備が進められつつあることがうかがえます。

(2)　長時間労働への対応

表15-1の「働き方の見直し」として取り上げられている**長時間労働**の削減に関しては，とりわけ日本企業においては解決が必要とされる大きな課題とな

表 15-1　日本企業で実施されているワークライフバランス施策の例

	制度・メニュー	制度・メニューの概略・事例
休業・休暇	育児休業	子が生まれてから1歳になるまでの間，従業員の申し出た期間，連続して休みが取れる（男女共）。子1人につき1回限り，保育所に入所できないなど事情がある場合には，子が1歳6カ月になるまで延長可。
	産前産後休業	産前6週間以内に出産予定の女性従業員が休業を請求した場合，事業主は休業を認めなければならない。また，産後8週間は本人の請求いかんにかかわらず働かせてはならない。
	介護休業	対象家族1人につき，要介護状態に至るごとに1回，通算93日まで休業を請求できる。
	子の看護休暇	小学校就学前の子を養育する労働者は，申し出により，1年間に5日まで，病気やけがをした子の看護のために休暇を取得できる。
	その他の休暇	法定の休業・休暇制度以外のオリジナルな休暇制度。例：「不妊治療休暇」（パナソニック），「スクールイベント休暇」（髙島屋），「ファミリーフレンドリー休暇」（NEC）等。
	休業中の情報提供・学習支援	例：丸紅の「休業中連絡制度」では，育児休業取得者がスムーズに職場に復帰できるよう，上司が月1回以上，業務の状況を休業中の社員に連絡するよう義務づけている。
	休業前後の面談制度	例：曙ブレーキ工業では，休業中，休職前の職場の上司・人事担当者・本人が3カ月に1度程度，定期的に面談を実施。
	人事評価の見直し	休業しても評価が不利にならないよう，休業期間中に所属部門の成果の「平均ポイント」を，人事評価にカウントする等。
働き方の見直し	短時間勤務制度	時間短縮パターンをいくつか設定し，社員が選択できるようにする。
	フレックスタイム	労働者自身が，一定の定められた時間帯の中で，始業および終業の時刻を決定できる。1日の労働時間帯を，必ず勤務しなければならない時間（コアタイム）と，その時間帯の中であればいつ出退勤してもよい時間帯（フレキシブルタイム）とに分けて実施するのが一般的。
	テレワーク（在宅勤務）	情報通信技術を利用して，場所や時間にとらわれずに働ける。例：日本IBMの「eワーク制度」等。
	長時間労働の削減	恒常化している長時間労働を削減させる。表 15-2 を参照。
	転勤配慮	社員の事情に応じ，転勤を免除したり配偶者の転勤先の近接地に移動させたりする。
代替要員の確保	ドミノ人事制度	給料は据え置きのまま，休業者の1つ下の役織の社員を，一定期間，代替要員として抜擢し業務に従事させる。
	シフト人事制度	短時間勤務者が担当している業務の一部を，複数の社員やスタッフでカバーする。ワークシェアリングの一種。
経済的支援	各種手当・補助	出産祝金，保育費用補助，介護費用補助，育児支援金，資格取得奨励金など。シャープの「不妊治療融資制度」では，不妊治療費として最大500万円を低利で融資。
意識改革	セミナー・研修	社員の意識改革のため，外部講師を招いたりモデル社員の話を聞いたりする機会を設ける。
	社内報・イントラネット	会社のワークライフバランス推進へ向けた取り組み方針や新制度等を社員へ周知。
	コミュニティサイト	イントラネット上でブログやSNSを活用する等して，社員の自発的発言や相互交流を促す。
	メンター制度	直属上司以外から信頼できる先輩社員を選び，自分の人生設計やキャリアについて適宜相談する。
その他	事業所内託児施設	育児中の従業員向けに，社内やその近辺に託児施設を設ける。
	再雇用制度	いったん退職した社員に対して，再び採用する門戸を開く。第12章（296ページ）を参照。

出所）　小室［2010］をもとに筆者作成。

▩表 15－2　企業による残業削減へ向けた取り組みの事例

業　種	事　例	取り組み事例の分類								
		労働時間関連制度・体制の整備					業務の改善			従業員の教育
		残業の事前申請	ノー残業デー	労働時間の管理	人事評価制度	トップダウンの取組	顧客への働きかけ	業務の平準化	社内業務の改善	
運送業	A社 a 支店	○		○			○	○	○	
	B社 b 事業場		○						○	
	K社 t 営業所		○							
食料品製造業	C社			○					○	
	D社 d 工場	○				○			○	
	E社	○			○	○			○	
	M社 k 工場	○		○	○	○				
宿泊業	F社ホテル f	○						○		
	G社ホテル g									○
飲食業	H社 h 店							○	○	○
	I社 i 店								○	
印刷業	J社本部		○	○						○

注）○印は当該対策がとられていることを示す。
出所）中小企業における長時間労働見直し支援事業検討委員会（厚生労働省受託事業）「時間外労働削減の好事例集――運送業・食料品製造業・宿泊業・飲食業・印刷業を例に」2011 年，1 ページをもとに筆者作成。

っています。日本企業における労働者の長時間労働はここ数年で減少傾向にあるものの，いまだ国際的にみると高い水準にあり，労働時間の国際比較調査によると，概ねヨーロッパ諸国では年間 1300～1500 時間程度であるのに対し，日本では 1607 時間程度（2022 年時点）も働いているとされています。1 週間当たりの労働時間が 49 時間を超える労働者（男性）の割合が 21.8% と図抜けて高いのも日本です（労働政策研究・研修機構 編［2024］）。

日本企業においては従来から長時間の残業が慣行とされ，たとえ仕事が終わってもなかなか職場から帰ろうとしない社員も多くいたのが実情です。現在では全社を挙げて残業を減らす取り組みを行っている企業も出てきて，それらの取り組みが一部では功を奏しています。表 15－2 は残業削減を行っている先進

表 15－3　多様な勤務制度の利用率

育児のための所定労働時間の短縮措置等の各制度の利用状況別事業所割合　(%)

	利用者あり	(利用者ありの内訳)			利用者なし
		男女とも利用者あり	女性のみ利用者あり	男性のみ利用者あり	
短時間勤務制度	13.3	0.2	13.0	0.1	86.7
所定外労働の制限	6.9	0.1	6.6	0.1	93.1
育児の場合に利用できるフレックスタイム制度	7.0	1.1	5.6	0.3	92.9
始業・終業時刻の繰上げ・繰下げ	11.5	0.8	10.7	0.1	88.5
事業所内保育施設	25.1	3.7	21.3	0.0	74.9
育児に要する経費の援助措置	8.1	1.0	5.8	1.4	91.3
育児休業に順ずる措置	4.3	0.0	4.3	－	95.5
在宅勤務・テレワーク	4.6	0.2	2.8	1.6	95.0

注）「利用者」は，2014 年 10 月 1 日から 15 年 9 月 30 日までの間に，各制度の利用を開始した者（開始予定の申し出をしている者を含む）をいう。
出所）厚生労働省「平成 27 年度 雇用均等基本調査」の結果概要，19 ページをもとに筆者作成。

的企業の取り組みをまとめたものです。

また，こうした古くからの慣行を打破するために，研修の機会を通じて社員(上司，部下の双方を含む）の意識改革に取り組んでいる企業もみられます。しかし，現実には身についた習慣や文化的背景もあって，多くの日本企業では，まだ意識改革まではなかなか進んでいないのが実情であるといわれています。

(3)　制度の運用

さらに深刻な問題は，せっかくワークライフバランス推進のための諸制度が整備されているのに，それらを実際に活用しようとする社員が少ないことです。表 15－3 は，ワークライフバランス向上のために導入されている多様な勤務制度のうち，どの制度がどの程度実際に活用されているかについて調査した回答結果を示したものです。

この表に従いそれぞれの勤務制度の利用状況をみてみると，「利用者なし」が最も多い回答となっていることがうかがえます。実際に制度が利用できるにもかかわらず，利用されていないのです。利用率が比較的高い制度は，「事業所内保育施設」や「短時間勤務制度」「始業・終業時刻の繰上げ・繰下げ」となっています。男女別にみると，全体的に女性のほうが各制度の利用者の割合

■図15－2　育児休業を利用できたのに取得しなかった理由

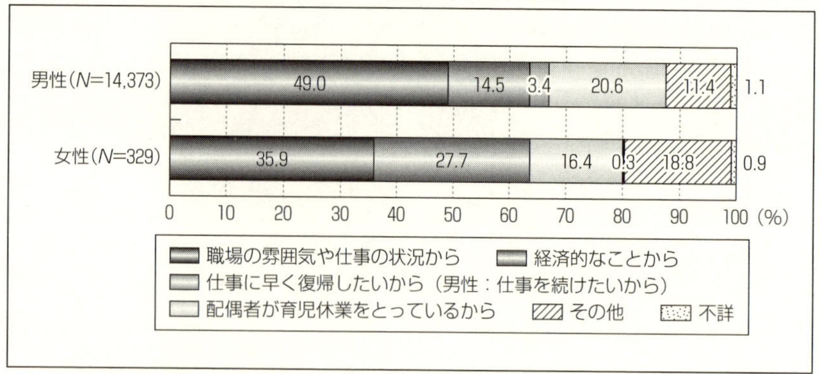

注）「制度はあるが取得しない」＝100とした割合。
出所）佐藤・武石 編［2014］，99ページ；厚生労働省「第1回21世紀出生児縦断調査（平成22年出生児）の概況」，5-6ページをもとに筆者作成。

が高くなっており，男性にはほとんど利用されていないこともうかがえます。つまり，多様な勤務制度が整備されたとしても，よく利用されているのはせいぜい事業所内保育施設の活用や日々の時間短縮が中心で，それも2割程度の利用率にとどまっているということに留意しなければなりません。

これらのワークライフバランス施策のうち，とりわけ育児休業制度に関して，なぜ制度は存在するのに利用しないのか尋ねた結果を示した図15－2でも，「職場の雰囲気や仕事の状況から」とする理由が最も高くなっており，職場の状況が育児休業を利用しようとする社員の障害の1つになっていることがうかがえます。この調査とは別の意見聴取の結果からも，ワークライフバランスの制度運用に関して，「制度はあっても使いにくい」とか「職場に迷惑をかけてしまわないかと思い，遠慮してしまって申請しづらい」といった意見や声がよく聞かれます。このことは，制度が整備されることと，それが運用されることとは分けて考えなければならないということを示唆しています。制度が導入されたからそれでOKというのではなく，制度設計にあたっては，実際の利用者が使いやすい制度になっているかどうかを入念にチェックしなければならないということです。

社員が使いやすい制度を設計し，制度やメニューの利用率を上げることは非常に重要です。制度がいくら導入され，「わが社はワークライフバランス施策を導入している」と胸を張ったところで，実際の利用者が少なければ意味はありません。そうした状況を改善するために，経営者は社員から直接意見を聞く場を設けたり，制度の設計にあたって労働組合との協議を積極的に行ったりなどの形で，どういった制度を設計すれば社員が使いやすく，利用率が改善するかを考えたうえで制度を設計し，導入していく必要があるといえます。

4-4　今後の課題

前項でみた制度の運用率を高めるという点は重要な課題の1つです。しかし，このように制度を導入してもなかなか運用実績が高まらないのは，利用者にとって使いにくい制度設計となっているという理由以外にも，日本が文化風土的にこうしたワークライフバランスの諸制度を導入しづらい環境にあるからという理由もあります。

バランスという言葉は「均衡」を意味し，意味内容的には，振り子や天秤のように，片方を上げればもう片方は下がることになっても，その後，反対の動きが起こって均衡を保つという，一方を追求すると他方が犠牲になるような両立しえない関係（トレードオフ関係といいます）の間をとるニュアンスを含みます。

しかし，これまで日本企業では，欧米企業のように職場と家庭とをそもそもあまり切り離すことなく，職場も家庭も渾然一体として捉えてきた経緯があり，こうしたワークとライフを天秤にかけるような発想法に，そもそもなじみにくいという事情があります。とりわけ，目下，ワークライフバランス施策として主に導入されている休暇や労働時間に関する諸制度は，ワークライフバランスの量的側面であり，量で測定するとどうしてもトレードオフ関係で捉えざるをえないことになりますから，このことが日本企業におけるワークライフバランスの推進のネックとなっていると考えることもできます。

仕事と生活の関係を，量的次元のみで測定し，トレードオフ関係でしかみないということは，ワークライフバランスを向上させようとすれば仕事の量（仕事に充てる時間）をなるべく削減し，生活の量（生活に充てる時間）をできる限り増やそうということにならざるをえず，ワークの中身は不問となりがちです。しかし量では測定できない質的な側面，例えば仕事そのもののおもしろさや働きがいといった定性的な次元でワークライフバランス施策を捉えることにより，日本でもワークライフバランスの推進が進むかもしれません。第3章で学習したように，日本では伝統的に組織内分業の体制が緩く（☞67ページ），仕事のおもしろさを得られやすいからです。したがって，こうした日本企業の組織的特徴に着眼して日本のワークライフバランスを捉え直そうとする動きもみられます。

図 15－3 は，こうした日本の文化風土的特性を活かした**日本型ワークライフバランス**の推進モデルです。このモデルでは，第 1 ステップとして，休暇や労働時間の削減などの量的次元の改善に関わる項目が取り上げられていますが，第 2 ステップとして，日本的コンテキストを考えながらの職務再設計や働き方の見直し，主体的思考や生き甲斐をもった働き方など，質的次元の改善に関わる項目が取り上げられています。そのうえで，第 3 ステップとして，最終的に量的次元・質的次元を自在に組み合わせた多様性視点のワークライフバランスが志向され，一律横並びの画一主義から脱却し，各自がそれぞれの状況に応じて各自なりのワークライフバランスを追求できることが目標とされていることがうかがえます。また，各ステップとも，「労使間の話し合い」が十分になされたうえで各種施策やメニューの設計・導入が想定されています。

この推進モデルは，トレードオフ関係を想起させるバランスという語に代え，仕事生活も仕事外生活もともに充実させるという含意を込めて，**ワークライフインテグレーション**をめざしたモデルとも称されています。インテグレーション（integration）とは「統合」や「合体」を意味する英語です。

この日本型ワークライフバランスの推進モデルは，本章第 2 節で学習した「労働の人間化」の観点からいうと，仕事生活と仕事外生活との均衡関係にフォーカスを当てて人間らしい生活が送れることをめざす「マクロ的労働の人間化」の考え方と，個々の勤労者の働く現場における職務のあり方にフォーカスを当てた「ミクロ的労働の人間化」の考え方を結合させ，働く職場内でも職場外でも人間らしい生活を送れることを最終的に志向したモデルとして捉えることができるでしょう。

キーポイント 15.4

日本でも政労使挙げてワークライフバランス向上へ向けたさまざまな努力が続けられており，日本の文脈に合う日本型ワークライフバランスのあり方が探求されている！

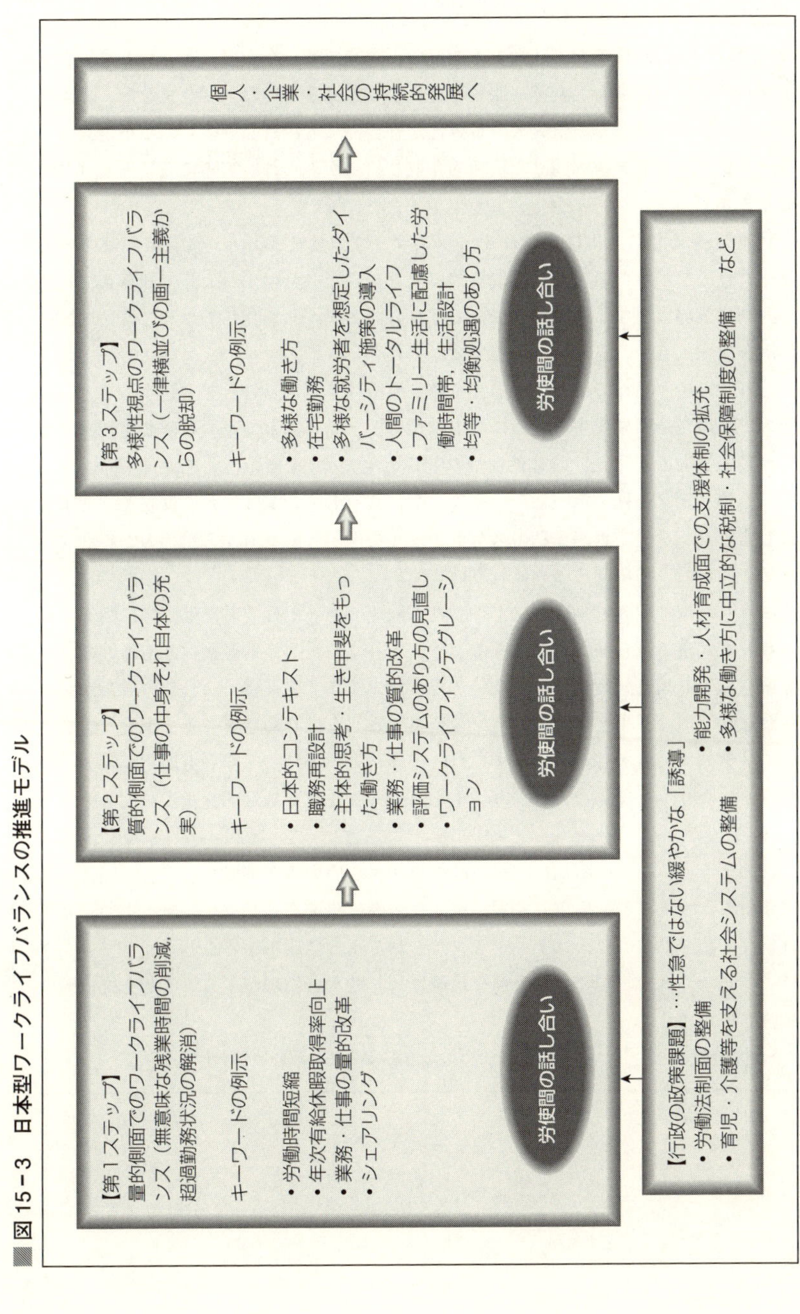

図15－3　日本型ワークライフバランスの推進モデル

出所）上林［2008］，5ページより。

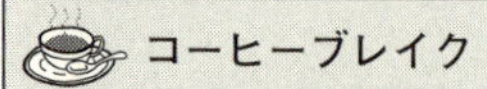

コーヒーブレイク　**中小企業でのワークライフバランス：オーシスマップ社の事例**

一般に，企業規模のあまり大きくない中小企業では，企業財政が苦しくワークライフバランスの推進も大企業に比べて遅れがちであるといわれてきました。しかし，昨今ではワークライフバランスの重要性が社会的にも浸透し，多くの中小企業で，ワークライフバランスへ向けた積極的な取り組みがみられ，実際に成果を上げつつあります。

兵庫県養父市にある株式会社オーシスマップ（設立2001年，従業員数68名）も，ワークライフバランスの向上に積極的に取り組んだ会社の１つとして知られています。測量業界に属する当社は，以前では長時間労働が常態化しており，繁忙期には体調を崩す人もたくさんいたほどです。

そうした中，当社では「定時退社をめざす会社」であることを公言するとともに，その実現のために残業するためには申請が必要とすることで不要な残業を削減することにしました。また，具体的な取り組みとして，「家族の日」を毎月１回設定して，その日はノー残業デーとし，それを全社共有のスケジュールに反映させるようにしました。全従業員が公私のスケジュールを開示し，共有するためのグループウェアを開発し，活用するようにしています。

こうした取り組みの効果として，当社の課題であった残業時間は大幅に削減され，退職者も大きく減らすことができるようになりました。産前産後休業や男性の育児休業取得者も増え，復職率は100％となっています。当社は，これらの成果が認められ「ひょうご仕事と生活のバランス企業表彰」をはじめさまざまな企業表彰を受け，メディアにも多く掲載されました。その結果，当社の応募者も増え，募集に費用をかけなくても優秀な人材が多く集まるようになって地域活性化にも大きく寄与しました。

このように，当社の事例は，規模的に恵まれない中小企業であっても，経営トップが自らメッセージを発信し，働く個人や家庭の事情を話しやすい風土をつくり，社員間で積極的にコミュニケーションがとれるように改善することを通じてワークライフバランスが実現でき，会社や地域に対しても好循環が生じることを具体的に示唆しています。

（内閣府仕事と生活の調和推進室［2015］，16ページをもとに筆者作成）

5 ワークライフバランスがめざすもの

第4節でみた日本型ワークライフバランスの推進モデルの背後にある考え方として注目すべき点は，勤労者が日々職場で働く際にも（すなわちミクロの視点でも），より広く勤務体制を考えたり自分の仕事生活と仕事外生活との全体的関係を考えたりする際にも（マクロの視点でも），その基底に働く個々人の**自律性**の向上が想定されていることです。他者の指示・命令に従って動くのではなく，自らの頭で主体的に考えながら行動することこそが「人間らしさ」の根底にあると考えられているのです。本書の第1章で最初に学習したように，企業経営では人は経営資源の1つであり，その意味で経営者の指示・命令には従わざるをえないわけですが，そのような環境のもとでも人間はできる限り自律的に働くことで日々の仕事も仕事以外の生活も充実させることができます。

ワークライフバランスは，「仕事と生活の調和」がとれた状態であり，各個人で仕事生活と仕事外生活の双方をうまく均衡させる状態にもっていくことを意味しますから，そうしたバランスのとれた状況を自らで主体的に設計できることが，ワークライフバランスを考えていくうえで何よりも重要です。したがって，企業が今後，従業員のワークライフバランス向上をめざすうえで見落としてはならないポイントは，他律的ではない自律的な設計をいかに各勤労者個々人に委ねているか，換言すれば各自が主体的に施策などを選択できる幅がどの程度あるのかという点です。

企業がワークライフバランス施策を導入するにあたり，いま1つ重要な視点は，単年度の短期的視点ではなく，少なくとも3〜5年の中長期の視点に立って考える必要があるという点です。ワークライフバランス向上のための諸施策やメニューの導入は，短期的にみればコストがかかり，収益を圧迫する可能性もあります。しかし，ワークライフバランス施策を導入することで，企業に優れた人材を集められるようになることが期待できます。多様な働き方に関する諸制度を導入することにより，働く意志があり有能であったのにこれまでは働けなかった人たちが，例えば短時間勤務制度などの制度を通じて，仕事に就くことができるようになるからです。短期的には制度やメニュー導入の費用がかかるとしても，それらは長期的には回収が可能な投資として捉えることができるのです。

本章第３節で，「福利厚生としてのワークライフバランス」から「経営戦略としてのワークライフバランス」へ，という動きがあることを学習しました。この「福利厚生としての」という言葉の背後には，ワークライフバランスが福利厚生のための費用であるという考え方が伏在していますが，「経営戦略としての」といういい回しの背後には，中長期視点で考え，企業の競争優位性の獲得につなげうる人事戦略としてワークライフバランスを捉える，という含意があります。中長期視点で考えると，ワークライフバランスは単に勤労者福祉を増大させるだけではなく，むしろ企業の収益改善に寄与するという考え方なのです。収益性の追求を行動原理とする企業が積極的にワークライフバランス向上に取り組むゆえんはこの点にこそ求められます。

それぞれの企業が，自社で働く従業員のワークライフバランスの向上を経営戦略上の課題として真摯に捉え，従業員が自ら考える自律性を高めていくことができれば，彼（彼女）らの生活はより人間的なものとなり，そうした企業が徐々に増大していくことを介して，人間的で住みよい社会へと変革していくことが期待できます。このように，ワークライフバランスは，人間社会全般を含む広い射程をもち，同時に深い社会的意義をもった重要な今日的テーマなのです。

キーポイント 15.5

ワークライフバランス推進の鍵は，働く人たちの自律性向上の視点をもつことと，中長期の視点に立って考えることである！

注

1）本章 4-2 でみるように，とりわけ 2016 年以降，ワークライフバランスという用語に加え，日本政府が先導して日本人の長時間労働をはじめとする伝統的な働き方を変革しようという観点から「働き方改革」という用語が頻繁に用いられるようになっています。

2）第３章で学習した「職務転換」（☞64 ページ）も英語では job rotation で，その訳語としてジョブ・ローテーションという呼称が使われることがありますが，この文脈では異なる概念であることに注意してください。

本章の演習問題と読書案内はこちらから→ 

索　引

（太字は本文中でゴチック体表記になっている用語を示しています）

事項索引

●アルファベット

●あ　行

●か　行

●た　行

●な　行

●は　行

●ま　行

●や　行

●ら　行

●わ　行

人名・企業名索引

【有斐閣ブックス】

経験から学ぶ人的資源管理〔第3版〕

Human Resource Management: Learning from our Experiences, 3rd ed.

2010年10月10日　初版第1刷発行
2018年 1月20日　新版第1刷発行
2025年3月20日　第3版第1刷発行

著　者　上林憲雄（かんばやしのりお）・厨子直之（ずしなおゆき）・森田雅也（もりたまさや）

発行者　江草貞治

発行所　株式会社有斐閣
〒101-0051 東京都千代田区神田神保町2-17
https://www.yuhikaku.co.jp/

印　刷　株式会社理想社

製　本　牧製本印刷株式会社

装丁印刷　株式会社亨有堂印刷所

落丁・乱丁本はお取替えいたします。定価はカバーに表示してあります。

Printed in Japan. ISBN 978-4-641-18473-2